古典文獻研究輯刊

二三編

潘美月・杜潔祥 主編

第 5 冊

梨雲樓目錄版本論集

王永波 著

國家圖書館出版品預行編目資料

梨雲樓目錄版本論集／王永波 著 — 初版 — 新北市：花木蘭
文化出版社，2016〔民 105〕
序 8+ 目 2+282 面；19×26 公分
（古典文獻研究輯刊 二三編；第 5 冊）
ISBN 978-986-404-844-1（精裝）
1. 目錄學 2. 版本學 3. 文集
011.08   105015201

ISBN-978-986-404-844-1

9 789864 048441

古典文獻研究輯刊
二三編　第五冊　　　　　　　ISBN：978-986-404-844-1

梨雲樓目錄版本論集

作　　　者　王永波
主　　　編　潘美月　杜潔祥
總 編 輯　杜潔祥
副總編輯　楊嘉樂
編　　　輯　許郁翎、王筑　美術編輯　陳逸婷
企劃出版　北京大學文化資源研究中心
出　　　版　花木蘭文化出版社
社　　　長　高小娟
聯絡地址　235 新北市中和區中安街七二號十三樓
　　　　　　電話：02-2923-1455／傳眞：02-2923-1452
網　　　址　http://www.huamulan.tw 信箱 hml810518@gmail.com
印　　　刷　普羅文化出版廣告事業
初　　　版　2016 年 9 月
全書字數　255171 字
定　　　價　二三編 21 冊（精裝）新台幣 40,000 元　　　版權所有·請勿翻印

梨雲樓目錄版本論集

王永波　著

作者簡介

王永波（1972～），男，湖北天門人。四川大學文學博士（2006）、南京師範大學博士後（2010）、佛羅里達大學訪問學者（2015），四川省社會科學院文學研究所副研究員。主要研究唐詩學、目錄版本學。主持國家社會科學基金項目《唐代郎官與文學研究》（13BZW061）。曾在《文學評論》、《文藝研究》、《社會科學戰線》、《北京大學學報》、《安徽大學學報》、《山西大學學報》等刊物上發表學術論文五十餘篇，其中多篇文章被《中國社會科學文摘》、《中國古代、近代文學研究》全文轉載。著有《陳子昂集校注》、《晚唐皮陸詩派研究》等。

提　　要

　　《梨雲樓目錄版本論集》是著者近年來研治中國古典文獻學的論文結集，內容主要以古典文學文獻爲主，包括版本源流考證、版本敘錄、文獻綜合研究等多方面。研究對象以歷代別集爲主，採取文獻著錄與實物對證相結合的方式，對由唐代至清代的十餘種著名別集進行了版本研究。通過對這些別集源流演變的考證，澄清了歷代公私書目著錄的混淆、雜亂甚至錯誤的記載，正本清源。全書文章主要對陳子昂、孟浩然、李白、杜甫、李德裕、柳宗元、蘇軾、陸游、楊慎、李調元等詩人的別集進行了版本考述，其中尤以李白、杜甫的詩文版本爲主，特別注重版本源流的辨析及版本比較，於差異中發現問題，再試圖解決，得出較爲合理結論。《李白詩在唐五代的編集與流傳》、《李白詩在宋代的編集與刊刻》、《李白詩在明代的編刻與流傳》三篇文章渾然一體，互爲補充，對李白詩在唐五代、宋代、明代的編集、刊刻與流傳進行了細緻入微的考論，梳理出李白詩在歷朝的傳播與接受狀況，從版本源流的視角探尋李白詩歌的藝術魅力。《杜詩在明代的評點與集解》、《明人對杜甫律詩的選編與批評》、《〈讀杜詩愚得〉的注杜特色及其得失》、《明代杜詩學研究失誤述評》四篇文章，從不同角度研究杜甫詩在明代的流傳與影響，論證明人對杜詩學研究是成績顯著的，糾正了前人對明代杜詩學的種種偏見，論述有力，觀點耳目一新。其它各篇也多有創見，相信讀者閱讀後自可進行判斷。

《梨雲樓目錄版本論集》序

蔣　寅

　　社科院是有中國特色的學術機構，社科院學者都是專職的研究人員，相比眾多的大學教授來，人數較少，相見每有惺惺相惜之意和親切之感。多年前，當任職於四川省社會科學院文學研究所的王永波君與我聯繫，想來中國社科院做學術訪問時，我非常高興。後永波雖因故不克成行，但從此魚雁往來，結爲神交。二〇一四年貴陽「古典文學的民族風情與地域文化」學術會議，始得一見，歡若平生，並知曉他尊公就是王輝斌先生。王先生早在上世紀九十年代我就與他有通信聯繫，十多年來竟不知道右軍、大令乃爲父子。

　　永波性亢爽，嗜飲酒，喜漫遊，交結四方學人，有古豪士之風。篤好藏書，收當代學人著述極富，曾聽他說收齊我全部著作，只缺《金陵生文學史論集》一種，我只當是客套話，後應邀訪其百花潭雅居，果然捧出拙著一摞，笑說要讓蔣老師簽得手酸。我偶而說起在研究李調元，巴蜀書社出的《全五代詩》單位圖書館沒有，絕版多年也買不到，他竟說有複本可送我一套！且說你還要找什麼書，我都能幫你找到，我相信絕非虛語。我頗有幾位這樣愛書如命的朋友，見到好書都會不止買一套。就是不太著意藏書的我，偶而在舊書店看到有價值的書，或打折便宜的好書，雖手邊已有也還是會買下。

　　永波治學不拘方隅，出入文史，而以文獻考訂爲當務之先。近集其版本、目錄學類稿，編爲《梨雲樓目錄版本論集》一輯，交臺灣花木蘭文化出版社印行，而以序見囑。我雖不以版本、目錄之學爲專攻，但因搜討清代詩學文獻，較爲關注書志、目錄；四處訪書，也常獲睹一些異書善本，每隨手札記，聊備考證，深知在今日治目錄、版本學之不易，而考證詩文集版本流傳之跡

為獨難。今蒙永波以序見囑，既樂觀其成，又念其為學之篤、撰著之勤，不禁欣然走筆，略書一二感觸。

目錄、版本之學，前人視為通經學古的門徑，束髮受學，莫不由此入手。如今既歸於文獻學範疇，遂為專門之學，多為文獻學專業的學者所專攻，研文考史者，或畏其艱難敬而遠之，或鄙其瑣屑厭而避之，能兀兀窮年、孜孜不倦，踐之為治文史必由之路者，實寡其人。永波此集，自唐陳子昂、李白、杜甫、柳宗元、李德裕，宋蘇東坡、韓琦、陸游，以迄明楊慎、清李調元，一一考證其著作版刻源流，非僅對諸家著作版本研究貢獻甚巨，對考究諸家在文學史上的接受、影響及經典化過程也很有參考價值。所研究對象多為蜀中先賢，不僅有陳子昂、李白、蘇軾等重要作家的詩文集，還包括《清代蜀人別集經眼錄》敘錄的多種別集，有著鮮明的地域文化研究視野；研究類型則涉及文本的編集和版本流傳研究，注釋、評點研究，詩學史研究，其共同的特徵是立足於文獻考證，著眼於本文和文學的流變探究。通讀全稿，讓人不能不深服其考證精詳，論斷審慎。這種著眼於詩學研究的文獻考證在當今的文獻研究中殊不多見，足見作者有著自覺的方法論意識和良好的學術理解。

文獻學是自上世紀八十年代以來人文學科中發展迅速的學術領域，湧現一批成就卓著的優秀學者和傑出著作。但同時也不可否認，這個領域的有關研究成果良莠不齊，在學術意識和研究方法上更存在一些明顯的問題。在我看來，文獻學雖是治文史不可或缺的基礎，但同時也是文史研究的初級階段。沒有文獻學的工夫，固然做不好文史研究；而沒有文史研究向上一路的追求，同樣也做不好文獻學，或者說只能停留在較低的層次上。具體到目錄學或版本學，也是同樣的道理。永波的目錄、版本研究，都立足於文學研究的立場，著眼於文學研究的需要，在文獻考證的背後有著對文學的深切關懷，這使他的相關研究不同於時下常見的為目錄而目錄、為版本而版本的機械作業，有著靈動鮮活的生命力。

清代公認最淵博的學者錢大昕曾說過：「夫文之聲價，本不待序而重。」永波的目錄學、版本學研究自有他的價值，不待我輩吹噓；更何況自愧才非玄晏，也不足為太沖增價。永波春秋正富，為學之途不可限量，只要黽勉努力，寧靜致遠，他日大成可期。聊誌數語，以為祝賀，並占異日之驗。

金陵蔣寅二〇一六年七月十日於羊城

《梨雲樓目錄版本論集》序

徐希平

　　永波博士所著《梨雲樓目錄版本論集》即將付梓，將書稿送來囑我作序，推辭不得，只好勉爲其難，簡單談一下自己的感受。

　　大約在 2000 年前後，永波出於對學術的鍾愛，由楚入蜀，進入西南民族大學繼續攻讀碩士學位。幾度寒暑，接觸頻繁，印象深刻。永波雖非出身中文科班，但可能是故人之子家學淵源之故，不僅學習興趣濃厚，具有較強的自學能力和領悟能力，同時也善於獨立鑽研和思考琢磨，捨得花所謂的笨功夫，因此進步較爲迅速，按照前輩學者的治學經驗和傳統，我校古代文學專業比較注重學生的文獻學基礎訓練。除了開設《漢書藝文志講疏》、《史書文獻》以及《文獻學概論》等相關目錄版本學課程，需要完成基礎課程論文或作業之外，還讓研究生參與教師的一些課題讓其相關能力得到實際鍛煉和提高。由此打下較爲堅實的文獻學基礎。除此之外，當時永波在學習中還有一個比較明顯的特點，無論是與同學日常交流還是科研合作，都十分認眞負責，比較主動積極，當時雖沒有指定學生幹部之類，但永波無形中在同學中起著學習帶頭作用，能夠帶領大家協作完成任務，交待給他的事情老師也比較放心。他的主動性還表現在對於整理學術前沿研究動態的適時追蹤，尤其在老師講授唐代文學相關課程時，要求同學們必須對清初到 20 世紀末以來隋唐五代詩文別集文獻整理出版概況了然於胸，永波並不滿足於達到老師要求，而且通過信件等各種途徑與出版社及校注整理者取得聯繫，收集出版資訊並獲取相關最新著述。這些古籍校注整理者中不乏學術前輩或當代名家，作爲在讀碩士研究生，有此勇氣廣泛求助，頗有初生牛犢不怕虎的勁頭，也得到這些前輩學者的扶持指導和大力獎掖，在此請教過程中所獲得到的多方面的收

穫對於以後的治學應該說是很有幫助的。正因爲有此基礎，畢業時即以《唐五代別集的文獻整理與研究概況》作爲其學位論文題目，順利通過答辯，並陸續在《唐代文學研究年鑒》上連載，產生一定的反響，開始走上治學之道。

但是，雖然永波的治學道路有了良好的開端，接下來也並不是走得一帆風順，原因當然是多方面的。少年氣盛，勇於爲人，難免有幾分自負，加之社會變遷，選擇和誘惑頗多，或爲生計，或爲興趣理想，人生選擇可有多種。作爲師長，相信永波能在學術道路上有所斬獲，但也理解現實社會的學子坎坷。爲此我們也曾多次交流。以其功力和才華，可以成就一番事業，也可能會耽誤埋滅，希望他好自爲之，自持其身。光陰荏苒，畢業離校，倏忽十年，雖少有聯繫，但免不了暗暗關注其發展，偶有資訊，時斷時續，可知其雖步履蹣跚，卻從未放棄對學術的追求。不僅繼續完成博士、博士後學業，更一如既往地堅守學術道路，一路走來，成果斐然，令人欣慰。

初初翻閱此次的稿件，感覺內容十分豐富，特色十分鮮明，從其時間跨度來看，主要爲唐宋，同時下迄於明清。詩人作家計有陳子昂、孟浩然、李白、杜甫、李德裕、柳宗元、蘇軾、陸游、韓琦、楊慎、李調元、朱祖謀，以及清代與民國數十位蜀人，還有當代蜀中學者謝桃坊、白敦仁等著述，目錄版本類型則有詩文別集、選集、詞集、叢書以及古籍整理等多種。這其中除了個別作家之外，大多與巴蜀文化有著十分密切的關係。或爲蜀籍名士鄉賢，或爲治蜀名宦，或爲遊寓四川人士，有的本身開來似乎無關，而其重要版本又爲四川印製之所謂蜀本或出於蜀地學者之手，這可能正如永波自己所說，求學工作在四川，故對四川作家與學術給於特別的關注，這種濃厚的地域文化特色，也是我比較感興趣的地方。相信其不僅有助於唐宋文學文獻整理和研究，也可由此認識考察巴蜀文化與唐宋文學之間的密切關係，以突顯唐宋時期巴蜀文獻重要地位與價值。

看到開頭的兩篇文章，《陳子昂集版本源流考》、《宋蜀刻本〈孟浩然集〉考述》，就讓我感慨良多，過去也曾給永波聊及相關學術淵源。在二十世紀唐詩學術研究中，作爲開拓者的聞一多先生最早高度評價陳子昂的貢獻，將其與張若虛譽爲初唐詩的頂峰。稱其偉大之處，是改造建安以來的文學遺產，作爲盛唐的啓門鑰匙，這些觀點今天都已深入人心。可是，由於客觀原因，聞先生整理唐詩的工作未能完成，有關陳子昂的研究僅留下一些資料性筆記和論述殘存於《唐詩雜論》。另一位前輩學者北京大學中文系羅庸先生同樣較

早注重於陳子昂研究，早年曾在《國學季刊》發表《陳子昂年譜》，此爲陳子昂的第一部也是唯一一部年譜，對陳子昂研究頗有裨益，並產生較大影響。但羅庸先生於二十世紀五十年代初於重慶去世，包括陳子昂文集整理相關研究未能延續。後來雖有中華書局徐鵬先生《陳子昂集》點校本，收錄詩文較爲完備，但校本所據實在有限，尚缺乏進一步整理，萬曼先生《唐集敘錄》對陳子昂集版本有所論及，但亦十分簡略。永波追蹤於前賢，鍥而不捨，以《陳子昂集箋注》作爲南京師大博士後報告，在此基礎上所作之文章對《陳子昂集》最初編輯與歷代流傳概況、現存版本來源以及其間相關疑點等作了較爲全面地梳理考述，翔實客觀，可謂有心人也。

我之所以對《孟浩然集版本考述》一文有興趣，不單單是因其爲蜀本，同樣還是有所偏好的緣故。先師臨川先生當年在西南聯大求學時，慕名聽聞一多授課，欲以奇談怪論拿高分，聞先生強調說，我鼓勵獨立思考，敢發異論，但首先必須端正態度，找到正確的方法。很多人以爲聞先生是新詩人，靠才氣發宏論，不知其背後所下的材料考據和文字校訂訓釋的死功夫。在講授唐詩課時，聞先生說，在李杜之前的一批作家中具有鮮明個性的，除了陳子昂、張若虛外當推孟浩然。孟浩然詩文字純淨平淡，古今無二，特別拈出蘇軾批評孟浩然沒有才，聞先生辯護說，東坡自己的毛病就在才太多。可能是受到聞先生偏好孟浩然的影響，以及爲了彌補孟浩然生平文獻研究的不足，臨川先生選擇以《孟浩然年譜》作爲畢業論文，指導教師即爲聞一多、羅庸兩位老師。其事具載於正式出版的《國立西南聯合大學史料》之中，兩位名師指導一位本科學生畢業論文，除了西南聯大我似乎未見到其他類似情況。恐怕也很難再見到。聞先生在指導畢業論文過程中，談到資料收集的難度時說，做學問就像三湘的女兒紅，成年累月一針一線辛苦織成。在臨川先生摸索查詢多時之後，聞先生提供了自己積累的資料供其選抄。可惜這本珍貴的畢業論文在文革動亂中遺失不存。其事我亦曾給永波聊過，在《蜀本孟浩然集版本考述》可以見其所下的笨功夫。唐宋時期四川眉山成都一帶刻書業發達，蜀本具有較高聲譽，詩人別集甚多，就一部而論似乎並無太多新奇可考之處。巴蜀書社出版的李景白先生《孟浩然詩集校注》前言曾簡要談及宋蜀刻本的價值，認爲是最接近唐本的一個本子，但具體情況語焉不詳。永波追根溯源，詳加考論。先從選詩數量差異比較，指出《蜀本孟浩然集》所承傳下來唐代王士源編輯本應有三個刊本，並說明其已非王本最初原貌，但

卻是僅存之宋刊本，價值自然無需多言。再將全書對於兩宋皇帝七十處左右名諱一一通檢，僅英宗有避諱情況而考訂其刻書時間，由黃丕烈、趙萬里等先生南宋中葉或南宋初而提前到北宋中葉英宗時期。最後再對考訂宋末劉辰翁依據蜀本而刻的評點本可謂是其另一種形式的流傳，影響很大，經元代日本人翻刻，以及明代顧道洪、李夢陽、袁宏道等校訂本，皆為宋蜀本之變體。由此，蜀本的演變軌跡基本釐清，為校勘《孟浩然集》提供最可靠的版本依據。

縱覽全書所論，多為大家名家之別集文獻，其中李杜詩歌文獻分量猶重，李白三篇，杜甫四篇，東坡樂府、陸游詩稿，皆因其於中國文化與巴蜀文化中的重要地位之故，還有李德裕、柳宗元等。上述名家版本淵源複雜，雖有前修反覆論及，仍不乏疏誤可商處。永波另闢蹊徑，或分期，或分體，細緻入微，詳加比勘，往往於前人忽略及疑惑處能予以揭示發明，實屬不易。另有一些文獻雖時期稍近，但其版本源流亦因不受關注重視，相對較少考證梳理，同樣呈現模糊不清的狀況，如《楊升菴文集》和李調元的《函海》（包括《續函海》），部頭浩繁，多次刊刻，收錄常有調整，回想過去曾為海外友人尋找《續函海》中所收韓國學者《清脾錄》，頗費周折，或即與未注意其版本有關。永波對此分別予以考述，為使用者提供方便。更有一些著述文獻當為其首次全面專門評介，如對明代單復《讀杜詩愚得》、蜀中詞學名家學者謝桃坊《唐宋詞譜校正》、白敦仁先生力作《彊邨語業箋注》等，評價明代第一部杜詩全集注釋本的特色與得失，條分縷析，讓後人由此瞭解明代杜詩學之成就。也知曉老一輩蜀中學者在詞學文獻整理方面的學養識見與貢獻，有助於學術交流與溝通。特別可貴的是，永波長期致力於留心收集蜀地文獻，卷末一篇《清代蜀人別集經眼錄》反映這方面的成效，其中許多鮮有目錄文獻之介紹。計有遂甯張鵬翮、張問安、張問陶世家；羅江李化楠、李調元（兩種）父子；新繁費錫璜、廣漢張懷泗、三臺陳謙、中江李鴻裔、資中廖光、綿州吳朝品、彭縣席羹、劍閣李榕、溫江曾學傳、新繁釋含澈（兩種）、什邡馮譽驍、成都胡延、金堂雷鑾、雙流章步瀛、羅江羅家龍、蒲江李家學、華陽馮江、郫縣王光裕、雙流劉咸滎（兩種）、成都吳虞、瀘州高氏兄弟詩抄（高堂、高樹、高楠、高楷）、新都魏魯、陳崇儉（金玉合刊）、仁壽毛澂、宜賓趙增瑊、成都鄧鎔、什邡馮慶樹、新繁楊楨、宜賓杜關、華陽林毓麟、林思進父子；德陽劉子雄、江津吳芳吉（兩種）、華陽徐炯、江安黃稚荃、華陽劉冰研

等詩人別集四十餘種，其中除少量詩人如張問陶、李調元、費錫璜、李榕、吳芳吉、林思進等曾經有過再版或整理出版外、許多版本皆難覓蹤跡，甚至已較少爲世人所知。收集諸本需要有見識，還需要有恒心和耐心，謂永波爲有心之人此亦爲明證。文章對作者簡況、刊刻時間、版式序跋以及卷數、詩文特色等均作簡明概述提要，前文論此書有助於巴蜀鄉邦文獻整理與研究，也正由於此也。

雖然其書還算不上十分完善，有些論述亦不爲定論，但由此可以見到其對學術的鍾愛和執著追求。當今世風環境之下，文獻學研究無疑是枯燥乏味且費力不討好的工作，但它卻是從事古代文學與文化等人文學術研究的重要基礎，須有一種甘坐冷板凳的決心和毅力才能有所收穫，個中甘苦又非他人所知。永波正值學術研究大好年華，相信能夠在此道路堅持並不懈努力，取得更加豐碩的成果。

是爲序！

2016.6.27 零點於西南民族大學

目
次

陳子昂集版本源流考

　　《陳子昂集》又名《陳伯玉文集》、《陳拾遺集》、《子昂集》、《陳子昂詩文全集》等，初唐陳子昂撰。陳子昂（659～700）〔註1〕，字伯玉，唐梓州射洪縣（今四川遂寧市射洪縣）人。《舊唐書》卷一百九十、《新唐書》卷一百零七、《唐才子傳》卷一、《唐詩紀事》卷八有傳。子昂少有奇才，青年中進士第，英氣勃發雄心壯志。然在武氏政權鬱鬱不得志，多遭排斥，不得已壯年辭官歸隱，卻不幸慘遭縣令段簡殺害，英年早逝。其詩文作品經好友盧藏用收集整理，編爲《陳伯玉文集》十卷。現存最早的陳子昂集爲明弘治四年（1492）射洪楊澄刻本，而後屢有刊刻，流傳較廣，然無注本行世。鑒於陳子昂集所具有的文獻價值及其校注本闕如的現狀，本文即以相關版刻爲依據，借鑒學界已有成果，對陳子昂集的版本略作考述，以供參考。

一、盧藏用編刻《陳子昂集》十卷本及其在唐宋時期的流傳

　　陳子昂身前無文集問世，他死後十餘年由他的好友盧藏用彙編成《陳子昂集》十卷本。盧藏用《陳氏別傳》曰：「其文章散落，多得之於人口，今所存者十卷。嘗著《江上人文論》，將磅礴機化，而與造物者遊」「君故人范陽盧藏用，集其遺文，爲序傳」。盧藏用在《陳伯玉文集序》中又說：「予合采其遺文可存焉編而次之，凡十卷。恨不逢作者不得列入詩人之什，悲夫，故粗論文之變而爲之序。至於王霸之才，卓犖之行，存之別傳，以繼於終篇云耳。黃門侍郎盧藏用撰。」盧藏用（664～713），字子潛，唐幽州范陽人（今

<hr>

〔註1〕詳見彭慶生《陳子昂生卒年考》，載《社會科學戰線》1980年第2期，吳明賢《陳子昂生卒年辨》，載《四川師範學院學報》1981年第2期。

河北省涿縣）。少以文辭才學著稱，舉進士，不得調，與兄徵明偕隱終南山。武則天時，徵拜左拾遺，累官至吏部侍郎，黃門侍郎，兼昭文館學士，轉工部侍郎，尚書丞。唐玄宗先天中，因附隨太平公主，配流嶺南。開元初，起爲黔州都督府長史、兼判都督事，未赴任而卒。《新唐書》卷一百二十三、《舊唐書》卷九十四有傳，有文集三十卷，今亡佚。《全唐詩》卷九十三存詩八首。從序後的署名來看，盧藏用編集《陳子昂集》的時間當在他擔任黃門侍郎期間。

關於盧編本《陳子昂集》十卷本的情況，因原本今不存，我們只能從一些書目中窺知一二。《舊唐書》卷四十七《經籍志》第二十七著錄「《陳子昂集》十卷」，《新唐書》卷六十《藝文志》四、《郡齋讀書志》卷十七、《文獻通考》卷二百三十一《經籍考》五十八著錄同。《文獻通考·經籍考》說「黃門侍郎盧藏用爲序，又有別傳繫之卷末。」可見唐宋元時期的《陳子昂集》實出一家。宋元時期的各種公私書目，記載《陳子昂集》就此盧編本一種，可見盧藏用的這個本子是得到認可並廣爲流傳的。在明弘治四年楊澄刻本問世之前，將近七百四十年之間，《陳子昂集》一直沒有其它刻本行世，這在中國版刻史上的確是一個獨特的現象。而相對其它的唐人別集，在此期間則均有多種刻本、注本問世，在宋代即有千家注杜，五百家注韓之說，由此可見陳子昂在宋元時期之不受重視。

盧編本《陳子昂集》今不見傳本，敦煌殘卷本《故陳子昂遺集》又殘缺不齊，難以睹其全貌。在找不到其它可信材料的前提下，我們對盧編本的描述就不免陷於困惑之中。那麼，明弘治四年楊澄刻本《陳伯玉文集》十卷與盧編本之間有無承傳關係？王重民《敦煌古籍敘錄》云：「疑楊春一仍盧本之舊，所謂重編者，本無其事，蓋明人嗜名，特提重編二字以自炫耳。」〔註2〕萬曼《唐集敘錄》也說：「總之，《陳伯玉集》來源只有一個，大致保存了盧藏用所編十卷本的原貌，雖然幾經翻刻，但卻沒有發現有什麼大的差異，在唐集刻本中是比較單純而又完整的一個。」〔註3〕王、萬二先生認定弘治本當從盧編本而來，二本之間具有傳承源流關係，然這中間有七百四十年之久，是否還有其它編刻本可依據，因材料缺乏一時還無法下結論。弘治本《陳伯玉文集》卷首有張頤序一篇，其曰：「惜其全集世不多見，詩文見於他集者亦

〔註2〕王重民《敦煌古籍敘錄》卷五，中華書局 2010 年版，第 292 頁。
〔註3〕萬曼《唐集敘錄》，中華書局 1980 年版，第 38 頁。

甚少。今巡撫山西都御史楊公澄與伯玉為同邑人，得其全集於中秘，抄錄而來重複校正，命工刊梓以傳，共若干卷。」此條材料說的很清楚，弘治刻本的底本乃是楊澄從朝廷內閣書庫抄錄所得，然後命刻工傳刻問世。我們認為，不能簡單的將弘治本等同於盧編本，也不能通過稽考弘治本來窺知盧編本的原貌，畢竟兩個本子中間經過了七百四十多年的流傳演變。

　　盧編本也曾以《陳拾遺集》十卷的名義刊刻過。陳振孫《直齋書錄解題》卷十六著錄「《陳拾遺集》十卷，唐右拾遺射洪陳子昂伯玉撰，黃門侍郎盧藏用為之序，又有別傳繫之卷末。」《崇文總目》卷五著錄同。莫友芝《邵亭知見傳本書目》卷十二著錄「《陳拾遺集》十卷，唐陳子昂撰，四庫依寫本錄。明弘治四年新都楊春重編本，萬曆中射洪楊澄重刻校。四庫本完善題《陳伯玉文集》，附錄一卷。弘治四年刻本黑口，半頁十一行，行二十一字。又一本頁二十二行，行二十九字。又一本十六行，行十七字。又二卷本。又趙坦校白口本。」〔註4〕邵懿辰《增訂四庫簡明目錄標注》卷十五著錄「《陳拾遺集》十卷，唐陳子昂撰。明弘治四年新都楊春重編本，又萬曆中楊澄重刊本，題《陳伯玉文集》，附錄一卷。」〔註5〕莫友芝、邵懿辰誤將楊澄作萬曆時人，而且四庫本題為《陳拾遺集》非為《陳伯玉文集》。對於唐宋時期通行的這兩種陳集，二者之間為何關係，是否實則一本，因無實物，已無從考證。根據二書的相同特徵，前有盧藏用序，後有《陳氏別傳》，均為十卷本，似可推知二書均同出盧刻本。王重民先生認為「是知晁陳所見，均為盧藏用定本之舊」〔註6〕也就是說宋代刊刻的這兩種陳集，都是從盧藏用本而來，不過取名不同，則二者實出同一源。

　　丁丙《善本書室藏書志》卷二十三著錄「陳伯玉集二卷，明翻宋本，劉蓉峰藏書。瞿木夫中溶《古泉山館題跋》云，中版每葉廿行，行十八字，版心題《陳伯玉集》下卷，有卷下字。無序、目錄與杜曹等詩，同上卷。首題《陳伯玉集》，次行低一字，題賦，後，《麈尾賦》一篇。篇後低一字，題詩，後，低三字，即詩題。下卷首行題陳伯玉集，卷下次行題詩，字與上同。詩不分體，中有注，一作某某云。《讀書志》作《陳子昂集》，《直齋書錄解題》載其集名《陳拾遺集》，盧藏用序，皆十卷。則此本非完書也。今《拾遺集》

〔註4〕莫友芝《邵亭知見傳本書目》卷十二，臺灣文海出版社1984年影印本。

〔註5〕邵懿辰《增訂四庫簡明目錄標注》卷十五，上海古籍出版社2000年版，第644頁。

〔註6〕王重民《敦煌古籍敘錄》卷五，中華書局2010年版，第292頁。

尚傳於世，以此本備考可也。」按，丁氏藏此書爲明翻宋本，可以從中窺知宋本一二。首先，這個翻宋本僅爲詩集本，不是詩文全集本，所以只有上下二卷。半頁廿行，行十八字，而楊澄刻本爲每半頁十一行，行二十一字，板式不同。其次，翻宋本版心與首行題「陳伯玉集」，而不是「陳子昂集」與「陳拾遺集」，這是一個值得注意的問題。這說明在宋代，除了由盧編本翻刻的《陳子昂集》十卷本、《陳拾遺集》十卷本外，尚有《陳伯玉集》行世。再次，翻宋本是以《麈尾賦》開頭，再爲詩，這與楊刻本編排相同。可惜丁丙見到的這個明翻宋本《陳伯玉集》僅爲詩集二卷，未收文章，無由見到宋本的全部面目。

由上面的材料可以簡單得出結論：盧藏用編排《陳子昂集》十卷，在宋代，起碼有三種傳刻本，即《陳子昂集》十卷本、《陳拾遺集》十卷本、《陳伯玉集》十卷本。明翻宋本有可能是僅翻刻宋刻本《陳伯玉集》的詩集二卷，沒有翻刻文集八卷。如果這個推測大致不錯，則宋刻本《陳伯玉集》應爲十卷。

唐宋時期，除了盧藏用編定本的三種刻本外，還有敦煌殘寫本《故陳子昂遺集》一種。臺灣黃永武主編《敦煌寶藏》第一百二十九冊收巴黎藏伯三五九零殘卷，存陳子昂集卷八《上西藩邊州安危事》之末以及卷九、卷十全部。書後有盧藏用《陳氏別傳》，卷後題款爲「故陳子昂遺集拾卷」。這個寫本所依據的祖本當爲盧編本《陳子昂集》十卷本。理由有三：一爲卷數相同，均爲十卷本。二爲書後都附有盧氏《陳氏別傳》。三爲內容均是先詩後文，編排相同。對於敦煌殘寫本的具體抄寫時間，目前尚無定論。原卷分別被劫往倫敦、巴黎兩地。最先發現《故陳子昂遺集》殘卷本的是王重民先生，他在二十世紀三十年代即對巴黎國家圖書館藏伯三五九零卷作了題記，又增記倫敦不列顚博物院藏斯五九六七、五九七一殘卷，後來一併收入《敦煌古籍敘錄》卷五。黃永武又將殘卷膠捲圖片全部收入《敦煌古籍敘錄新編》中，更爲讀者方便閱讀《故陳子昂遺集》。

伯三五九零原卷首殘尾全，首起「其亂著，以慰喻諸蕃」，下訖「道之將喪也，命矣夫」。末題「故陳子昂集拾卷」。本卷抄寫內容依次爲：卷八《上西蕃邊州安危事》之後半。卷九《諫靈駕入京書》、《諫雅州討生羌事》、《諫刑書》、《諫政理書》、《諫用刑書》、《申宗人冤獄書》、《諫曹人師出軍書》。卷十《爲建安王與遼東書》、《爲建安王答王尙書送生書》、《爲建安王與諸將書》、

《爲建安王與安東諸州書》、《爲建安王答王尙書書》、《與韋五書》、《爲蘇令本與岑內史啓》、《上文章啓》。殘卷本所抄寫的篇名與次第，與弘治本全同。斯五九六七、五九七一殘卷爲碎片，內容爲卷八中之文。敦煌殘卷本與弘治本對校，異文有三十餘處，王重民先生已經一一列出，可見其校勘價值。對於敦煌殘卷本，吳其昱曾作《敦煌本故陳子昂集殘卷研究》一文，刊《香港大學五十週年紀念文集》第二冊。張錫厚作《敦煌本故陳子昂遺集補說》，載《敦煌本唐集研究》（臺灣新文豐出版公司 95 年出版）。吳、張二文對敦煌殘卷本《故陳子昂遺集》進行了全面的研究，頗多發明。

二、明代多次編刻《陳伯玉文集》始末

弘治四年（1492）楊澄刻本《陳伯玉文集》十卷爲至今能見到最早的陳子昂全集刻本，此後陳集編修、刊刻均不離此本範圍，影響很大。民國時期張元濟主持《四部叢刊》，即以楊澄刻本作爲底本影印出版。楊澄，字憲父，四川射洪人。明宣德八年（1433）出生，正德三年（1508）卒。成化五年（1469）進士，歷任監察御史、大理寺左少卿、山西巡撫等職。爲人精明幹練，政聲卓著，人稱賢能。今傳楊刻《陳伯玉文集》十卷本，由中國國家圖書館、北京大學圖書館、上海圖書館、湖南省圖書館等館入藏，其中國家圖書館還有一部清咸豐四年琳琅主人胡珽題跋本。楊刻本竹紙四冊，半頁十一行，行二十一字，黑口，左右雙邊，雙順魚尾。扉頁題「新都楊春重編，射洪楊澄校正」，卷首有弘治四年張頤《陳伯玉文集序》，署「弘治四年歲次辛亥重陽日賜進士嘉議大夫工部右侍郎前都察院左僉都御史翰林院修撰經筵講官兼文華殿講讀官致仕淮揚張頤序」。次盧藏用原序。後附《新唐書·陳子昂傳》、盧藏用《陳氏別傳》、《黃門侍郎盧藏用祭陳公文》、趙儋《大唐劍南東州節度觀察處置等使戶部尙書兼梓州刺史兼御史大夫鮮于公爲故右拾遺陳公建旌德之碑》、《過學堂覽文集詩》（此篇原注缺）、楊澄《陳伯玉先生文集後序》，署「賜進士第中憲大夫奉敕巡撫山西兼提督雁門等關都察院左僉都御史邑人楊澄」。

此書各卷編排以文體爲次，分別爲卷一詩賦、卷二雜詩、卷三卷四表、卷五碑文、卷六墓誌銘、卷七卷八雜著、卷九卷十書啓，合計詩文一百八十九篇。大體而言，楊刻本編排較爲細緻，也偶有失誤之處，如卷七雜著就收《春臺引》、《採樹歌》、《山水粉圖》詩三首。此外，楊澄在收集子昂詩文方

面也有遺漏。經過對勘，楊刻本與通行本相比，漏收十三篇，其中詩七首，文六篇。分別是，詩《登幽州臺歌》、《魏氏園林人賦一物得秋亭萱草》、《晦日宴高氏林亭並序》、《晦日重宴高氏林亭》、《上元夜效小庾體》、《三月三日宴王明府山亭》、《楊柳枝》。文《爲義興公陳請終喪第二表》、《爲義興公陳請終喪第三表》、《謝賜冬衣表》、《荊州大崇福觀記》、《座右銘》、《無端銘》。七首詩除《楊柳枝》一首外，餘下六首皆載《全唐詩》卷八十四、八十五《陳子昂集》。《楊柳枝》據蔣寅、韓理洲所考〔註7〕，不是陳子昂的作品，爲晚唐詩人胡曾詩，誤入子昂集。

弘治本詩文收錄不全，且文字多有錯訛，王重民先生曾以敦煌殘卷本與之對勘，發現文字錯誤多處。然有明一代，刊刻陳子昂集，皆以此書爲底本。根據《中國古籍善本總目》集部卷二十三著錄，知弘治本傳刻情況如下：嘉靖四十四年（1565）王廷刻《子昂集》十卷附錄一卷、隆慶五年（1571）邵廉刻萬曆二年（1574）楊沂補刻本《陳伯玉文集》十卷附錄一卷、萬曆三十七年（1609）舒其志刻《陳伯玉文集》十卷附錄一卷。筆者曾將四種明刻本對校，發現四種本子之間差異不大，表現在詩文編排一致，卷數一致，偶有文字錯訛，當爲刻書工匠作爲，或爲後刻糾正前刻失誤之處。例如《感遇》其三「亭堠何摧兀」，弘治本作「催兀」，嘉靖本作「摧兀」。其六「玄感非象識」，弘治本作「蒙識」，嘉靖本作「象識」。其九「嬴禍發其親」，弘治本作「叢其親」，嘉靖本作「發其親」。其十二「誰見枯城蘖」，弘治本作「枯城」，嘉靖本作「孤城」。其二十四「盈盈不自珍」，弘治本作「盈華」，嘉靖本作「盈盈」。通過這些文字異同，可以看出，有一部份是屬於字形訛誤，有些是更正弘治本本身的錯誤。

楊澄刻《陳伯玉文集》十卷，當然是出於對先賢陳子昂的敬重，但他刻此書也有不少可疑之處。卷首張頤《陳伯玉文集序》云：「惜其全集世不多見，詩文見於他集者亦甚少。今巡撫山西都御史楊公澄與伯玉爲同邑人，得其全集於中秘，抄錄而來重複校正，命工刊梓以傳，共若干卷。」張序交代楊澄刻本所祖之本得於中秘，也就是明內閣藏書。楊士奇《文淵閣書目》卷九著錄「《陳伯玉文集》一部三冊完全，《陳伯玉文集》一部三冊闕」、「陳子昂朱之問詩一部一冊闕」。焦竑《國史經籍志》卷五著錄「陳子昂集十卷」。

〔註7〕 參見蔣寅《陳子昂楊柳枝證僞》，載《學術月刊》1982年第6期、韓理洲《楊柳枝非陳子昂所作考》，載《西南師範學院學報》1984年第1期。

孫能傳等《內閣藏書目錄》卷三著錄「《陳伯玉文集》二冊全，唐陳子昂，著有盧藏用序。《陳君文集》三冊全，同前人」。張溥《密閣書目》著錄「《陳伯玉文集》三冊」。四部明代官修書目中，《內閣藏書目錄》、《國史經籍志》、《密閣書目》均爲晚明所修，楊澄刻書時見不到，書目雖爲後修，但內閣藏書卻可以更早就存在。四部書目一致記載明內閣所藏《陳伯玉文集》爲三冊，楊士奇見到的兩部三冊《陳伯玉文集》一全一闕，揣度其意，當爲缺頁缺篇而非缺冊。這裏值得注意的是，明初宮廷所藏陳集名爲《陳伯玉文集》，而不是宋代書目所著錄的《陳子昂集》、《陳拾遺集》十卷本。明代書目有一個缺點，就是不著錄書籍卷數只記冊數，無法得知《陳伯玉文集》三冊本的卷數。前面說過不能簡單的將楊刻本等同於盧編本，道理就在這裏。從南宋到明初，中間有二百多年的時間，極有可能在楊澄之前，有人將盧編本《陳子昂集》以《陳伯玉文集》的名義重編重刊，只不過找不到文獻記載。

楊澄編刻陳子昂集，署名也有可疑之處，前署「新都楊春重編，射洪楊澄校正」。既然是他「得其全集於中秘，抄錄而來重複校正，命工刊梓以傳，共若干卷」，何以要題新都楊春重編？楊春此人，遍查明代各種史料，均不見傳記。若果眞有楊春重編本，那充其量楊澄不過是在楊春重編本的基礎上重新校正而已，那也不用說楊澄得之於中秘。王重民先生推測說「所謂重編者，本無其事，蓋明人嗜名，特提重編二字以自炫耳。」（見前引）

楊澄刻本是詩文全集本，在明代除了這個本子及其傳刻本外，尚有幾種署名《陳子昂集》的詩集本。明銅活字本《唐五十家詩集》本《陳子昂集》，上下兩卷，刊刻年代當爲弘治正德間。半頁九行，行十七字，單魚尾。此集收陳氏詩歌一百一十八首，其中上卷《麈尾賦》，古詩六十六，下卷五律二十七，五排十九，五絕五首，分體編排。銅活字本陳子昂集與楊澄刻本《陳伯玉文集》都是在弘治年間刊印，雖然詩篇總數都是一百一十八首，但二者並無關係。銅活字本與楊刻本詩篇相比，二者《麈尾賦》、《感遇》三十八首、《觀荊玉篇並序》、《鴛鴦篇》、《修竹篇並序》是一致的，後邊的詩題就不一樣，由此可見，兩個集子的底本應該都是一個祖本。另有明刊本《陳伯玉集》二卷，《善本書室藏書志》卷二十四著錄「前後無序跋，上卷首《麈尾賦》，次《感遇詩》三十八首、《觀荊玉篇》、《鴛鴦篇》等作。下卷亦僅載詩。子昂初爲《感遇詩》，王適見而驚曰此子必爲海內文宗，由是知名。此集不載其文，豈因有《勸武后興明堂以調元氣》，又有《大周受命頌》、《請追上太原王帝號

表》諸篇，而故削之歟？」此外，明刻陳子昂詩集，還有朱警輯《唐百家詩》、張遜業輯《十二家唐詩》、許自昌輯《前唐十二家詩》、楊一統輯《唐十二名家詩》諸本，均爲常見之本，不另敘。

三、清代《陳子昂詩文全集》的編修與版刻

明代楊澄刻本以及後來多次翻刻本的流行，使得清初很長一段時間內無陳集的刊刻。康熙年間修《全唐詩》九百卷，卷八十三、八十四爲《陳子昂集》二卷。收入陳詩共一百二十八首，較楊澄刻本多出詩十首。剔除卷首《麈尾賦》，換上《慶雲章》，加上《登幽州臺歌》、《魏氏園林人賦一物得秋亭萱草》、《晦日宴高氏林亭並序》、《晦日重宴高氏林亭》、《上元夜效小庾體》、《三月三日宴王明府山亭》、《採樹歌》、《山水粉圖》、《春臺引》（後三首楊澄刻本收在卷七雜著中）。對照文字，異文不多，可見《全唐詩》本是參照楊刻本編撰而成的。嘉慶年間修《全唐文》一千卷，卷二百九至二百十六爲《陳子昂集》八卷。《全唐文》本的來源，情況較《全唐詩》本要複雜的多。參照楊澄刻本，《全唐文》本多出四篇文章：《爲義興公陳請終喪第二表》、《爲義興公陳請終喪第三表》、《謝賜冬衣表》、《座右銘》，此四文《文苑英華》俱收。此外，《文苑英華》卷八百二十二收《大崇福觀記》，卷七百十五收《紅崖子鸞鳥詩序》，《全唐文》本俱失收，可見《全唐文》本既沒有參照弘治楊澄刻本，也沒有參照《文苑英華》，其成集必另有所本。清朝內閣藏書，《天祿琳琅書目》以及《天祿琳琅書目後編》均無《陳子昂集》的著錄。編撰《全唐文》另有所本，因囿於文獻，一時還不能定讞。

道光十七年（1837），四川楊國楨刊刻《陳子昂詩文全集》五卷本。據文獻記載，有清一代，楊國楨刻本爲唯一的陳集刻本。此書文集三卷詩集二卷，先文後詩。每半頁九行，行二十二字，白口，左右雙邊，單魚尾。卷首有道光十七年楊國楨《陳伯玉集序》、盧藏用序、《陳氏別傳》、《舊唐書·陳伯玉列傳》、《新唐書·陳伯玉列傳》。後附《陳伯玉集附錄》一組，如宋文同《拾遺亭記》、元譙希亮《明遠亭記》、元文禮愷《射洪金華書院記》、明謝東山《陳伯玉先生遺像跋》、清陳一津《伯玉先生小傳》等。《陳伯玉文集》三卷，以《麈尾賦》起，《祭率府孫錄事文》止，收文一百九篇。《陳伯玉詩集》二卷，收詩一百二十八首，合計收詩文二百三十七。《楊柳枝》作爲遺錄收入。楊國楨，字海梁，四川崇慶人，楊遇春之子。以舉人入貲爲戶部郎中，出任潁州

知府，累擢河南布政使。後授河南巡撫、山西巡撫，歷官皆有聲。道光二十一年，擢閩浙總督。楊序云：「其詩向無專集，偶得明人刻本，署新都楊春重編。揭閱之，則不全不備，意甚缺然。因於《全唐詩》中備錄其詩，並收其文之散見於各書者，彙而梓之。計文三卷，詩二卷。裒然成集，乃翕然意滿矣。」所收陳氏詩文，詩從《全唐詩》而來，篇目、卷數俱同。唯獨《楊柳枝》一詩，未注明出處。文則從《全唐文》而來，不過將八卷合為三卷。可見楊國楨編刻之《陳子昂詩文全集》，只是將《全唐詩》、《全唐文》之陳子昂詩文，彙而刻之。這樣做，實為方便閱讀陳氏詩文，於文獻版本無價值，起到了保存陳子昂詩文的作用。楊國楨刻本後來有過多次的翻刻，咸豐四年、光緒十年都有翻刻本，均為五卷本。

清乾隆期間編《四庫全書》，集部收《陳拾遺集》十卷，注明是內府藏本。前無盧藏用序，僅在卷首附「陳拾遺集原序」一篇，序末署「隆慶五年歲辛未秋八月望日南豐邵廉書於建寧郡之蒔蔬處」。邵廉，江西南豐人，字茂齊，號圭齋，嘉靖四十四年進士。曾任工部主事，改兵科給事中，升建寧知府，遷知成都。除刻印過《陳伯玉文集》十卷外，還刻印過《歐陽文忠公集》一百五十三卷、《南豐先生元豐類稿》五十卷、《翰林羅圭峰先生文集》十八卷、《遵巖先生文集》四十一卷等。《四庫全書總目》卷一百四十九集部二別集類云：「此本傳寫多訛脫，第七卷闕兩葉。據目錄尋之，《禡牙文》、《禜海文》在《文苑英華》九百九十五卷，《弔塞上翁文》在九百九十九卷，《祭孫府君文》在九百七十九卷。又《送崔融等序》之後，據目錄尚有《餞陳少府序》一篇，此本亦佚，《英華》七百十九卷有此文。今並葺補，俾成完本。《英華》八百二十二卷收子昂《大崇福觀記》一篇，稱武士彠為太祖孝明皇帝。此集不載其目，殆偶佚脫。今並補入，俾操觚揮翰之士知立身一敗，遺詬萬年，有求其不傳而不能者焉。」〔註8〕四庫本所用的底本就是隆慶五年（1571）邵廉刻弘治刻本《陳伯玉文集》十卷附錄一卷本，而邵廉也是翻刻的楊澄本，不過邵廉的這個翻刻本錯訛遺漏較多。弘治本缺《餞陳少府序》一文，四庫本也缺此文。弘治刻本有《禡牙文》、《禜海文》、《弔塞上翁文》、《祭孫府君文》、《送崔融等序》，四庫本缺此五文，可見邵廉刻本的訛脫。四庫本比弘治本多出《荊州大崇福觀記》一文，《魏氏園林人賦一物得秋亭萱草》一詩，當為邵廉據他本補入。在卷次編排上，四庫本跟弘治本完全相

〔註8〕永瑢等《四庫全書總目》卷一百四十九，中華書局2003年，第1278頁。

同，可見四庫本的底本邵廉刻《陳伯玉文集》十卷，當爲弘治楊澄刻本的翻刻本。

　　綜上所考，可知陳子昂詩文最早由其友盧藏用編集爲《陳子昂集》十卷。入宋後盧本的翻刻本目前知道的有《陳子昂集》十卷本、《陳伯玉集》十卷本、《陳拾遺集》十卷本三種翻刻本，都已不存世。明代弘治楊澄刻《陳伯玉文集》十卷本亦爲盧刻本的翻刻本，是現存最早的陳子昂詩文全集本。明代嘉靖王廷刻《子昂集》十卷附錄一卷、隆慶邵廉刻萬曆二年楊沂補刻本《陳伯玉文集》十卷附錄一卷、萬曆舒其志刻《陳伯玉文集》十卷附錄一卷的底本均爲楊澄刻本。明代幾種《陳子昂集》二卷本是詩集本，底本也爲楊澄刻本。清乾隆修《四庫全書》，所收《陳拾遺集》十卷，底本爲隆慶五年邵廉刻本。道光楊國楨刻《陳子昂詩文全集》係從《全唐詩》、《全唐文》所收陳氏詩文匯編而成，客觀上起到了保存陳子昂詩文的作用。

　　　　　　　　　　（原載《蜀學》第六輯，巴蜀書社 2011 年出版）

宋蜀刻本《孟浩然詩集》考述

　　南北宋之際直至南宋中期，在今四川眉山、成都地區曾刻印過多種唐人詩文集。名稱在後世文獻中多有記載，種類多達六十種，世稱宋蜀刻本《唐六十家集》，在中國版刻史上具有重要的地位。這套《唐六十家集》在板式上有多種，而且時間跨度長，前後經歷了近兩百年，因此不是一時一地一家刻書機構所能完成的。它從北宋開始刊刻，直到南宋中期始告完成，應該是多家刻書鋪逐批刊刻印行，代表了宋代蜀刻本的最高成就。目前可知宋蜀刻本唐人集有三種系統，分別爲十一行本、十二行本、十行本系統，《孟浩然詩集》即屬於十二行本。今存宋蜀刻本《孟浩然詩集》三卷本，鈐有「翰林國史院官書」長方印，曾爲元、明時期官署所藏。入清後分別經由著名藏書家黃丕烈、汪士鍾、楊紹和、潘宗周、李盛鐸收藏，今藏中國國家圖書館。此書在古今書目及論著中多有謬誤，有必要進行深入的研究，還清其本來的面目。

一

　　要弄清宋蜀刻本《孟浩然詩集》的刊刻與流傳狀況，必先瞭解《孟浩然詩集》在唐五代時期的編集與流傳。《新唐書》卷六十六《藝文志》四著錄《孟浩然詩集》三卷，注曰：「弟洗然、宜城王士源所次，皆三卷也。士源別爲七類。」〔註1〕宋蜀刻本《孟浩然詩集》卷首有王士源《孟浩然詩集序》云：「浩然凡所屬綴，就輒毀棄，無復編錄，常自歎爲文不逮意也。流落既多，篇章散逸，鄉里搆採，不有其半，敷求四方，往往而獲。既無他士，爲之傳次，

〔註1〕《新唐書》卷六十六，中華書局 1975 年，第 1609 頁。

－11－

遂使海內衣冠縉紳，經襄陽思睹其文，蓋有不備見而去，惜哉！今集其詩二百一十八首，別為士類，分上中下卷。詩或缺未成，而思清美，及他人酬贈，咸錄次而不棄也。」〔註2〕又有韋滔《重序》云：「天寶中，忽獲《浩然文集》，乃士源撰，為之序傳，詞理卓絕，吟諷忘疲，書寫不一，紙墨薄弱。昔虞阪之上，逸駕與駑駘俱疲；吳竈之中，孤桐與樵蘇共爨。遇伯樂與伯喈，遂騰聲於千古。此詩若不遇王君，乃十數張故紙耳。然則王君之清鑒，豈減孫蔡而已哉。予今繕寫，增其條目，復士源之清才，敢自述於卷首。謹將此本，送上秘府，庶久而不泯，傳芳無窮。天寶九載正月初三日，特進行太常卿禮儀使集賢院修撰上柱國沛國郡開國公韋滔敘。」〔註3〕從上述三條材料中可以得知，唐玄宗開元二十八年（740）孟浩然在襄陽去世後，他的好友王士源即開始收集孟浩然的詩篇。天寶四載（745）王士源把收集到的孟詩整理成冊，分為三卷，收詩歌二百一十八首。天寶九載（750）韋滔得到王士源的鈔本，感到「書寫不一，紙墨薄弱」，於是重加繕寫，增其條目，而且將之送到秘府。故王士源與韋滔對於孟詩的整理之功不可磨滅。

王士源整理的孟浩然詩集，宋蜀刻本序中說是「別為士類，分上中下卷」，這裏的「士類」當為「七類」之刊誤，蓋二字形近也，《新唐書・藝文志》已經糾正為「七類」。同時，孟浩然弟孟洗然也編集了一個三卷本的《孟浩然詩集》，只不過這個本子沒有分類。根據《新唐書・藝文志》的著錄，王士源、孟洗然分別編集的《孟浩然詩集》三卷本在宋代都有過刊刻，但在編刻流傳的過程中，書名、篇目與篇數都出現了細微變化。陳振孫《直齋書錄解題》卷十九：「《孟襄陽集》三卷，唐進士孟浩然撰。宜城王士源序之。凡二百十八首，分為七類，太長卿韋滔為之重序。」〔註4〕晁公武《郡齋讀書志》卷十七著錄《孟浩然詩》一卷，並作解題云：「所著詩二百一十首。宜城處士王士源序次為三卷，今並為一，又有天寶中韋滔序。」〔註5〕陳振孫、晁公武分別所記的兩種《孟浩然詩集》，在書目、卷數與篇數上都有區別。《孟襄陽集》三卷即王士源整理的《孟浩然詩集》三卷，內容、序記、詩篇數目均吻合。《孟浩然詩》一卷從晁公武的著錄來看，應該也是王士源本的翻刻本，本來為三卷，晁公武合併為一卷。這說明在宋代，王士源本起

〔註2〕 徐鵬《孟浩然集校注》卷首，人民文學出版社1998年，第2頁。

〔註3〕 佟培基《孟浩然詩集箋注》，上海古籍出版社2000年，第434頁。

〔註4〕 陳振孫《直齋書錄解題》卷十九，上海古籍出版社1987年，第558頁。

〔註5〕 孫猛《郡齋讀書志校證》卷十七，上海古籍出版社1990年，第847頁。

碼有兩種不同的刻本存在，一爲二百一十八首，一爲二百一十首。這個收詩二百一十首的宋刻本明末藏書家毛晉曾收藏過，其《汲古閣書跋》云：「余藏襄陽詩甚多，據者凡三種。一宋刻三卷，逐卷意編，不標類目，共計二百一十首。一元刻劉須溪評者，亦三卷。類分遊覽、贈答、旅行、送別、宴樂、懷思、田園、美人、時節、拾遺凡十條，共計二百三十三首。一弘治間關中刻孟浩然者，卷數與宋元相合，編次互有異同，共計二百一十八首。至近來十二家唐詩及王孟合刻等，或一卷，或兩卷，或四卷，詮次寡多，本本淆僞，予悉依宋刻，以元本、關中本參之，附以拾遺，共得二百六十六首。」〔註6〕從數目來看，毛晉所藏宋刻本孟集，就是晁公武著錄的這個本子。

　　然而今存宋蜀刻本《孟浩然詩集》三卷，所收詩爲二百一十五首，上卷八十五首，中卷六十六首，下卷六十四首，但中卷收張子容《送孟六歸襄陽二首》、下卷收王維《憶孟六》以及王迥《白雲先生迴歌日》共四首，這樣的話實際收錄孟浩然詩二百一十一首。這個數字與陳振孫、晁公武所記宋刻本的篇目都不同，合理的解釋是王士源本在宋代曾有過多種重刊本，而且各有源流。如此看來，王士源整理的《孟浩然詩集》三卷本在宋代起碼有三種詩篇數目不同的刻本，目前能見到的宋刻本僅剩下宋蜀刻本《孟浩然詩集》三卷本。至於《新唐書・藝文志》所著錄的孟洗然編次《孟浩然詩集》三卷本，從宋迄今所有公私書目都無記載，既無序跋文字也無原刻翻刻殘本存留，因而顯得神秘莫測，極有可能是孤例。

二

　　據王士源本承傳下來的宋蜀刻本《孟浩然詩集》三卷已經不是王本最初的面目，這可從兩者所收詩篇數目不同可以看出，宋蜀刻本有少許的改動。那麼，宋蜀刻本的刊刻時代又在何時呢？黃丕烈《堯圃藏書題識》卷七云：「至於此刻爲南宋初刻，類此版式，唐人文集不下數十種。」〔註7〕趙萬里先生在《中國版刻圖錄》中說：「傳世蜀本唐人集有兩個系統。一爲十一行本，約刻於南北宋之際，今存《駱賓王》、《李太白》、《王摩詰》三集。一爲十二行本，約刻於南宋中葉。」〔註8〕他認爲宋蜀刻本《孟浩然詩集》刊刻

〔註6〕毛晉《汲古閣書跋》，上海古籍出版社 2005 年，第 45 頁。
〔註7〕黃丕烈《堯圃藏書題識》卷七，余鳴鴻、占旭東點校《黃丕烈藏書題跋集》，
　　　　上海古籍出版社 2013 年，第 386 頁。
〔註8〕趙萬里《中國版刻圖錄》，文物出版社 1961 年，第 245 頁。

在南宋中葉時期。現存的宋蜀刻本唐人集二十三種曾由上海古籍出版社作爲《宋蜀刻本唐人集叢刊》影印出版，其《影印說明》延續了趙萬里先生的意見，也認爲《孟浩然詩集》刊刻於南宋中葉。朱迎平《宋代刻書產業與文學》論述蜀刻本唐人集時也認爲：「至南宋中期，蜀地又有一套十二行本唐人文集誕生，均爲半頁十二行，行二十一字，白口，左右雙邊，避諱均至光宗惇字。」〔註9〕如此看來，從黃丕烈到趙萬里直至當今學術界，對宋蜀刻本《孟浩然詩集》的刊刻年代基本上定在南宋初期或中期。這個結論是否正確，值得進行探討。

除了前引陳振孫《直齋書錄解題》卷十九著錄宋蜀刻本《孟浩然詩集》三卷外，在宋代記錄宋蜀刻本的尚有王楙《野客叢書》及周紫芝《太倉稊米集》，這些訊息可以進一步探索《孟浩然詩集》的刊刻時間。王楙《野客叢書》卷五：「僕嘗取《唐六十家詩集》觀之，其爲牡丹作者幾半，僕不暇縷數，且以《劉禹錫集》觀之，有數篇。」〔註10〕王楙多次在書中提及唐人詩文集，有些集子現在還存留下來，如《駱賓王集》、《劉禹錫集》、《姚合集》等，有些則佚失，如《司空文明集》、《楊巨源集》、《沈亞之集》等。雖然王楙沒有提及《孟浩然詩集》，但因《孟浩然詩集》與上述各本同屬於《唐六十家詩集》，從中也可得到當時的流傳訊息。周紫芝《太倉稊米集》卷三十八《曹度堅待制罷帥成都歸江南以川中〈唐六十家詩〉見遺作長句爲謝》一詩，詩題中明確提到《唐六十家詩》，而且表明是川中刻。詩曰：「三月瞿塘峻江水，萬里歸來蜀都帥。盡收五十四州書，畫舸連檣當歌吹。有唐文士幾千人，文不逮漢詩則異。開元天寶光焰長，長慶元和殿唐季。化入寶奩脂澤中，亦有豐滿有能事。六十餘家三百年，天遣遺風未全墜。青衫昔日同舍郎，老傍人間百無意。將焚筆硯技輒癢，未說風騷心復醉。公堂許我能篇章，遺以斯文慰憔悴。」〔註11〕周紫芝的這首詩透露出來的訊息很重要，蜀刻本《唐六十家詩》很可能不止六十家，而是「六十餘家」，蓋叢書取成數而言。這六十家唐人詩集從時間上跨越整個唐代，三百年正好是初唐到晚唐，所以六十家很能代表唐詩的突出成就與創作風貌。據趙望秦《宋蜀刻本〈李太白文集〉考述》一文的考證，認爲「曹筠得到蜀刻本《唐六十家詩》的時間不會晚於紹興三十

〔註9〕 朱迎平《宋代刻書產業與文學》，上海古籍出版社 2008 年，第 169 頁。
〔註10〕 王楙《野客叢書》卷五，中華書局 1987 年，第 47 頁。
〔註11〕 周紫芝《太倉稊米集》卷三十八，影印文淵閣《四庫全書》本，上海古籍出版社 1989 年，第 266 頁。

三年，則其刻印時間應該更早於是顯而易見的。」〔註 12〕但作者認爲曹筠從四川地區帶出來的《唐六十家詩》是十一行系統，不包含《孟浩然詩集》三卷，對此我們可以稍作辨析。

現存宋蜀刻本《唐六十家詩集》在板式上有十行、十一行、十二行三種系統，究竟哪一種算是《唐六十家詩集》，學術界目前還有爭辯。主流觀點認爲僅有十二行本才算是，其它板式則不算。陳振孫在《直齋書錄解題》中著錄唐人集時，多次提到蜀刻本，並且與之進行比較。以卷十六爲例子，著錄《駱賓王集》十卷，解題云：「又有蜀本，卷數亦同，而次序先後皆異。」又著錄《李翰林集》三十卷，解題云：「別有蜀刻大小二本，卷數亦同，而首卷專載碑、序，餘二十三卷歌詩，而雜著止六卷。」陳氏所見到的蜀刻本《駱賓王集》、《李太白文集》今均存，與記載特點均吻合，但《駱賓王集》與《李太白集》均爲十二行本。同卷著錄《王右丞集》十卷則爲十一行本，其解題云：「建昌本與蜀本次序皆不同，大抵蜀刻《唐六十家集》多異於他處本，而此集編次尤無倫。」〔註 13〕陳振孫在書中明確提出十一行本《王右丞集》是《唐六十家集》，可見在宋人眼裏無論是蜀刻十一行還是十二行本都是屬於《唐六十家集》系列的。李明霞《宋蜀刻〈唐六十家集〉版本考辨》一文從宋蜀刻唐人集的版式多樣、刊刻年代跨度長這兩點出發來考察，認爲「蜀刻《唐六十家集》版本多樣，既有十一、十二行本，還有現已不存的版本。據此推測，南宋時，蜀刻《唐六十家集》是四川地區刊刻唐人集的泛稱。」〔註 14〕上海古籍出版社將所存十一行、十二行本的唐人集收入《宋蜀刻唐人集叢刊》出版，也正是這個意思。基於上述觀點，則周紫芝詩題所說《唐六十家詩》自然就包含《孟浩然詩集》三卷本。如此則宋蜀刻本《孟浩然詩集》的刊行時間可以大致確定在南宋初年即宋高宗紹興中期。

是不是還可以把刊行時間向前推進呢？黃永年先生在《古籍版本學》中判斷這批宋蜀刻本唐人文集「從新刊之類來看，當都是坊刻而非官刻、家刻。」〔註15〕

〔註 12〕趙望秦《宋蜀刻本〈李太白文集〉考述》，《陝西師範大學學報》2014 年第 3 期。

〔註 13〕陳振孫《直齋書錄解題》卷十六，上海古籍出版社 1987 年，第 468 頁。

〔註 14〕李明霞《宋蜀刻〈唐六十家集〉版本考辨》，《四川圖書館學報》2012 年第 2 期。

〔註 15〕黃永年《古籍版本學》，江蘇教育出版社 2009 年，第 89 頁。

　　坊刻本雖不如官刻本那樣嚴格進行避諱，但在刻書時還是要遵循避諱制度。如果從宋蜀刻本《孟浩然詩集》中找出避諱的特徵，就有助於判斷這個本子的具體刊刻時間。我們把宋蜀刻本《孟浩然詩集》三卷所有的北、南宋帝王避諱字通檢一遍，發現僅有一例避諱情況，即上卷《夜歸鹿門寺》之「鹿門月照開煙樹」句中的「樹」字缺最後一點，顯然是避宋英宗趙曙的諱，但全書出現另外的十五個「樹」均不缺筆。而且，上卷《彭蠡湖中望廬山》之「崢嶸當曙空」與下卷《李少府與楊九再來》之「笙歌達曙鐘」兩句中的「曙」字，均未避諱。北宋其它皇帝的名諱如宋真宗趙恒的「恒」字，在書中出現出現三次，詩題分別是《書懷貽京邑同好》、《自潯陽泛舟經明海》、《高陽池送朱一》，均未避諱。宋仁宗趙禎避諱字「徵」字出現六次，分別出現在王士源《孟浩然詩集序》、《行至汝墳寄盧徵君》（此詩連同詩題目錄共出現三次）、《白雲先生迴歌日》、《仲夏歸漢南園寄京邑舊遊》，均未避諱。此外，舉凡北宋皇帝名諱需要避諱的字如「玄」、「弦」、「鏡」、「驚」、「敬」、「胤」、「殷」、「桓」字，多者出現十數次，如「驚」字；少者僅出現一次，如「胤」字，皆未缺筆，也就是沒有做到避諱。南宋皇帝宋高宗趙構名諱的「溝」、「搆」字在《孟浩然詩集》中各出現過一次，分別是王士源《孟浩然詩集序》之「鄉里搆採，不有其半」，以及中卷《晚春臥病寄張八》之「常恐填溝壑」，均不避諱。通檢全書，發現比照兩宋帝王名諱，詩集中需要避諱字約有七十處之多，但全書僅避諱一處，這在宋蜀刻《唐六十家集》中是極其罕見的現象。因此這個孤例的存在，我們可以將宋蜀刻《孟浩然詩集》的刊刻時間向前推至北宋中葉也就是宋英宗時期。

三

　　宋蜀刻本《孟浩然詩集》三卷在宋末元初被劉辰翁加以評點，成為孟浩然詩集版刻史上的第一種評點本，也是宋蜀刻本另外一種形式的流傳。劉辰翁評點孟詩三卷刊行後，在明代十分流行，先後衍生出多種變本，卷數與篇目都有不同。加上還有李夢陽、袁宏道、顧道洪等人的參與，因而劉評本在版本上顯得較為複雜。根據各種書目著錄，劉辰翁評點的孟浩然詩書名有兩種，一個是《孟浩然詩集》，署宋劉辰翁注或評點，有兩卷、三卷、四卷本，一個是《須溪先生批點孟浩然集》三卷本，兩種書今均有著錄。各種版本的劉辰翁評點本，所收孟浩然詩數目均是不同的。最早的版本即根據宋蜀刻本

《孟浩然詩集》所載篇目進行評點與刊刻，因元刻本今不傳，無法窺知最初的形態。楊守敬《日本訪書志》卷十四著錄一種日本元祿庚午翻刻本，「書分上中下三卷，凡遊覽五十七首，贈答三十一首，旅行三十首，送別四十首，宴樂十七首，懷思十五首，田園十九首，共二百九首。首題孟浩然詩集卷上，次行題須溪先生批閱，」〔註16〕這個本子當繫日本人翻刻中國元代早期的劉辰翁評本，收孟詩二百零九首，相對於宋蜀刻本《孟浩然詩集》所收二百一十一首，數目相差不大。而且元祿庚午翻刻本將孟詩分為遊覽、贈答、旅行、送別、宴樂、懷思、田園七類，頗符合王士源《孟浩然詩集序》中所說的「今集其詩二百一十八首，別為七類，分上中下卷」的實際情況。這個收詩二百零九首的劉評本應該是最早的版本。

顧道洪在萬曆四年（1576）藻翰齋刻《孟浩然詩集》三卷本《凡例》中說：「余家藏孟浩然詩集凡三種，一宋刻本；一元刻本，即劉須溪批點者；一國朝吳下刻本，即高岑王孟等十二家者。暇日集覽窗幾，參互考訂，多見異同。因以宋本為近古，庶鮮失真，乃依之為準則。互有字異者，有句異者，有前後倒置者，有通篇不同者，並於宋本內注元本作某，今本作某，或二本作某，字句亦如之，隨所詳悉。復照須溪批點增入，以備觀覽。」〔註17〕顧道洪注意到宋刻本、元刻本以及明刻本之間的文字異同，力圖校勘出一個質量比較高的孟浩然詩集來，而且他所依據的校勘原則是不輕易改動宋刻本的文字。對於各本之間的篇目異同，他接著在《凡例》中寫到：「是集依宋本上中下卷目錄，逐卷隨之，意在類編，初不顯立名目。上卷計詩八十五首，中卷計詩六十三首，下卷計詩六十二首，共詩二百十首。外有張子容二首，白雲先生迴歌一首，二本俱不載，復附入名人懷贈內。元本劉須溪批點者，卷數與宋本相同，編次互有同異，類分標目，凡十條：遊覽詩五十七首，贈答詩四十三首，旅行詩三十首，送別詩四十首，宴樂詩十六首，懷思詩十五首，田園詩十九首，美人詩七首，時節、拾遺各三首，共二百三十三首，多於宋本二十三首。今本即《盛唐十二家》之一，詩以體編，分為四卷，計五七言古詩六十八首，五言排律三十七首，五七言律詩一百三十三首，五七言絕句二十五首，共二百六十三首。元本多於宋本二十三首，今本又多於元本三十

〔註16〕楊守敬《日本訪書志》卷十四，遼寧教育出版社2003年，第221頁。
〔註17〕顧道洪《孟浩然詩集參校本凡例》，佟培基《孟浩然詩集箋注》附錄，上海古籍出版社2000年，第435頁。

首，共多於宋本五十三首，另立補遺。又採輯《國秀集》內二首，《文苑英華》內一首，皆諸本所不載者，名爲《拾遺》與《補遺》，共爲一卷。」

顧道洪的這篇《凡例》對我們研究宋本、元本與明本《孟浩然詩集》之間的編次與卷數以及相互的傳承關係提供了很好的文獻材料。日本翻刻的劉評本收詩二百零九首，而顧道洪見到的元刻劉評本，收孟詩已經增加到二百三十三首，超過了宋蜀刻本二百一十一首的篇數，說明在元代已經開始了對孟浩然詩歌的輯佚工作。顧道洪見到的元刻劉須溪評點本比楊守敬見到的日本翻刻本之祖本，在刊刻時間上要晚些，因爲前者收詩已經由宋蜀刻本的七類擴充到了十類，增加了美人詩、時節詩和拾遺詩三類，篇目從二百零九首增加至二百三十三首，而且顧道洪見到的這個元刻本比宋刻本多出二十三首詩。元刻劉辰翁評點本今已失傳，見不到原貌，但今傳一種明活字本劉辰翁評本，傅增湘《藏園群書經眼錄》卷十二就著錄一部《須溪先生批點孟浩然集》三卷：「明活字印本，九行十九字。分遊覽、贈答、旅行、送別、宴樂、懷思、田園、美人、時節十類。（繆氏藝風堂藏書）」〔註 18〕傅增湘《藏園訂補邵亭知見傳本書目》卷十二也著錄同一部書。經查，繆荃孫《藝風藏書記》卷六曾著錄：「《須溪先生批點孟浩然集》三卷，明活字本。有正德元年黎堯卿跋。」〔註 19〕

從內容卷次與篇數來講，顧道洪見到的這個元刻本與毛晉見到的是同一個本子。顧、毛二人刊刻《孟浩然詩集》同根同源，不僅卷數一致，而且所收篇目均同。顧道洪藻翰齋刻本《孟浩然詩集》三卷，是以宋蜀刻本《孟浩然詩集》三卷爲底本，參考元刻劉辰翁評點本《孟浩然詩集》三卷、明吳下《盛唐十二家》本《孟浩然集》四卷而成。此書將劉辰翁評語照錄。正集《孟浩然詩集》三卷，收詩二百十首，《補遺》一卷，從元本、今本以及《國秀集》、《文苑英華》輯佚五十六首，共計二百六十六首，爲孟集收詩最全之本。書末附有顧道洪輯《襄陽外編》一卷，收錄有關孟浩然傳記、序跋以及歷代名人懷贈孟浩然之作。該書半頁十行十八字，白口，四周單邊。明末崇禎年間常熟毛晉汲古閣刊刻《五唐人集》，其中有《孟襄陽集》三卷，即以宋蜀刻本爲底本，參考元刻劉辰翁評點本、弘治關中刻本，收孟詩二百六十六首。此書半頁九行十九字，白口，左右雙邊。書口下刻「汲古閣」三字。前有王士

〔註 18〕傅增湘《藏園群書經眼錄》卷十二，中華書局 1983 年，第 1012 頁。
〔註 19〕繆荃孫《藝風藏書記》卷六，上海古籍出版社 2007 年，第 131 頁。

源序，後有毛晉跋。今顧、毛刻二書均存中國國家圖書館，《北京圖書館古籍善本書目》集部著錄。

除了顧道洪校訂過劉辰翁評點本外，在明代還有李夢陽、袁宏道分別批、評劉評本刊行。凌濛初在《孟浩然詩集套印本跋》中說：「襄陽詩集，劉須溪先生批校本乃其全者。近更得友人潘景升家所梓行，則復有李空同先生所參評，間相攻駁，亦有刪削。蓋李崛起關中，雄視千古，故每於格調之間深求之，然亦可以見言詩者一斑。今全錄則從劉本，次第則從李本，以李每言若干首爲一格，若從劉則李批不協耳。」〔註20〕凌濛初刊行的這個《孟浩然詩集》二卷本，是他套印《盛唐四名家集》之一種，題「唐襄陽孟浩然撰、宋廬陵劉辰翁評、明北地李夢陽參」。半頁八行十九字，白口，左右雙邊，無魚尾，於書眉上刻評語。前有王士源序，末有劉辰翁跋、李夢陽跋、李克嗣跋、凌濛初跋。此書分體編排，上卷收五古、五律，下卷收五律、五排、七律、五絕、七絕，共計收錄孟詩二百六十二首，較顧道洪、毛晉本少詩四首。明末另有一種《孟浩然詩集》二卷本，卷端題「宋須溪劉辰翁批點、明石公袁宏道參評」。半頁九行十九字，白口，四周單邊。卷首有王士源序，次爲集評。編排亦爲分體，上卷收五古、七古，下卷收五律、七律、五排、五絕、七絕，共計收錄孟詩二百六十七首，較顧道洪、毛晉本多詩一首。

上述以元刻劉辰翁評點本爲基礎，由明代顧道洪、李夢陽、袁宏道等人分別參與校訂、批評的《孟浩然詩集》，從源頭上來講，都是宋蜀刻本《孟浩然詩集》三卷本的變體。雖然這些新本在收錄孟詩的篇目上多於宋蜀刻本，但孟詩主體依舊是宋蜀刻本，多出的詩歌在不同時期由多人輯佚而成。對於這些多出宋蜀刻本的詩篇，《四庫全書總目》卷一百四十九有評論：「此本四卷之數，雖與序合，而詩乃二百六十二首，較原本多四十五首。洪邁《容齋隨筆》嘗疑其《示孟郊》詩時代不能相及。今考《長安早春》一首，《文苑英華》作張子容，而《同張將軍薊門看燈》一首亦非浩然遊跡之所及。則後人竄入者多矣。士源序又稱詩或闕逸未成，而製思清美，及他人酬贈，咸次而不棄。而此本無不完之篇，亦無唱和之作。其非原本，尤有明徵。」〔註21〕明人刻書好大喜功，貪大求全，此於明刻《孟浩然詩集》誠爲顯例。

此外，在明代以元刻劉辰翁評點本爲底本進行翻刻的，尚有嘉靖十九年

〔註20〕佟培基《孟浩然詩集箋注》附錄，上海古籍出版社 2000 年，第 437 頁。
〔註21〕永瑢等《四庫全書總目》卷一百四十九，中華書局 2003 年，第 1283 頁。

（1540）朱警輯《唐百家詩》本《孟浩然集》三卷。朱警本以元刻《須溪先生批點孟浩然集》三卷本爲底本照錄不誤，在分類、卷數、篇目上與元刻本無異，即與顧道洪《孟浩然詩集參校本凡例》提到的元本爲同一部書。不過顧道洪在《凡例》中的說明與朱警本尚有些微不同，「一、顧道洪說遊覽五十七首，朱警本卻分爲遊覽二十六首，覽望三十一首，顧道洪看漏了覽望這一行類目。二、顧道洪說宴樂十六首，實際上卻是十七首，顧道洪漏數了一首，因爲 209 首版本的宴樂類也是十七首，所以此一版本的總數是 234，而不是顧道洪所說的 233。」〔註22〕朱警輯本《孟浩然集》三卷本流傳頗廣，有多家書目著錄。

宋蜀刻本《孟浩然詩集》三卷本基本上還是大致按照題材進行分類，顧道洪就在《凡例》中指出：「是集依宋本上中下卷目錄，逐卷隨之，意在類編，初不顯立名目」。這裏的「意在類編」實際上指宋本在內容上還是有編排的，只不過不明顯而已。劉辰翁評點本即開始孟集分類，從開始的七類到後來的十類，分類逐步成熟。從明代正德開始，明人編校、選編唐人詩集改爲分體本，按照詩歌體裁編排，這種選編分體方式的出現有利於傳播與普及唐詩。《孟浩然詩集》也不例外，李夢陽、袁宏道批、評本即是孟浩然集分體本，雖然源出劉辰翁評點本，但也適應了形勢的發展，從而得風氣之先呈現出新面貌。明代刊刻孟集雖多，但宋蜀刻本《孟浩然詩集》在版本上的校勘價值仍不容忽視。對此，傅增湘在《校蜀本孟浩然集跋》一文中有很好的評價，他說：「今以蜀刻校之，分卷既殊，次第迥異，而字句差異乃改不勝改，開卷五序即改改訂至一百餘字。卷中詞句最異者如《尋香山堪上人》詩『谷口聞鐘聲』一聯在『苔壁饒古意』下，《漢中漾舟》詩『波影搖妓釵』一聯在『日入須秉燭』下，《家園臥疾》詩末增『顧予衡茅下』等四聯，《登總持浮圖》少『累劫從初地』等二聯，《送崔遏》詩三四聯與一二聯互易。其它文字不同者幾於無首無之，多至不可勝計。」〔註23〕由於宋蜀刻本源出於唐人王士源編訂本，在文字上它最符合孟詩本來面目，因而顯得格外寶貴，在校勘孟集時它是最可靠的版本依據。

（原載《江西師範大學學報》2015 年第 2 期）

〔註22〕呂正惠《孟浩然詩集的版本問題》，《閩江學刊》2011 年第 5 期。
〔註23〕《藏園群書題記》卷十一，上海古籍出版社 1989 年，第 579 頁。

李白詩在唐五代的編集與流傳

　　李白集現存最早的刻本爲北宋蜀刻本《李太白文集》三十卷，它距離李白去世已逾三百多年。其間李白詩文的編集與流傳，因爲時間久遠，載籍零落，原本無存，均言之不詳。本文試圖鉤稽各種史料，對李白詩歌在唐五代的流傳略作探析，以便考察李詩在唐五代社會各階層和各流派詩人間的流傳與影響。

一

　　李白生前曾三次託人編修自己的詩集。天寶十三載（754），李白與魏徵的曾孫魏顥相見於金陵，李白有《送王屋山人魏萬還王屋並序》詩，魏顥有《金陵酬翰林謫仙子》詩，兩人相聚甚歡。李白把自己的詩文託付給魏顥，讓他編集。魏顥《李翰林集序》云：「因盡出其文，命顥爲集。」〔註1〕但魏顥當時並沒有立即編集，而是等到上元二年（761）才編就。魏序云：「經亂離，白章句蕩盡。上元末，顥於絳偶然得之，沉吟累年，一字不下。今日懷舊，援筆成序，首以贈顥作、顥酬白詩，不忘故人也；次以《大鵬賦》、古樂府諸篇，積薪而錄；文有差互者，兩舉之。白未絕筆，吾其再刊。」魏顥編訂的《李翰林集》只有二卷，收錄李白詩文四十四篇。這是最早的李白集，流傳了三百多年，直到北宋熙寧元年（1068）宋敏求編纂李白集還見到過魏顥編的這個二卷本，並作爲重要的參考文獻，編入《李太白文集》三十卷本，說明它具有旺盛的生命力。魏編本今雖不存，但從魏序中可知，李白本人在

〔註1〕王琦《李太白全集》卷三十一，中華書局 1977 年，第 1448 頁。

整理手稿時，就有詩文錯雜、同詩異文的情況。魏顥在編集過程中遇這種情況，「兩舉之」，全部照錄了。魏編本從內容上看，主要是詩歌，尤其是樂府詩。文則僅有一篇《大鵬賦》，蓋因「《大鵬賦》時家藏一本」，是李白成名的代表作。這個本子可視爲李白樂府詩集。

乾元二年（759），李白長流夜郎遇赦回江夏后，將手稿交付給隨州僧人貞倩，其《江夏送倩公歸漢東序》云：「僕平生述作，罄其草而授之。」〔註2〕但這部手稿未見編次，下落不明。

上元二年（761），李陽冰爲宣州當塗縣令，李白前往依之，有《獻從叔當塗宰陽冰》、《當塗李宰君畫贊》二詩。次年寶應元年（762）十一月，李白將手稿付與李陽冰，請他整理文集並寫序言。李陽冰在《草堂集序》中講述了這件事的始末，其云：「陽冰試絃歌於當塗，心非所好，公遐不棄我，扁舟而相歡。臨當掛冠，公又疾殛。草稿萬卷，手集未修。枕上授簡，俾余爲序。論《鄭雎》之義，始愧卜商；明《春秋》之辭，終慚杜預。自中原有事，公避地八年；當時著述，十喪其九，今所存者，皆得之他人焉。時寶應元年十一月乙酉也。」〔註3〕《新唐書・藝文志》載「李白《草堂集》二十卷，李陽冰錄」當即此本，但宋人樂史《李翰林別集序》：「李翰林歌詩，李陽冰纂爲《草堂集》十卷」〔註4〕。宋敏求《李太白文集後序》亦云：「唐李陽冰序李白《草堂集》十卷」〔註5〕，可知李陽冰所編《草堂集》實爲十卷本。《新唐書》所謂「二十卷」者，疑爲范傳正所增訂、仍署名李陽冰編的《草堂集》二十卷。

上述李白三次將手稿託人編集，情況皆有相同之處。首先李白分別向魏顥、貞倩、李陽冰三人親授的是手稿，「盡出其文」、「罄其草而授之」、「枕上授簡」，說明李白很信任他們，把手稿託付之。其次從魏、李編集來看，只是李白詩集，而缺少文集。李陽冰編《草堂集》十卷，樂史《李翰林別集序》說是「李翰林歌詩」，實際上是詩集。再次是魏、李所編都不是李白的詩文全集，而是「章句蕩盡」、「十喪其九」的殘餘篇什。魏顥將李白交給的手稿丟失，多年後在絳州偶然得到一個民間選本，在此基礎上編成《李翰林集》二卷。所謂「白未絕筆，吾其再刊」是爲了掩飾自己丟失手稿的客套話而已。

〔註2〕王琦《李太白全集》卷二十七，中華書局1977年，第1280頁。
〔註3〕王琦《李太白全集》卷三十一，中華書局1977年，第1446頁。
〔註4〕王琦《李太白全集》卷三十一，中華書局1977年，第1453頁。
〔註5〕王琦《李太白全集》卷三十一，中華書局1977年，第1477頁。

而李白病床上交給李陽冰的手稿,「今所存者,皆得之他人焉」,可見也是輾轉多次得之,實屬不易。魏、李二人編集的李白集,在中唐頗爲流行。貞元六年(790),劉全白作《唐故翰林學士李君碣記》謂「文集亦無定卷,家家有之」,即可説明。

元和十二年(817),范傳正在李陽冰編《草堂集》十卷本的基礎上,重編「文集二十卷」。對於范編本,因唐宋時期所有公私書目都不見署作范傳正編李白集的記載,無法推測其編李白集的書名,僅知有二十卷,可見是詩文合編本。范傳正《唐左拾遺翰林學士李公新墓碑並序》云:「文集二十卷,或得之於時之文士,或得之於公之宗族,編輯斷簡,以行於代。」〔註6〕《舊唐書‧李白傳》載李白有「文集二十卷行於時」説的就是范傳正這個重編本。范氏所收李白詩文,「或得之於時之文士,或得之於公之宗族」,與李陽冰「皆得之他人焉」有相同之處。詹鍈《〈李白集〉版本源流考》一文認爲:「范傳正所編的二十卷本或許是在李陽冰《草堂集》基礎上擴大成爲二十卷的」〔註7〕,這個推測較爲合理。但這裏也有一個問題,即爲何魏顥、李陽冰編集的李白集,在三百年後的北宋都能見到原書,而范傳正重編署名李陽冰的「文集二十卷」本卻沒有人看到?宋代的樂史、宋敏求、曾鞏等人編李白集,都未曾見到過這個本子,此爲可疑之處。是否存在這種可能性,即范傳正重編的這個二十卷本沒有實際刊刻過。《舊唐書‧李白傳》所載「文集二十卷」是採自范碑而非實錄。

李陽冰説李白詩「草稿萬卷,手集未修」,又説「當時著述,十喪其九」,可見李詩散佚的比例很大。李白全集的失傳是一個很大的損失,宋人重編李集做了很大工作,最大程度保存了李白詩文。那麼,散佚李白詩情況如何呢?武承權《李白詩文散失、眞僞、著作數目試析》〔註8〕一文從李白詩文集以及其它唐人材料中搜檢,認爲散失詩二十一首、文四篇。但武文的統計只包括目前能見到的材料,可能與事實上散失的數目有差異。

李白詩在唐代就漂洋過海傳到了日本。清末黎庶昌編《古逸叢書》收有日人藤原佐世《日本國見在書目》,著錄有《李白歌行集》三卷。「歌行」在唐代指樂府詩,《李白歌行集》即爲李白樂府詩集的單行本。藤原佐世編《日

〔註6〕 王琦《李太白全集》卷三十一,中華書局1977年,第1468頁。

〔註7〕 詹鍈《〈李白集〉版本源流考》,《李白全集校注匯釋集評》,百花文藝出版社1996年,第4541頁。

〔註8〕 《中國李白研究》2005年集,黃山書社2005年,第289頁。

本國見在書目》在唐昭宗大順二年（891），是日本現存最早的一部敕編漢籍書目。宋英宗治平元年（1064），宋敏求因編白集，得到王溥家藏李白詩集的上、下二帙，共一百零四篇，而缺下帙。其《李太白文集後序》云：「治平元年，得王文獻公溥家藏白詩集上中二帙，凡廣一百四篇，惜遺其下帙。」宋氏又據魏顥本廣詩四十四篇，合一百四十八篇。宋蜀刻本《李太白文集》卷三至卷六、咸淳本《李翰林集》卷三至卷五爲樂府詩。宋人葛立方《韻語陽秋》卷十「李白樂府三卷」與《李白歌行集》三卷相吻合。據胡俊《唐宋〈李白集〉編纂過程中的詩、文分合及相關問題》〔註9〕一文分析，咸淳本《李翰林集》所收樂府詩爲一百四十九首，去掉《塞下曲六首》後人補入的其四，正好是一百四十八首，與宋敏求據兩本增廣的詩篇數目相同，而宋蜀刻本《李太白文集》所收樂府詩爲一百四十七首，可見王溥家藏本與魏顥本所據原本皆爲李白樂府詩的單行本。

二

別集以外，李白詩在北宋前還以多種方式流佈。試分別加以考述。唐代除了魏顥、李陽冰、范傳正整理、編集李白詩集流傳外，更多的是以手抄的形式傳播。手抄的形式主要有兩種，即李白本人的手跡與他人抄寫李白詩文，這在別集未編輯之前是李白詩的主要傳播方式。

先談李白的手跡。《全唐詩》卷八百六十許宣平《見李白詩又吟》前小序：「白訪宣平不得，乃題詩於庵壁曰：『我吟傳舍詩，來訪倦人居。煙嶺迷高跡，雲林隔太虛。窺庭但蕭索，倚杖空躊躇。應化遼天鶴，歸當千載餘。』宣平歸庵，見壁詩，作此。」〔註10〕《雲仙雜記》卷二：「李白遊慈恩寺，寺僧用水松牌刷以吳膠粉，捧乞新詩。白爲題訖，僧獻玄沙鉢、綠英梅、檀香筆格、蘭縑袴、紫瓊霜。」〔註11〕這兩則是李白題詩在寺院的牆壁上，一自題一請題。除了寺院牆壁，李白還在其它地方題詩。《許彥周詩話》：「先伯父熙寧九年四月二十七日夜夢至一處，榜曰清香館。東偏有別院，東壁有詩牌云：題冀公功德院，山東李白。」〔註12〕天寶中李白入京供奉翰林，

〔註9〕 《中國李白研究》2012年集，黃山書社2012年，第320頁。
〔註10〕 《全唐詩》卷八百六十，中華書局1960年，第9719頁。
〔註11〕 瞿蛻園、朱金城《李白集校注》附錄六，上海古籍出版社1980年，第1898頁。
〔註12〕 《歷代詩話》本，中華書局1981年，第396頁。

主要的工作就是寫詩。這在唐人筆記小說中多有記載，試舉幾例。《詩話總龜》前集卷三十一：「遂命龜年持金花箋宣賜翰林學士李白，進《清平調》詞三章。白欣承詔旨，猶苦宿醒未解，因援筆賦之。」〔註13〕《唐國史補》卷上：「李白在翰林多沈飲。玄宗令撰樂詞，醉不可待，以水沃之，白稍能動，索筆一揮十數章，文不加點。」〔註14〕《唐摭言》卷十三：「開元中，李翰林應詔草《白蓮花開序》及《宮詞》十首。時方大醉，中貴人以冷水沃之，稍醒，白於御前索筆一揮，文不加點。」〔註15〕這些筆記小說的記載，雖有誇飾之詞，但李白才思敏捷，揮筆成詞的事實不成問題。李白還將自己的詩呈給別人，以求博取名聲。《本事詩》高逸第三：「李太白初自蜀至京師，舍於逆旅。賀監知章聞其名，首訪之。既奇其姿，復請所為文。出《蜀道難》以示之。讀未竟，稱歎者數四，號為謫仙。」〔註16〕這則軼聞為多家筆記小說轉載，流傳較廣。唐裴敬《翰林學士李公墓碑》：「予嘗過當塗，訪翰林舊宅；又於浮屠寺化城之僧得翰林自寫《訪賀監不遇》詩云：『東山無賀老，卻棹酒船回。』味之不足，重之為寶，用獻知者。」〔註17〕可見李白也時常將自己的詩篇贈與他人。

李白存留下來的書法也是其詩歌重要的流傳途徑。《宣和書譜》卷九：「嘗作行書，有『乘興踏月，西入酒家，不覺人物兩忘，身在世外』一帖，字畫尤飄逸，乃知白不特以詩名也。今御府所藏五。行書：太華峰、乘興帖。草書：歲時文、詠酒詩、醉中帖。」〔註18〕李白傳世的書跡比較可信的，有《上陽臺帖》、《訪賀監不遇帖》、《送賀八歸越帖》、《與劉尊師帖》、《乘興帖》、《月下帖》、《樓虛帖》、《天若不愛帖》、《處世如大夢帖》等。按，《訪賀監不遇帖》即《李太白全集》卷二十三《重憶一首》，唯詩中「稽山無賀老」帖中作「東山無賀老」，一字之差。《送賀八歸越帖》即《李太白全集》卷十七《送賀賓客歸越》，此帖為宋孝宗淳熙間所刻《秘閣續帖》收錄。《乘興帖》見《上

〔註13〕《詩話總龜》前集卷三十一，人民文學出版社1987年，第311頁。

〔註14〕《唐國史補》卷上，上海古籍出版社1983年，第16頁。

〔註15〕《唐摭言》卷十三，《唐五代筆記小說大觀》本，上海古籍出版社2000年，第1692頁。

〔註16〕《本事詩》，《唐五代筆記小說大觀》本，上海古籍出版社2000年，第1246頁。

〔註17〕王琦《李太白全集》卷三十一，中華書局1977年，第1469頁。

〔註18〕瞿蛻園、朱金城《李白集校注》附錄六，上海古籍出版社1981年，第1927頁。

陽臺帖》宋徽宗跋，其云：「太白嘗作行書，有『乘興踏月，西如酒家，不覺人物兩忘，身在世外』一帖」。《乘興帖》與《月下帖》、《樓虛帖》俱見王琦《李太白文集》卷三十詩文拾遺，其註云：「唐錦《龍江夢餘錄》：胡文穆記李白三帖，其一云乘興踏月，其二云月下臥醒，其三云樓虛月白。」〔註 19〕《天若不愛酒帖》即《宣和書譜》所謂草書《詠酒詩》，為《李太白全集》卷二十三《月下獨酌》其二。《處世若大夢帖》即《宣和書譜》所謂《醉中帖》，為同卷《春日醉起言志》詩。《送賀八歸越帖》、《與劉尊師帖》俱見裴敬《翰林學士李公墓碑》記載。這些李白手跡是其詩歌流傳的重要載體，由其親筆抄寫，現存下來的不過是極少一部份，更顯得彌足珍貴。

再談他人手抄李白詩。在唐代較為集中抄寫李白詩的，當屬敦煌抄本《李白詩集》。敦煌遺書所存李白詩主要見於伯二五六七號，存李詩三十七題四十三首。這組手抄唐詩總題為《唐寫本唐人選唐詩》，除了李白外，尚有李昂、孟浩然、王昌齡、高適、丘為、常建、陶翰等九人的詩篇，當為殘卷。敦煌唐寫本《李白詩集》為現存最早的唐人抄本，字跡清晰，書寫規範，題文分行或空格抄寫，具有較高的書法藝術價值。更為難得的是，抄本在書寫內容上訛奪脫漏之處很少，對校勘李白詩文有文獻價值，它是考察唐宋以來李白詩歌異文的重要版本依據。在唐代編修的幾種李白集失傳的情況下，這組手抄李白詩對探求李詩原貌顯得格外重要。張錫厚《敦煌本〈李白詩集〉殘卷再探》、黃永武《敦煌所見李白詩四十三首的價值》二文〔註 20〕對此多所發明，可參看。

今存唐人選唐詩十餘種，除了上提《唐寫本唐人選唐詩》外，尚有殷璠《河岳英靈集》、韋莊《又玄集》、韋縠《才調集》選錄李白詩。從這些唐人選唐詩選本中，可以考知李白詩歌的傳播情況以及唐人對李白詩歌的看法。

《河岳英靈集》是盛唐時期由丹陽進士殷璠選編的一部著名的唐詩選本，全書兩卷，收錄詩人二十四人，詩作二百三十四首。其中選錄李白詩十三首，依次為《戰城南》、《遠別離》、《野田黃雀行》、《蜀道難》、《夢遊天姥山別東魯諸公》、《憶舊遊寄譙郡元參軍》、《詠懷》、《酬東都小吏以斗酒雙鱗

〔註 19〕王琦《李太白全集》卷三十，中華書局 1977 年，第 1436 頁。

〔註 20〕張錫厚《敦煌本〈李白詩集〉殘卷再探》，《中國李白研究 1992～1993 年集，安徽文藝出版社 1994 年，第 332 頁。又載《敦煌本唐集研究》，臺灣新文豐出版股份有限公司 1995 年，第 205 頁。黃永武《敦煌所見李白詩四十三首的價值》，《敦煌的唐詩》，臺灣洪範書店 1987 年。

見醉》、《答俗人問》、《古意》、《將進酒》、《烏棲曲》。殷璠選詩注重風骨，他在《河岳英靈集》中說：「自蕭氏以還，尤增矯飾。武德初，微波尚在。貞觀末，標格漸高。景雲中，頗通遠調。開元十五年後，聲律風骨始備矣。」集中所選詩篇，起於開元二年，止於天寶十二載，其間正是盛唐詩歌「聲律風骨始備」的作品。他選的李白詩十三首全部是古體，無一近體，這恰好是李白的強項，抓住了李詩的本質特徵。他評論李白詩：「白性嗜酒，志不拘檢，常林棲十數載，故其爲文章，率皆縱逸。至如《蜀道難》等篇，可謂奇之又奇。然自騷人以還，鮮有此體調也」〔註21〕，抓住了「奇之又奇」的主要特色，是對李白詩的特色以及淵源最爲精當的概括。他選的《蜀道難》、《將進酒》、《夢遊天姥山別東魯諸公》等詩，都是李白的代表作，兼有風骨聲律二者之長，別具隻眼。殷璠還指出李白詩淵源於楚騷，這也抓住了李詩的藝術特質，對後世影響很大。

　　《又玄集》是晚唐著名詩人韋莊入蜀前在長安時所編，全書三卷，選錄詩人一百四十三人，詩作三百首。收錄李白詩四首，依次爲《蜀道難》、《古意》、《長相思》、《金陵西樓月下吟》。韋莊選詩注重清詞麗句，他在《又玄集序》中說：「自國朝大手名人，以至今之作者，或百篇之內，時記一章。或全集之中，唯徵數首。但撮其清詞麗句，錄在西齋；莫窮其巨派洪瀾，任歸東海。總其記得者才子一百五十人，誦得者名詩三百首。」〔註22〕所選四首詩，除了《蜀道難》是奇之又奇之作外，其它三篇都是堪稱清詞麗句，符合韋莊的審美要求。韋莊將杜甫、李白、王維置於卷首，顯寓尊崇。他選杜詩七首，爲全集之冠。李白、王維均爲四首，可以看出他是按照詩壇地位的影響排列。七首杜詩與四首王詩均是近體詩，而四首李詩全是古體，可以看出對三人詩作有深入的對比分析，頗符合當時的實際情況。

　　《才調集》爲後蜀韋縠所編，全書十卷，收錄詩人一百八十多人，每卷選唐人詩一百首，共一千首，是唐人選唐詩中部頭最大的一部書。卷六收李白詩二十八首，依次爲《長干行二首》、《古風三首》、《長相思》、《烏夜啼》、《白頭吟》、《贈漢陽輔錄事》、《擣衣篇》、《大堤曲》、《青山獨酌》、《久別離》、《紫騮馬》、《宮中行樂三首》、《愁陽春賦》、《寒女吟》、《相逢行》、《紫宮樂

〔註21〕殷璠《河岳英靈集》，《唐人選唐詩十種》本，上海古籍出版社1978年，第40頁。

〔註22〕韋莊《又玄集》，《唐人選唐詩十種》本，上海古籍出版社1978年，第348頁。

五首》、《會別離》、《江夏行》、《相逢行》。韋縠選詩提倡「韻高」、「詞麗」,要求高尚的情韻格調和穠麗的詞采才華,即所謂「才調」。他在《才調集敘》中提出了選詩標準,即「韻高而桂魄爭光,詞麗而春色鬥美。」〔註23〕所選詩人,盛唐突出李白,中唐推崇白居易、元稹,晚唐以溫庭筠、韋莊、杜牧、李商隱四家詩最多,見出編者旨趣之所在,所取作品以穠麗蘊藉的閨情詩爲多。韋縠所選二十八首李白詩與其它選本不同,沒有一首豪放縱逸風格的詩篇,而是描寫婦女的生活與怨情,題材與格調狹小,無論是在思想性還是在藝術性上,都不能代表李白詩歌的風格。

唐代的其它選本,如晚唐顧陶《唐詩類選》一書也收錄有李白詩,因此書早已散佚,無法探知其收錄情況。但顧陶所寫的《唐詩類選序》與《後序》今完整地保存在《文苑英華》中,也可以大致探討他的選詩宗旨與意趣。

除了選本外,在唐代還有一些碑刻、碑帖收錄了李白詩,甚至有些詩篇傳到了海外。據王新霞《韓國〈高僧遺墨〉李白的兩首詩》〔註24〕一文,知韓國清州西原大學保存有唐代新羅僧人金生書寫的李白兩首詩的拓片遺跡,收錄在《高僧遺墨》中。兩首詩分別是《王右軍》、《送賀賓客歸越》,文字與今本稍有不同。金生生於唐睿宗景雲三年(711),卒於唐德宗貞元七年(791),韓國《三國史記》卷四十八有傳。其生活年代與李白同時而稍後,其書寫的李白詩保持了原始狀態。

三

作爲盛唐最有創作個性的李白在唐人心目中究竟處於什麼樣的位置,對唐代中後期詩歌的發展產生過什麼影響?長期以來,由於李白詩在唐五代刊刻、流傳的情況不明,導致對其詩歌的評價出現了偏差。有流佈才有影響。本節擬綜合前文考述的結論,考察李白詩在李白生前和死後三百年間,在社會各階層各詩人群體間的流傳情況,並對此作出分析。

李白在生前就有不少人對他的詩歌進行了評論。據王紅霞《宋代李白接受史》一書統計,唐五代時期「提及李白的詩有 130 首左右,文有 31 篇左右,詩話有 11 則左右,筆記有 33 篇左右。」〔註25〕這說明唐人對李白懷有濃厚

〔註23〕 韋縠《才調集》,《唐人選唐詩十種》本,上海古籍出版社 1978 年,第 444 頁。
〔註24〕 《中國李白研究》2005 年集,黃山書社 2005 年,第 284 頁。
〔註25〕 王紅霞《宋代李白接受史》,上海古籍出版社 2010 年,第 4 頁。

的興趣。

李白作詩始於青少年時代。在蜀中，他就得到當時著名的道士司馬承禎、文章家蘇頲的稱讚。在《上安州裴長史書》和《大鵬賦》中，他們推許李白「天才英麗」、「仙風道骨」，把他比作漢代的司馬相如，充滿了期許。李白入京後又得到當時的文壇領袖賀知章的揄揚，驚呼爲「謫僊人」，從此「謫僊人」成了李白的代名詞。賀知章與李白一見如故而成爲忘年交，李白有多首詩贈他。賀氏歸越後不久病故，李白後遊會稽曾有多首憑弔之作。以上三人年輩都比李白長，司馬承禎、賀知章都比李白大四十餘歲，他們對李白的讚譽會在當時引起轟動，有利於李白詩的傳播。杜甫在《寄李十二白二十韻》詩中說：「昔年有狂客，號爾謫僊人。筆落驚風雨，詩成泣鬼神。」〔註26〕對李白的詩歌藝術特徵進行了精確的提煉與概括，他超凡脫俗的謫仙氣質已經被時人認可。在杜集中直接贈李白和涉及李白的詩作十五首之多，如「世人皆欲殺，吾意獨憐才。敏捷詩千首，飄零酒一杯。」（《不見》）、「李白斗酒詩百篇，長安市上酒家眠。天子呼來不上船，自稱臣是酒中仙。」（《飲中八仙歌》）、「白也詩無敵，飄然思不群。清新庾開府，俊逸鮑參軍。」（《春日憶李白》），這些詩高度地讚美了李白的詩作，看出他對李白的崇敬與欽佩。

據《新唐書·李白傳》所載，李白在待詔翰林期間，曾與「知章、李适之、汝陽王璡、崔宗之、蘇晉、張旭、焦遂爲『酒中八仙』」。又據《李太白全集》、《本事詩》、《開元天寶遺事》、《明皇雜錄》等書記載，李白在長安期間，還與嗣岐王李珍、徐王李延年、司勳員外郎盧象、監察御史崔成甫等相過從，這些人幾乎都是當時京城裏的社會名流，他們的延譽與提攜，擴大了李白詩的知名度。魏顥《李翰林集序》說：「白亦因之入翰林，名動京師，《大鵬賦》時家藏一本。」任華《雜言寄李白》：「見說往年在翰林，胸中矛戟何森森。新詩傳在宮人口，佳句不離明主心。」〔註27〕見當年李白詩在京城受到的重視程度，其它詩人如杜甫望塵莫及。李杜齊名，但在開天年間李白的名氣要遠遠大於杜甫，一個重要的原因即在於李白詩流佈的廣度要大於杜詩。李白在世時，有詩歌贈與、讚美他的近十人，詩作二十餘首，但很少有詩歌稱讚杜甫的，這也從側面反映了李白詩的影響程度。

〔註26〕仇兆鰲《杜詩詳注》卷八，中華書局1979年，第661頁。

〔註27〕《李白資料彙編》（唐宋之部），中華書局2007年，第9頁。

盛唐時期可以說是李白的時期，但到了中唐這種情況發生變化。唐代的詩歌主潮由浪漫詩潮轉變爲寫實詩潮，加上杜甫的崛起，元白詩派的形成，李白詩的影響逐漸減弱。到了晚唐，這種情況又有所回潮，出現鐘擺現象。元稹《唐故工部員外郎杜君墓係銘並序》與白居易《與元九書》二文出現揚杜抑李傾向，分別從文體、政治教化兩方面來貶低李白詩，這與元白詩派的詩歌理論跟創作實踐密切相關。元白的揚杜抑李說過火了些，韓愈表示不滿，他在《調張籍》、《薦士》等詩中提出李杜並駕齊驅說。韓孟詩派中的中堅人物李賀，進一步將李白的浪漫詩風發展到極致。元白之後，中晚唐時期出現尊杜而不排李、李杜並尊的局面，杜詩寫實與李詩浪漫交融貫通，二者相互作用使晚唐詩壇出現多姿多彩的面貌。這時期的詩人大多程度不等地受到了李白詩燻育。學習李白樂府和七古的有孟郊、李賀、張碧、馬戴、劉叉、貫休、陳陶、吳融、修睦等人。學習李白絕句的有李益、李賀、劉禹錫、杜牧、張祐、韋莊等人，這些人形成了一個繼承李白浪漫詩風的詩人群。劉禹錫、杜牧的五七言絕句，在精神氣質與藝術風格上與李白一脈相承，直接盛唐氣韻，成爲晚唐詩壇的絕響。

晚唐詩人幾乎無人不談李白，只是學李白詩的著眼點各有不同。他們高度地評價了李白的詩才和人品。皮日休在《劉棗強碑》中極力稱讚李白想像奇特、光怪陸離的詩風，在《七愛詩》序中指出李白詩「眞放」的特點。鄭谷《讀李白集》、釋齊己《讀李白集》二詩透露出李白集在晚唐的流佈訊息。杜荀鶴在《經青山弔李翰林》將李白視爲千古難得一見的大詩人。釋貫休詠李白之詩多達九首，在《古意九首》其八、《觀李翰林眞》詩中把李白塑造成一個笑傲權貴、放浪不羈的形象，視李白爲下凡的星精。李白一生遊歷之地，尤其是江南一帶留下了李白的蹤跡，成爲後代文人騷客登臨憑弔的勝地，出現了大批的詠懷詩歌。姚合、李群玉、裴說、許裳、吳融、鄭谷、韋莊、曹松等詩人集中就有不少這樣的作品。後人的憑弔與登覽，在某種程度上顯現了李白及其詩的巨大影響。

五代詩風只是晚唐的延續，李白詩的反響沒有超出前代。這一時期在筆記小說中李白的形象頻頻出現，而且進行演繹、神話，敷衍出了很多有關李白的傳說。《開元天寶遺事》、《唐摭言》等書中都有李白的記載，不過已經傳說化了，將李白作爲人格的偶像加以美化和仙化，成爲唐代主體人格高揚的象徵，遠遠超過詩歌層面的意義，上陞爲文化層面的表徵。五代史學家劉昫

在《舊唐書・李白傳》中引用元稹所寫杜甫墓誌銘重提抑李揚杜的老調，已開宋人抑李揚杜的新聲，這是另外一個話題，需要再作探討。

（原載《江蘇師範大學學報》2014 年第 1 期）

李白詩在宋代的編集與刊刻

　　李白詩在唐五代編集凡四次，其中三次爲李白生前親授手稿託友人編集。唐代編定的李白集有三部，分別爲魏顥整理本《李翰林集》二卷、李陽冰整理本《草堂集》十卷、范傳正整理本《草堂集》二十卷，今皆不存。李白詩歷經唐末五代戰火，到宋初時已經散佚大半，直到北宋眞宗咸平年間，才有學者關注李白詩的整理與編集。

一

　　宋眞宗咸平元年（998），著名文學家、地理學家樂史有感於李白詩文的零散，開始搜集與整理李白詩文集。他在李陽冰編《草堂集》十卷本的基礎上，又搜集了李白詩十卷，通過反覆對比剔除重複，後來編爲《李翰林集》二十卷，凡七百七十六篇。嗣後，他又將三館中所藏的李白撰寫的各類文章搜集起來，編爲《李翰林別集》十卷，有六十五篇之多。樂史兩次整理的李白集就有三十卷之多，他在《李翰林別集序》中說：「李翰林歌詩，李陽冰纂爲《草堂集》十卷。史又別收歌詩十卷，與《草堂集》互有得失，因校勘排爲二十卷，號曰《李翰林集》。今於三館中得李白賦、序、表、贊、書、頌等，亦排爲十卷，號曰《李翰林別集》。」〔註1〕文末署「時在繞雷州中，咸平元年三月三日序。」樂史編《李翰林集》二十卷本和《李翰林別集》十卷本，在北宋是單獨刊刻的兩部書，即《李白詩集》與《李白文集》，並沒有合在一起。《崇文總目》卷五十九、卷六十一就分別著錄這兩部書，晁公

〔註1〕樂史《李翰林別集序》，王琦《李太白全集》卷三十一，中華書局 1977 年，第 1453 頁。

武《郡齋讀書志》卷十七也著錄《李翰林集》二十卷，可見當時樂史所編二書是分別刊行的。樂史編《李翰林集》二十卷本流傳到明中葉時尚存，楊愼《升菴詩話》卷七曾三次提及這個本子即爲明證。《李翰林別集》十卷本則流傳了下來，明正德間吳郡袁翼所刊《李翰林別集》十卷本即此本。孫星衍《廉石居藏書記》卷上：「右《李翰林別集》十卷，明正德間吳郡袁翼所刊。後有跋，稱重刻淳熙本，即樂史所編，前有樂史序。」〔註2〕《善本書室藏書志》卷二十四亦著錄孫星衍所藏袁翼本，此書後歸江蘇省立國學圖書館，現藏於南京圖書館。顧廣圻《思適齋書跋》卷四：「樂史舊編《翰林集》廿卷，今未見。又編別集十卷，嘉靖時六俊袁氏有翻本，前在宏殿撰家見之，實此後六卷藍本也。」〔註3〕按，孫星衍、顧廣圻見到的同爲明代翻刻樂史編別集十卷本。高儒《百川書志》卷十二著錄「《李翰林集》十卷，賦八，文六十三」〔註4〕，也即樂史所輯別集本，唯獨數目與之不符，有可能是後人在重刊《李翰林別集》時作了少部分的篇章調整。

樂史編李白集的貢獻在於他最大程度地收集了當時所能見到的李白詩文，而且將詩文分編，從保存李白作品的角度來說，樂史功莫大焉。在樂史之前，唐人魏顥、李陽冰整理李白集沒有收其文。范傳正編《草堂集》二十卷，因公私書目無記載以及宋人重編李集時都未見到范編本實物，可以忽略不計。樂史作爲一個史學家，從文獻的角度收集到了李白雜著六十五篇，並且單獨編爲《李翰林別集》十卷，這是很有眼光的。樂史之後的宋敏求和曾鞏，編纂李白集僅僅限於詩歌的增廣與考次。此後元明清各個時期編纂李白集，基本上沿襲宋蜀刻本，可見樂史在整理李白文章方面做出的貢獻。

樂史本《李翰林集》、《李翰林別集》在宋初風靡一時，大半個世紀之內尚無其它整理本問世。英宗治平元年（1064），常山宋敏求出任太平州知州，聞知李白與太平州的淵源，決定重輯李白集。其《李太白文集後序》云：「咸平中，樂史別得白歌詩十卷，合爲《李翰林集》二十卷，凡七百七十六篇。史又纂雜著爲別集十卷。治平元年，得王文獻公溥家藏白詩集上中二帙，凡

〔註2〕 孫星衍《廉石居藏書記》卷上，《中國歷代書目題跋叢書》第三輯，上海古籍出版社 2008 年，第 212 頁。

〔註3〕 顧廣圻《思適齋書跋》卷四，《中國歷代書目題跋叢書》第二輯，上海古籍出版社 2007 年，第 83 頁。

〔註4〕 高儒《百川書志》卷十二，《中國歷代書目題跋叢書》第一輯，上海古籍出版社 2005 年，第 177 頁。

廣一百四篇，惜遺其下帙。熙寧元年，得唐魏萬所纂白詩集二卷，凡廣四十
四篇。因裒《唐類詩》諸編，泊刻石所傳，別集所載者，又得七十七篇，無
慮千篇。沿舊目而釐正其彙次，使各想從。以別集附於後，凡賦、表、書、
序、碑、頌、記、銘、贊文六十五篇，合爲三十卷。」〔註5〕從該序中我們
可以得知，宋敏求爲了重編李白集，他是花了很大功夫的。在李陽冰《草堂
集》十卷、樂史《李翰林集》二十卷、《李翰林別集》十卷的基礎上，他輯
佚到了李白的詩歌。首先他得到了王溥家藏的李白詩集上中二帙，中有樂史
未收之詩一百零四篇。其次又得到唐代魏萬所纂李白詩集二卷，補遺了四十
四篇。最後從民間廣泛收集遺詩七十七篇，共計一千零一篇，合編爲《李太
白文集》三十卷。他的「沿舊目而釐正其彙次」，說明沒有打亂樂史本的目
錄體系，而是對樂史本在形式上做了全面的繼承，只是增加了詩歌的數量，
使之更加完備。「以別集附於後」這句話透露一個重要的信息，就是宋敏求
把樂史《李翰林別集》十卷完整地收錄，附於詩歌之後。這就是說宋敏求彙
編李白集，主要的功勞在於詩歌部分，雜著則照錄樂史本。後來曾鞏考次宋
敏求本，也是針對詩歌部分。宋敏求增廣的本子是李白詩文集編纂史上第一
個全集本，雖間有錯訛，但仍具有里程碑式的地位與影響。

　　與樂史本相比，宋敏求本進一步將李白詩由七百七十六篇增訂到上千
篇，增加了近三分之一，並首次將詩文匯編在一起，成爲眞正意義上的《李
太白文集》，以後各種李白集，其內容基本上不出此本範圍。從宋氏《後序》
可知，他是沿襲了樂史本舊目，只是對李白詩進行了增廣，沒有另起爐竈重
編，故詩歌部分應該還是二十卷。至於書名有兩種說法，一個是宋蜀刻本中
保留的《李太白文集後序》，書名爲《李太白文集》，另一個是《李翰林集》。
蘇頌《龍圖閣直學士修國史宋公神道碑》說：「纂唐文章之散逸卷部不倫者，
有《李翰林集》三十卷、《李北海集》十五卷、《顏魯公集》十五卷」〔註6〕從
時間上來說，蘇頌的《神道碑》所敘可信度要高。《直齋書錄解題》、《郡齋讀
書志》均作《李翰林集》，從側面印證了書名。也有一種可能，那就是宋敏求
本繼承樂史本的名字依舊叫《李翰林集》，宋蜀刻本更名爲《李太白文集》，

〔註5〕宋敏求《李太白文集後序》，王琦《李太白全集》卷三十一，中華書局 1977
　　　年，第 1478 頁。
〔註6〕蘇頌《龍圖閣直學士修國史宋公神道碑》，《蘇魏公文集》卷五十一，中華書
　　　局 1988 年，第 775 頁。

收錄宋序時自然取名《李太白文集後序》。

宋敏求為了輯佚李白詩文，廣泛尋求各種途徑，不免貪大求全，沒有嚴格甄別真偽，導致魚目混珠摻入了他人之作。清人王琦在《李太白全集跋》中評論宋本說：「篇數雖多於舊，然不免闌入他人之作。」〔註7〕這個評價是中肯的。宋敏求本第十四卷、第十六卷、第十七卷分別收錄了魏萬《金陵酬翰林謫仙子》、崔宗之《贈李十二》、崔成甫《贈李十二》三首詩。這些都是他人贈李白的詩作而非李白詩歌，卻被宋敏求編入李集中。又據郁賢皓、尹楚兵《李白詩的輯佚與辨偽》一文〔註8〕可知，宋敏求所編李白集中可以確定為他人之作的還有岑參、王昌齡、高適、唐玄宗等人的詩作。宋敏求本是先詩後文分類本。這裏邊分類因為遵循的標準不一，導致有些詩文分類混雜，顯得不夠科學與嚴謹。以詩歌為例，某些是按照題材劃分，某些又是按照體裁歸類。對集中重出詩歌不能做出判斷，以致後人無所適從。宋氏在編集時，將魏顥本、樂史本、王溥家藏本以及《唐類詩》中的類目做了調整，體例雖然趨於完整，但讓人不知魏、王本的原貌，內容顯得紊亂。王琦在《李太白全集跋》中就批評道：「論太白詩集之繁富，必歸功於宋，然其紊雜亦實出於宋。蓋李陽冰所序《草堂集》十卷，出自太白手授，乃其真確而無疑者也。次則魏萬所纂《太白詩集》二卷，當亦不甚謬誤。樂史所得之十卷，真贗便不可辨。若其它以訛傳訛，尤難考訂。使宋當日先後集次之時，以陽冰所序者為正，樂史所得者為續，雜採於諸家之二百五十五篇附於後，而明題其右。自某篇以下四十四首得自魏萬所纂，自某篇以下一百四首得之王文獻家所藏，自某篇以下若干首得之唐類詩，自某篇以下得之某地石刻，自某篇以下若干首得之別集，使後之覽者信其所可信，而疑其所可疑，不致有魚目混珠、碔砆亂玉之恨，豈不甚善。乃見不及此，而分析諸詩，以類相從，遂爾真偽雜陳，渭涇不辨，功雖勤也，過亦在焉。」雖如此，宋敏求本還是對李白詩文的保存與傳播做出了巨大的貢獻。它首次對李白詩歌進行了分類整理，將李白詩歌分為二十一類，改變了從唐代以來李白詩零落散亂無系統的狀態。樂史編《李翰林集》二十卷雖已佚失，但宋敏求編纂的《李太白文集》前二十卷基本上照錄樂史本《李翰林集》，從中可以窺知《李翰林集》

〔註7〕 王琦《李太白全集跋》，王琦《李太白全集》卷三十一，中華書局 1977 年，第 1687 頁。

〔註8〕 郁賢皓、尹楚兵《李白詩的輯佚與辨偽》，郁賢皓《唐風館雜稿》，遼寧大學出版社 1999 年，第 75 頁。

的舊貌，對研究李集版本很有益處。

宋敏求編集的這個《李太白文集》三十卷本稍後流到太平州司法參軍曾鞏手中。曾鞏本人對宋敏求本「未考次其作之先後」的缺點很不滿意，於是他依照李白生平行蹤的先後時間，對宋敏求本所收詩篇逐一進行了考辨。他在李白詩每種分類的題下，注釋李白行蹤時間，以示李白詩歌編年之意，因此使得李白詩集的體制更加趨於嚴整。曾鞏《李白詩集後序》云：「《李白詩集》二十卷，舊七百七十六篇，今千有一篇，雜著六十篇者，知制誥常山宋敏求字次道之所廣也。次道既已類廣白詩，自爲序，而未考次其作之先後。余得其書，乃考其先後而次第之。」〔註9〕他對李白詩的編次是在宋編本基礎上所進行的。大致說來是在李白詩每類之中考訂出詩歌寫作的先後順序。從這個意義上說，曾鞏是第一次對李白詩歌進行編年的人，這樣做有利於研究李白其人其詩。李致忠《宋版書敘錄》對曾鞏的這種貢獻做出了評論：「此爲現知仍有刊本傳世的最早的李集。此集所祖，函有魏顥《李翰林集》的舊第，有樂史所編《李翰林別集》的舊觀，收集最爲宏富，在李白詩文集中，具有承前啓後，繼往開來的地位。」〔註10〕曾鞏不是對全部李白詩作出了編年，而是從第六卷歌吟類開始到詩集的卷末哀傷類。其中有些編年明顯錯誤，但它對李白詩集的保存和流傳方面卻是作出了貢獻，對研究李白詩文的編年提供了最早的依據。

這裏有一個問題，就是曾鞏編次的這個李白集，書名、卷數、篇數都有出入，而造成這些差異的偏偏是他自己的序。除了上引《曾鞏集》卷十二《李白詩集後序》外，宋蜀刻本《李太白文集》也收有《李太白文集後序》，曰：「《李白集》三十卷，舊歌詩七百七十六篇，今千有一篇，雜著六十五篇者，知制誥常山宋敏求字次道之所廣也。」又宋咸淳本《李翰林集》卷首曾鞏《李翰林集序》云：「《李白詩集》二十卷，舊七百若干篇，今九百若干篇者，知制誥常山宋敏求字次道之所廣也。」三個版本上的曾鞏序，竟然有如此多的文字差異，主要表現在以下幾點。首先是序名不同，分別是《李翰林集序》、《李太白文集後序》、《李白詩集後序》。其次是書名、卷數不同，分別是《李白集》三十卷、《李白詩集》二十卷。再次是篇數不同，蜀刻本作「七百七十六篇，今千有一篇，雜著六十五篇」，咸淳本作「舊七百若干篇，今九百

〔註9〕曾鞏《李白詩集後序》，《曾鞏集》卷十二，中華書局1984年，第193頁。
〔註10〕李致忠《宋版書敘錄》，北京圖書館出版社1997年，第351頁。

若干篇」，一個是確數一個是約數。詹鍈《李白集版本源流考》一文認爲宋蜀本所收詩文與曾鞏序吻合，而咸淳本比宋蜀本收詩文要少，故而咸淳本修改了曾鞏序的文字，將「七百七十六篇」改爲「七百若干篇」，「千有一篇」改爲「九百若干篇」。〔註11〕也有可能曾鞏編次的李白集僅僅是《李白詩集》二十卷，不涉及到文集，故他在序中稱爲《李白詩集》二十卷。對宋敏求、曾鞏編定的李白集，詹鍈《李太白集版本敘錄》一文有精彩的評論，其云：「綜合以上各本觀之，論李集之繁富，必歸功於宋敏求，然其眞僞雜陳，亦自敏求始。宋氏以前各本俱已失傳，居今之世而欲辨李詩之眞僞實難言也。若夫李詩編次，則分類出於敏求，考次出於曾鞏，而分體出明人之手。宋氏分類碎雜無足觀，明人分體亦一時風氣所趨，居功多者以南豐曾氏爲最。惜其用力尚未深至，僅寓先後於各類之中，而未能通體爲之編年。後之注家不明斯旨，肆意顛亂，無復舊貌。」〔註12〕

　　由宋敏求增訂、曾鞏編次的《李太白文集》三十卷本雖然大致編定，但當時似未刊行。神宗元豐三年（1080），臨川晏知止出守蘇州，得到了宋、曾的編定本，將此書授與信安毛漸校刊於蘇州，世稱蘇本。毛漸在《李太白文集跋》中對宋敏求、曾鞏、晏知止三人在李白集的編撰、考訂、刊刻等方面所做出的貢獻給予了客觀公正的評價。其云：「臨川晏公知止字處善，守蘇之明年，政成暇日，出李翰林詩以授於漸曰：『白之詩歷世浸久，所傳之集，實多訛缺。予得此本，最爲完善，將欲鏤版，以廣其傳。』漸竊謂李詩爲人所尚，以宋公編類之勤，而曾公考次之詳，世雖甚好，不可得而悉見。今晏公又能鏤版以傳，使李詩復顯於世，實三公相與成始而成終也。元豐三年夏四月，信安毛漸校正謹題。」〔註13〕這可以說是宋代編集《李太白文集》的第一個刻本。晁公武《郡齋讀書志》卷十七著錄《李翰林集》二十卷爲樂史編集本，但趙希弁《附志》卷下著錄《李翰林文集》三十卷，曰：「右唐李白太白之文也。《讀書志》云二十卷，希弁所藏三十卷，以常山宋敏求、南豐曾鞏序考之，則三十卷爲是。然第一卷乃李陽冰、魏顥、樂史三人所作

〔註11〕詹鍈《李白集版本源流考》，《李白全集校注彙釋集評》，百花文藝出版社 1996年，第 4541 頁。

〔註12〕詹鍈《李太白集版本敘錄》，《李白詩論叢》，人民文學出版社 1984 年，第 12頁。

〔註13〕毛漸《李太白文集跋》，王琦《李太白全集》卷三十一，中華書局 1977 年，第 1480 頁。

序，李華、劉全白、范傳正、裴敬四人所作誌與碑，第二卷以後乃白詩文云。」
〔註14〕這裏有一個問題，趙希弁藏的這個《李翰林文集》三十卷不是曾鞏編次的《李太白文集》三十卷，理由如下：首先是書名不符，趙藏本名爲《李翰林文集》，曾鞏本名爲《李太白文集》。其次編次不同，趙藏本第一卷爲序跋、碑誌，從第二卷始爲李白詩文。曾編本前二十卷爲詩歌，後十卷爲雜著，前列各家碑序。趙希弁所藏的可能是宋蜀刻本，然書名有異。

二

　　正是由於宋敏求的廣泛收集彙編、曾鞏的詳細考訂次序、晏知止的慨然樓板刻印共同促成了《李太白文集》的問世與流傳，使得《李太白文集》三十卷本基本定型，直接影響了後世李白集的編撰與刊刻，具有重要意義。蘇本今雖不存，但依據蘇本翻刻的宋本尚有幾種，最著名者當屬宋蜀本《李太白文集》三十卷。現存宋蜀本《李太白文集》共兩部，分別由中國國家圖書館、日本國靜嘉堂文庫收藏。國圖所藏學界定爲蜀甲本，靜嘉堂文庫所藏定爲蜀乙本，爲同一版本。蜀甲本缺卷十五至二十四，由康熙五十六年繆日芑影宋刻本補配。蜀乙本卷數完整，在清代曾歷經徐乾學、黃丕烈、蔡廷相、汪士鍾等藏書大家收藏，留下了諸多藏印。後歸湖州皕宋樓主人陸心源，《皕宋樓藏書志》卷六十八著錄。光緒三十三年，陸氏藏書以十萬元售與日本岩崎氏之靜嘉堂文庫，其中包括這部蜀乙本。一九八五年巴蜀書社將此書影印出版，才使國人一睹其風貌。

　　宋蜀本從避諱字上來看，宋諱避至「桓」字，自「構」字已不避，應該刊刻於北宋末年。從時間上早於宋咸淳本，與宋蜀本《駱賓王文集》屬於同期刻本，爲晏知止蘇州刻本的第一傳本，具有很高的文獻價值。宋蜀本半頁十一行二十字，白口，左右雙邊，單魚尾。前目錄後詩文，末尾附宋敏求、曾鞏、毛漸三序。卷一收錄李陽冰、魏顥、樂史、李華、劉全白、范傳正、裴敬等人的序、記共七篇。從第二卷至第二十四卷收錄李白歌詩，按古風、樂府、歌吟、贈、寄、別、送、酬答、遊宴、登覽、行役、懷古、閒適、懷思、感遇等二十一個類別排列。第二十五卷至第三十卷所收爲雜著，計有古賦八篇、表三篇、書六篇、序二十篇、贊十六篇、頌二篇、銘二篇、記一篇、

〔註14〕趙希弁《讀書附志》，孫猛《郡齋讀書志校證》，上海古籍出版社1990年，第1169頁。

碑五篇、文二篇，合計爲六十五篇。宋蜀本因爲是翻刻的蘇本，故蘇本中的誤收詩此本照錄不誤，魏萬《金陵酬翰林謫仙子》，崔宗之《贈李十二》，崔成甫《贈李十二》都在書中。如果剔除這三首詩，則宋蜀本實收詩歌九百九十八篇，文章六十五篇。陳振孫《直齋書錄解題》卷十六說：「別有蜀刻大小二本，卷數亦同，而首卷專載碑、序，餘二十三卷歌詩，而雜著止六卷。」〔註15〕所記與現存宋蜀本完全相同，他說的「蜀刻大小二本」可能是兩種蜀刻本，雖然卷數同爲三十卷，但板式與內容應該有所出入。晁公武《郡齋讀書志》卷十七：「近蜀本又附入左綿邑人所裒《白隱處少年所作詩》六十篇，尤爲淺俗。白天才英麗，其辭逸蕩雋偉，飄然有超世之心，非常人所及，讀者自可別其眞僞也。」〔註16〕晁氏所記的是另一種蜀本，與翻刻蘇本的宋蜀本相比，多了《白隱處少年所作詩》六十篇，可能很多是附會之作。

陳振孫《直齋書錄解題》卷十六還著錄了一種三十卷本的《李翰林集》：「家所藏本，不知何處本，前二十卷爲詩，後十卷爲雜著，首載陽冰、史及魏顥、曾鞏四序，李華、劉全白、范傳正、裴敬碑誌，卷末又載新史本傳，而《姑蘇十詠》、《笑矣》、《悲來》、《草書》三歌行亦附焉，復著東坡辯證之語。其本最爲完善。」陳振孫這個家藏本與宋蜀本相比，具有以下不同之處：首先是書名不同，家藏本爲《李翰林集》三十卷，宋蜀本爲《李太白文集》三十卷。其次是編次不同，家藏本卷首載李陽冰、裴敬等人序、碑記八篇，包括曾鞏序。書末附錄《新唐書李白傳》、《姑孰十詠》與《笑矣》、《悲來》、《草書》三篇歌行，同時附蘇軾有關這幾篇詩歌的辨證之語。前二十卷爲詩歌，後十卷爲雜著。宋蜀本將李陽冰、裴敬等人的文章收入卷一正文中，而將曾鞏序放在書末尾。第二至二十四卷收錄李白詩，第二十五至第三十卷收李白文，沒有附錄《新唐書李白傳》以及《姑孰十詠》等詩。從編排體例來看，家藏本應該是源於曾鞏編次本，而且有所增訂。李子龍《陳振孫家藏本〈李翰林集〉源流補述》一文〔註17〕認爲家藏本編刻於北宋元豐三年至北宋末，所用底本爲曾鞏編次本，地點就在當塗縣，而且這個家藏本即是南宋咸淳本的底本。清代藏書家錢遵王也收藏一部《李翰林全集》三十卷的殘本，

〔註15〕陳振孫《直齋書錄解題》卷十六，上海古籍出版社1987年，第469頁。
〔註16〕晁公武《郡齋讀書志》卷十七，孫猛校證本，上海古籍出版社1990年，第848頁。
〔註17〕李子龍《陳振孫家藏本〈李翰林集〉源流補述》，《中國李白研究》2003～2004輯，黃山書社2004年，第271頁。

類似於家藏本。其《讀書敏求記》卷四：「太白集宋刻絕少，此是北宋鏤本，闕十六卷之二十，二十六卷之三十。予以善本補錄，遂成完書。前二十卷爲歌詩，後十卷爲雜著，卷下注別集，簡端冠以李陽冰序，蓋《通考》所載陳氏家藏本不知何處本，或即此耶。」〔註18〕從內容來看，錢曾收藏的這部北宋刻本《李翰林全集》三十卷，應該就是陳振孫的家藏本，或者是據家藏本翻刻的宋本。這是因爲在南宋咸淳本之前，當塗縣就有過刊刻李白集的實例。周必大《二老堂詩話》之《記舒州司空山李太白詩》云：「當塗太白集本，元無此詩，因子中錄寄，郡守遂刻於後。」〔註19〕又光緒三十二年吳隱影宋本《李翰林集》卷末收錄了舒州司空山這首李白詩，同時附有紹熙元年開封趙汝愚的題詞。這兩條材料說明在北宋元豐三年到南宋咸淳年間，當塗縣即有刻印李白集的事實。周必大說的「當塗太白集」有可能就是陳振孫家藏本，而且在紹熙年間，因爲周子中發現了這首《司空山瀑布詩》，當地的郡守在重刻李白集時，特意加入了這首詩，並且收錄了趙汝愚的題詞。對於陳振孫家藏本，萬曼《唐集敘錄》評論說：「其實這卻是一個爲庸俗所亂的坊本，和晁公武所見的蜀本類似，摻入了一些贋作的。」〔註20〕

三

南宋咸淳五年（1269），太平州知州江萬里延請太平州儒學教諭戴覺民編刻《李翰林集》三十卷，因書末有戴覺民咸淳己巳年所寫的跋語，故世稱咸淳本。光緒三十二年（1906）吳隱影宋本《李翰林集》卷末戴覺民跋曰：「蓋舊刻之不存，雷電取將久矣。予爲學官，修復經始，每每不暇給，抑豈不可後。顧將去此，獨不能爲太白一日之役，孰有如予之汩且陋乎？明日以告古心公，公喟然歎曰：『歲晚矣！奈何？吾成子之志，亟爲之。』則裨凡費集眾工，不足則布之諸郡，不兩月而集。集成而公亦召矣。或謂白雖天才，了不可壯語，少刪之其庶幾乎？孟曰不然，近年甫有此論，子美退之不敢聞也。」由戴跋可知，咸淳本的編刻是在江萬里離任兩個月之前倉促決定的，所用底本當爲陳振孫家藏本或翻刻本。此本的編刻時間倉促，不到兩個月時間竣工。爲了趕進度甚至還延請了諸郡的刻工來刻書。而且戴跋還透露出一

〔註18〕錢曾《讀書敏求記》卷四，《清人書目題跋叢書》四，中華書局1990年，第185頁。
〔註19〕周必大《二老堂詩話》，何文煥《歷代詩話》下，中華書局2001年，第673頁。
〔註20〕萬曼《唐集敘錄》，中華書局1980年，第81頁。

個很重要的信息，即戴覺民想對李白集進行「少刪」，雖然遭到了劉辰翁的勸阻，但有可能他未必全部採納，故咸淳本編排紊亂而且改動了曾鞏的序文。咸淳本《李翰林集》三十卷原刊本今不存，但明正德八年（1513）鮑松編《李翰林集》三十卷即是影刻宋咸淳本，裏邊有江萬里《李翰林集序》和戴覺民跋。清光緒三十二年（1906）吳隱影宋刻本、光緒三十四年（1908）貴池劉世衍玉海堂影宋刻本均是影明仿宋咸淳本，與宋咸淳本一脈相承。《善本書室藏書志》卷二十四、《藝風藏書記》卷六曾各著錄一部咸淳本，今不見。咸淳本的祖本極可能是周必大所說的當塗本，也就是陳振孫家藏本。在元豐三年到紹熙元年，再到咸淳五年，在當塗縣曾多次翻刻過曾鞏編次本，從而形成了當塗本系列。陳振孫家藏本書末所附錄的《新唐書李白傳》咸淳本依然保留，但它剔除了家藏本所附錄的《姑孰十詠》、《笑矣》、《悲來》、《草書》三篇歌行以及蘇軾辨證之語，可見後來的翻刻本有不少改動。

宋咸淳本與宋蜀刻本的源頭雖同為曾鞏編次本，但在不同時期的流變中還是形成了各自的系統，具有明顯的差異。在書名上，宋蜀本為《李太白文集》三十卷，咸淳本為《李翰林集》三十卷。樂史本取名《李翰林集》二十卷，宋敏求本據蘇頌《神道碑》記載為《李翰林集》三十卷，曾鞏本據他的《李翰林集序》名為《李翰林集》，期間雖然也有一些其它的名稱，但《李翰林集》一直是沿襲下來的。到陳振孫家藏本、周必大所見當塗太白集、紹熙元年趙汝愚題詞本，再到咸淳本，名稱是一脈相承的。從時間上來說，宋蜀本刊刻於北宋末年，或者退一步說是南北宋之際，咸淳本則到了南宋晚期。在編次上，宋蜀本卷一為序、記七篇，書後附錄宋敏求、曾鞏、毛漸序。卷二到卷二十四為詩歌，後六卷為文章。咸淳本前二十卷為詩後十卷為文，序，記列入書卷首。在目錄上，咸淳本卷十七是歌吟，宋蜀本卷六、卷七是歌吟。咸淳本目錄編次較為雜亂，於每卷之下列分目，而宋蜀本較為有次序，且採取卷前列總目，分卷列數目。如卷五歌詩五十六首，卷六歌詩三十三首，卷七歌詩六十八首。在內容上，咸淳本將李白詩劃分為十四類，而蜀刻本則擴大為二十一類，前十九卷分類著眼於體裁形式，後四卷的分類著眼於題材形式，使人覺得是兩部分詩歌的簡單組合，分類的標準嚴重不同。房日晰《宋本〈李太白文集〉三題》分析說：「宋敏求在編《李太白文集》時，並未改變樂史《李翰林集》的詩的分卷與排列順序。宋本《李太白文集》前二十卷即為樂史《李翰林集》。宋敏求將自己收集的二百二十五首詩綴在樂史本《李翰

林集》之後，謹慎地保存了《李翰林集》的原貌。」〔註21〕蜀刻本將宋敏求、曾鞏二序與毛漸跋放在書末，咸淳本則將曾鞏序與李陽冰、魏顥二序置於卷首，同時它將樂史序放在魏顥序之前，時間上是錯誤的。在具體篇目上，咸淳本比宋蜀本少收錄《雜言用投丹陽知己兼奉宣慰判官》、《月夜金陵懷古》、《宣城長史昭贈余琴溪中雙舞鶴詩以見志》、《庭前晚開花》、《南陵五松山別荀七》、《觀魚潭》、《自廣平乘醉走馬六十里至邯鄲登城樓覽古抒懷》、《金陵新亭》、《暖酒》、《江夏送倩公歸漢東》等十首詩，但它收錄了李白《菩薩蠻》、《憶秦娥》二詞，而蜀刻本未收錄。又據胡俊《唐宋〈李白集〉編纂過程中的詩文分合及相關問題》一文〔註22〕統計，咸淳本比蜀刻本少詩九首，但比蜀刻本多出七首詩，兩相抵消，咸淳本比蜀刻本少兩首，實收九百九十八首。

由於咸淳本與蜀刻本在體例編排上有重大的差異，可見咸淳本的底本另有他本。郁賢皓《咸淳本〈李翰林集〉源流概述》一文推測：「由此可知咸淳本與蜀刻本不是一個系統，它並不是從蘇州晏知止刻本翻刻的，而是從最早的當塗刻本翻刻來的。」〔註23〕目前所知晏知止蘇州刻本是最早的李白詩文全集本，陳振孫、周必大、趙汝愚等人所見到的當塗李白集只能是蘇本的翻刻本。前面我們探討過，宋敏求本《李太白文集》三十卷是在樂史本《李翰林集》二十卷的基礎上增廣的，詩歌增加了二百二十五篇，使李白詩達到一千首之多。曾鞏編次本僅僅在宋敏求本的詩歌部分進行了編年調整了順序，使之體制更加完善。這裏有一個重要的問題，宋敏求本《李太白文集》詩歌部分究竟是二十卷還是二十四卷？如果是二十卷，那麼他將新收集到的二百二十五篇詩歌只能是分類插進到樂史本《李翰林集》二十卷中。如果是二十四卷，那有可能是前二十卷照錄樂史本，後四卷是他新輯的，而且他將樂史《李翰林別集》十卷本壓縮到六卷本合併進《李太白文集》中。恰好宋蜀本的前十九卷所錄詩歌之分類是按照體裁、後四卷詩歌是按照題材劃分的，兩者不是有機的融合體，人爲堆砌的痕跡明顯。這是宋敏求本的原貌還是後人的重編本造成的，因資料匱乏一時無法確考。之所以做出這樣的假設，是想

〔註21〕房日晰《宋本〈李太白文集〉三題》，《西北大學學報》（哲學社會科學版）1989年第 1 期。

〔註22〕胡俊《唐宋〈李白集〉編纂過程中的詩文分合及相關問題》，《中國李白研究》2012 集，黃山書社 2012 年，第 332 頁。

〔註23〕郁賢皓《咸淳本〈李翰林集〉源流概述》，《中國李白研究》2003～2004 集，黃山書社 2004 年，第 281 頁。

弄清楚《李太白文集》究竟是何時在目錄體例上一分爲二的，一種是詩歌二十卷文十卷本，一種是序記一卷詩歌二十三卷文六卷本，從而在流傳過程中自然形成兩個系統的李白集。《郡齋讀書志》、《直齋書錄解題》均著錄了這兩種系統的李白集，只是不清楚孰先孰後。

綜上所述，在宋代所流傳的三十卷本李白全集有兩個系統，一個是《李太白文集》，卷一爲序、記，卷二到卷二十四爲詩歌，按二十一類編排，後六卷爲雜著。這個本子以元豐三年晏知止蘇州刻本、宋蜀本爲代表。另一個是《李翰林集》，前二十卷爲詩歌後十卷爲雜著，以陳振孫家藏本、宋咸淳本爲代表。二者雖然卷數相同，但在各卷的編排與內容上不盡相同。從版刻時間上講，宋蜀本《李太白文集》要早於咸淳本《李翰林集》。從版本源流上講，咸淳本《李翰林集》三十卷較接近樂史、宋敏求所裒輯的古本，而宋蜀本《李太白文集》是經過曾鞏編次整理的新本。這兩種李白全集歷代都有翻刻本，兩者之間互有影響，直到元代至正辛卯後再編李白集，才有出現了合流的現象。

（原載《吉林師範大學學報》2014 年第 2 期）

李白詩在明代的編刻與流傳

　　李白詩在北宋經過宋敏求編集、曾鞏考次，在蘇州刊刻成爲定本後，一直影響到明清兩代李白集的編刻。期間雖演化出宋蜀刻本《李太白文集》三十卷、宋咸淳本《李翰林集》三十卷兩個李集系統，兩者編排內容雖間有變化，但所收錄李白詩文的總量一直沒有變動，對保存李白作品起到了重要作用。南宋楊齊賢首次對李白詩進行了注釋，他的集注本今雖已佚失，但元代蕭士贇注李白詩時將楊注部分引入書中，可以從中管窺到楊注的大致面貌。蕭士贇《分類補注李太白詩》即在楊齊賢注本的基礎上刪補而成，爲現存最早的李白詩注本。此書成於元世祖至元二十八年（1291），共二十五卷。李白賦八篇列入卷一，餘下二十四卷爲各體詩歌，疑爲僞作者移植卷末，導致曾鞏所考李白詩次第因此顛亂。書中注釋以「齊賢曰」、「士贇曰」爲標示，以示文責自負。楊注因蕭書而存，蕭士贇注也自有特色，或糾正楊注訛誤，或另出新意，對李白詩歌早期的闡釋與流傳起到了作用。宋元時期注杜詩者不下數十家，而注李白詩者僅此一部，可謂彌足珍貴。清代王琦輯注《李太白全集》即是在楊、蕭等人注釋的基礎上增訂而成的，可見其影響之大。進入明代後，李白詩的整理與編刻達到歷史上的高峰，重刊、翻刻宋元本李白集不時出現，成爲李白詩流傳史上的重要時期。根據公私書目不完全統計，明代整理、注釋、編刻李白詩文集達六十種之多，在質和量兩方面對前代都有所突破。這既與明代版刻印刷術發達有關係，也與明代復古詩潮興盛直接相關聯。弄清楚李白詩在明代的編集與刊刻情況，不僅有助於瞭解李白詩在明代的傳播歷程，而且更能進一步探索明代唐詩學發展演進的內在規律，具有多種學術史意義。

一

李白詩文全集在明代的刊刻，既有對宋元整理本李白集的翻刻，也有明代學者重訂的編集本，兩者合計多達三十種之多，這在李白詩流傳史上達到頂峰。

先談明代翻刻宋元本李白集，這個情況在明代版刻史上比較複雜，很多著述混淆不清以致訛誤別出。李白詩在唐宋時期編集與刊刻的情況，拙文《李白詩在唐五代的編集與流傳》（《江蘇師範大學學報》2014 年第 1 期）、《李白詩在宋代的編集與刊刻》（《吉林師範大學學報》2014 年第 2 期）已經詳加考述，可參看。唐代編纂的李白集今已失傳，但唐人搜集的李白詩文基本上保存在宋版李白集中。宋代編纂的幾種李白集，如樂史《李翰林集》二十卷、《李翰林別集》十卷，宋敏求分類本《李太白文集》三十卷，曾鞏編年本《李白詩集》二十卷，宋蜀刻本《李太白文集》三十卷，宋咸淳本《李翰林集》三十卷，這些李白集雖體例不同，但在明代大都有覆刻，顯示出宋編李白集強勁的活力。宋人樂史在李陽冰編《草堂集》十卷的基礎上，另外搜集到李白歌詩十卷，重編爲《李翰林集》二十卷。又從三館中輯得李白各體文十卷，編爲《李翰林別集》十卷。樂史編《李翰林集》二十卷今佚失，《李翰林別集》十卷則有明正德吳郡袁翼刻本，前有樂史序，後有袁翼跋，稱重刻淳熙本。繆荃孫《藝風藏書續記》卷六著錄此書，正德十四年（1519）吳郡陸元大刻《李翰林集》也即此本。宋咸淳本《李翰林集》三十卷，源於樂史本，前二十卷爲詩歌後十卷爲文章。此書在明代有翻刻本，《北京圖書館古籍善本書目》集部著錄。此外，正德八年（1513）鮑松刻《李杜全集》本，所收《李翰林集》三十卷即翻刻宋淳熙本。

元人蕭士贇補注楊齊賢本而成的《分類補注李太白詩》二十五卷，在明代多次翻刻。根據各種書目統計，有明一代翻刻、補訂、重修蕭士贇此書多達二十種，成爲李白詩流傳史上單部著述翻刻最多的書。蕭士贇《分類補注李太白詩》二十五卷在明代的翻刻大致有三種情形。首先是元刊明修本。日本靜嘉堂文庫藏《分類補注李太白詩》本爲十三冊，板式體例與元刻本同，唯「卷十七爲明修。卷十八五頁爲明修，以後爲原刻。卷十九爲原刻。卷二十至二十五爲明修。」〔註1〕其次爲明代翻刻元版本。現存正德元年（1506）

〔註1〕芳村弘道《關於元版系統的〈分類補注李太白詩〉》，劉崇德譯，《中國李白研究》1992～1993 年集，安徽文藝出版社 1994 年，第 359 頁。

蕭敏刻本、正德十五年（1520）建陽劉宗器安正書堂刻本均為翻刻本。蕭刻本卷末附有蕭敏《重刊分類補注李太白集識後》一文講述重刊的緣由。南京圖書館藏劉宗器刻本，署「明正德十五年（1520）建陽書林劉宗器安正堂刊，卷二十五後有庚辰歲冬月安正書堂新刊」，可見劉宗器除了刊刻李白詩外，還刊刻了李白文集。葉德輝《郋園讀書志》卷七著錄劉刻本一部。蕭本與劉本版式不同，蕭本是半頁十二行二十字，注用小字雙行二十字。劉本是半頁十一行二十三字，注用小字雙行二十三字。再次為明刻刪節本。正德十年（1515）李文敏、彭祐合編《分類李太白詩》二十五卷在解州刊行。此書的分類、編次與蕭士贇本相同，唯獨刪掉了蕭注。首列《重刻李謫仙詩序》，次列《刻李詩引》，書末附有《重刊李白詩後序》。嘉靖二十二年（1543）郭雲鵬寶善堂刻本即為著名的刪節本。郭雲鵬因元版過於繁雜，將楊齊賢、蕭士贇注刪減大半，同時增入徐昌谷《古風》五十九首評語，並附刻《分類編次李太白文》五卷，合成《分類補注李太白詩文》三十卷刊行。《四部叢刊》所收李白集即以此本影印。嘉靖二十五年（1547）玉幾山人校刊本《分類補注李太白詩》二十五卷，相對於郭本刪減較少，僅對卷六至卷八、卷十至卷十七以外的詩歌有所刪減。後附錄宋人薛仲邕《年譜》一卷。萬曆年間的兩種刪節本，六經堂翻刻本與許自昌校刻本，都以玉幾山人本為底本進行刻印。明代霏玉齋刻本《重刊分類補注李太白詩集》二十五卷《分類編集李太白文集》五卷即重刊郭本，後收入《四庫全書》中。崇禎三年（1630）毛晉汲古閣以玉幾山人本為底本重編李白集，就是現存《李翰林集》二十五卷本。

　　再談明人刻印重編李白詩文全集本。明代整理李白詩全集，首推正德十三年（1518）刻《唐翰林李白詩類編》十二卷本。此書無編者姓名，首列《唐李太白詩集序》，署「時正德戊寅四月良吉秦藩保安王識」。次列李陽冰序。半頁十行二十一字，夾註雙行，四周雙欄，白口，黑魚尾。國家圖書館館藏一部為著名學者劉盼遂舊物。編次先分體後分類。卷一為四言、五言古詩；卷二至卷七為五言古詩；卷八為五言古詩、七言古詩；卷九、卷十為長短句；卷十一為五言律詩、五言排律；卷十二為七言律詩、五言絕句、七言絕句。此外有一種黑口本《唐翰林李白詩類編》十二卷，板式與此本同，唯獨款式不同。無序跋，不知刊刻年月，編次也為先分體後分類。詩體分為四言、五古、七古、長短句、五律、五言排律、七律、五絕、七絕。每一個詩體下分類與正德本相同。正德本卷首稱為「卷一」。此本稱為「卷之一」；正德本第

一篇四言樂府詩《來日大難》，此本為《來日》，無「大難」二字。從詩篇間的注釋來看，此本當從《分類補注李太白詩》而來，但又比蕭士贇本少了《對雪醉後贈王歷陽》等四首詩，且不附魏萬、崔宗之、崔成之作。偶於字下夾注音義，可能是作為通俗讀物來刊刻的。嘉靖年間延平另外刻有《唐翰林李白詩類編》十二卷本，與正德刻本板式不同。此書是每半頁九行二十一字，左右雙邊，白口。卷末有嘉靖四十年（1561）九月辛酉楊樞校訂李詩類編後語。與前兩書相同，此本編次亦為先分體後分類，計分為五古、七古、長短句、五律、五言排律、七律、五絕、七絕等，其下分類為古風、樂府、歌吟、寄贈、留別、送別、酬答、遊宴、懷古等等。《感寓》二首列於《古風》中，不錄《送倩公歸漢東詩序》以及魏萬、崔宗之、崔成甫之詩。又據日本《內閣文庫漢籍類目》一書載有明萬曆刊本《唐翰林李白詩類編》十二卷，恐係後來翻刻本。

由於明代翻刻的前代李集較多，故明朝整理李白詩全集在整體上凸顯不出成績，更多的是編刻李白詩，缺少像宋代整理李集的著名學者。嘉靖十八年（1539）刻《唐李白詩》十二卷，白文無注。卷首有嘉靖十八年（1539）九月十七日周府南陵王睦㮮《李太白詩題辭》，後有大梁李濂序。半頁九行二十一字，白口單邊。其分類編排與正德本《唐翰林李白詩類編》略同。第一卷至第八卷上半為五言古詩；第八卷下半為七言古詩；第九卷、第十卷為長短句；第十一卷為五言律詩、五言排律；第十二卷為七言律詩、五言絕句、七言絕句。國家圖書館、江油李白紀念館均有藏本。萬曆二年（1574）李齊芳潘應昭刻《李杜詩合刻》本之《李翰林分類詩》八卷賦一卷，半頁九行十八字，白口，單魚尾。前列李齊芳《李翰林分類詩序》，次列潘應昭序。編次先分體後分類，依次為卷一為古風、樂府上；卷二為樂府中；卷三為樂府下、贈上；卷四為贈下、寄贈、餞送上，卷五為餞送下、酬答、留別，卷六為雜擬、懷思、登覽；卷七為歌吟、遊宴上；卷八為遊宴下、閨情、古賦。計收李白詩九百九十三首。書後有舒度、李茂年、李茂材三篇跋。鄭振鐸《西諦書跋》卷四著錄：「《李翰林分類詩》八卷，賦一卷，明萬曆刻，甚精善。諸家書目皆未見著錄。」〔註 2〕此書與宋蜀刻本相比較，少《雜言用投丹陽知己》、《五松山別荀七》、《清溪行》、《古意》、《越中懷秋》、《觀魚潭》、《庭前晚開花》、《暖酒》、《宣城長史贈琴雙舞鶴》、《送趙雲卿》十首詩，增加了

〔註 2〕鄭振鐸《西諦書跋》卷四，文物出版社 1998 年，第 228 頁。

《菩薩蠻》、《憶秦娥》二詞。上述數種李白詩分類本，一個明顯的特點就是白文無注，僅錄原文。而且，編刻者將李白詩文分類進行簡化，卷數由三十卷減少到十二卷、八卷，從編刻的角度看有利於李詩的流傳，但它看不出與前代李集的淵源關係。明人編刻書喜歡打亂原書體例，由此可見一斑。

這裏有一個值得關注的現象就是，明代萬曆之前的李白詩全集大都是單行本，如上述正德、嘉靖本，但到了萬曆時期所編刻的李白詩全集，幾乎都是李杜詩合集本。李杜詩合刻在萬曆初期開始形成合流，而且這些李白詩全集本大都是分體分類本，可以看出明人對李白詩的整理。李詩卷數最多的一部書即為劉世教編校本，萬曆四十年（1612）刊《合刻分體李杜全集》之《李翰林全集》四十二卷《年譜》一卷本。該書目錄四卷年譜一卷，半頁九行十八字，白口，左右雙邊，單魚尾。首列李維楨《合刻分體李杜全集序》，手書上板。其次為劉世教撰《凡例》，太原王穉登《李翰林分體全集序》。再下依次為李陽冰、樂史、宋敏求、曾鞏四序，毛漸題跋，薛仲邕撰《李翰林年譜》，兩《唐書》本傳，李華《李翰林墓誌銘》、劉全白《唐翰林李君碣記》、蘇軾《碑陰記》。再次是目錄四卷。此集由劉世教與姚孟承、劉鑒參訂而成。編次以古近詩體劃分，各卷目錄連續正文。卷次依次為卷一、卷二為古賦；卷三為四言古詩；卷四為古風六十一首；卷五到卷二十二為五言古詩；卷二十三到卷三十為七言古詩；卷三十一、卷三十二為五言律詩；卷三十三為七言律詩、五言排律；卷三十四為五言絕句；卷三十五為七言絕句；卷三十六為雜體、聯句、補遺。以上三十六卷為詩歌，餘下為各體文章，依次為卷三十七為表；卷三十八為書；卷三十九為序；卷四十為頌、記；卷四十一為贊；卷四十二為銘、碑、祭文。從目錄上可以看出，劉世教將李白詩文編目打亂，依據體類標準重新劃分，使得李白詩文全集由過去的二十五卷本、三十卷本上陞到四十二卷本。他的這種分類，雖然在詩文數目總量上沒有得到增補，但對李白詩文的分體分類進行了細化，有利於李詩的流傳。又從劉世教《凡例》中可知，這個《李翰林全集》四十二卷本在校勘方面是下了很大功夫的，而且在很多詩篇的末尾還附有校語，標明異文，具有較高的版本價值。清人王琦在《李太白集輯注跋》中評論說：「有全去其注，且分析其體為五七言律絕句者，為劉世教本。劉書雖缺訓詁，然校訂同異，改正訛舛，殊見苦心。」

〔註3〕

〔註3〕王琦《李太白集輯注跋》，《李太白全集》附錄，中華書局1977年，第1690頁。

　　明代末期刊刻李白詩全集只有一種，即崇禎二年（1629）聞啓祥刻《李杜全集》本之《李太白詩集》二十二卷，宋代嚴羽評點。「卷一古風五十九首，卷二至五樂府，卷二十二賦。不收碑傳雜文。間列楊齊賢、蕭士贇二家語，然限於詩意之發明，不注典故出處。」〔註4〕對於聞刻的這個本子，學術界曾有疑問，陳良運《讀嚴羽〈評點李太白詩集〉獻疑》〔註5〕一文即認為此書為明人偽作。詹鍈《〈李白集〉版本源流考》一文從底本來源、評語錯解、作者時代等多個方面對此書進行了考述，最後認為：「可以判斷所謂嚴羽評點不會出自嚴羽本人的手筆。」〔註6〕聞啓祥刻嚴羽評點本《李太白詩集》二十二卷雖為偽作，但對研究李白集版刻史仍有版本學意義。

二

　　除了詩文全集本的整理與編刻外，明代還出現了大量的李白詩文選本以及評注本，多達三十餘種，顯示出明人對李白詩高度的熱情與廣泛關注。此外，明代還翻刻了元代《李翰林詩范德機批選》四卷。明代最早出現的李白詩選本當為《千頃堂書目》卷三十二著錄的宣德年間刊賴進德《李杜詩解》三卷，此書今已佚失。正德十四年（1519）李濂所刊《李白詩集》十二卷本，此書今不見，有可能嘉靖十八年（1539）刻《唐李白詩》十二卷即為李濂本，蓋此書有李濂序。嘉靖二十一年（1542）邵勳將李濂編《李白詩集》十二卷本與嘉靖五年（1526）許宗魯所編《杜工部詩》八卷本重編為《唐李杜詩集》十六卷本，其中李集八卷，由無錫知縣萬虞愷刊刻。對於李濂編《李白詩集》十二卷，很多書因為未見到原書，錯將此書標為八卷，如《唐詩書錄》。正德十四年（1519）李濂《唐李白詩序》明明說：「余刻白詩十二卷於沔陽，共詩九百六十四首。」〔註7〕邵勳本《李白詩集》重編李濂本為八卷，故後來著錄此書沿襲為八卷。書首有萬虞愷《刻李杜詩集序》，書後附邵勳《刻李杜詩後序》。此書傅增湘《藏園群書經眼錄》卷十七著錄。一九七四年臺灣大通書局

〔註4〕詹鍈《李太白集版本敘錄》，《李白詩論叢》，人民文學出版社 1984 年，第 8 頁。

〔註5〕陳良運《讀嚴羽〈評點李太白詩集〉獻疑》，《古籍研究》2003 年第 1 期。

〔註6〕詹鍈《〈李白集〉版本源流考》，《李白全集校注彙釋集評》，百花文藝出版社 1996 年，第 4622 頁。

〔註7〕李濂《唐李白詩序》，《唐李杜詩集》卷首，黃永武主編《杜詩叢刊》第三輯，臺灣大通書局 1974 年，第 6 頁。

將《唐李杜詩集》收入《杜詩叢刊》第三輯中。《唐李杜詩集》中之《李集》
板式爲半頁十二行二十三字，白口，左右雙邊。首列李濂《唐李白詩序》，次
列《新唐書・李白傳》、劉全白《唐翰林李君碣記》。編次先分體後分類。第
一卷爲古賦與五言古詩；第二卷至五卷爲五言古詩；第六卷爲七言古詩和長
短句；第七卷爲長短歌與五言律詩；第八卷爲五言律詩、五言排律、七言律
詩、五言絕句、七言絕句。上述分類顯然是從《分類補注李太白詩》沿襲而
來，但此本與《分類補注李太白詩》相比較，少了《笑歌行》、《悲歌行》、《贈
歷陽褚司馬》、《對雪醉後贈王歷陽》、《送趙雲卿》五首詩，邵勳在序中所說
的「校補」可能僅僅是補了李白賦八篇。近代藏書家鄧邦述對此書有題跋，
云：「李杜詩十六卷，據邵氏後序，知爲無錫宰萬氏刻本，乃合正德李濂所刊
李集，嘉靖許宗魯所刊杜集而合刻之者。故前有李、許兩序。明人好刻古籍，
固爲可尙，但以同時之人翻刻其所雕之本，已形淺陋。」〔註8〕

　　李白詩的選本大都編選、刊刻在明代中後期，尤其以嘉靖、萬曆年間爲
多。根據各種公私書目記載，主要有王寅《李翰林詩選》五卷，嘉靖二十四
年（1545）閔朝山刻本；張含輯、楊愼批點《李詩選》十卷，嘉靖二十四年
（1545）張氏家塾刻本；張含輯、楊愼批點《李太白詩選》六卷，萬曆十年
（1582）沈啓南刻本；朱諫輯注《李詩選注》十三卷，嘉靖二十四年（1545）
朱守宣刻本；王維楨《李律七言頗解》一卷，嘉靖三十七年（1558）朱茹刻
本；顧明輯、史秉直評釋《李詩選》六卷，嘉靖三十七年（1558）金瀾刻本；
梅鼎祚《李詩鈔》四卷，萬曆六年（1578）鹿裘石室刻本；梅鼎祚輯、屠隆
集評《李詩鈔評》四卷，萬曆十七年（1589）刻本；周履靖《青蓮殤吟》二
卷，萬曆二十五年（1597）金陵荊山書林刻本；林兆珂《李詩鈔述注》十六
卷，萬曆二十七年（1599）安慶刻本；汪瑗《李詩五言辨律》一卷，萬曆四
十一年（1613）刻本；何焈輯、李廷機評《李詩評選》四卷、萬曆宗文書舍
刻本；明佚名《李杜律詩》四卷，嘉靖二十一年（1542）刻本；胡震亨《李
詩通》二十一卷，清順治七年（1650）朱茂時刻本；華陽道人《李青蓮清言
集》二卷，明末王道潤刊本；孫琴安《唐詩選本六百種提要》〔註9〕一書著錄，
明代李白詩選本尙有顧明史《李杜詩選》十二卷與汪旦《評選李杜詩》兩種。
《李杜詩選》中《李詩選》、《杜詩選》各六卷。此外，陳伯海、朱易安《唐

〔註8〕《唐李杜詩集》卷首，《杜詩叢刊》第三輯，臺灣大通書局 1974 年，第 1 頁。
〔註9〕孫琴安《唐詩選本六百種提要》，陝西人民教育出版社 1987 年，第 131 頁。

詩書錄》（齊魯書社 1988 年）與鄭慶篤、焦裕銀等《杜集書目提要》（齊魯書社 1986 年）二書尚著錄明代有關李白詩選本若干，可以參考。

上述明代李白詩選本有以下三個特點。首先是明代著名學者與詩人參與李白詩選本者眾多，從整體層面上提高了明代李詩選本的質量，這是明代李白詩流傳史上的一個突出方面。《李詩選》批點者楊慎、《李詩通》作者胡震亨、《李詩鈔評》作者梅鼎祚和屠隆、《李律七言頗解》批點者王維楨等人都是明代著名學者。《李太白詩選》編者張含、《李翰林詩選》編者王寅、《青蓮殤吟》編者周履靖、《李詩五言辨律》作者汪瑗等人都是明代有名的詩人。這些編選者文化水平較高，在編選李白詩選本上所下的功夫較多，因此在詩篇的刪減、評語上都很見功力。上述選本，李白各體詩的精華詩篇幾乎都入選，編選者的文化素質保證了選本的質量。其次是很多選本都是合編本，其中絕大多數李詩選本是與杜詩選本合編在一起的。例如顧明《李詩選》六卷收入《李杜詩選》本、王維楨《李律七言頗解》一卷與其《杜律七言頗解》四卷合刻、梅鼎祚《李詩鈔》四卷與其《杜詩鈔》八卷合刻成《唐二家詩鈔》、汪瑗《李詩五言辨律》一卷收入《李杜五言律注》本、何焲《李詩選評》四卷與《杜詩評選》四卷合刻、王寅《李翰林詩選》五卷與《杜工部詩選》六卷合刻、林兆珂《李詩鈔述注》十六卷與《杜詩鈔述注》十六卷合刻。李杜是盛唐詩壇齊名的詩人，是唐代兩種詩風的傑出代表，明人評選李白詩，自然要把杜詩也考慮進去，這在某種程度上是明代復古詩潮的具體表現。再次是明代李白詩選本的評選從明初一直到明末，幾乎橫跨整個朱明朝代。其中有些選本因爲評選得當，多次重訂與翻刻。例如朱諫《李詩選注》十三卷有嘉靖二十四年（1545）朱守宣刻本與隆慶六年（1572）朱守行刻本兩種。梅鼎祚《李詩鈔》四卷在萬曆六年（1578）、萬曆十七年（1589）兩次刊刻。張含輯、楊慎批點《李詩選》一書，先後有十卷本、五卷本、六卷本三個版本，嘉靖、萬曆、天啓年間都曾多次刊刻，成爲明代李白詩選本中的翹楚。

明代李白詩評注本從數量上來說是空前絕後的，故而產生了一些高質量的李詩選本。胡震亨《李詩通》二十一卷爲明人注李白詩的巔峰之作，後世評價很高。杭世駿《〈李太白集輯注〉跋》說：「太白之集，歷五百年而始有蕭、楊二家，又歷五百年而始有鹽官胡氏孝轅。」〔註10〕王琦本人在注釋李

〔註10〕杭世駿《李太白集輯注》跋，王琦《李太白全集》附錄，中華書局 1977 年，第 1683 頁。

白詩時，參考了很多胡注。胡振龍《明人注李的典範之作——論胡震亨〈李詩通〉》〔註11〕對《李詩通》的注釋特點和成就以及該書對王琦《李太白集輯注》的影響進行了全面論述。朱諫《李詩選注》十三卷是明代另一部有特色的注李之作。據徐小潔《明代〈李詩選注〉作者朱諫生平考論》〔註12〕一文考知，《李詩選注》是朱諫在晚年撰寫的一部注釋著作，這是現存明代最早的李詩注本。雖然朱諫在注釋李白詩中有不少穿鑿附會甚至是明顯錯誤的地方，但畢竟瑕不掩瑜，依然具有學術價值，詹鍈主編《李白全集校注彙釋集評》就大量採用朱諫的批註，可見其學術價值。胡振龍《淺談明代朱諫的李白研究》〔註13〕對朱諫《李詩選注》的成就與缺陷進行了充分的論述。朱諫在選注李白詩時，把李白集中的二百多首詩歌指為偽作，另外撰寫了《李詩辨疑》二卷，這是他研究李白的嚴重失誤。如李白的名篇《宣州謝眺樓餞別校書叔雲》、《答王十二寒夜獨酌有懷》、《梁甫吟》、《遠別離》等，都被朱諫定為偽作。梅鼎祚《李詩鈔》四卷也是一部質量較高的李詩選本，加上梅鼎祚本人即為明代有名的詩人和詩評家，他對李白詩的評語更能切中要點。詹鍈《〈李白集〉版本源流考》對此書予以高度評價：「雖無箋注、序跋、圈點各項，然有多家評語，亦足資考證。」〔註14〕張含輯、楊慎批點《李太白詩選》六卷選詩頗精，幾乎全為李白詩名篇，蓋楊慎為蜀人，對先賢李白情有獨鍾。他的批點以考訂為主，對李白詩歌中的人物、地理、史實甚至名物訓詁、詩歌本事等，都下了很深的功夫。孫青春《明代唐詩學》評論道：「楊慎在批點《李詩選》中，致力於從漢魏六朝尋找李白詩歌素材的淵源，流露出濃厚的六朝興趣。」〔註15〕

　　需要指出的是，在眾多的明代李詩選本中也有一些質量較差的評注本。例如林兆珂《李詩鈔述注》十六卷，《四庫全書總目》卷一七四集部別集類存目一評價林注云：「今注內亦未證明，文義便不可曉，凡此不一而足，尚

〔註11〕 胡振龍《明人注李的典範之作——論胡震亨〈李詩通〉》，《中國李白研究》2003～2004年集，黃山書社2004年，第248頁。
〔註12〕 徐小潔《明代〈李詩選注〉作者朱諫生平考論》，《中國文化研究》2013年夏之卷。
〔註13〕 胡振龍《淺談明代朱諫的李白研究》，《中國李白研究》2001～2002年集，黃山書社2002年，第81頁。
〔註14〕 詹鍈《〈李白集〉版本源流考》，《李白全集校注彙釋集評》，百花文藝出版社1996年，第4657頁。
〔註15〕 孫青春《明代唐詩學》，上海古籍出版社2006年，第124頁。

未可謂之善本也。」〔註16〕詹鍈、李慶元《明末李白詩兩種注本》也說:「實則這部書的批註,完全選鈔自楊、蕭二家的《分類補注李太白詩》,可以說沒有林兆珂自己加的批註。這部書印的錯字很多,無怪乎在世上極少流傳了。」〔註17〕除了這部《李詩鈔述注》外,明代還有一些選本由於輾轉翻抄與翻刻,加上校勘不精,出現多種訛誤,限於篇幅此不例舉。

明代編刻的唐詩總集與唐詩選本中也有大量的李白詩。唐宋以及元代時期的唐詩選本收錄李白詩較少,或者不收。元人楊士弘《唐音》認為這是由於唐宋選本「大抵多略於盛唐而詳於晚唐」「李杜韓詩世多全集」〔註18〕兩個原因造成的。明初高棅有感於歷代選家「李杜大家不錄」〔註19〕,特在《唐詩品彙》九十卷中選錄李白詩402首,而且將李白與陳子昂列為盛唐正宗。李攀龍《古今詩刪》三十四卷唐詩選部共收錄唐詩740首,其中李白詩9首,遠遠低於《唐詩品彙》。唐汝詢《唐詩解》五十卷收錄李白詩177首。鍾惺、譚元春《唐詩歸》三十六卷收錄李白詩98首。陸時雍《唐詩鏡》五十四卷選錄李白詩276首。胡瓚宗《唐雅》八卷選錄李白詩129首。明代選錄李白詩最多的當為黃德水《唐詩紀》一百七十卷,共選錄960首,幾乎囊括全部的李詩。明代唐詩總集與選本中大量選錄李白詩,可以看出明人喜愛李白的程度以及李白詩傳播之廣泛。

三

李白詩在明代的大量編集、選評與刊刻,是李白傳播史上突出的現象,形成這種刊行盛況的原因有多種。它既與明代社會政治、經濟條件、士人心態等密切相關,也與明代文學復古運動尊唐思潮以及唐詩學興盛息息相關。

明朝是在推翻元朝異族統治的基礎上建立的封建朝代。明代上層統治者迫切要求恢復漢族文化傳統尤其是唐代文化精神,這種恢復古道禮制的權威導引無疑深得漢族士人情感上的認同。唐宋文化在類型劃分與群體建構方面是兩種不同的文化體型,鄧喬彬在《南宋的多元文化與文學流派》中說:「如

〔註16〕永瑢等《四庫全書總目》卷一七四,中華書局2003年,第1532頁。

〔註17〕詹鍈、李慶元《明末李白詩兩種注本》,《中國李白研究》1991年集,江蘇古籍出版社1993年,第382頁。

〔註18〕楊士弘《唐音》卷首,陶文鵬等整理《唐音評注》,河北大學出版社2006年,第1頁。

〔註19〕高棅《唐詩品彙》,上海古籍出版社1982年,第10頁。

果說唐代的主流文化是進士文化，那麼宋代則發展爲士大夫文化。」〔註20〕
復古思潮彌漫在朝野，是一種自信民族心態的顯現，爲明代文學復古運動以
及唐詩學的興盛提供了契機。以李夢陽、何景明爲代表的「前七子」旗幟鮮
明地提出「文必秦漢、詩必盛唐」〔註21〕的復古主張。「詩必盛唐」的主張
產生了深遠的影響，古典唐詩學眞正進入興盛期，此後復古派成員以此爲理
想信念與寫作範式。胡應麟在《詩藪》續編卷一中說：「自《三百篇》以迄
於今，詩歌之道，無慮三變：一盛於漢，再盛於唐，又再盛於明。」〔註22〕
李維楨則在《皇明律範序》中說：「所貴乎明者，謂其盛於唐，而久於唐也。」
〔註23〕在明人看來，只有漢唐才能與大明相提並論，也只有明代才能超越漢
唐，這是一種豪邁達觀的心態與自信。

明代文學復古運動與唐詩學興盛並不是一帆風順，而是經過多種曲折與
磨合。從明初到正德年間是唐詩總集與選本刊刻的初始時期，當時刻印的大
多是前代選本。杜甫詩一度作爲明初詩人群體的格調典範，如茶陵派領袖李
東陽即奉杜詩爲圭臬，李白詩文全集及其選本在正德之前編刻較少。弘治、
正德間前七子崛起於文壇，他們提出的以復古尊唐爲新變的創作理論普遍爲
當時學者接受。李夢陽本人喜愛李白詩，曾作有《效李白體》六十四首。何
景明也說：「學歌行近體誠有取於二家。」〔註24〕他們的揄揚使李白詩聲譽
陡增，李白全集及其選本的編選與刊刻在正德、弘治後日漸增多。嘉靖、隆
慶間後七子除了繼承前七子的宗唐觀念外，對格調法度的講究更加趨於強化
和程序化，師法唐詩再次成爲詩壇的主流，從而使明代唐詩學達到歷史上的
頂峰。李白集的重編、選編、評注、刊刻在此時期達到高潮，二者是成平行
狀態運行的。與唐代其它別集相比，李白集的刊刻佔據絕對優勢，從而使李
白詩得到了空前廣泛的傳播。萬曆年間，公安派、竟陵派高舉性靈大旗，向
復古派唐詩論發動衝擊，動搖了格調論唐詩學的基本體系。但李白詩中的天
眞、性情、飄逸、神韻等成爲新派的效法因素，絲毫沒有動搖李白的地位與
影響，李白集的刊刻再次達到高潮。天啓、崇禎間，唐詩學呈現多元走向，

〔註20〕鄧喬彬《南宋的多元文化與文學流派》，《江西師範大學學報》2014年第1期。
〔註21〕張廷玉等撰《明史》卷二八六《李夢陽傳》，中華書局1974年，第7348頁。
〔註22〕胡應麟《詩藪》續編卷一，上海古籍出版社1979年，第341頁。
〔註23〕李維楨《皇明律範序》，《大泌山房集》卷九，萬曆三十九年刻本。
〔註24〕何景明《〈海叟集〉序》，《何大復先生集》卷三十四，《文淵閣四庫全書》第
1267冊，臺灣商務印書館1986年。

性靈說逐漸退潮，李白集的選編與刊刻也呈現出下降趨勢。由此可見，李白集及其選注本的刊刻興盛與明代復古思潮及唐詩學的進程呈同步運行關係。明代文藝理論思潮的發展與李白集的刊刻密切相關。

李白獨特的人格魅力與藝術風格直接影響到明代社會的文化思潮與審美風尚，李白成為明代文人學習與模仿的標榜，這也是明代李白集刊刻興盛的主要原因。明初以來，政治上採取削弱相權強化君權，對知識分子尤其是士族採取高壓政策。為了在思想領域實行專制，大力提倡程朱理學，成為士人舉子的行為法則與精神規範。明代文學復古思潮不僅是文學上的復古，也是時代思潮的復古。明人反感主理的宋詩，而對主情的唐詩格外推崇。文人學士普遍豔羨大唐盛世，在文學上追求風骨雄健、氣象宏闊、豪邁奔放、意境奇妙的審美風格。李白思想特質中的那種藐視一切權貴、「天子呼來不上船、自稱臣是酒中仙」〔註25〕、「我本楚狂人、鳳歌笑孔丘」〔註26〕的氣概很契合明人的精神追求。李白詩歌中豪邁飄逸、清新自然的審美風格又契合明人的詩歌審美追求。精神氣質與藝術特徵的雙重優勢直接成為明人學習的榜樣，因而李白及其詩歌受到明代士人各階層的青睞與關注。尤其是明代中期王陽明心學盛行，對程朱理學進行衝擊從而帶來思想領域的巨大變革，直接導致社會各階層的思想覺醒，呼喚個性解放，各種學說風起雲湧。追求精神自由、人格獨立、個性張揚的風氣彌漫在明代社會。李白那種傲岸權貴的高尚人品、追求理想的政治抱負、飄逸奔放的詩歌風格受到此期社會各階層的歡迎，得到中晚明士人的高度贊同與認可。這種思潮的轉變直接後果就是李白集以及評注本的大量刊行。嘉靖、萬曆近百年時間是李白集編刻的高峰，達四十種之多，而且出現多種批校本、批點本、評注本，眾多名人積極參與，可見時人對李白詩歌的關注熱情。李白雄渾豪放的詩歌風格、神奇瑰麗的藝術想像、清新俊逸的語言特色一時成為明人競相模仿的對象。明初詩人高啟的個性與李白相似，詩風亦類似李白。趙翼《甌北詩話》卷八：「李青蓮詩，從未有能學者，惟青邱與之相上下，不惟形似，而且神似。」又說：「七古如《將進酒》、《將軍行》、《贈金華隱者》、《題天池石壁圖》、《登陽山絕頂》、《春初來》、《憶昨行》等作，置之青蓮集中，雖明眼者亦難別擇。」〔註27〕李東陽學詩雖宗

〔註25〕杜甫《飲中八仙歌》，浦起龍《讀杜心解》卷二，中華書局 2000 年，第 226 頁。
〔註26〕李白《廬山謠寄盧侍御虛舟》，王琦《李太白文集》卷十四，中華書局 1977 年，第 677 頁。
〔註27〕趙翼《甌北詩話》卷八，人民文學出版社 1981 年，第 124～125 頁。

主杜甫，但對李白的人品與才華也推崇備至。他在《春雨堂稿序》中說：「近代之詩，李杜為極。」〔註28〕李東陽創作中涉及到李白詩有十多篇，又在《懷麓堂詩話》中有二十多處評論李白的詩歌，足見其對李白及其詩歌的景仰與推崇。明代晚期王世貞對李白也是極其喜愛和崇敬，他的作品中涉及到李白的有 39 首，「其中以李白為主題的詩歌 15 首，提及李白的詩歌 24 首；文章20 餘篇，詩話 8 條，這些材料或仰慕李白豪放不羈、飄逸不群的詩仙風采，或讚歎李白卓爾不群、才華橫溢的詩歌創作藝術。」〔註29〕明代其它著名詩人如徐禎卿、康海、李攀龍、楊慎、謝榛、謝鐸、祝允明、譚元春、鍾惺等人都對李白表現出濃厚的興趣，他們不僅在自己的詩文創作中化用李白詩的主題、意象、典故，而且有的還參與了李白詩的編集與評注。

明代很重視培養人才，辦學規模也超過前代。教育的普及以及科舉制度的完善從整體上提高了明人的文化水平。《明史‧藝文志》著錄明人著作一千一百多部，近兩萬卷。文化水平的提升直接導致讀書群體的壯大，成為李白詩集在明代刊行的人文基礎。明代雕版印刷技術成熟，金屬活字的廣泛採用促進了印刷術的發展，為刻書業提供了技術保證。據張秀民《明代南京的印書》一文〔註30〕考證，明中葉以後，上自中央政府各部門，下自地方官府以及藩王府都有規模很大的刻書機構。葉德輝《書林清話》卷七說：「數十年讀書人，能中一榜，必有一部刻稿。」〔註31〕明中後期社會經濟發展迅速，雕版技術的改進，印刷業的發達，直接刺激了李白集的編刻刊行，同時也出現了像《唐五十家詩集》、《唐百家詩》、《唐詩類苑》、《唐音統籤》等這樣大部頭的唐詩總集。這些大型的唐詩總集大量收集李白詩，從另外一個渠道促進了李白詩在明代的流傳。

明代文學流派紛呈，文學社團林立。郭紹虞《明代的文人集團》〔註32〕一文統計有明一代的文學社團有 176 個，此外還有很多鬆散的文學組織。這種文學集團由於各種原因，形成同一文學流派，有著相同的文學主張。「從某

〔註28〕李東陽《春雨堂稿序》，《李東陽集》第三卷，嶽麓書社 1985 年，第 37 頁。
〔註29〕王紅霞、任龍《詩論王世貞對李白的接受和評價》，《中國李白研究》2010～2011 年集，黃山書社 2011 年，第 291 頁。
〔註30〕張秀民《明代南京的印書》，《文物》1980 年第 11 期。
〔註31〕葉德輝《書林清話》卷七，中華書局 1999 年，第 185 頁。
〔註32〕郭紹虞《明代的文人集團》，《照隅室古典文學論集》，上海古籍出版社 1983 年，第 581 頁。

種意義上說，揚李或揚杜，是明代的各個文學派別文學主張的體現。」〔註33〕
這些文學集團的大量出現有助於某種文藝思潮的快速傳播，從而擴大影響形
成氣候。明代前後七子的復古唐詩論能夠產生廣泛的影響，與這個流派的人
多勢眾相關。李白詩文能在明代中後期傳播興盛，與這些文學集團的宣揚分
不開。

　　綜上，李白詩在明代得到廣泛的編選與刊刻，是各種因素合力的結果。
明代刊刻的李白集及其評注本，數量龐大品種豐富，出現了一些代表性的著
作。明代對李白詩的編集、評選、注釋、考證、圈點、解說、論述達到歷史
上的高峰，充分說明明代士人各階層對李白及其詩歌的喜好。這是李白詩流
傳史上的獨特現象，值得特別重視。

（原載《山西大學學報》2015 年第 1 期）

〔註33〕朱易安《明人李杜比較研究淺說》，《李白學刊》第一輯，上海三聯書店 1989
　　　　年，第 100 頁。

杜詩在明代的評點與集解

　　杜詩學發展到明代處於一個低谷期，既不能與宋代「千家注杜」那種盛況相比，也不能與清代豐碩的杜詩學成就相提並論，形成這種狀態的原因有多種。明代因爲市民社會與商業經濟的高度發達，表現在文藝領域，戲曲、小說方面更爲成熟與繁榮，詩文創作則顯得相對落寞。隨著市民文學的繁榮發展，明代文人的文藝鑒賞水準也整體提升，出現了大批的文學評點著作，杜詩的評點與集解在明代一時達到高峰。一代有一代的文學，一代也有一代的文學批評。周采泉《杜集書錄》序說：「從宋代直到近代，每一時代各有不同的研究風尚：宋代重在輯佚和編年，元明重在選雋解律，清代重在集注批點，近代則重在論述分析。」〔註1〕「選雋解律」可以說抓住了明代杜詩學的精華，「選雋」指編選杜詩中優秀的名篇，「解律」指闡發杜甫律詩精湛的藝術特徵。明人對杜詩的研究主要方法是評點和集解，表現出他們對杜詩思想與藝術濃厚的興趣。

一、明代對杜詩的評點方法及其特徵

　　宋代杜詩學主要成就在於對杜詩的輯佚和編年，以及對杜集的校勘與注釋。宋人對杜詩的注釋與評點均爲首創，爲後世杜詩學拓展了局面及奠定了基礎。南宋劉辰翁是最早評點杜詩的人，他的《須溪批點選注杜工部詩》二十二卷在元代刻印後，在杜詩學界引起了極大震動。元代范梈即受到啓發作《杜工部詩范德機批選》六卷，評點雖較爲簡略，但對後世影響較大。明代

〔註1〕周采泉《杜集書錄》卷首，上海古籍出版社1986年，第1頁。

學術空疏，然而這種不拘一格的杜詩評點方式很能契合學者們的自由發揮，能夠隨心所欲地表達評點者的心得與見解。無論是杜詩異文校勘，名典注釋，還是詩意串解，都能揚長避短地進行，充分展示評點者的學識與才華。在明代這種評點方式尤爲學者所喜愛，成爲一種研究時尚，作者蜂起蔚然成風。

根據各種書目不完全統計，明代有關杜詩的各類著作約在兩百種左右，而涉及到杜詩的評點和集解的約有七十種，這充分顯示明人對杜甫及其詩歌的喜愛程度。明代評點杜詩的作者文化素質較高，主要有王世貞、鍾惺、王愼中、楊愼、徐渭等人。他們的評點，多針對杜詩的思想與藝術，尤其是杜詩的寫作技巧，見解往往超越前人。明代有關杜詩評點著作主要有李夢陽《批杜詩》、鄭善夫《批點杜詩》、楊愼《朱批杜詩》、王愼中《批點杜工部集》、王世貞《批點杜工部集》、徐渭《批點杜工部集》、孫鑛《批選杜律》、郭正域《批點杜工部七言律》、郝敬《批選杜工部詩》、汪旦《評選李杜詩》、李攀龍《評杜詩鈔》、陳與郊《杜律注評》、張光紀《杜律評解》、王象春《李杜詩評》等幾十種，其中李夢陽、鄭善夫、王世貞、王愼中、汪旦、李攀龍、王象春、陳與郊、張光紀諸家評點今皆未見傳本，部分評點文字被收入到其它書中。此外，明代還有一些唐詩總集及選本，涉及到對杜詩的評點。

楊愼的杜詩評點在明代較有影響，其編選《李杜詩選》之《杜詩選》六卷，保留多處評語。楊愼對杜詩的評點，主要著眼於訂正舊注之誤，多就杜詩的用語、引典，辨證前人注杜之缺誤。因楊愼讀書眈博學識過人，且精於訓詁考釋之學，故他的評點有補前人所未及者。如《秋興八首》其四「魚龍寂寞秋江冷，故國平居有所思」，楊愼評曰：「《水經》云魚龍以秋日爲夜，公詩所云寂寞正用此意，趙注以爲魚龍川在秦州，因起故國之思，殆似癡人說夢。」〔註2〕《重過何氏二首》其二「苔臥綠沈槍」，謂「綠沈」爲畫工色名，引《鄴中記》、《南史》、虞世南詩、楊巨源詩等史料，廣引博證，鑿鑿有據，從而糾正前人之誤。再如《白帝城最高樓》「峽坼雲霾龍虎臥，江清日抱黿鼉遊」，引南充韓廷延語，評曰：「龍虎形容山之樹，黿鼉形容江之石，皆登高望中彷彿之景。」〔註3〕辯證舊注之誤甚當。此外，楊愼還對杜詩異文在評語中進行了校勘，往往根據他本於句旁表明「一作」某，可以看出楊氏讀杜詩

〔註2〕楊愼《杜詩選》卷五，黃永武主編《杜詩叢刊》第二輯，臺灣大通書局 1974 年，第 154 頁。

〔註3〕楊愼《杜詩選》卷五，黃永武主編《杜詩叢刊》第二輯，臺灣大通書局 1974 年，第 145 頁。

之細。有時也根據自己的考辨徑改文字，如卷一《遊龍門奉先寺》「天闕」，據《史記》、《陸賈新語》的記載徑改爲「天窺」。卷二《蘇端薛復筵簡薛華醉歌》「汝與山東李白好」，楊氏據樂史《李太白詩序》載李白慕謝安自號東山李白，徑改「山東」爲「東山」。全書類似的改動尚有多處。楊愼對杜詩的評點，有數則載於《升菴詩話》，後多條爲清代仇兆鰲《杜詩詳注》所援引。

徐渭評點杜詩，亦題《徐青藤批杜詩》，所用底本爲明正德八年（1513）鮑松所刻《李杜全集》之《杜工部集》五十卷本，現存十六卷，共六冊，南京圖書館藏。殘存六冊前四冊爲杜集，後二冊爲李集，均有徐渭墨筆評語。徐氏評點杜詩以眉評、旁評、題評、尾評等多種形式進行，評點以短語爲主，要言不煩，切中肯綮。現存評語約一百三十餘條，集中反映了他對杜詩的態度以及詩學追求。徐渭在評語中表達了他不盲目崇杜的心態，貶抑性評語較多，如評論杜詩「粗」、「覺粗」、「極湊」、「極稚」、「平平」、「稍凡」、「平常」、「亦常」、「何謂」等詞語頻繁出現。評語對杜詩藝術予以解析，如論杜詩結構，《古柏行》評曰：「昔人謂雲來兩句，當在露皮二句之後，固然，亦不必然也。詩之錯雜，豈有定體？間隔中自不妨，此爲通首四句排比，反不錯落矣。」論杜詩詩體，如《前出塞》批「十九首也，無一句不妙。」《後出塞》批「全取，無一句不佳。」《過郭代公宅》批「及夫雖不甚好，可以窮詩體之變。」論杜詩語言，《十二月一日三首》批「媚遠天三字妙，混芒至不可解。」《登樓》「人皆盡稱此首，吾獨以爲板而湊也。」論杜詩淵源，如《示從孫濟》批「古樂府語。」《遭田父泥飲》批「自好。亦樂府語，杜老於此，庶幾下惠之和。」總之，徐渭在評語中對杜詩的藝術成就進行了多方面的評點，代表了他對杜詩的看法。此外，徐渭也在評語中表達了自己的文藝思想，如《八哀詩並序》眉批「蕪雜而不精，齷齪而不潔」，《贈秘書監江夏李公邕》批「潔宜而已」，《謁文公上方》批「亦欠潔秀」，說明徐渭詩歌創作崇尚潔秀詩風，與他宣導「眞我說」的文藝思想高度統一。徐氏評點杜詩，數量雖不多，但他作爲明代著名的學者與書法家，其評點理應得到重視。

明代有兩部專門評點杜甫律詩的著作，即《批點杜工部七言律》與《批選杜律》。郭正域《批點杜工部七言律》不分卷，萬曆四十五年（1617）烏程閔齊伋刻本，崇禎間重刻。前有郭正域自序，卷末有閔齊伋刻印跋語，共收杜甫七律一百五十一首，大致以寫作年代編次，不分卷。郭氏評點杜詩，用語極爲簡略，往往用「具體」、「好語」、「撰句」、「善敍事」、「末句有諷」、「春

容富麗」、「清空一氣如話」、「自然壯麗」等評語，且多重複。對於貶抑性的評語在句旁劃豎線，以視顯目，如「全首不干題事」、「蠢而嫩」、「無味」、「結句弱」、「淺了」、「即事不雅」、「不相屬」等。有些評語確有見地，如《曲江二首》其二「人生七十古來稀」，評曰：「落落酣暢，如不經意而首尾圓活，自然有不可名言之妙。」〔註4〕《曲江對酒》「桃花細逐楊花落」眉批「人以爲巧吾以爲拙，四句亦自恣肆」〔註5〕郭評時出己意，不相盜襲，表現出了一定的鑒賞水準。孫鑛《批選杜律》四卷評選的杜甫律詩，包括五律二百四十五首，七律一百四十二首，共計三百八十七首，基本上囊括了杜律精華，現存明萬曆二十八年（1600）刻本。孫評多置於篇末，多數爲極簡略之泛泛品評，如謂《題張氏隱居》「淡中有味」，《晚出左掖》「通篇勻隱典密」，《春夜左省》「氣象蒼渾」等等，大多是對杜律之章法、句法、用典手法等藝術技巧的解說，間有獨到之處。

明代評點杜詩數量最多的著作當推郝敬《批選杜工部詩》四卷，由郝敬選評，其子洪範、門人陳珙校，共收各體杜詩五百一十三首，現存天啓六年（1626）山草堂刻本，載《山草堂集外編》，前有郝敬《批選杜詩題辭》。郝敬評點杜詩，主要在詩旁加圈點，且有小字批語，題下、句下以及詩後評語皆小字雙行，天頭多有評語。評語雖簡潔，但不乏深刻見解。如評《諸將五首》云：「此諷天寶以來諸將，以詩當紀傳，議論時事，非吟弄風月、登眺遊覽，可以任性漫作者也。必有子美憂時之眞心，又有其識學筆力，乃能斟酌裁補，合度如律，非復清空無象，不用意，不著理，不求可解之類也。五首縱橫開闔，宛是一章奏議，一篇訓誥，與三百篇並存可也。評者但知《秋興八首》不知有《諸將五首》，豈子美之知己乎？」〔註6〕評語挖掘《諸將五首》的政治內涵，的確是發前人所未發，其書對後世評點家鍾惺、譚元春等人影響較大。

明代還有一些杜詩批點本，如梅鼎祚編、屠隆集評《合刻李杜二家抄評》十二卷、王象春《李杜詩評》二卷等，採取集評他人文字與自評、選本與評

〔註4〕郭正域《批點杜工部七言律》，黃永武主編《杜詩叢刊》第三輯，臺灣大通書局1974年，第38頁。

〔註5〕郭正域《批點杜工部七言律》，黃永武主編《杜詩叢刊》第三輯，臺灣大通書局1974年，第39頁。

〔註6〕鄭慶篤等《杜集書目提要》，齊魯書社1986年，第108頁。

點相結合的形式，也很有特色。王世貞、王慎中的杜詩評點，在清代被仇兆
鰲《杜詩詳注》、盧坤五色評《杜工部集》、劉濬《杜詩集評》等徵引。李夢
陽《批杜詩》，戴廷栻《杜遇小敘》及陸煊《梅谷偶筆》曾記載。鄭善夫《批
點杜詩》無寫、刻本傳世，明人焦竑《焦氏筆乘》、胡震亨《杜詩通》有大
量引錄，可以進行輯錄，以便豐富明代杜詩學資料。此外還有大量杜詩評點
稿本、刻本存留在各大圖書館，尚未進行整理，嚴重制約杜詩評點研究。

　　明代評點杜詩具有以下特徵。從形態上來看，明人評點杜詩有刻本流
傳，如郭正域《批點杜工部七言律》、楊慎《朱批杜詩》、孫鑛《批選杜律》，
也有寫本傳世，如徐渭《批點杜工部集》、李夢陽《批杜詩》。評點即便是以
刻本形態流傳，眉批上的文字也是影刻評點者墨蹟，在形式上給人以美感，
有助於閱讀者理解杜詩，這是明代詩歌評點和版刻史上的創舉。評點者往往
就杜詩的某一句進行評論，很少有全篇評論者，同樣，明代沒有對杜詩全集
進行評點的，一般是以杜詩選本為底本，因為評點是在閱讀杜詩過程中休閒
式的文字表達，隨看隨評，形式上可以自由發揮。為區別辨認，一般在語句
處以圈點的方式著筆，也有以特種符號如下劃豎號標示，在天頭對應位置文
字評點。就評點內容來看，對杜詩的評點大多屬於即興漫評，缺乏統一的批
評思想和標準，這當然跟明人疏朗的習性有關。明代評杜貶抑性多於褒揚
性，反映明人不盲目崇杜的心態。徐評杜詩貶抑性批語約三十餘條，如「學
究氣」、「平常」、「亦欠潔秀」、「亦欠精」、「無風韻」等，褒揚性批語僅十餘
條，如「妙」、「好」、「細讀好」、「磊落」等。此外還有一些中性評語，如「似
好也似不好」、「何謂」、「雖好」等，雖然多為短批，但反映了徐渭的批杜心
態。徐渭晚年作《青藤山人路史》，其中談到對杜詩的態度：「然杜之全本須
刪去一半便是一副周鼎商彝矣。」〔註7〕可見徐渭對杜詩的態度是前後一致
的。郭正域評點杜詩與徐渭十分相似，也是貶抑多於褒揚，如「無味」、「湊
句」、「蠢而嫩」、「興盡」、「嫩氣」等語充斥其間，言辭較為激烈。徐、郭評
語簡潔且多重複，代表了明代評點杜詩的主要特徵。鄭善夫評點杜詩語氣也
較嚴厲，認為杜詩有時簡直不成詩，如《寄韓諫議》尾評「全不成章」、《可
歎》評云：「雜亂，鈍拙，都不可讀。」《奉送二十三舅錄事之攝郴州》評云：
「五首都不可讀」，這些評語集中代表了明人對杜詩的看法。

〔註7〕徐渭《青藤山人路史》，《四庫全書存目叢書》子部第 104 冊，齊魯書社 1997
　　　年，第 261 頁。

二、明代對杜詩的集解類型及其學術方法

評點這種批評方式適合於對杜詩藝術進行隨意的表達，文字往往在眉批、行批中，具有明顯的個人趣味。要想對杜詩進行更爲深入的研究，評點在形式和內容上已經不能滿足，而需要另外一種批評方式即集解。集解的歷史悠久，方法更爲成熟，因爲文字不受約束，可以更能表達作者對研究對象的闡釋，批評空間更大。如果說評點還屬於即興式的漫評，那麼集解則屬於深思熟慮的精研，具有系統性、全面性、專題性等特徵，代表的是個人學術功底。對杜詩的集解在明代成爲主要的研究方法，湧現出一批如《讀杜詩愚得》、《杜詩通》、《杜臆》、《杜律意箋》等高質量的著述。

在版刻形態上，集解文字一般是作爲正文隨詩文一道刊刻的，屬於整部書的組成部分。在內容形式上，既有對杜詩全集的集解，也有對部分杜詩的解說。在文體對象上，既有各體杜詩，也有某一特定體裁如五、七言律詩。在具體的集解中，涉及到杜詩的各種層面，對杜詩藝術、思想、淵源、詩篇重出、文字異同、版本校勘、批語過錄，乃至杜甫本人的生平、交遊、事蹟等，幾乎無所不至，最大程度對杜詩進行注釋、串解與評論。需要說明的是，明人對杜詩的集解，很大程度上是將箋注與解說糅合在一起。當然也有不拘一格的集解形式，如胡震亨《杜詩通》、邵傅《杜律集解》、王嗣奭《杜臆》等，在形式上顯得較爲隨意。

明代對杜詩集解的類型主要有三種。分別是杜詩全集箋注、杜詩選本賞評、杜詩研究專著等三種，是明人選杜、評杜、學杜的主要形式。在杜集校勘箋注、資料彙編、輯評考訂、杜詩技巧、藝術淵源、傳承影響等各個方面都有比較全面的研究，代表明代杜詩學的主要成就。與宋、清兩代在杜詩全集編注上取得的豐碩成績相比，明代箋注杜集顯得較爲遜色。但是，明人注杜也有自己的特色，即由宋代注杜重倫理重詩教向藝術審美方面的轉變，更加注重詩歌旨意的開掘與闡發，開創了後世注杜新體例。據各種公私書目統計，明代杜詩全集箋注本約有二十多種，現存三種，即單復《讀杜詩愚得》十八卷、邵寶《刻杜少陵先生詩分類集注》二十三卷、胡震亨《杜詩通》四十卷。三種全集箋注本分別產生在明代前期、中期和後期，具有一定的代表性。

單復《讀杜詩愚得》作爲明代第一部杜集注本，在體例上有創新，它將年譜與詩目合在一起，逐年編排，共收詩一千四百五十四首。採取先敘時事

後言詩人行蹤，使讀者一目了然。單復以元代高崇蘭《集千家注杜工部詩集》二十卷為底本，廣泛徵引舊注，所引以宋人為主，加以自己的心得見解，形成一部集大成的杜集注本。其《自序》謂：「讀每篇，必先考其出處之歲月、地理、時事，以著詩史之實錄。次乃虛心玩味，以《三百篇》賦比興例，分節段以詳其作詩命意之由，及遣詞用事之故。且於承接轉換照應處，略為之說，其諸家注釋之當者取之，而刪其附會者。庶以發杜子作詩之旨意云。」〔註8〕單復在序中詳細地說明了自己注杜詩的體例，由此可見，他是對舊注做了一番博覽廣收、鑒別去取的工作，對冗雜的舊注進行了有效的清理。書中採用舊注皆標明姓名，計有四十多家，其中以王洙、黃希、黃鶴、蔡夢弼、趙次公等為多。例如卷一《玄都壇七言六韻寄元逸人》詩後引七家舊注，最後加按語予以解說。此外收錄有許多詩話、筆記中的相關記載，保存了大量杜詩學文獻。同時，他還在相關杜詩後，錄入杜甫同時期唐代詩人的詩歌，為深入理解杜詩提供方便。例如卷四《奉和賈至舍人早朝大明宮》詩後就列出賈至、岑參、王維的唱和詩原文。詩歌集解部分往往標以「賦也」、「比也」、「興也」、「賦而比也」、「興兼賦也」、「賦而興也」等語，仿朱熹《詩集傳》體例，後來成為明人注杜常例。邵寶《刻杜少陵先生詩分類集注》、張綖《杜詩通》、謝傑《杜律詹言》等均取此例。單復將年譜與目錄並在一起，成為詩目譜，開創了以詩繫年的新體例，在內容上後出轉精，在明代很有影響。張綖《杜詩通》、邵傅《杜律集解》、周甸《杜釋會通》等書均參用此譜。

邵寶《刻杜少陵先生詩分類集注》二十三卷是一部有爭議的書，書名就有多種。丁丙《善本書室藏書志》著錄為《杜少陵先生分類詩注》，日本《宮內省圖書僚漢籍善本書目》題作《杜少陵先生詩分類集注》，《韓國所藏中國漢籍總目》名為《刻杜少陵先生詩分類集注》。《杜詩叢刊》第二輯收入明萬曆二十年（1592）三吳周子文校刊本題名為《刻杜少陵先生詩分類集注》。周采泉在《杜集書錄》卷三中認為此書是書商周子文託名邵寶刊行的。《刻杜少陵先生詩分類集注》在編排上先分體後分類，詩體以五古、七古、歌行、五絕、七絕、五律、七律為序。每體之中再按內容分類，計有紀行、述懷、懷古、時事等五十三類，共收詩一千四百四十九首。在集解的體例和方法上，更多的是沿襲單復《讀杜詩愚得》，詩題後有解題，略述時代背景。注釋置於

〔註8〕單復《讀杜詩愚得自序》，黃永武主編《杜詩叢刊》第二輯，臺灣大通書局1974年，第2頁。

篇後，先標示賦比興，繼而逐一箋釋詞語典故，最後串講詩篇大意，引證舊注不標名姓。串解部分箋釋詞意，闡發詩旨，尚能做到簡明清切，偶能闡發杜詩言外之意。此書流傳頗廣，且流播海外，後世注家如仇兆鰲、楊倫注杜詩亦時有徵引。

明代中後期，隨著文藝思潮的湧動，明人在詩歌創作與鑒賞中越來越重視審美功效，杜詩箋注也出現了新的變化，側重於探討杜詩藝術技巧，胡震亨《杜詩通》四十卷得風氣之先應運而生。《杜詩通》爲胡氏《李杜詩通》六十一卷之杜詩編，收詩一千四百四十七首。編排上先分體再分類，一類之中再約略編年。在注釋上，胡震亨參考了高崇蘭《集千家注杜工部詩集》所引諸家舊注，同時也大量徵引元明人的評解，所引皆標明姓氏，己注則冠以「邂叟云」以示區別。所引劉辰翁、鄭善夫評語最多，二者達六百條之多。胡震亨在自序中說：「一切牽強之說，概從芟去，舊注繁蕪，百存一二。其意旨未經前人發明者，略抒膚見，以資商榷。」〔註9〕其徵引舊注多側重於詩歌藝術評賞，重點在對杜詩技藝的闡發。此書與其它杜詩注本不同之處在於，在詩歌第一行正文頂欄上多標有「神品」、「妙品」、「能品」、「眞品」、「刪」字樣，以視優劣。其中前兩者評語少，略有四十餘處，後三者多，略有六百多處，可見胡氏評杜詩之嚴。杜詩中佳妙者圈點之，拙劣者則以豎線標識，又可見胡氏評杜詩之細。胡震亨評杜詩也有不少創見，如卷十三《麗人行》之「楊花」「青鳥」，舊注多以爲是景物描寫，胡氏通過史料鉤稽，指出此兩句是暗諷楊國忠與虢國夫人事。再如卷二十五《九日藍田崔氏莊》，南宋楊萬里推爲杜律第一，而胡氏卻視之爲杜律最劣者。

明代除了對杜詩全集進行集解外，更多的是對杜甫律詩予以審視和觀照，出現了一大批專解杜律的著作，這在明代杜詩學史上是一個突出的現象。杜甫詩歌的主要成就在於五七言律詩，此爲公論，明人把杜律奉爲詩歌創作的圭臬，極力模仿杜甫律詩結構與詩意。出於對杜律的喜愛和傚仿，明人選編和評賞了數量較多的杜律著作，如汪瑗《杜律五言補注》四卷、張綖《杜律本義》四卷、單復《杜律單注》十卷、邵寶《杜律鈔》二卷、邵寶《杜詩七言律》二卷、過棟《杜少陵七律分類》二卷、張孚敬《杜律訓解》二卷、蕭鳴鳳《杜律選注》二卷、溫純《杜律一得》二卷、陳與郊《杜詩律》二卷、

〔註9〕 胡震亨《杜詩通序》，鄭慶篤等《杜集書目提要》，齊魯書社1986年，第117頁。

郭正域《杜律選》一卷、黃光昇《杜律注解》二卷、汪慰《虞本杜律訂注》二卷、邵傅《杜律集解》六卷、謝傑《杜律詹言》二卷、薛益《杜工部七言律分類集注》二卷、韋傑《杜律七言五言注》四卷、王維楨《杜律頗解》四卷、趙統《杜律意注》四卷、馮惟訥《杜律刪注》二卷、趙大綱《杜律測旨》二卷、顏廷榘《杜律意箋》二卷、范濂《杜律選注》六卷、孫礦《杜律》四卷、徐常吉《杜七言律注》二卷、沃起鳳《杜律解易》二卷等。上述這些杜律著作，有的是分類單選，有的是五七言律詩合選，有的是杜律研究專著。據統計，明代的杜詩選本約有六十餘種，杜律選本即有四十多種，顯示出明人對杜律的喜愛。這裏面出現了一些品質較高的杜律集解著作，如邵傅《杜律集解》、顏廷榘《杜律意箋》、汪瑗《杜律五言補注》等。明人對杜律的評選與箋注，是明代杜詩學史上的一個突出現象，筆者將另外撰文進行專題探討，這裏就不展開論述。

明代還有另外一些杜詩集解著作，如王嗣奭《杜臆》十卷、張綖《杜工部詩通》十六卷、周甸《杜釋會通》七卷、唐元竑《杜詩捃》四卷、黃文煥《杜詩掣碧》六卷、沈求《杜詩肆考》十卷等，既有集評考訂，也有詩話隨筆，形式多樣，在解說杜詩的體例與方法上各有特色。其中《杜臆》與《杜詩捃》兩書不錄原詩，也不對原詩逐句作注，形式較爲鬆散。王嗣奭將自己的著作命名爲《杜臆》，表明是以儒家以意逆志的方法來研究杜詩，在具體的評論中常用「溫柔敦厚」來衡量杜詩的尺度，非常重視對杜詩的藝術研究。在體例上，《杜臆》融匯了前代杜詩學的各種類型，舉凡編年、集注、集評、輯考、鑒賞等，包容一體而融會貫通，在集解的過程中傾注了作者的鮮明個性。其杜詩評說往往針對詩歌本身，先是進行鑒賞和評述，接著抒發感慨，借古諷今，對杜詩內容的梳理與解說爲該書最有價值的部分。《杜詩捃》是唐元竑讀杜詩的隨筆，隨讀隨記，不受限制盡情發揮，觀點表述充分，具有自己的學術價值和特點。這兩種杜詩學著作都採用札記的論文形式，分析客觀論證嚴密，較之宋代杜詩學著述中即興的成分與隨意的議論，已有相當程度的改進。

大致說來，明代對杜詩的集解主要有以下方面的學術特色。首先，明人喜愛杜詩，但又不盲目崇杜，因而在杜詩集解中表現出較爲理性的態度。明代詩壇繼承元代遺風，具有較爲明顯的尊唐抑宋傾向，在對杜詩的評價上與宋人有很大的差異。杜詩在中晚唐是受到冷遇的，但在宋代備受尊崇，宋人

整體上高度評價杜詩。在思想方面特別從儒家詩教觀出發，強調杜甫的忠君愛國及憂國愛民，尊杜詩爲詩史。在詩歌藝術方面，以黃庭堅爲代表的江西詩派著力從杜詩形式技巧入手，來探尋作詩規律和法則。宋人把杜甫尊爲神聖不可侵犯的詩壇偶像，明人卻率先打破了這尊偶像。明代中後期後批評杜甫成爲一種風尚，仇兆鰲《杜詩詳注凡例》說：「至嘉隆間，實有王愼中、鄭繼之、郭子章諸人，嚴駁杜詩，幾令身無完膚，眞少陵孟賊也。楊用修則抑揚參半，亦非深知少陵也。」〔註 10〕這種批評在杜詩集解著作中多有反映，例如胡震亨《杜詩通》不僅大量輯錄劉辰翁、鄭善夫等批評杜甫之語，而且自己對杜詩的批評甚至還要超二人。有時劉、鄭二人肯定的，胡震亨也要反駁，如卷三《望嶽》、《壯遊》二詩，分別引用劉辰翁、鄭善夫的評語，接著下按語批評二人評價太高。此外，胡氏在詩題或詩中標注「刪」字，達二百六十處之多，表示他對杜詩的貶斥態度。又如卷五《山寺》、卷六《望嶽》、《又上後院山腳》、《壯遊》諸詩，講解便多有貶義。王嗣奭在《杜臆》中指出杜詩創作中的缺陷和局限，尤其針對杜詩中大量的應酬詩，流露出的溢美之詞與誇張之語，王氏幾乎都予以否定。呂肖奐《宋代官員詩人酬唱論略》一文說：「如果一個官員連詩歌創作酬唱都不具備，會被視爲缺少修養而不被社會認可。」〔註 11〕可見必要的應酬還是需要的。唐元竑則主要對杜詩做法提出批評，如《杜詩捃》卷二《少年行》評云：「少年行老瓦盆一首，意亦佳，然與題不合，幾於失旨，吾無取於此。」〔註 12〕卷一《寄賈嚴二閣老》中批評「流落三千劍」詞不達意，卷一《逢唐興劉主簿弟》批評「劍外官人冷」遣詞不當，提出了自己的看法。有些意見是中肯的，故四庫館臣說：「元竑所論，雖未必全得杜意，而刊除附會，涵泳性情，頗能會於意言之外。」〔註 13〕當然，他們對杜詩的批評也不就見得都正確，因爲明人受傳統詩歌理論的影響之深，往往對杜詩的理解出現偏差，產生很多錯誤的評論。

　　在集解方法上，明人大多能採取以意逆志、賦比興論詩、以史證詩、以

〔註 10〕仇兆鰲《杜詩詳注》第一冊，中華書局 1995 年，第 23 頁。

〔註 11〕呂肖奐《宋代官員詩人酬唱論略》，《江西師範大學學報》（哲學社會科學版），2014 年第 1 期。

〔註 12〕唐元竑《杜詩捃》卷二，黃永武主編《杜詩叢刊》第三輯，臺灣大通書局 1974 年，第 91 頁。

〔註 13〕永瑢等《四庫全書總目》卷一百四十九，中華書局 2003 年，第 1282 頁。

杜解杜等多重手段，並且相互運用，對杜詩藝術的研究取得了傑出的成績。以意逆志爲中國文學批評史上重要的解釋方法，講求結合人情事理，以個人感知來揣摩詩人的創作意圖，帶有很大的主觀性與隨意性。明人對杜詩的集解多運用此法。楊祜《杜律單注序》：「國初，剡單復氏參伍錯綜，以意逆志，撰《讀杜愚得》凡若干言，獨爲集大成云。」〔註14〕單復在集解杜詩過程中，常以此法來闡釋杜詩主旨及詩意，如《讀杜詩愚得》卷二《白水明府舅宅喜雨得過字》、卷四《偪側行》二詩，在徵引舊注後，復據詩中所述，以自己的狀態來揣測杜甫作詩時的心態，兩相輝映。胡震亨在《杜詩通》中也常用此法解詩，如卷三《自京至奉先縣詠懷五百字》於尾注解釋典故後，結合杜甫生平事蹟，還原了他作此詩時的所思所想。卷十三《哀江頭》「翻身上天仰射雲，一箭正墮雙飛翼」詩句下案語，解釋杜甫爲了避諱而沒有指責軍士逼縊之事，就用了以意逆志法，解釋確當。王嗣奭則明確在《杜臆原始》中說：「草成而命名曰臆，臆者，意也。以意逆志，孟子讀書法也。誦其詩，論其世，而逆之以意，向來積疑，多所披豁。」〔註15〕張孚敬在《杜律訓解》之《再識》中明確提到孟子的以意逆志，認爲用其法解釋杜詩時可行的。明代很多杜詩集解著作從書名上就可以看出解杜律之法，如趙大綱《杜律測旨》、王維楨《杜律頗解》、周甸《杜釋會通》等，可見明人在杜詩學研究方法上，大都使用以意逆志，最大程度對杜詩本義進行復原。

賦比興論詩也是明人杜詩集解常用的一種方法。朱熹在《詩集傳》中以賦比興解詩，明人受此啓發，也往往在杜詩集解時標以賦比興之語。單復在《讀杜詩愚得》之《凡例》中說：「《愚得》於長短、古、律詩，仿朱子說詩騷賦、比、興例，分段以詳作詩命意之由。」〔註16〕他在注杜詩時往往標明「賦」、「比也」、「興也」或「賦而比」、「比而賦」、「賦而興」等語，闡釋杜詩詩意。單復此法爲後來的杜詩集解著作樹立了範例，如邵寶《分類集注杜詩》、王維楨《杜律頗解》、張綖《杜工部詩通》、顏廷榘《杜律意箋》等都紛紛傚仿。胡震亨《杜詩通》也在注杜中多用此法，如卷三十五《暮春》詩尾註「語含比興」，卷二十二《放船》尾註「亦自有興」，卷十五《丈人山》尾註「有興」，卷七《示從孫濟》注「得比興深旨」等等。此外，明人常用

〔註14〕周采泉《杜集書錄》卷六，上海古籍出版社 1986 年，第 312 頁。
〔註15〕王嗣奭《杜臆》卷首，上海古籍出版社 1983 年，第 1 頁。
〔註16〕單復《讀杜詩愚得》卷首，黃永武主編《杜詩叢刊》第二輯，臺灣大通書局 1974 年，第 3 頁。

到的集解方法還有以史證杜、以杜證杜等。以史證杜與以杜證杜是明人研究杜詩常用的方法，表現出作者超長的史學眼光與詩學見解。《杜詩通》卷十三《漁陽》、卷十九《遣憂》，胡震亨加案語徵引史料以證實杜詩所述，便是他解杜通用之法。邵寶《杜少陵全集分類詳注》卷一《劍門》、卷二《遣興五首》其二，也是廣引史料來解釋杜詩，完全符合杜詩描寫實際，闡釋非常準確、生動，傳達了杜詩的神韻。至於以杜證杜，在王嗣奭《杜臆》、顏廷榘《杜律意箋》、張綖《杜工部詩通》、邵傅《杜律集解》等書中多有運用，限於篇幅不一一舉例。

三、明代對杜詩評點與集解的成就與失誤

明代對杜詩的評點和集解取得的成就是很大的，但也出現了一些新的失誤，總結這些成就與失誤，對進一步深入認識明代杜詩學將不無意義。

從整體上講，明代研究杜詩的著作雖不如宋代多，但研究的水準和學術高度卻超過宋代。宋代有關杜集注釋的專著很多，流傳下來的幾乎都是此類著作，而明代對全部杜詩進行注釋的只有單復《讀杜詩愚得》、邵寶《刻杜少陵先生詩分類集注》、胡震亨《杜詩通》三種。原因在於杜詩該注的宋人已經都注了，對宋人注杜出現的錯誤與疏漏，則需要有很高的水準才能進行補正與增訂，明人文獻學水準較為粗疏，所以他們就取長補短，不在注釋上取勝，而採取評點與集解的方法來研究杜詩，更加側重於杜詩藝術的闡釋。胡可先《杜甫詩學引論》說：「到了明代，杜詩評點學才有了進一步的發展。」〔註17〕明代杜詩評點的著作有幾十種，有影響的主要有王世貞、鄭善夫、鍾惺、楊慎、徐渭、鄭繼之等，皆為名學者、詩人。他們評點杜甫詩歌的思想和藝術，有些見解非常精闢。有些對舊注的訂正、文字的校勘、杜詩的注解，也很有發明。像鄭善夫對杜詩的評點，不僅明人如王慎中、焦竑、胡震亨大量採納，而且清人仇兆鰲、浦起龍、方東樹也在各自的著作中徵引，曾產生了較大的影響。

就評點形式而言，明人注重簡潔，評語往往三言兩語概述性很強。對杜詩的評點多貶抑性，而且要言不煩，這與清代杜詩評點文字冗長形成對比。明代中後期詩壇出現批杜風潮，評點是一個很重要的手段。明人對杜詩的評點還跟文藝思潮緊密連接，實現選本與評點相結合，在批選中流露出評點者

〔註17〕胡可先《杜甫詩學引論》，安徽大學出版社 2003 年，第 79 頁。

的詩學理念和批評標準。張智華《南宋的詩文選本研究》對此評論說：「詩文選本與圈點、評點緊密結合，大規模出現，形成一種新的選本形式，且在後代成爲傳統。」〔註18〕明人的杜詩評點正好繼承了這個傳統，且發揚光大。在評點中，作者有意無意地將自己的詩學主張融入到文字中，例如徐渭的批語中就反映了他最求潔秀、自然的風格，獨立自主的批評精神，與他的文藝主張一脈相承。鄭善夫評點杜詩集中展現了他的復古詩學觀，他本人的詩歌創作更是得益於對杜詩的學習與借鑒，是明人學杜的縮影，折射出明代杜詩學的一些特點。此外，明人的評點跟宋元人相比顯得更加成熟，出現了一些批評套語，即在評點中反覆使用某些特定的詞句，代表明人對杜詩的基本看法。評點這種方法帶有很強的個人色彩，明人評點杜詩能夠刊刻流傳下來的不多，還有很大一部分未刊評點保存在各圖書館，等待整理與研究。當然，明代的杜詩評點也存在一些平庸之作，有些失去學術性，成爲純粹的文字遊戲，語氣調侃失之草率，有些還是謬見，這些是需要特別注意的。

明代杜詩的集解情況，無論是形式還是具體內容上要比評點複雜的多。大體而言，明人杜詩集解的成就還是要大於失誤。明代學風空疏在杜詩學方面表現的較爲明顯，清人幾乎全盤否定明人的杜詩研究成果，但明代大量產生的杜詩集解著述，還是具有不可替代的學術價值。首先，無論是明代杜詩全集箋注還是杜詩選本評注，作爲杜詩流傳重要的載體，具有重要的文獻價值，表現在保存杜詩舊注和杜詩異文兩方面。單復《讀杜詩愚得》、邵寶《刻杜少陵全集分類詳注》、胡震亨《杜詩通》、邵傅《杜律集解》、張綖《杜工部詩通》等著作，收錄了前人大量的舊注，甚至利用前人筆記詩話中的評語，廣徵博取數量眾多。胡震亨《杜詩通》徵引前人上千條舊注，其中不少是已經亡佚的。鄭善夫評點杜詩多虧胡氏收錄，達三百條之多。明人在輯錄舊注時，也進行了一些梳理工作，那就是淘汰了宋代大量穿鑿附會的注釋。宋人大量荒唐可笑的錯誤注釋被明人揚棄，保留大量平實正確的注釋。即便是明人杜詩集解，有些也是依靠本朝人的轉錄而得以保存的，例如張孚敬《杜律訓解》二卷今已佚失，但邵傅《杜律集解》多採用張書。又如范濂《杜律選注》六卷，輯錄舊注三十四種，包括亡佚的徐常吉注釋及《杜詩董養性選注》，可以從中進行文獻輯佚。此外，明人大量的杜詩集解著作，所用底本大都是元代刻本，如張綖《杜工部詩通》底本爲元代范梈《杜工部詩范德機批選》，

〔註18〕張智華《南宋的詩文選本研究》，北京師範大學出版社 2002 年，第 8 頁。

張孚敬《杜律訓解》藍本爲元代張性《杜律演義》。明人大量翻刻元代《杜律虞注》一書，並且已經注意到此書的眞僞問題。從保存舊注和文獻輯佚兩方面來講，明人爲杜詩學做出了貢獻。

其次，明代杜詩集解著作對杜詩藝術的研究，在前人的基礎上有了新的開拓，此爲明代杜詩學重要的貢獻。明代很多學者在杜詩研究上投入的精力和時間更多，像胡震亨、王嗣奭、唐元竑、單復都是幾十年一直專注於杜詩，對杜詩非常熟悉，不僅能背誦更能融會貫通。徐渭、鄭善夫、楊愼、李夢陽、王世貞等人，甚至能在詩文創作中屢屢化用杜意。評賞杜詩精華，理解杜詩的主要內容和藝術特徵，在集解中對杜詩的闡釋往往時出新意。明人在杜詩解說方面創造了一種新方法，即把杜詩翻譯成較爲準確完整的散文，但又忠實於原文。單復在《讀杜詩愚得》中首創，「它的最大意義是在一定程度上避免了解說中的穿鑿附會，幫助讀者直接接近和領略杜詩的原意。」〔註 19〕後來張綖《杜律本義》的闡釋也用此種方法，邵寶《刻杜少陵全集分類詳注》加以發揚，內容更加完整，語言更加生動優美，基本上可以完善地傳達杜詩的含義與意境，成爲明代杜詩學的一種風尚。

在具體的集解中，明人善於把杜甫置身於唐代特定的社會環境中，力爭還原出杜詩創作的背景，這樣研究杜詩就細緻、深刻得多。王嗣奭在《杜臆》中即採取知人論世的方法研究杜甫思想發展的時代背景，研究杜詩產生的社會環境，再來解讀杜詩，故見解往往準確而不同凡響。如卷一大量徵引天寶年間史實來證實《自京至奉先縣詠懷五百字》之爲「詩史」，卷二引《唐鑒》所載玄宗幸蜀事來證《哀王孫》之實，都是從社會背景來入手的。胡震亨《杜詩通》卷十三《麗人行》分析杜詩用典，結合唐朝史實，提出杜詩諷刺虢國夫人亂倫新說，發人深思。卷七《示從孫濟》解釋杜甫用比興手法來委婉表達，希望從孫不要厭煩自己的思想，恰好符合杜甫迫不得已寄人籬下的心態。唐元竑《杜詩捃》卷一大量引唐史來辯證《前出塞》和《後出塞》的寫作時間，推翻傳統看法，認爲二詩寫作時間在安史之亂前，流露出杜甫的憂患意識，考證詳明說理透徹。這種把杜詩放在唐代歷史背景之下的解說，結合具體的史實進行研究，很有說服力。

明人還善於多層次解說杜詩，尤其注重杜詩的前後承接照應之處，儘量發掘出杜詩多樣化的藝術風貌。如王嗣奭《杜臆》卷八連用三個妙字，解讀

〔註 19〕劉文剛《杜甫學史》，巴蜀書社 2012 年，第 178 頁。

《中宵》詩寫作中的層次之美，抓住了關鍵點。單復《讀杜詩愚得》卷八將《遭田父泥飲美嚴中丞》一詩分為五個部分，依次予以解說，前後呼應田父待人之情真意切。卷十一對《營屋》的分析，也是分為三部分逐一論說。單複本人對杜詩的集解，基本上也是按照論杜詩的思想內容、論杜詩的藝術、標示賦比興體這三種層次展開。胡震亨《杜詩通》卷九《送高三十五書記十五韻》、卷十五《渼陂行》，對二詩的論說也是從謀篇佈局入手的。這種以結構論杜詩的方式，可以解開杜詩結構之妙，為解讀杜詩提供了新的視角。明人也用當時流行的意境理論來解讀杜詩藝術，多有創獲。邵寶《刻杜少陵全集分類詳注》卷一《宿次空靈岸》，卷十《君不見》，闡釋相當準確，傳達了杜詩的意蘊和神韻，幫助讀者深入地理解杜詩。《杜臆》卷三對《羌村三首》詩意解說的同時，勾勒出一幅詩情畫意，使人如臨真境感受真切。

明人對杜詩的集解也有種種失誤，大致可以分為文獻和闡釋兩方面。先說文獻失誤，主要表現在徵引舊注有失嚴謹。明人學風不正，屢屢剽竊前人成果，顧炎武《日知錄》卷十八《竊書》說：「若有明一代之人，其所著書無非盜竊而已。」〔註20〕言論雖激烈，但也說的基本是事實，突出的例子就是引用舊注不標明姓氏，如單復《讀杜詩愚得》卷五《觀兵》、卷十四《醉為馬墜諸公攜酒相看》二詩引趙次公注，並未標注趙氏名姓。胡震亨《杜詩通》卷三《自京至奉先縣詠懷五百字》引趙次公注、卷三十五《聞官軍收河南河北》引蔡夢弼注，皆未注明姓名。明人剔除認為是錯誤的舊注時，並沒有剔除乾淨，也保留了一些誤注，在學風方面顯得不夠嚴謹。如單復《讀杜詩愚得》卷一注《巳上人茅齋》引歐陽修語，謂巳上人乃僧齊己，但齊己是晚唐人與杜甫相去甚遠，明顯錯誤不加考辨。王嗣奭在駁斥舊注的同時，也採用了一些誤說，如卷一中對《飲中八仙歌》、《秋雨歎》、《對雨抒懷走邀許主簿》三詩的解釋採用了偽蘇注，未加辨別有失謹嚴。

在一些具體論述上觀點雖新穎但欠缺成熟，尤其是明人解杜詩喜用以意逆志和比興說詩，往往又陷入新的牽強附會之中，這幾乎是通病，貫穿於有明一代的杜詩集解著述之中。胡震亨《杜詩通》卷十三《哀江頭》對「一箭正墮雙飛翼」想當然解釋，此首杜詩中本無比興，但他非要強作比興來解詩，差之毫釐，謬以千里。《杜臆》卷二《曲江》，杜詩幾乎純為寫景，王嗣奭則

〔註20〕顧炎武撰、黃汝成集釋《日知錄集釋》卷十八，上海古籍出版社1985年，第1430頁。

非要扯上人主與正人、小人的關係加以解說，牽強附會，完全違背杜詩的本意。卷四《春夜喜雨》本是歡快之小詩，但他把喜雨和登宰相位相結合，實在是太過於穿鑿，如此等等不一而足。明人對杜詩的解說，存在的主要問題就是誤解和曲解，跟明代特定的時代環境以及明人的盲目自信有關，也涉及到個人的學養、見識、經歷等，而且他們對杜詩的解說往往帶有很強的個人色彩，對杜詩的歪曲和誤解是不可避免的，原因比較複雜需作另外的探討。

（原載《山西大學學報》2016 年第 4 期）

明人對杜甫律詩的選編與批評

　　杜詩學發展到明代出現了一個新的傾向，那就是明人對杜甫律詩格外關注，出現了大批有關杜甫律詩的選編、評注與研究著作。明人對杜甫五七言律詩的藝術闡釋取得了較大的成就，在杜詩學史上是一個值得關注的現象。周采泉《杜集書錄》序中說：「從宋代直到近代，每一時代各有不同的研究風尚：宋代重在輯佚和編年，元明重在選雋解律，清代重在集注批點，近代則重在論述分析。」〔註1〕所謂「選雋解律」是指編選杜甫律詩中的精華，闡發其精湛的藝術特徵，這恰好是明人杜詩研究的主要內容。

一

　　杜甫大量創作的五七言律詩是唐詩成熟的標誌，歷來詩評家均著力於對杜律的選錄與評解。宋末元初方回編《瀛奎律髓》選錄唐宋律詩，其中就有杜甫律詩。元代首次出現杜律選本，如張性《杜律演義》二卷，選錄杜甫七律一百五十一首。此集爲杜詩學史上第一部七律注本，對明代杜律注本影響較大，馮惟訥《杜律刪注》二卷、王維楨《杜律頗解》四卷、薛益《杜工部七律分類集注》二卷等書皆出自該書。另一位元人趙汸《類注杜工部五言律詩》四卷則專選杜甫五律，以類編次，共十六類，選注五言律詩二百六十一首，是杜詩學史上第一部五律注本，深爲後人推重。明人蹈襲元人選杜之風，開始大量選編杜律，進行選錄、注釋、評點、解說等工作，出現了一批諸如《杜律測旨》、《杜律意箋》、《杜律意注》、《杜律集解》等質量較高的著作，

　　〔註1〕周采泉《杜集書錄》，上海古籍出版社1986年，第1頁。

從內容到形式都出現了新的變化，代表了明人對杜甫律詩的喜好。明人對杜律的選錄與批評實際上是以選本形式進行的，尚無全部九百餘首杜律評注本行世。其它一些杜詩專著如胡震亨《杜詩通》、王嗣奭《杜臆》、唐元竑《杜詩捃》等，也對部分杜律進行解說，故本文考察的對象主要是明代杜律選本，不包括杜詩全集注本及明人編選唐詩總集中的杜律。

據不完全統計，明代約有六十餘種杜詩選本，其中杜律選本多達四十餘種，編刻、刊行貫穿於整個朱明王朝。以嘉靖、萬曆間刊刻選本為多，是杜詩在明代傳播與接受的具體反映，與當時的文藝思潮、審美趣味及批評標準密切相關。明代第一部杜律選本為單復《杜律單注》十卷，係陳明選輯單復《讀杜詩愚得》十六卷中杜律一百四十九首而成。《讀杜詩愚得》是明代第一部杜集注本，以千家注為底本，採用集注的方式廣收宋人杜詩舊注，在此基礎上斷以己意。對杜詩的思想內容與藝術特色進行解說，充分吸收已有注杜成果，在明代即有集大成之譽。嘉靖間陳明選輯《讀杜詩愚得》中杜律單行成書，代表杜詩全集注本向選雋解律方向的轉變。該書注釋悉同單注，唯書眉輯有評語，多不標明姓氏。楊祜《刻〈杜律單注〉序》說：「國初剡單復氏參伍錯綜，以意逆志，撰《讀杜愚得》凡若干言，獨為集大成云。嘉靖中，歷下陳僉憲明，采其注五七言律者，彙為十卷，以式後學。」〔註2〕單復在書中對杜律的解說主要針對其寫作技巧、結構形式而展開，評論尚中允。在杜甫律詩注釋末尾往往標以「賦也」、「比也」、「興也」、「賦而比也」、「比而興也」等，採取賦比興論杜詩，大致能發掘出杜律蘊含的思想內涵，此種體例後來成為明人注杜詩的常例。《杜律單注》雖為十卷，但僅收錄杜甫五七言律詩一百四十九首，不包括五七言排律。

明代前期受嚴羽《滄浪詩話》「盛唐說」的影響，詩壇普遍尊崇盛唐詩人。明初高棅選編《唐詩品彙》一百卷，把盛唐詩人分為正宗、大家、名家、羽翼四類，杜甫的五七言律詩均只列為大家。杜甫的七言律詩選了三十七首，數量雖多但仍不能算是正宗，不代表盛唐之音。故明初杜詩選本較少，質量也不高。到了明代中期即弘治、正德、嘉靖年間，詩壇活躍流派紛呈，文藝思潮此起彼伏，先後出現前七子、唐宋派等多個詩歌流派，提出「文必秦漢，詩必盛唐」〔註3〕的主張。李夢陽、何景明倡導作詩古體學漢魏，近

〔註2〕周采泉《杜集書錄》卷六，上海古籍出版社 1986 年，第 312 頁。
〔註3〕張廷玉等《明史》卷二百八十六《李夢陽傳》，中華書局 1974 年，第 7348 頁。

體學盛唐，而近體詩中的律詩要學杜詩。謝榛《詩家直說》卷一：「國朝何大復、李空同，憲章子美，翕然成風。」〔註4〕楊慎《升菴詩話》卷七：「至李、何二子一出，變而學杜，壯乎偉矣。」〔註5〕詩壇復古師杜風潮的結果是引起多種杜詩注本的選編與刊刻，以致此期杜律選本盛行。主要有張孚敬《杜律訓解》二卷、王維楨《杜律頗解》四卷、趙統《杜律意注》四卷、黃光昇《杜律注解》二卷、邵寶《杜詩七言律》二卷、汪瑗《杜律五言補注》四卷、張綖《杜律本義》四卷、陳與郊《杜詩律》二卷、馮惟訥《杜律刪注》二卷、趙大綱《杜律測旨》二卷等。這些杜律選本在評注與集解上，往往受復古主義文藝思潮的影響，多深入探討杜律藝術技巧與思想內涵，評注方法較爲靈活，對杜詩藝術的闡釋取得了較大的成就。

到了明代中後期，社會思潮和文學觀念發生重大變化，出現了一批思想異端的文學家，反對復古主義詩風，提倡性靈說、童心說。此期杜律選本在注釋及解說上，偏重於探尋杜詩的作意與構思，並對杜甫及杜詩進行反思與批評，通過注解杜詩來闡述具體的文藝觀點。杜律注本主要有邵傅《杜律集解》六卷、謝傑《杜律詹言》二卷、顏廷榘《杜律意箋》二卷、郭正域《杜律選》一卷、徐常吉《杜七言律注》二卷、張光紀《杜律評解》二卷、汪慰《虞本杜律訂注》二卷、沃起鳳《杜律解易》二卷、薛益《杜工部七言律分類集注》二卷等，數量達二十種之多。此外，胡震亨《杜詩通》四十卷、王嗣奭《杜臆》十卷、唐元竑《杜詩捃》四卷等書也有不少對杜律的解說。這些杜律注本在注解形式與內容上更加活泛，用知人論世與以意逆志對杜律的評注有了更爲深入的解析。

明代還有兩種對杜律的選編方式，即白文選錄與杜詩評點。明人在選編杜詩時有一種傾向，即刪除歷代的舊注與疏解，只保留杜詩原文，其實是對宋人注杜「無一字無來歷」的一種反撥。現存明代杜詩白文本約十餘種，其中就有杜律選本，如張三畏《杜律集韻》四卷，共收杜甫近體詩一千餘首，以韻編次。書名雖爲《杜律集韻》，實則包括杜詩五七言絕句，因明人認爲絕句來自律詩，其結構屬於近體詩。吳訥《文章辨體序說》說：「故唐人稱絕句爲律詩，觀李漢編《昌黎集》，凡皆絕句收入律詩內是也。」〔註6〕張三畏編

〔註4〕李慶立、孫慎之《詩家直說箋注》卷一，齊魯書社1987年，第27頁。
〔註5〕王仲鏞《升菴詩話箋證》卷四，上海古籍出版社1987年，第128頁。
〔註6〕吳訥《文章辨體序說》，人民文學出版社1998年，第57頁。

此書目的爲了便於檢閱杜詩，可以視爲工具書。又如陳如綸《杜律》不分卷，收錄七律一百五十首，五律二百四十首，陳如綸《刻〈杜律〉題》說：「乃因杜律虞趙本抄得五言二百四十章，七言一百五十章，厥注皆削焉。於乎！天下之學敝於注詁。」〔註7〕可見陳氏編《杜律》是從元人虞集、趙汸杜律注本中刪削而成的。張、陳二書都在嘉靖十四年（1535）刊刻，此期詩壇正流行復古尊唐思潮，倡導學習唐詩。宋人以理學觀念從「詩史」角度出發箋注杜詩，力圖發掘杜詩中蘊含的史實與義理，多牽強附會之說。明人對宋人注杜多爲不滿，因而出現杜律白文本，正所謂不箋一字是功臣。此外，明代還出現過杜律評點本，如郭正域《批點杜工部七言律》不分卷，共收杜甫七律一百五十一首，大致以寫作年代編次。郭氏評點杜詩，用語極爲簡略，多以概括性的文字批點杜律。又如孫鑛《批選杜律》四卷，包括五律二百四十五首，七律一百四十二首，共計三百八十七首，基本上囊括了杜律精華。孫批多置於篇末，多爲極簡略之泛泛品評，是對杜律之章法、句法、用典手法等藝術技巧的解說，間有獨到之處。

　　從形式上來講，明人對杜律的選編主要有翻刻舊注和自選自評兩種。前者如翻印元代託名虞集的《杜律虞注》二卷，版本達十餘種，從宣德到萬曆年間屢刻不止。又如翻刻元人張性《杜律演義》二卷，明代也有五六種版本。其它如趙汸《類注杜工部五言律詩》四卷、《趙虞選注杜律》六卷等元人杜律注本，在明代也是多次翻刻。數量較多的還是明人自選自評本，包括三種類型。首先是五言律詩注本，如汪瑗《杜律五言補注》四卷、黃喬棟《杜詩五律集解》四卷。其次是七言律詩注本，如薛益《杜工部七言律詩分類集注》二卷、邵寶《杜詩七言律》二卷。再次是五七言律詩合注本，如韋傑《杜律七言五言注》四卷、邵傅《杜律集解》六卷。另外也有一些是諸體合選本，即包括其它體裁的杜詩，如張綖《杜工部詩通》十六卷、周甸《杜釋會通》七卷等。在選編方式上，既有杜律白文本，也有評點本，最多的是評注本，形式靈活多樣，盡可能滿足各種層次讀者的需要。

二

　　杜律選編只是明人治杜的外在形式，更重要的還在於明人對於杜律的具

〔註7〕周采泉《杜集書錄》卷六，上海古籍出版社 1986 年，第 306 頁。

體批評，因為杜詩的精華在於律詩，通過對杜律的選評與解說，可以窺見明人治杜的主要方法、觀點和特徵。

明人注解杜律在方法上跟宋人不大一樣。宋人注重對杜詩字詞的音韻訓詁、史實發掘與典故考證，往往採取集注的方式注杜詩。明人則簡潔的多，並不在文字校勘與釋義上下功夫，而是側重於對杜律詩意的闡釋與串講。邵傅在《杜律集解・凡例》中說：「杜公詩中引用典故、山川、名物，集中撮要注釋，蓋意在發明詩旨耳。若一一舉之，不惟難偏且紛。」〔註8〕邵傅的話代表了大多數明人的觀點。明人注杜律，於詩中的典故、史實、職官、人物等往往簡要交代，而把精力花在杜詩詩意與藝術技巧方面。這有兩方面的原因，一個是宋人注杜成績很大，該注的基本上都已經注出，而且經過多次補注所剩無幾。二是明人學風空疏，在文獻學方面根基有所欠缺，且有自知之明須另闢蹊徑。明人對杜律的解說，以通俗淺顯易懂為主，採取分聯細說，對杜律詩意解釋得非常細緻深刻，發掘其中蘊含的構思與意圖，進而詮釋杜甫的思想與境界。

明人對杜律的批評主要採取以意逆志、以史證詩、以杜解杜、結構論詩、比興論詩等多種方法，並盡可能相互運用，從各方面充分詮釋杜律。以意逆志是明人常用的解詩方法，這從書名就能體現出來，如《杜律集解》、《杜律測旨》、《杜律意箋》、《杜律頗解》、《杜律心解》、《杜臆》等。明人對以意逆志解杜詩是心知肚明的，從多篇序跋中可以看出，例如前引楊祜《刻〈杜律單注〉序》，便明確說單復注杜用此法，張孚敬《杜律訓解・再識》也提到孟子「以意逆志」治杜詩是切實可行的。王嗣奭在《杜臆原始》中解釋書名說：「草成而命名曰臆，臆者，意也。以意逆志，孟子讀書法也。誦其詩，論其世，而逆之以意，向來積疑，多所披豁。」〔註9〕明人編杜集時大量刪削舊注，胡震亨在《杜詩通・自識》中對此評論道：「其餘無可定者，並以題類相附，一切牽強之說，概從荃去。舊注繁蕪，百存一二。」〔註10〕單復也在《讀杜詩愚得序》中予以解釋：「余初讀杜子詩，茫然莫知其旨意。注釋者雖眾，率多著其用事之出處耳。或有指其立言之意者，又復穿鑿傅會，

〔註8〕邵傅《杜律集解》，黃永武主編《杜詩叢刊》第三輯，臺灣大通書局1974年，第289頁。
〔註9〕王嗣奭《杜臆》，上海古籍出版社1983年，第2頁。
〔註10〕周采泉《杜集書錄》卷三，上海古籍出版社1986年，第140頁。

觀之令人悶悶。」〔註 11〕這從另外一方面說明了讀者對杜詩的理解不是單靠舊注，而是依賴選編者對杜詩以意逆志加以解說，正如李齊芳在《杜工部分類詩序》中所說：「且但存本義，不載群解，又可撤障耳目，自索之於心臆之中。」〔註 12〕以上種種，都指出明人在注杜律中運用以意逆志方法，這種方法對清人注杜詩影響很大。但以意逆志解說杜詩也容易出偏差，因為這種方法隨意性很大，往往根據選編者自身的閱歷、學識、喜好等來揣摩杜詩的本義，但明人缺乏杜甫親身體驗的苦難歷程，社會環境又不符合，有時候解杜詩隔靴搔癢，難免在解釋中出現種種牽強附會之處。

以史證詩和以杜解杜也是明人常用的兩種方法。杜詩被後世譽為詩史，一個重要的原因在於他的詩中如實地記錄了唐代某些的重大史實，故引唐代史料來注杜詩成為重要方法。邵傅在《杜律集解‧凡例》中說：「杜詩，詩史也，感遇則賦，非泛泛文詞。考之史籍，詩意躍然。」〔註 13〕顏廷榘《杜律意箋》卷上《贈田九判官梁丘》、《奉和賈至舍人早朝大明宮》、《宣政殿退朝晚出左掖》、《紫宸殿退朝口號》、《曲江二首》等，大量徵引《宋書》、《舊唐書》、《資治通鑒》等書中的史料，對杜律涉及到的史實進行箋證，特別注重杜詩產生的社會環境與歷史背景。汪瑗《杜律五言補注》卷二《收京》、《有感五首》、卷三《遣憤》、《提對》、《洛陽》等，也是廣徵唐史予以串解杜詩。胡震亨《杜詩通》卷十三對《漁陽》的箋注，採取新舊《唐書》對安史叛亂的記載，真實的還原杜甫寫作此詩的歷史事件。卷十九《遣憂》引廣德初吐蕃叛亂史料，闡釋杜詩創作背景及含義。王嗣奭《杜臆》卷六《諸將五首》、卷八《秋興八首》、《詠懷古跡五首》，對詩中涉及到史實、地理、人物，作者也是頻引唐史來箋證，可以說以史證詩在明人注杜律中是頻繁使用的。有時明人還從杜詩中找出相似詩句予以互證，所謂以杜解杜。顏廷榘《杜律意箋》卷上《贈田九判官梁丘》引《投贈哥舒開府翰二十韻》、《鄭十八虔貶台州司戶》引《八哀詩》之七《故著作郎貶台州司戶滎陽鄭公虔》、《蜀相》引《滕王亭子二首》互證。《杜臆》卷二引《自京赴奉先詠懷五百字》來證《曲江二首》，「而恍然悟此二詩乃以賦而兼比興，以憂憤而託之行樂者也。」

〔註 11〕 單復《讀杜詩愚得》，黃永武主編《杜詩叢刊》第二輯，大通書局 1974 年，第 2 頁。

〔註 12〕 周采泉《杜集書錄》卷三，上海古籍出版社 1986 年，第 133 頁。

〔註 13〕 邵傅《杜律集解》，黃永武主編《杜詩叢刊》第三輯，大通書局 1974 年，第 289 頁。

〔註14〕也有引其它唐代詩人來證杜詩的。如汪瑗《杜律五言補注》卷一《登兗州城樓》引杜審言《登襄陽詩》、陳師道《登鵲山詩》，以證杜甫詩法出自其祖杜審言及宋代陳師道對杜詩的摹擬學習。卷三《題封》引李白《宮中行樂詞》，卷四《公安送李二十九弟晉肅入蜀》引李白《送友人入蜀》，在對比中突出主題，甄別異同，達到解讀杜詩的目的。

　　明人注杜律還特別注重以結構解詩，尤其是七律的起承轉合，解說得非常細緻入微。《杜律測旨》卷上《九日藍天崔氏莊》，注者將此詩分為上下兩節評析，前四句說悲秋，後四句言見興來意，結構上下承接無縫，慷慨曠放詩意躍然紙上。又如《至日遣興奉寄北省舊閣老兩院故人》，分層次將詩中趨走、滿眼、賠笑、顛倒諸動作貫穿一氣，分析鞭闢入裏，傳神地表達杜詩原意。結構解詩還有一個特點即注重對杜詩章法的分析，如《杜律五言補注》卷一《秦州雜詩二十首》其十一評曰：「前四句即景感己，後四句即事傷時。」〔註15〕卷四《課小豎鉏斫舍北果林枝蔓荒穢淨訖移床三首》，汪瑗將三組詩分為三章，分別以敘景章法、敘情章法、敘事章法分論各詩作意。《杜律意箋》卷下《峽中覽物》、《白帝》、《吹笛》、《秋興八首》等詩，顏廷榘的注解也多是從章法結構入手，來解說杜詩之妙。張綖《杜律本義》四卷也善於對杜律分節解說，如卷四《送王十五判官扶侍還黔中得開字》、《長沙送李十二銜》、《贈田九判官》等，都是在分章的基礎上概括大意，有助於讀者理解杜律。明人在結構解詩中很注意分析杜律的做法，如對杜詩的造境技巧、反襯手法、取景特色、細節描寫、剪裁藝術、句法手段等，無不細加揣摩一一拈出。甚至對杜律的流水對、當句對、平仄押韻等都關注到，可見明人論析杜律之細緻。此外，王嗣奭《杜臆》、胡震亨《杜詩通》、唐元竑《杜詩捃》等書，因為不受體例和篇幅的限制，對杜律的結構章法也多有分析，限於篇幅不一一例舉。

　　明人解杜律還運用了其它方法，例如比興解詩。朱熹《詩集傳》二十卷以「賦比興」論詩對明人注杜詩影響較大，從明初單復到明末王嗣奭，大都在注杜中運用此法。單復《讀杜詩愚得序》云：「余暇日則取杜子長短、古律詩，每讀篇必先考其出處之歲月、地理、時事，以著詩史之實錄。次乃虛心玩味，以《三百篇》賦比興例，分節段以詳其作詩命意之由，及遣詞用事

〔註14〕王嗣奭《杜臆》卷二，上海古籍出版社1983年，第65頁。

〔註15〕汪瑗《杜律五言補注》卷一，黃永武主編《杜詩叢刊》第二輯，大通書局1974年，第118頁。

之故。」〔註16〕《杜律單注》十卷解杜律，往往在詩中標示「賦也」、「比也」、「興也」、「賦而興」、「賦而比」等，仿《詩集傳》注詩體例。後來王維楨《杜律頗解》四卷、顏廷榘《杜律意箋》二卷、張綖《杜律本義》四卷等均用此法，來展現杜律中蘊含的深意，揭示出詩歌背後的微言大義。比興解詩與以意逆志解詩一樣，有時也會陷於穿鑿附會，四庫館臣就批評單復《讀杜詩愚得》：「至每篇仿《詩傳》之例，注比也、興也、賦也字，尤多牽合矣。」〔註17〕王嗣奭甚至認爲杜詩「凡杜之詠物詩皆比也」〔註18〕，這就是對杜詩過度闡釋而形成失誤。此外，明人在解杜律方面還創造了一種新法，即把杜詩闡釋成較爲準確的散文。此法爲單復首創，後來張綖《杜律本義》繼之，邵寶、邵傅等人也在注杜中使用。這樣解釋杜詩可能更生動，語言也更完整優美，能完善地轉達杜詩的意境，以至於杜詩更能爲讀者接受。

三

　　明人選編和注解杜律取得的成績是顯著的，現存的這些杜律注本，是明代杜詩學中的重要部分，具有多種學術史和詩學史意義。

　　明代杜律注本不是憑空而出的，是明人在宋元人注杜的基礎上刪改、修訂、增補而產生的，是對宋元杜詩學的繼承和發展。從版本方面講，明代的很多杜律注本都是以元本爲底本進行修訂的，如馮惟訥《杜律刪注》二卷、王維楨《杜律頗解》四卷、薛益《杜工部七律分類集注》二卷、張孚敬《杜律訓解》二卷、張綖《杜律本義》四卷均出自元代張性《杜律演義》二卷。《杜律頗解》、《杜律刪注》二書收詩篇目、編次、類別與《杜律演義》完全相同。《杜律本義》以《杜律演義》爲底本，唯《杜律演義》分類編次，《杜律本義》則爲編年本，在注釋上力求糾正舊注之穿鑿附會，以恢復杜詩本意，可見張綖還是下了功夫的。汪瑗《杜律五言補注》四卷即是在元人趙汸《類注杜工部五言律詩》四卷的基礎上進行補注的，趙注收五律二百六十一首，汪注收六百二十二首，超出三百多首。不僅收錄五律數量多，而且注釋質量也較高，非趙汸原書可比。明代翻刻虞集《杜律虞注》一書最多，先後達十

〔註16〕單復《讀杜詩愚得》，黃永武主編《杜詩叢刊》第二輯，大通書局1974年，第2頁。

〔註17〕永瑢等《四庫全書總目》卷一百七十四，中華書局2003年，第1532頁。

〔註18〕王嗣奭《管天筆記外編》，《續修四庫全書》本，第1309冊，上海古籍出版社1995年，第641頁。

多版，但明人也注意到了虞注杜詩的眞僞問題，汪慰《虞本杜律訂注》、顏廷榘《杜律意箋》等書中對此有所辨正。明人雖對宋代杜詩舊注有所不滿，在選編杜律時刪掉了不少，但他們認爲有價值的舊注還是予以保存，具有文獻輯佚價值。僅以單復《杜律單注》十卷爲例，該書以元人高崇蘭編《集千家注批點杜工部詩集》二十卷爲藍本，引用了大量宋人舊注、詩話、筆記小說中的材料，具有很高的文獻價值。汪瑗《杜律五言補注》也是大量徵引前人杜詩批註，包括羅大經、劉辰翁、蘇軾、沈括、葉夢得等人的注釋，同時糾正趙汸很多舊注，資料豐富徵引賅博。

明代有些杜律注本已經失傳，但明人注杜往往相互轉引，這樣就無意間保存了一些舊注，可以進行文獻輯佚。張孚敬《杜律訓解》二卷曾在明代頗爲風行，《寶文堂書目》、《千頃堂書目》都曾著錄，此書已佚，僅有張氏《杜律訓解序》、《再識》、《進〈杜律訓解〉疏》存於《張文忠公集》中。邵傅《杜律集解》、趙大綱《杜律測旨》二書對《杜律訓解》引用很多。邵傅《杜律集解·凡例》說：「羅峰統合諸家，考證詳實，而注義略陳。濱州演會羅峰，章旨亦稍更易。愚出入濱州注尤多。」〔註19〕羅峰指張孚敬的號，濱州是趙大綱的籍貫，代指二人選注杜律。《杜律訓解》雖佚，但可以從《杜律集解》、《杜律測旨》二書引用張注來探尋其注杜律的面目。又如徐常吉《杜七言律注》二卷，明代多位藏書家曾著錄此書，但已失傳。范濂《杜律選注》六卷、謝傑《杜律詹言》二卷都多有徵引。《杜律選注》六卷收五七言律詩七百餘首，後列《杜律選注書目》，共計注本、詩話三十四種，甚至包括國內見不到傳本的元人董養性《杜工部詩選注》七卷，可見該書的文獻價值。

明代許多學者在杜詩研究上投入的時間與精力很多，研究方法也多樣。王嗣奭、邵傅、顏廷榘、唐元竑、胡震亨等都是長期潛心研究杜詩，他們對杜詩非常熟悉，對杜律詩意的闡釋與結構章法的解說很到位，對杜律鍊字鍛句的分析也很精闢，這是明人杜詩研究的長處。明代是理學盛行的年代，杜甫的思想本來就是唐代的儒家思想，故明代學者大都能用儒家思想來研究杜詩。王嗣奭在《杜臆原始》中明確表示是以儒家思無邪的詩教觀來研究杜詩，特別強調杜詩中的「美刺」、「教化」功能，在此前提下對杜律的審美功能予以觀照。在對杜律的選評中，明人很注重對詩歌內容的串講與闡釋，加強對

〔註19〕邵傅《杜律集解》，黃永武主編《杜詩叢刊》第三輯，大通書局 1974 年，第289 頁。

杜律的藝術研究。盧世㴒《杜詩胥抄》有《論五七言排律》一文，從詩歌體裁的角度來研究杜詩的藝術，論述深刻很有見地。胡震亨《杜詩通》對杜律的注釋特別重視詩歌評析鑑賞，側重於藝術特色的闡發。在文本形式上，他創造了「四品」解杜律，即在每首律詩的頂欄之上標注「神品」、「妙品」、「能品」、「具品」，表明他對該詩的看法。趙大綱《杜律測旨》以通俗的串講方式，採取分聯細說來品評杜律，解釋得非常細緻入微。顏廷榘《杜律意箋》擅長於分析杜律的主旨大意，何喬遠《杜律意箋跋》說：「所箋先取得杜公一章大指之所在，而不貴以博洽自見，其義約而理明。」〔註20〕評價頗為中允。顏氏在箋注杜律過程中，很注意到杜詩用字之妙，在《將赴荊南寄別李劍州弟》、《南鄰》、《蜀相》、《野望》、《玉臺觀》等詩的眉批中，點明杜詩鍊字的妙處，甚至還引用宋人評論來證此處用字之秒，從細節論杜律的作詩技巧。邵傅《杜律集解》在注解中也常用簡短之語評論詩歌之妙，如《吹笛》、《為農》、《狂夫》、《過洞庭湖》諸詩下，都以「絕妙」、「極妙」、「大手筆」、「別是一格」等語評論杜律藝術特色。大致說來，明人解說杜律，不費筆墨而評語簡約，又能切到實處，故多中肯之評。

明代文藝思潮發達，杜律選編者多為明代知名文學家，故在杜律的選編中融入了各自的詩學主張，成為研究明代詩學史的重要文獻。明代文人在復古派詩潮的影響下，大都將杜詩奉為作詩標準，積極學習杜詩技巧。王世貞《藝苑卮言》卷六：「國朝習杜者凡數家，華容孫宜得杜肉，東郡謝榛得杜貌，華州王維禎得杜一支，閩州鄭善夫得杜骨，然就其所得，亦近似耳。唯夢陽具體而微。」〔註21〕對明代詩人習杜做了較為客觀的總結。明代文人習杜、學杜的一個重要方式即選編杜詩，在選目、序跋和評語中體現出明人的詩學觀。潘之恒在《杜詩補注序》中說：「新安先輩為詩宗李空同先生，專肆力於杜，莫不精覈嚴審，章句字法，務詣於神化之域。而里中方少司徒尤津津談說，其詩摹仿皆臻妙境，為學杜獨優，其同時稱詩，則汪公玉卿尤著。」〔註22〕李夢陽曾有《批杜詩》四卷，尤其推崇杜詩，以格調論杜詩藝術。汪

〔註20〕顏廷榘《杜律意箋》，黃永武主編《杜詩叢刊》第三輯，大通書局1974年，第325頁。
〔註21〕王世貞《藝苑卮言》卷六，《歷代詩話續編》本，中華書局1983年，第1050頁。
〔註22〕汪瑗《杜律五言補注》，黃永武主編《杜詩叢刊》第二輯，大通書局1974年，第2頁。

瑗與李夢陽同為新安詩人，詩學主張幾乎一致，在《杜律五言補注》中，注重分析杜詩章法字句，將少陵詩法作為評注的重點，時時提醒讀者注意傚仿。王嗣奭提倡「以我為詩」和「詩本性情」，在《杜詩箋選舊序》中說：「以我為詩，得性情之真而已。情與境觸，其變無窮，而詩之變亦無窮也。」〔註23〕在這種詩學主張之下，他在《杜臆》中對杜詩的解讀，從親身情感體驗出發來探索杜詩的情懷，力求恢復杜詩本義。徐渭批點杜詩，多從潔秀、淨潔、潔宜等方面入手，說明其詩歌創作崇尚潔秀詩風，與他倡導「真我說」的文藝思想高度統一。鄭善夫、郭正域、王慎中等人的杜詩評點，也是從自然、簡約、真潔等方面出發，反映了明人崇尚本真自然的詩學觀。

　　明人評點杜律創造了一套評語體系，豐富了中國古代評點文學。郭正域《批點杜工部七言律》評點杜詩，用語極為簡略，往往用「具體」、「好語」、「撰句」、「善敘事」、「末句有諷」、「春容富麗」、「清空一氣如話」、「自然壯麗」等評語，且多重複。其中「撰句」、「清空一氣如話」、「善敘事」都出現十五次以上。徐渭《批杜詩》評點杜詩，「無一句不妙」、「無一句不佳」、「窮詩體之變」、「極佳」等等，也是多次出現。評點以短語為主，要言不煩，切中肯綮。這些批評術語和特定句式在後世杜詩評點中經常被套用，尤其是清人評點杜詩屢用不止。值得稱讚的是，明人在對杜詩的評點中，還保持理性的態度進行批評，既批評杜詩內容也批評杜詩藝術。楊慎批點《杜詩選》六卷與《杜律閒評》一卷，都指出杜甫五七言律詩的諸多不足。郭正域《批點杜工部七律》是明人中批評杜詩比較嚴厲的，有些評語也很精彩。鄭善夫對杜詩的批評，否定的語詞比肯定多，從某些杜詩的評語來看，他認為杜甫簡直不能作詩。仇兆鰲曾說：「至嘉隆間，實有王慎中、鄭繼之、郭子章諸人，嚴駁杜詩，幾令身無完膚，真少陵孟賊也。楊用修則抑揚參半，亦非深知少陵也。」〔註24〕明人對杜詩的批評意見，有很大一部分是錯誤的，他們雖然批評杜甫，但內心都非常崇敬杜甫。造成錯誤批評杜詩的原因有多種，主要是明人自己的思想意識和藝術觀念有限，方法論上也有問題。明人注杜所用的以意逆志闡釋法，在明代多種知名的杜律注本中都有運用，有些在解說杜律中較為成功。明人在注杜實踐中豐富、發展了這種方法，對清人注杜影響極大。黃生《杜詩說》十二卷、陳之壎《杜工部七言律詩注》五卷、仇兆鰲

〔註23〕王嗣奭《杜臆》，上海古籍出版社1983年，第1頁。
〔註24〕仇兆鰲《杜詩詳注》，第一冊，中華書局1995年，第23頁。

《杜詩詳注》二十卷、盧元昌《杜詩闡》三十三卷等都曾運用此法闡釋杜詩，在注杜上取得較大成績。

明人在選編杜律所使用的各種方法，直接爲清人所繼承並另有所發展。據孫微《清代杜詩學文獻考》一書的統計〔註25〕，清代有關杜詩學的專書四百一十種，杜律選注本約七十餘種，數量遠遠超過明代。清代很多杜律注本即是以明本爲藍本，這也反映了明人選編杜律的成就及影響。當然，明人選編杜律也存在不少缺陷，如有些杜律注本在注釋中引用材料不嚴謹，不核實原文以及不注明出處，甚至在引用材料上斷章取義，都彰顯明人空疏的學風。林慶彰《明代考據學研究》總結明人學風時說：「轉引資料不明言，古人類皆有之。然以明代學者爲烈，蓋人人炫奇好博，有以致之也。」〔註26〕此評語用之於明人選編杜律，也是比較恰當的。此外，在對某些具體杜律的解說中，明人往往有鑽牛角尖的習氣，有時陷於穿鑿附會之中。雖然存在種種不足，明人大量選編、評注的杜律選本還是具有較高文獻價值的。明人在選編、注釋杜律中的實踐及經驗，爲清代杜詩學的繁榮奠定了基礎，在杜詩學史上起到承上啓下的重要作用，這是明人杜詩研究的貢獻。

（原載《北京大學學報》2016 年第 3 期）

〔註25〕孫微《清代杜詩學文獻考》，鳳凰出版社 2007 年，第 9 頁。
〔註26〕林慶彰《明代考據學研究》，學生書局 1983 年，第 119 頁。

明代杜詩學研究失誤述評

　　明代杜詩學成就在整體上雖不如宋代和清代，但也有自己的特色，在杜詩學史上起著承上啓下的作用。明人對杜詩全集編注和杜詩選本選注，對杜詩思想和藝術技巧的闡發，各種實踐過程中產生的經驗和教訓，爲清代杜詩學的輝煌崛起打下了堅實的基礎。但明人治杜也留下了不少遺憾，在杜詩文獻和理論批評方面都有種種失誤。總結這些失誤及其形成的原因，對全面探討明代杜詩學的總體風貌與學術價值當不無意義。

一

　　據多種書目不完全統計，明代杜詩學著作約有一百七十種左右，其中杜詩全集注本二十餘種，杜詩選本六十餘種，杜詩研究專著、隨筆約十餘種，這是明人杜詩研究的主體部分。還有一些李杜詩合選本，杜詩白文本及杜詩評點本，甚至集杜詩、擬杜詩、和杜詩之類的著作也有不少，充分顯示出明人對杜詩的喜好。明代眾多的杜詩學著作有一部分已經佚失，例如明代杜詩全集注本，今僅存三部卻佚失十九部。趙志《杜詩注解》十二卷、楊德周《杜詩解》八卷、佚名《杜詩詳注》三十一卷、鄭壬《杜詩集注》八卷等注本，有些是被《千頃堂書目》、《續文獻通考》等書目著錄，今皆不存，以至於不能窺探明人注杜集的全貌。明代一些有名的杜詩選本，如張孚敬《杜律訓解》二卷、徐常吉《杜七言律注》二卷，在明代就風行一時，多位藏書家都曾著錄，也已佚失。對明代杜詩學的評價可能會因此顯得不夠全面、不夠準確，影響到對明人治杜成就的判斷。

　　宋人輯注杜詩採取分類、分體、編年多種方式，成就之大世所公論。面

對宋代「千家注杜」的盛況，明人集注杜詩就不那麼自信，這是因為杜詩的輯佚、輯注、編年、箋釋、考訂等工作，宋人幾乎都已經做了，幾乎沒有多少餘地留給明人。但明人依舊知難而上，對杜詩全集的整理和注釋還是取得了一定的成績，也留下不少失誤。現存明人三部杜詩全集注本，分別是單復《讀杜詩愚得》十六卷、邵寶《刻少陵先生詩分類集注》二十三卷、胡震亨《杜詩通》四十卷。這三種杜詩全集注本分別產生於明代前期、中期和後期，具有一定的代表性，但在各自的編纂中出現種種失誤，在整體上影響到三部注本的學術質量。

《讀杜詩愚得》又名《讀杜愚得》，以元代高崇蘭《集千家注杜工部詩集》二十卷為底本，廣引宋人舊注及詩話、筆記中的相關評語。注釋時出己意，分段解說杜詩也條理清晰，末尾註以賦比興之體，仿朱熹《詩集傳》體例為之，成為明人注杜常例。在體例上，單復將年譜與詩歌編年融為一體，成為較為完備的詩目譜，但單復為了貪大求全，犯下了一個嚴重的錯誤，即他把所有的杜詩全部予以編年，逐篇逐年的納入詩目譜之中。這樣做顯然膠柱鼓瑟，因為有些杜詩是無法準確編年的，只能揣測大致寫作年代。在具體詩篇的編年上，單復也有較為明顯的失誤，如《戲為六絕句》編年在天寶九年，學界多數認為是入蜀後所作。《洞房》公認為是大曆元年在夔州作，單復繫年為大曆四年。又如李白賜金還山，此譜定為天寶七載，而準確時間應為天寶三載。四庫館臣評曰：「是編冠以新定年譜，亦未免附會。」〔註1〕除了杜詩編年有一些錯誤外，單復在徵引舊注上也有失謹嚴，如所引有些未注出處。卷五《觀兵》、卷十四《醉為馬墜諸公攜酒相看》兩次引趙次公注未注明。卷一《飲中八仙歌》、卷二《行次昭陵》引蔡夢弼注也未注明，不知者還以為是單氏自注，有剽竊之嫌。單復在《凡例》中說：「若其穿鑿附會及重複冗長者，皆刪之。」〔註2〕其實他還是沒有刪盡前人誤注，如卷一《奉贈韋左丞丈二十二韻》詩中的「李邕求識面，王翰願卜鄰」兩句，單復引舊注「華母崔氏云」來箋證，但這條舊注為杜撰之偽注，仇兆鰲《杜詩詳注》卷一、錢謙益《錢注杜詩·略例》均曾駁斥。又如卷一《巳上人茅齋》引歐陽修注，謂巳上人為詩僧齊己，但齊己是晚唐人，與杜甫年代不符，則歐陽修注為謬注，單氏不查照引有失嚴謹。唐元竑《杜詩捃》卷一倒是對這個問題辨析的比較清楚，

〔註1〕永瑢等《四庫全書總目》卷一百七十四，中華書局 2003 年，第 1532 頁。
〔註2〕單復《讀杜詩愚得》，黃永武主編《杜詩叢刊》第二輯，大通書局 1974 年，第 3 頁。

可以參看。此外，單復往往在詩末標注賦比興體，有時也陷於穿鑿附會之中，如卷七《卜居》、《堂成》、《遊修覺寺》、《漫興九首》等均是清新寫景之詩，但單氏統統標注爲「賦也」，四庫館臣評論說：「至每篇仿《詩傳》之例，注興也、比也、賦也字，尤多牽合矣。」〔註3〕洵爲的評。

　　邵寶《刻少陵先生詩分類集注》一書頗爲蹊蹺，書名、卷數、作者各書著錄不一。丁丙《善本書室藏書志》著錄爲《杜少陵先生分類詩注》，日本《宮內省圖書僚漢籍善本書目》題作《杜少陵先生詩分類集注》，《韓國所藏中國漢籍總目》名爲《刻杜少陵先生詩分類集注》。卷數有二十卷、二十二卷、二十三卷多種。洪業《杜詩引得序》考訂該書是僞書，周采泉《杜集書錄》卷三推斷爲書商周子文託名邵寶刊行的。《四庫全書總目》既不收此書也不存目，但該書多次版刻，且流播海外影響甚大，縱然是僞託也有文獻價值。這部書主要是沿襲單復《讀杜詩愚得》體例，「其編撰之例，大略取法於洪武時單復之《讀杜愚得》，唯單於注後訓解、隱括詩意，略具結構而已，此則加詳也。」〔註4〕《刻少陵先生詩分類集注》編次上先分體再分類，共有紀行、述懷、時事等五十三類，模仿徐居仁《集千家注分類杜工部詩》二十五卷之例，但其分類頗爲繁瑣雜亂，難以梳理杜詩創作脈絡。如宗族類、氏族類、姻戚類、外族類、皇族類分得太細，本可合爲一類。既有動植類，復又有鳥獸類、花木類、木類、禽蟲類，定義不明，含混不清。樓閣類、亭榭類、園池類、舟橋類這幾類性質相同，應予合併。雷雨類、陰雨類與天文類內容大致相近。前有品食類，後又有食物類、果實類，讓人分辨不清。與此書分類相媲美的還有楊德周《杜詩解》八卷，四庫館臣評說：「推而廣之，然分類不免於瑣屑。」〔註5〕將杜詩如此分類殊爲不倫，破壞了杜詩的完整與壯美。該書最大的失誤是引證宋人舊注不標明姓氏和出處，讓讀者誤以爲是邵寶獨注。卷一《宿花石戍》、《早發》、《入衡州》、《成都府》。卷二《壯遊》、《自京赴奉先縣詠懷五百字》、《遣興五首》、《陳拾遺故宅》等詩，大量引用宋代王洙、蔡夢弼、黃鶴等人舊注，卻不注明出處，僅在圈號後斷以己意，顯得既不規範也不嚴謹。從這點上講，該書的確是書賈搜集舊注託名邵寶刊行，周采泉《杜集書錄》謂：「竊疑此書出於周氏及過棟之手，王穉登

〔註3〕永瑢等《四庫全書總目》卷一百七十四，中華書局2003年，第1532頁。
〔註4〕洪業《杜詩引得》，上海古籍出版社1985年，第44頁。
〔註5〕永瑢等《四庫全書總目》卷一百七十四，中華書局2003年，第1533頁。

之序亦爲校刻者所託名也。」〔註6〕

　　胡震亨潛心研究杜詩多年，《杜詩通》四十卷是他的一部代表著作。在體例上，《杜詩通》由年譜、注釋、評論組成，按照先分體再分類編排杜詩，分類中又大致編年，可以說是杜詩分體、分類、編年三者的結合。但胡氏大量徵引舊注採用他說，材料堆砌得密不透風，而且轉引舊注往往不標明出處。例如卷三《自京赴奉先縣詠懷五百字》尾註爲趙次公注，卷三十《秋日荊南述懷三十韻》首句所引爲王洙注，卷三十五《聞官軍收河南河北》題下注爲蔡夢弼注，三注都未標明姓氏及出處。胡氏評論杜詩創造了四品評詩法，即在每首詩上標注「神品」、「妙品」、「能品」、「具品」，表明他對杜詩的態度，全書約七百餘處，其分等標準與其《唐音癸籤》的批評標準基本一致。對具體詩句也有品評，佳者在句旁畫圈，次佳者在句旁加點，惡者在句旁加黑線。兩者結合構成一個完整的品評體系，但他對杜詩的品評也出現失誤，例如《潼關吏》標「刪」，《新安吏》標「能品」，《石壕吏》標「妙品」，《新婚別》標「能品」，《垂老別》和《無家別》標「具品」。「三吏」、「三別」是杜詩中的精華，胡震亨對這些重要的杜詩所評等第如此之底，既無眼光也有失公允。又如卷二十五《九日藍田崔氏莊》，此首七律被南宋楊萬里推爲杜律第一，但胡氏卻視之爲最劣者。胡震亨在書中提出了一些新見，但有些明顯缺乏深思，如卷十《送重表侄王砅評事使南海》，認爲此詩應是兩首詩殘缺後合併的，就貿然將二首合爲一首，顯然是錯誤的。卷十三《洗兵馬》，根據王安石編杜詩時加入此詩，就斷定《洗兵馬》爲僞作，明顯是錯誤的。卷十三《麗人行》注釋說楊國忠是張易之之子，不知何據，《舊唐書》卷一百零六《列傳》五十六倒說張易之爲楊國忠之舅。卷一《塞蘆子》自注說《潼關吏》、《留花門》、《塞蘆子》三首詩全部是議論語氣而非詩體，表明胡氏不明杜詩議論特性。此外，胡震亨在書中大量解說杜詩，有時望文生義對杜詩進行錯誤的闡釋，限於篇幅不一一舉例。

　　上述三部明代杜詩全集注本幾乎都存在相同的問題，即徵引舊注不標示姓氏和出處。顧炎武《日知錄》卷十八說：「若有明一代之人，其所著書無非盜竊而已。」〔註7〕語氣雖然激烈一些，但的確道出明人學風空疏的弊端。

〔註6〕周采泉《杜集書錄》卷三，上海古籍出版社 1986 年，第 131 頁。
〔註7〕顧炎武撰、黃汝成集釋《日知錄集釋》卷十八，上海古籍出版社 1985 年，第 1430 頁。

此外，明人編纂杜詩全集，幾乎是全盤照搬前人，對杜詩中的僞作不做考辨。《讀杜詩愚得》誤收《虢國夫人》一首，此詩作者爲張祜，收入宋蜀刻本《張承吉文集》卷五，題作《集靈臺二首》其二。《刻少陵先生詩分類集注》收杜詩一千四百四十九首，比《杜詩通》多出兩首，而這多出的兩首恰好是嚴武、郭受贈杜甫詩，編者誤作杜詩一併收入。但明人大量徵引前人舊注，例如胡震亨《杜詩通》就徵引上千條舊注，包括三百餘條鄭善夫的批語，保存了杜詩學文獻。很多失傳的舊注可以通過明編杜詩全集輯佚，窺探原貌。而且明人本身對杜詩的注釋還是有貢獻的，如仇兆鰲《杜詩詳注》徵引單復、邵寶、胡震亨注釋約四十條，由此可見一斑。

二

明代杜詩學著作最多的就是各類杜詩選本，約六十餘種，其中杜律選本就有四十餘種，代表了明人對杜詩的喜好。眾多的杜詩選本質量也是良莠不齊的，有些還出現較爲嚴重的失誤。

在杜詩詩體與篇目的編選上，明人視野狹隘，選家關注杜甫律詩而忽略其它詩體，例如樂府、歌行、絕句。杜甫早期的詩歌以古體詩爲主，後期才以近體詩尤其是律詩爲主，明代僅謝省《杜詩長古注解》二卷一書選注杜甫五七言古詩，也只選了五七言古詩一百四十二首。杜甫律詩在九百首左右，尚有六百餘首杜詩，其中五七古四百餘首，明人不太有興趣。杜詩「集大成」的一個主要原因即在於詩體齊備各體擅長，明人鍾情於杜律跟當時的復古詩潮與審美標準有關，但也顯示出他們狹隘的一面。明人詩體意識似乎不強，例如張三畏編《杜律韻集》四卷，共收杜律一千零三十首。眾所週知，杜甫五律爲七百四十五首，七律爲一百五十九首，二者合計約九百餘首，張氏收杜律一千零三十首，是把杜詩五、七絕一百三十餘首算進去的。在明人看來，絕句這種詩體乃截取律詩而成，結構上屬於近體詩，故把絕句歸入到律詩中。明代吳訥《文章辯體序說》即持這種觀點。明代編纂的幾種杜集也是這樣編排的，例如嘉靖間邵勳編《唐李杜詩集》十六卷，其中的《杜甫集》八卷即把杜甫絕句、律詩混編在一起。明人還有選編杜詩不錄巨製宏章而偏選一般者，如林兆珂《杜詩抄述注》十六卷，選錄標準不一。《杜鵑行》、《虢國夫人》僞作照錄，《秦州雜詩二十首》僅錄八首，《遊何將軍山林十首》僅錄六首。「至注中援引事實，多不注出典，此又明代著述之通病，非獨兆珂

一人矣。」〔註8〕再如邵傅《杜律集解》卷上誤收高適《贈杜二拾遺》。此外，對於杜詩中的民歌，明人選編的也不多，很難做到編選杜詩各體兼顧，內容與形式皆完善無缺，這是明代杜詩選本的一個遺憾。

明人在選編杜詩所用底本上，往往不肯下功夫，喜歡貪圖省事照搬舊本。借鑒舊本也不願意進行一番文字校勘、對比考訂，以至舊本中原有的錯訛沿襲不誤，愈見明人空疏學風之弊。例如馮惟訥《杜律刪注》二卷、王維楨《杜律頗解》四卷、薛益《杜工部七律分類集注》二卷、張孚敬《杜律訓解》二卷、張綖《杜律本義》四卷，均出自元代張性《杜律演義》二卷。後人一直以爲張性《杜律演義》抄襲僞虞集注，但《四庫全書總目》與倪燦《補遼金元藝文志》均作了辨析，可以斷定「《杜律演義》乃出自張性之手，而《杜律虞注》又出自《杜律演義》。」〔註9〕《杜律頗解》、《杜工部七律分類集注》二書在類別、次序、篇目、收詩數上與《杜律演義》完全相同，注釋也由《杜律演義》刪減而來。《杜律本義》以《杜律演義》爲底本稍作加工，篇目、總數與張本同，唯獨《演義》分類編次，《本義》則爲編年本，蓋張綖欲將此書與《杜工部詩通》十六卷保持體例一致。又如汪瑗《杜律五言補注》四卷，就是在元人趙汸《類注杜工部五言律詩》四卷的基礎上進行補注的。張綖《杜工部詩通》十六卷以元代范梈《杜工部詩范德機批選》六卷爲底本，范本編次上先分體後編年，張本則不分體只編年，對范批多有糾正，闡發新見時有所得。

在版本上明人不肯下功夫考訂，因而在注釋中也出現過一些失誤。例如《杜詩捃》卷一《贈田九判官梁丘》「宛馬總肥春苜蓿，將軍只數漢嫖姚」，唐元竑認爲「春苜蓿」不對「漢嫖姚」，而大發議論，其實是他看的刻本有誤，誤將「秦」字刻成「春」字了。唐氏自己不查反誣賴杜甫，正如四庫館臣所說：「而執誤本，以爲春苜蓿不對漢嫖姚。」〔註10〕卷一《奉贈韋左丞丈二十二韻》之「白鷗沒浩蕩」，認爲不可解，改作「白鷗波浩蕩」，可謂一字之差失之謬誤。此外，引用的蘇軾議論，並非蘇軾所作，而是引用僞《杜詩故實》。僞《杜詩故實》荒誕不經，唐氏在書中屢屢引用，無意中降低了自己著作的學術質量。卷一《曲江二首》，其謂：「朝回日日典春衣，每日江頭盡醉歸，

<hr>

〔註8〕永瑢等《四庫全書總目》卷一百七十四，中華書局 2003 年，第 1532 頁。
〔註9〕鄭慶篤等《杜集書目提要》，齊魯書社 1986 年，第 59 頁。
〔註10〕永瑢等《四庫全書總目》卷一百四十九，中華書局 2003 年，第 1282 頁。

每日字吾定爲每向，傳刻誤也。童子學爲聲句，便知避此，公豈草草若是。」
〔註11〕杜甫作詩嚴格遵守格律，但也有時故意違反詩律以求不同尋常者，唐氏不解便下武斷下結論，未免失之草率。《讀杜詩愚得》、《刻少陵先生詩分類集注》、《杜工部詩通》等杜集中也有引用僞蘇注，所謂蘇注杜詩是後人僞造，但明人可能還沒有這個意識，所以不必做過多的苛求。

即便是明人選編杜詩，往往也相互抄襲。如張孚敬《杜律訓解》二卷、趙大綱《杜律測旨》二卷在明代曾風行一時，但《杜律測旨》多抄襲《杜律訓解》，邵傅《杜律集解・凡例》說：「羅峰統合諸家，考證詳實，而注義略陳。濱州演會羅峰，章旨亦稍更易。愚出入濱州注尤多。」〔註12〕羅峰指張孚敬的號，濱州是趙大綱的籍貫，代指二人選注杜律。邵傅《杜律集解》一書也多沿襲趙大綱《杜律測旨》，形成相互抄襲。又如范濂《杜律選注》六卷，是一部集大成的杜律集注性質的選本，前有范濂《杜律選注引》，其曰：「乃廣搜博採，自千家注而外，如單復《愚得》、周甸《會通》、張綖《杜通》、徐常吉注釋。合劉須溪批點，以及諸名賢詩評詩話，細加檢校，須合理趣，方入品騭。」〔註13〕顏廷榘《杜律意箋》二卷也是大量徵引趙大綱《杜律測旨》二卷、謝傑《杜律詹言》二卷、張孚敬《杜律訓解》二卷等書中的注釋。這幾部書專收杜甫律詩，對照諸家注釋可以發現很多重複，足證明人有抄襲的嫌疑。

在具體的注釋中，明人引證古書往往不注明出處，誤以爲是作者發明，也有剽竊之嫌。張綖《杜工部詩通》十六卷就有很多類似例子，如卷八《五盤》注曰：「揚雄云水至清則無魚，上古之民巢居而野處。」〔註14〕按，「水至清則無魚」非揚雄語，而是出自東方朔《答客難》。該詩題下注「謂棧道盤曲有五里」，此爲宋人魯訔注，仇兆鰲《杜詩詳注》卷九引用，張氏不標明出處。同卷《劍門》注「岷峨」一詞說：「岷山在成都之西，青城山是也。峨山在成都之西，南峨眉山是也。」〔註15〕此爲宋人趙次公注，張氏照抄不誤。

〔註11〕唐元竑《杜詩捃》卷一，黃永武主編《杜詩叢刊》第三輯，大通書局1974年，第37頁。
〔註12〕邵傅《杜律集解》，黃永武主編《杜詩叢刊》第三輯，大通書局1974年，第289頁。
〔註13〕張忠綱等《杜集敘錄》，齊魯書社2008年，第182頁。
〔註14〕張綖《杜工部詩通》卷八，黃永武主編《杜詩叢刊》第二輯，大通書局1974年，第255頁。
〔註15〕張綖《杜工部詩通》卷八，第256頁。

又如卷四《對雪》最後一句「愁坐正書空」，注曰：「殷浩被黜，終日書空，作咄咄怪事四字。」〔註16〕所引出自《晉書》卷七十七《殷浩傳》，張氏引書不加任何標示，顯然不規範。卷七《至日遣興奉寄北省舊閣老兩院故人二首》其一最後兩句「何人錯憶窮愁日，愁日愁隨一線長」，注曰：「窮愁，窮困而愁，虞卿非窮愁不能著書，是也。」〔註17〕所引出自《史記》卷七十六《平原君虞卿列傳論》，同樣不注明出處。也有沿襲前人之誤而不作考訂的，例如《杜釋會通》卷一《贈李白》、《與李十二白同尋范十隱居》，沿襲單復之誤，將二詩編年於開元年間，實則作年在天寶三載李白賜金還山之後。明人在杜詩注釋中引用材料不嚴謹，不核實原文以及不注明出處，甚至在引用材料上斷章取義，都彰顯明人空疏的學風。林慶彰《明代考據學研究》總結明人學風時說：「轉引資料不明言，古人類皆有之。然以明代學者為烈，蓋人人炫奇好博，有以致之也。」〔註18〕這代表整個明代的學風，在明人治杜中尤其顯得突出。

三

明代杜詩學的一個突出特點是對杜詩藝術的闡述，研究視角多樣，方法也多樣，在杜詩藝術技巧方面的研究有新的開拓。明人往往結合杜甫的生平事跡、藝術理念及審美情趣，喜歡從詩歌體裁、章句轉承等方面來探討杜詩的藝術。在實際的操作過程中，明人愛用以意逆志、比興解詩兩種闡釋方法來解說杜詩。王嗣奭在《杜臆原始》中解釋書名說：「草成而命名曰臆，臆者，意也。以意逆志，孟子讀書法也。誦其詩，論其世，而逆之以意，向來積疑，多所披豁。」〔註19〕但用這兩種方法解杜詩，容易出現偏差，達不到實際的效果。明人缺乏杜甫親身體驗的苦難歷程，社會環境又不符合，有時候解杜詩隔靴搔癢，難免在解釋中出現種種牽強附會之處。

明人注解杜詩好用比興解詩法，此乃套用朱熹《詩集傳》解詩法。此法的弊端在於非要把杜詩背後隱藏的深意挖出來不可，否則就是沒有解好杜詩，通常本末倒置穿鑿牽強。《杜詩長古注解》卷上《秋雨歎三首》，前兩首徵引舊注說詩歌喻李林甫為相，有如毒雪害物，比喻取捨已經失當。第三首

〔註16〕張綖《杜工部詩通》卷八，第 109 頁。
〔註17〕張綖《杜工部詩通》卷八，第 203 頁。
〔註18〕林慶彰《明代考據學研究》，學生書局 1983 年，第 119 頁。
〔註19〕王嗣奭《杜臆》，上海古籍出版社 1983 年，第 2 頁。

將「老夫」比爲「耆臣」,「稚子」比作「奸小」,更是歪曲了杜詩原意,進而將秋雨之災害,比喻成安史之亂帶來的禍害。何況安史之亂時李林甫已經去世,當時的宰相是楊國忠。又說李、楊排擠張九齡更是離奇,與史實不相符合。謝氏如此解讀杜詩的確不倫不類,陷於穿鑿。《杜釋會通》卷二《大雲寺贊公房四首》其三最後四句,本來是描寫大雲寺壁畫壯觀並無他意,末聯用吳道子畫龍之典。但周甸闡釋這四句,非要把寫景與思君聯繫起來,既漏解了詩中典故,又曲解了詩意。仇兆鰲注此詩,先後引張彥遠《名畫記》、張懷瓘《畫斷》,與杜詩所寫十分吻合。卷三《野望》,此詩主要刻畫秋野之美景,於景色描摹中賦予詩人之情懷,此爲杜詩寫作常法本無深意可尋,但周甸解詩,句句都要挖出蘊含的深意,實在是乏然無味。至於將《螢火》解作小人,將《望嶽》解作比唐肅宗聽張良娣,更是沿襲前人注杜詩之誤,此爲明人解杜通病。《杜律頗解》卷一《秋興八首》其三「同學少年多不賤,五陵衣馬自清肥」二句解說:「尾聯合譏,虞注以公自傷命薄,而深羨少年,何蔑視杜陵老也。」〔註20〕自傷命薄是眞而深羨少年爲假,本非杜詩本意,王氏不僅曲解杜詩,也誤解僞虞注。杜甫晚年自傷身世,憤鬱不平之氣躍然紙上,借寫詩以抒發胸中塊壘,王維楨錯會其意。

比興解詩如果運用不當,帶來的後果就是對杜詩的曲解和誤解。邵傅《杜律七言集解》卷下《詠懷古跡五首》其三注曰:「時肅宗以少女寧國公主下嫁迴紇,臨別之語,聞者心酸,公借明妃哀之。」〔註21〕此詩是杜甫途徑秭歸縣昭君村所作之詠懷詩,主題落在「怨恨」上,借昭君和親不能歸國而自感身世,何來肅宗嫁女之歎?《杜律五言集解》卷二《螢火》注曰:「此詩曲盡小人態,爲小人者可尋所歸矣。」〔註22〕此詩從宋代黃鶴注釋起,謂詩刺李輔國輩,一直到明清注杜愈演愈烈,牽強附會可見一斑,邵氏當然也不例外。明代諸家杜律注本幾乎無一例外,都言杜詩以螢火蟲喻小人,實在是不可理喻。最離譜的當屬單復《讀杜詩愚得》卷十《奉寄高常侍》注解,其謂:「此公殆譏高之無功而朝除,且傷己之遲暮而滯留,故作是歌歟。」

〔註20〕 王維楨《杜律頗解》卷一,黃永武主編《杜詩叢刊》第一輯,大通書局 1974 年,第 47 頁。
〔註21〕 邵傅《杜律集解》,黃永武主編《杜詩叢刊》第三輯,大通書局 1974 年,第 393 頁。
〔註22〕 邵傅《杜律集解》,黃永武主編《杜詩叢刊》第三輯,大通書局 1974 年,第 92 頁。

〔註23〕杜甫此詩題目是奉寄，表示尊敬之意，「此蓋適遷常侍入朝，公寄此以別也。」〔註24〕詩稱高適爲廉頗，贊其方駕曹劉，都是讚美恭維之意，而單復居然解爲譏諷高適無功而返，眞是謬之千里，與杜詩本義毫不相干。

王嗣奭解杜詩好用比興說詩，往往穿鑿附會。如《杜臆》卷二《曲江二首》說：「總謂人主暱宵小而疏遠正士。蛺蝶、蜻蜓俱比小人，而深深見、款款飛，則君心受其蠱惑，而病已中於膏肓矣。」〔註25〕又如下首《曲江對酒》說：「此詩亦以比興而兼賦，與前詩同旨。宮殿霏微比君心之受蔽也。花鳥俱比小人有捷捷翩翩之象，所以縱飮、懶朝、有拂衣之思也。」〔註26〕明人解杜詩，有好用比興之弊者大有人在，但像王嗣奭這樣曲解杜詩者不多見。對於杜甫的詠物詩，王氏認爲更有深意在裏頭。卷二《初月》說：「公凡單賦一物，必有所指，乃詩之比也。舊注云此爲肅宗而發，良是。三比肅宗即位於靈武，四比爲張皇后、李輔國所蔽。」〔註27〕此種解說比之舊注有過之而無不及。在《江詠五首》、《天河》、《獨立》、《夏日歎》、《遣興五首》、《歸燕》等詩中，無不機械比附，力圖坐實。《杜臆》十卷，如此解詩者幾貫穿於全書。卷三《石壕吏》解說則更是不可思議，其謂：「此首易解，而言外意人未盡解，此老婦蓋女中丈夫，至今無人識得。」〔註28〕解說此詩中老婦有勇有謀，分明不是一個普通農婦，而是一個女中豪傑，如此解杜詩，置杜甫爲何地步？

明人還喜歡從藝術角度評論杜詩，但很多觀點往往是吹毛求疵。如《杜律選注》卷三《登高》，范濂評爲「結語卑弱，遂成不振」。卷二《雞》注中，認爲杜詩太纖麗如《詠月》，太平實如《詠雞》。《杜詩捃》卷一《醉時歌》，其謂：「事後追考之，頗似一篇挽詩，與其生平歷履句句貼合，公無前知術，何由得此？」〔註29〕簡直是把解詩當做是占卜，充滿詩讖之論，愈顯荒唐不堪。四庫館臣評論《杜詩捃》說：「元竑所論，雖未必全得杜意，而刊除附會，

〔註23〕單復《讀杜詩愚得》卷十，黃永武主編《杜詩叢刊》第二輯，大通書局 1974年，第 761 頁。

〔註24〕張綎：《杜律本義》卷三，黃永武主編《杜詩叢刊》第二輯，大通書局 1974年，第 618 頁。

〔註25〕王嗣奭《杜臆》卷二，上海古籍出版社 1983 年，第 65 頁。

〔註26〕王嗣奭《杜臆》卷二，上海古籍出版社 1983 年，第 66 頁。

〔註27〕王嗣奭《杜臆》卷二，上海古籍出版社 1983 年，第 74 頁。

〔註28〕王嗣奭《杜臆》卷二，上海古籍出版社 1983 年，第 81 頁。

〔註29〕唐元竑《杜詩捃》卷一，黃永武主編《杜詩叢刊》第三輯，大通書局 1974 年，第 21 頁。

涵泳性情，頗能會於意言之外。又往往喜言詩讖，尤屬不經。然大旨合者爲多，勝舊注之穿鑿遠矣。」〔註30〕評價較爲中肯。《杜臆》卷四《春夜喜雨》云：「三四句用意靈幻，昔人以此爲相業，有味其言之矣。」〔註31〕《春夜喜雨》本是杜甫一首輕快的詠雨詩，描繪了春雨的特點和成都夜雨的景象，意蘊清幽，詩境與畫境渾然一體。王氏卻偏要把寫雨得詩硬用相業來解釋，迷信色彩濃厚，實在太過穿鑿了。明代還有人用八股文的理論來解讀杜詩藝術的，主要是解說杜甫律詩章句藝術，用八股文的文體理論來解讀詩歌藝術，一一對比，難免有些蹩腳，其注語繁瑣，此不具引。

　　明人注杜詩較爲簡略，往往三言二語隨感而發。如黃光升《杜律注解》二卷，收入杜甫七律一百二十二首，注解大都在篇末。先說作詩時地，次簡單串講詩意，對杜詩中之典故要麼不注，要麼只注出本典而無闡述。如卷下《詠懷古跡五首》，無一注釋典故，只是串講詩意。卷下《和裴迪登蜀州東亭送客逢早梅相憶見寄》一詩，僅引何遜《揚州早梅》原文。謝傑《杜律詹言》二卷批註也很簡略，多爲刪存舊注而成，也時有己意，如他對杜律字法很在意，常以「細玩」、「可玩」、「把玩」等標示，提醒讀者注意杜詩鍊字之精妙。如卷上《恨別》、《曉發公安數月憩息此縣》、《聞官軍收河南河北》等詩，皆有標注，可見其對杜詩遣詞造句頗有心得。在杜詩評點中，明人的批語更加簡略，如徐渭《批杜詩》六卷，貶抑性評語較多，如批註杜詩「粗」、「覺粗」、「極湊」、「極稚」、「平平」、「稍凡」、「平常」、「亦常」、「何謂」等詞語頻繁出現。郭正域《批點杜工部七言律》不分卷，用語極爲簡略，往往用「具體」、「好語」、「撰句」、「善敘事」、「末句有諷」、「春容富麗」、「清空一氣如話」、「自然壯麗」等評語，且多重複。對於貶抑性的評語在句旁劃豎線，以視顯目，如「全首不干題事」、「蠢而嫩」、「無味」、「結句弱」、「淺了」、「即事不雅」、「不相屬」等。其它如郝敬《批選杜工部詩》、汪旦《評選李杜詩》、李攀龍《評杜詩鈔》、陳與郊《杜律注評》、張光紀《杜律評解》、王象春《李杜詩評》等。明人的杜詩評點過於簡略，往往是作者即興發揮，缺乏統一的批評思想和標準，這當然跟明人疏朗的習性有關。但過於簡略容易產生浮泛之感，無法把握杜詩蘊含的內涵。明人對杜詩的評點有不少是平庸之作，缺少學術創新，有些言語調侃失之輕率，有很多是謬見。

〔註30〕永瑢等《四庫全書總目》卷一百四十九，中華書局 2003 年，第 1281 頁。
〔註31〕王嗣奭《杜臆》卷二，上海古籍出版社 1983 年，第 131 頁。

　　明人注解杜詩時，喜歡從各種角度來予以批評，思想和藝術兩方面是最主要的。宋人把杜甫作為崇拜的偶像供奉，明人率先打破了這尊偶像。明代中後期批評杜甫似乎成為一種風尚，這在各種杜詩學著作中為普遍現象。郭正域《批點杜工部七言律》是明人批杜詩較早的一部書，如《柏博學士茅屋》「古人已用三冬足」下批「便作村學究伎倆」，「富貴必從勤苦得」下批「何作此等語」〔註32〕，批評杜詩藝術水準底下，思想境界不高。鄭善夫批點杜詩今已不存，但胡震亨《杜詩通》四十卷徵引了不少他的批語，可見他對杜詩的態度。如《寄韓諫議》批「全不成章」，《可歎》批「雜亂，鈍拙，都不可讀」，《喜聞盜賊藩寇總退口號五首》批「五首都不可讀」，《杜鵑行》評曰：「《鳳凰臺》《石筍行》《杜鵑行》皆不是詩家本宗，雖刻苦出奇，難以為訓。」諸如此類，表現出鄭氏評杜詩保守、刻板的一面。胡震亨對杜詩的藝術有很多批評，《杜工部詩通》四十卷的集評中就輯錄了不少劉辰翁、鄭善夫批評杜詩的評語。有時胡氏本人在劉、鄭二人之外另作批評，言語更為激烈，有過之而無不及。茲引《杜工部詩通》卷三中三首詩的注解，即可窺見一斑。《壯遊》云：「鄭善夫以此詩豪宕奇偉，無一字一句不穩貼，此等乃見老杜之神力。愚謂末後十餘韻，亦未見神力在。」《望嶽》云：「起語無謂，只蕩胸、決眥一聯，艱苦入奇。此望泰嶽也，可無大篇酬之，而小哉其言，劉辰翁謂雄蓋一世，過矣。」《玉華宮》云：「此詩興感遺宮，忽及征人之無長年者，意殊不倫。在杜集未為至作，雖眾所膾炙，不敢附和為美。」〔註33〕胡氏是明代批評杜詩最嚴苛者，他的很多批評都是錯誤的，對杜甫及其詩歌的評價不公允。王嗣奭在《杜臆》中甚至批評杜甫的功名思想以及大量的應酬詩，對杜詩中流露出來的溢美之詞幾乎要全部否定。呂肖奐《宋代官員詩人酬唱論略》一文說：「如果一個官員連詩歌創作酬唱都不具備，會被視為缺少修養而不被社會認可。」〔註34〕詩人平常的交遊、應酬是不可避免的，交遊詩、應酬詩也有獨特的價值，並不能全盤否定，王氏的批評未免太苛刻。明人對杜詩的批評曾遭到仇兆鰲駁斥，他說：「至嘉隆間，實有王慎中、鄭繼之、郭子章諸人，嚴駁杜詩，幾令身無完膚，真少陵孟賊也。楊用修則抑揚參半，亦非深

〔註32〕郭正域《批點杜工部七言律》，黃永武主編《杜詩叢刊》第三輯，大通書局1974年，第106頁。
〔註33〕胡震亨《杜詩通》卷三，清順治七年（1650）秀水朱茂時刻《李杜詩通》本。
〔註34〕呂肖奐《宋代官員詩人酬唱論略》，《江西師範大學學報》（哲學社會科學版）2014年第1期。

知少陵也。」〔註35〕仇氏把明代批杜者指斥爲「蟊賊」，完全是意氣用事。明人的批評並不是從人格上攻擊杜甫，只不過由於社會時代發生巨變，思想和審美標準也較之前代有了變化，對杜甫的態度有從前的迷信轉變爲尊重，把杜甫當做詩人看待。事實上明人表面上批評杜甫，實則內心還是很崇敬杜甫的。

　　明人批評杜詩，從總體來說很多觀點是錯誤的，原因有多種。杜甫作爲一位偉大的詩人，他的作品明人理解不夠，加上時代環境不同，批評者不能站在同一高度，所以評論容易出現偏差。但明人對杜詩的批評也有積極的意義。宋元以來的杜詩研究，幾乎是一邊倒的唱頌歌，對杜甫及杜詩頂禮膜拜，甚至產生了迷信的色彩，在這樣的語境裏解讀杜詩，也極容易出錯。明人對杜詩的批評，在一定程度上給崇杜尊杜撥了冷水，促使學者冷靜地對待杜詩研究。清人就積極吸取明人注杜的教訓，在杜詩學研究上取得了傑出的成就，從這點上講，明人治杜過程中出現的經驗和教訓，對後世具有重要的借鑒意義。

（原載《安徽大學學報》2016 年第 4 期）

〔註35〕仇兆鰲《杜詩詳注》第一冊，中華書局 1995 年，第 23 頁。

《讀杜詩愚得》的注杜特色及其得失

    明初單復《讀杜詩愚得》十八卷，是明代最早的杜詩全集注本，在明代杜詩學史上具有重要影響。單復的生平事跡不詳，黃虞稷《千頃堂書目》卷三十二：「單復，字陽元，嵊縣人，洪武中爲漢陽河伯官。一云名復亨，舉懷才抱德科，授漢陽知縣。」〔註1〕乾隆《嵊縣志》卷十一《人物志》載：「單復亨，字陽元，居晦溪。博通典籍，尤善歌詩，著《杜愚得》十八卷傳於世。復亨最愛杜詩，故自爲翻注云。洪武初，舉懷才抱德科，授漢陽知縣。」〔註2〕綜合二書材料可知，單復是浙江嵊縣人，字陽元，又名復亨，生卒年月不可考。洪武初舉懷才抱德科，授漢陽知縣，一說爲漢陽河伯官，平生喜愛杜詩，著述頗豐。

一

    宋元杜詩全集注本流傳到明初的版本不少，單復撰著《讀杜詩愚得》十八卷的原因是他對杜詩舊注不滿，其《自序》云：「余初讀杜子詩，茫然莫知其旨意。注釋者雖眾，率多著其用事之出處耳。或有指其立言之意者，又復穿鑿附會，觀之令人悶悶。至若杜子作詩之旨意，卒莫能白，深竊疑焉。」〔註3〕可見單復覺得舊注未能注解出杜詩旨意，也即杜詩中蘊含的眞實思想，有所窺探者又大多穿鑿附會，不得眞解，故單復撰寫了這部書。對前人

〔註1〕黃虞稷《千頃堂書目》卷三十二，上海古籍出版社2001年，第781頁。
〔註2〕李以琰、田實秬《嵊縣志》卷十一，乾隆七年（1742）刻本。
〔註3〕單復《讀杜詩愚得》卷首，黃永武主編《杜詩叢刊》第二輯，大通書局1974年，第1頁。

注釋中的錯誤進行批駁，同時也對杜詩思想內容和藝術特徵予以解說，表達自己的看法。

據書中楊士奇《讀杜愚得序》、黃淮《讀杜詩愚得後序》可知，單復撰著此書成稿於洪武壬戌（1382），但原稿並未刊刻。五十年後的宣德九年（1434），該書才由江陰朱氏兄弟（善繼、善慶）刊印流傳。此本有單復《自序》、《凡例》、《杜子世系考》、元稹《唐杜工部墓誌銘》、《新唐書·杜甫傳》、《重定杜子年譜詩史目錄》。黃永武主編《杜詩叢刊》（第二輯）據此本收錄。天順元年（1457）江陰朱熊梅月軒重刻本，版式同宣德本，唯增加楊士奇序及朱熊跋。朱熊為朱善慶之子，則此本乃翻刻宣德本。《四庫全書存目叢書》據此本收錄。弘治十四年（1501）重刻本，增加黃淮《讀杜詩愚得後序》、楊士奇《重定杜子年譜詩史目錄敘》。此外，在明代還有隆慶年間的小字本，朝鮮的銅活字本。上述諸本同根同源一脈相傳，較為完整地保存了單復《讀杜詩愚得》一書的原貌。

單復注釋杜詩，首先要做的工作是選擇底本。他以元代高楚芳編《集千家注杜工部詩集》二十卷為底本，同時參照范梈《杜工部詩批選》六卷，對杜詩進行注釋、解說。在體例上，《讀杜詩愚得》採取編年集注，將年譜與詩目混合在一起，以詩編年，按照年譜逐年逐篇注釋。這種詩目譜源自於宋代呂大防所編《杜甫年譜》，但呂譜過於簡略，且已經佚失，僅有片言隻語存留。蔡夢弼《杜工部草堂詩箋》五十卷所引魯訔《杜工部詩年譜》一卷，記述杜甫生平事跡也很簡略，不能詳細、準確的探究杜詩作年與作意。單復吸取宋人所編年譜的優點，重點在考訂杜甫行蹤，內容更為完善，其《重定杜子年譜詩史目錄序》云：「先儒嘗以杜子生年之次為譜，而讀其詩，大意固得，然猶未盡。復述《讀杜詩愚得》乃因其舊而重為之參訂，每年必首書某帝某年某歲某月，而繫以史氏之實錄，此書杜子出處，而以其詩之目疏於下，於以見其詩誠與信史相表裏，非徒作也。」〔註4〕又在《凡例》中說：「以次序其詩，且以見遊歷用舍之實，考究地理時事，以著其當時所聞所見之實及用事之妙。」〔註5〕據此可知，其詩目譜先言年月，再列時事，再排列杜甫行蹤，最後列出杜詩篇目。也就是先舉出杜詩創作的時代環境，進而具體涉及到杜甫本人的歲月經歷，這樣大小兩方面的背景交待，有利於進一步理

〔註4〕單復《讀杜詩愚得》，第16頁。
〔註5〕單復《讀杜詩愚得》，第3頁。

解杜詩所蘊含的本意和情感。例如《重定杜子年譜詩史目錄》卷二云：「十載辛卯春正月壬辰，朝享太清宮。癸巳享於太廟。甲午有事於南郊。安祿山起第於親仁里。李白在江東。公年四十在長安。」〔註6〕後列本年詩篇《虢國夫人》、《贈衛八處士》、《曲江三章》、《春日懷李白》等。讓讀者對天寶十載杜甫所處的時代環境和個人狀態以及所創作的詩歌，彰顯清楚明白。這種詩目譜是對杜詩編年的細化，體例完備，真正做到知人論世。單復的這種詩目譜體例為後世所摹仿，明代張綖《杜工部詩通》十六卷、周甸《杜釋會通》七卷、邵傅《杜律集解》六卷、清人李長祥《杜詩編年》十八卷、浦起龍《讀杜心解》六卷等書，皆參照單譜。

單復《重定杜子年譜》廣泛吸收宋人所編杜甫年譜的長處，但也不是一味照舊，而是在舊譜的基礎上斟酌考訂，糾正了不少錯誤，體現出較高的學術價值。例如《讀杜詩愚得》卷三《彭衙行》，黃希、黃鶴《補注杜詩》卷三認為此詩「天寶十五載適白水後，七月聞肅宗即位靈武，公赴行在時作」〔註7〕單復卻將此詩編年為至德二載（757），認為此詩是「公避賊艱難之際，得孫宰顧遇，事後感荷而作。」〔註8〕又如卷十三《黃草峽》，黃氏父子根據詩中「聞道松州以被圍」描寫，推斷是「廣德元年十二月吐蕃陷松州、維州」〔註9〕，故將詩編年於廣德元年（763）。但查杜甫行蹤，廣德元年他在梓州閬州，而詩中的「黃草峽」、「赤甲山」均在夔州境內，二地相距甚遠，則黃氏曲解杜詩無疑。單復將此詩繫為大曆元年（766）秋在夔州所作，此說後來為清人朱鶴齡《杜工部詩集輯注》、仇兆鰲《杜詩詳注》等採信。由此可見，單復此譜是後出轉精，的確具有較高的價值，清代仇兆鰲《杜詩詳注》二十五卷多次引用單譜，可見其影響。

在具體的注釋、解說中，單復採取集注的方法。每卷前先簡要交代史實，次敘說杜甫行蹤，次標明杜詩題目，不分體不分類。每首詩後引錄舊注，分段串講詩意、做法，揭示出杜詩承接照應之處，最後仿照朱熹《詩集傳》，在詩尾標注賦比興。所引舊注大多注明姓名，以括號或陰刻將人名注出，以視

〔註6〕單復《讀杜詩愚得》，第26頁。

〔註7〕黃希、黃鶴《補注杜詩》卷三，文淵閣《四庫全書》本，第1069冊，上海古籍出版社2001年影印。

〔註8〕單復《讀杜詩愚得》卷三，第302頁。

〔註9〕黃希、黃鶴《黃氏補千家注杜工部詩史》卷三十，文淵閣《四庫全書》本，上海古籍出版社2001年影印。

出處。圓圈後的文字爲單復注釋與解說。單復《讀杜詩愚得自序》云：「余暇日則取杜子長短、古律詩，每讀篇必先考其出處之歲月、地理、時事，以著詩史之實錄。次乃虛心玩味，以《三百篇》賦比興例，分節段以詳其作詩命意之由，及遣詞用事之故。且於承接轉換照應處，略爲之說，其諸家注釋之當者取之，而刪其穿鑿附會者。庶以發杜子作詩之旨意云。」〔註 10〕單復生活在明初，彼時尚能見到大量的宋元杜詩注本，他對宋人舊注廣泛搜集，包括詩話和筆記中的論說，間有明人的材料。徵引賅博，資料翔實，確實對杜詩文獻下了一番功夫。所引宋人舊注主要有蔡夢弼、王洙、王得臣、黃希、黃鶴、魯訔、薛蒼舒、趙彥材、鮑彪、王深父、趙次公等。所引宋人、詩話筆記主要有蘇軾、黃庭堅、沈括、曾鞏、蔡寬夫、王十朋、楊萬里、胡仔等。徵引舊注以王洙、趙次公、黃鶴、黃希、蔡夢弼等人爲多，凡引錄注文皆標注某某曰，讓讀者一目了然。單復不是照錄舊注原文，而是有所甄別，採錄解說較爲正確的文字，而且特別注重引文的簡明，避免繁瑣引證。《讀杜詩愚得凡例》云：「集諸家注釋，或著其用事之出處，或指其立言之來自，或說其作詩之旨意，凡此皆取之。若去穿鑿附會及重複冗長者，皆刪之。」〔註 11〕用這種指導思想來輯錄舊注，內容自然要精審得多，也提高了學術質量。

單復對舊注進行了大量刪汰，去僞存眞，對保留杜詩學文獻大有益處。很多舊注已經佚失，靠單復徵引而流傳。對採輯的舊注，單復也不是一味照錄，而是進行了一番考辨與訂正工作，去粗取精，表達自己的意見。例如卷十一《茅屋爲秋風所破歌》引宋人黃徹《碧溪詩話》論老杜似孟子，接著單復自注云：「此詩先儒說者甚多，皆穿鑿附會不足據。大抵杜公因茅屋爲秋風所破而作焉，蓋寫其實以紀之耳。」〔註 12〕眞是一語破的，刪繁汰蕪，注釋無枝蔓之弊，深得老杜眞意。又如卷三《哀江頭》一詩，宋代王洙等人以爲該詩諷刺唐玄宗、唐肅宗，清代朱鶴齡認爲是寫老杜身陷長安，不知玄宗蜀中消息。單復注釋說：「按曲江爲京都勝賞之地，遭祿山之亂宮闈荒涼。公陷賊中，潛行至此，有所感傷而作也。」〔註 13〕仇兆鰲《杜詩詳注》卷四認爲王、朱二說皆非，「唯單復注，合於此旨。」〔註 14〕可見單復在輯錄舊注時，

〔註 10〕單復《讀杜詩愚得》，第 1 頁。
〔註 11〕單復《讀杜詩愚得》，第 3 頁。
〔註 12〕單復《讀杜詩愚得》卷十一，第 826 頁。
〔註 13〕單復《讀杜詩愚得》卷三，第 254 頁。
〔註 14〕仇兆鰲《杜詩詳注》卷四，中華書局 1995 年，第 332 頁。

還是有所辨正和考訂的，在體會杜詩的作意方面，他的確是下了功夫，所下按語往往有過人之處。

在徵引舊注時，單復對認爲有用的注釋儘量羅列，如卷一《玄都壇七言六韻寄元逸人》詩後先後引蔡夢弼、王洙、趙次公、劉辰翁等人的舊注，再下按語斷明己意。在體例上清楚明白。此外，單復有時還對杜詩予以補充，一種是對杜詩音訓，如卷一《白絲行》詩後注曰：「殷，烏間切。射，食亦切。熨，紆物切。」〔註15〕另一種是在詩後列出相關人物的作品，以便讀者瞭解原詩，如卷四《奉和賈至舍人早朝大明宮》，詩後徵引蔡夢弼、王洙、黃鶴等人的注釋之後，列出賈至《早朝大明宮呈兩省僚友》、王維和詩、岑參和詩原文。卷十八《追酬高蜀州人日見贈》，此詩爲高適《人日寄杜二拾遺》的和詩，杜詩後邊單復列出高適《人日寄杜二拾遺》原文。這樣做對瞭解杜詩的創作環境及語境頗有益處，可以進一步深入探尋作詩旨意。

單復還傚仿朱熹《詩集傳》，在每首杜詩後邊標注賦比興，以總覽全詩作意。單復在《自序》中說：「次乃虛心玩味，以《三百篇》賦比興例，分節段以詳其作詩命意之由，及遣詞用事之故。」實際操作過程是，仿照朱熹《詩集傳》體例，在每首詩注釋末尾標明「賦也」、「比也」、「興也」，有的也標爲「賦而比」、「比而興」、「賦而興」、「賦而比」、「興而賦」、「賦兼興」等。即有全篇標明，也有分段、分句標明。如卷三《月夜》注曰：「此公陷賊中，於月夜憶妻子之在鄜州，遙憐兒女年小，未知君臣之誼，唯妻知之，然何時得歸，照我二人而收淚耶？興兼賦也。」〔註16〕「興兼賦也」，此爲綜論全詩做法。卷二《承沈八丈東美徐膳部員外郎阻雨未遂馳賀奉寄此詩》中的前三聯，單復注曰：「復按，公自注府掾四人同日拜郎。故起句及之，繼敘沈氏通家及老而爲郎，與詩律儒門等事。賦也。」〔註17〕卷二《兵車行》前四聯，單復按語曰：「首一節言以丁籍點行之頻，故耶娘妻子相送而頓足攔以哭，哭聲震天，可哀也。賦也。」〔註18〕「賦也」，此爲專論詩中詩句做法。由此可見，單復在《讀杜詩愚得》中運用賦比興說詩非常熟練。這種論杜詩法爲明代其它注杜者如邵寶、顏廷榘、謝傑、胡震亨等人採用，

〔註15〕單復《讀杜詩愚得》卷一，第84頁。
〔註16〕單復《讀杜詩愚得》卷三，第252頁。
〔註17〕單復《讀杜詩愚得》卷二，第136頁。
〔註18〕單復《讀杜詩愚得》卷二，第140頁。

在明代影響較廣。

二

　　從上邊介紹單復注杜的體例來看，他是廣泛吸收前人成果的。在輯錄舊注時，很注重甄別，儘量避免良莠雜收，同時注意刪繁就簡，力爭使文字表達簡明，不作繁瑣引證。書中更多的是單復本人對杜詩的解說，這部分文字是《讀杜詩愚得》一書的精華，代表了單復對杜詩的看法，具有較高的學術價值。

　　單復對杜詩的解說，主要注重思想內容和藝術特徵，這種解說以通釋爲主，疏通全詩大意，分析詩中蘊含的思想內涵，評說作詩藝術技巧。宋人注杜詩專注於詩中史實的發掘與語詞的訓詁，明人則熱衷於對杜詩大意的闡釋，單復《讀杜詩愚得》就是典型代表。單復對杜詩詩意方面的通釋，所下功夫頗勤，取得了顯著的成績。他的通釋往往文字簡潔，不作繁瑣考據，讀來頗有啓發。單復很重視杜詩的藝術解說，對詩歌的篇章結構、轉承啓合、藝術技巧、基本風格等都予以審視，而且解說注意到前後對應，往往融爲一體，具有很高的理論水平。例如卷十七五言古詩《北風》，單復注曰：「此詩以北風雖阻行舟，然喜其能解瘴氣及寬肺疾耳。賦也。首二句乃一篇之主意，第三四句應南國瘴，次二句應北風蘇，次六句繳前六句，次四句言既蘇肺氣則不敢恨危途矣，煩舟子應危途，問僕夫應肺疾，末言今晨北風不作，且順便可長驅而往，我當隱几看雲山之湧坐隅矣。」〔註19〕解說先從全詩主旨說起，次從五古結構入手串講大意，並主意前後照應。講解雖簡略，但避免了冗長附會之弊，堪稱精審獨到。再如卷八《早發射洪縣南途中作》注云：「此詩公自歎衰老，一破愁顏，又難屢得，是以有阮籍楊朱之哭泣也。是詩寫征途早發及跋涉苦樂之事，委屈詳盡，讀者詳之。賦也。」〔註20〕分析詩中老杜心態及作詩之境況，細緻入微，無不眞切貼合詩意。再如卷二《麗人行》注云：「此詩蓋爲貴妃三姊及國忠等貴驕而作也。首四句泛言上巳節水邊麗人容質意態之美，次八句形容其服飾之華盛且及戚里之貴，次六句形容其魚肉之厭及御廚之珍，末章八句，首言音樂之衰，賓從之多且貴，並形容其貴驕氣象。語極含蓄，聞者足以戒，誠得詩人之風旨。賦也。」〔註21〕像這種分

〔註19〕單復《讀杜詩愚得》卷十七，第1288頁。
〔註20〕單復《讀杜詩愚得》卷八，第642頁。
〔註21〕單復《讀杜詩愚得》卷二，第198頁。

層次解說杜詩，言說其語言藝術特徵的解說在《讀杜詩愚得》一書中比比皆是，足見其論杜特色。

對具體的杜詩作品，單復採取長詩長說、短詩短說的方式，較爲符合杜詩創作的實際。短的數十言，長者數百言，「在內容解說方面儘量按照杜詩文字本身的含義來解釋杜詩，不深求，少附會。解釋中力求突出杜甫的忠君仁愛思想，突出杜詩的社會意義。」〔註22〕在明代杜詩學著述中，單復的《讀杜詩愚得》算得上是一部貫通原本、持論中正之作。善於結合杜甫的生平事跡及思想動態來解讀杜詩，分析往往入木三分，深得杜詩原旨，契合杜甫創作原意。單復在書中解讀了一千四百五十四首杜詩，爲了避免枯燥與單一，勢必要在解說方法上多樣化，這樣才會進一步勾起讀者閱讀的興趣。單復最常用的解讀方法是以意逆志說詩，這種方法貫穿於整部書中，是他主要的闡釋方法。明人陳明曾將《讀杜詩愚得》中的律詩一百四十九首彙輯，另成一書《杜律單注》十卷，注釋悉舊。前有楊祐《杜律單注序》云：「國初剡單復氏參伍錯綜，以意逆志，撰《讀杜愚得》凡若干首，獨爲集大成云。」〔註23〕已經點出單復注杜的主要特色即在於以意逆志，此法爲明人解杜常用之法，如張孚敬《杜律訓解》二卷、王維楨《杜律頗解》四卷、趙統《杜律意注》四卷、邵傅《杜律集解》六卷、顏廷榘《杜律意箋》二卷等著作，明確在序跋中提到以意逆志，但明人最先用到此法的當屬單復。

例如卷七《江亭》，先引張子韶、劉辰翁舊注，後自注云：「言客居江亭野望之時，觀水流而心不競，瞻雲在而意俱遲，且寂寂而春將晚，欣欣而物自私。然我於故山則歸未得，反不如物之得遂其生，是以排悶而強裁詩，以自遣耳。賦也。」〔註24〕單復從老杜客居成都情景入手，發掘出此詩明爲寫江邊小亭獨坐時感受，實則抒發心頭悲涼與眾榮獨瘁的悲涼，此爲杜甫寫景抒情慣用之手法。看似表面悠閒恬適，但心情之鬱悶通過滇怪春物自私表露無遺。對此詩的通釋，將詩人心跡托盤而出，準確的闡釋詩歌主旨，眞可謂以意逆志。又如卷十五《奉酬薛十二丈判官見贈》注曰：「此公奉酬薛判官見贈之作，大意此薛佳士，勉其立功成名於年少之日，無若我之白頭臥病，爲農於山澗之間也。」〔註25〕後邊用大段文字描摹杜甫以己與薛判官之對比心

〔註22〕劉文剛《杜甫學史》，巴蜀書社 2012 年，第 192 頁。
〔註23〕周采泉《杜集書錄》卷六，上海古籍出版社 1986 年，第 312 頁。
〔註24〕單復《讀杜詩愚得》卷七，第 544 頁。
〔註25〕單復《讀杜詩愚得》卷十五，第 1137 頁。

情，抒發杜甫晚年漂泊無所依之淒涼，眞正做到孟子知人論世與以意逆志，解讀杜詩之妥帖入微，深得老杜之意。以意逆志重在通過作品分析來探尋作者的意圖，不能拘泥於字句之表面意思，避免陷於穿鑿附會。但以意逆志解詩有一個前提，即是建立在知人論世基礎上的，孟子說：「故說詩者，不以文害辭，不以辭害志。以意逆志，是爲得之。」〔註 26〕這裏關鍵的是不要拘泥於文字而誤解詞句，也不要拘泥於詞句而誤解原意，明人注杜多陷於穿鑿附會，原因在於沒有正確理解杜詩含義。孟子又說：「以友天下之善士爲未足，又尙論古之人。頌其詩，讀其書，不知其人，可乎？是以論其世也。是尙友也。」〔註 27〕以意逆志的前提是對作者的生平思想以及時代環境要有一個大致的瞭解，詩歌反映的思想內容要與時代背景相吻合，這樣解詩才不會膠柱鼓瑟。清人顧鎭《以意逆志說》云：「正惟有世可論，有人可求，故吾之意有所措，而彼之志有可通。不論其世，欲知其人，不得也。不知其人，欲逆其志，亦不得也。」〔註 28〕單復通過誦讀杜詩，在心理體驗和情感訴求上儘量保持詩我一致，進而加深理解杜詩所蘊含的深意，糾正前人對杜詩「無一字無來歷」的過度闡釋，避免了各種誤解和曲解。

單復解說杜詩往往把以意逆志和其它方法一併運用，盡可能避免出現曲解和誤解，例如結構解詩也是他常用的方法。仇兆鰲指出杜詩之分章、分段主要取法於朱熹《詩集傳》，其《杜詩凡例》說：「杜詩古律長篇，每段分界處，自有天然起伏，其前後句數，必多寡勻稱，詳略相應。分類千家本，則逐句細斷，文氣不貫。編年千家本則全篇渾列，眉目未清。」〔註 29〕明人吸取宋人注杜教訓，注重分章、分句來解說杜詩，以結構論詩，取得了較大的成績。卷十《丹青引贈曹將軍霸》注曰：「此詩首八句敘曹霸門地及其能事志氣。賦也。次八句言其能寫眞。次八句言其能畫馬。次八句言至尊賞識之，以及韓幹畫作之不逮，結前畫馬。末章八句結前寫眞，且歎今日無人知之，而窮途坎坷如此。應丹青不知老將至，富貴於我如浮雲。」〔註 30〕把此詩五段，每段八句，逐次展開分析，前後相照應。既突出曹霸形容畫馬的藝術魅

〔註 26〕趙岐注、孫奭疏《孟子注疏》卷九，《十三經注疏》本，中華書局 2003 年，第 2737 頁。
〔註 27〕趙岐注、孫奭疏《孟子注疏》卷十，第 2740 頁。
〔註 28〕顧鎭《虞東學詩》詩說卷，文淵閣《四庫全書》本，上海古籍出版社 2001 年影印。
〔註 29〕仇兆鰲《杜詩詳注》，中華書局 1995 年，第 22 頁。
〔註 30〕單復《讀杜詩愚得》卷十，第 779 頁。

力，又以蒼涼的筆調描寫曹霸流入民間的落泊境況，以詩摹寫畫意，評畫論畫，詩畫結合，富有濃鬱的詩情畫意。單復從結構上解說此詩特徵，方法得當。又如卷十三《吾宗》注曰：「首二句起中四句，及末二句一意下來，大抵主意即在首二句。賦也。」〔註31〕同卷《江月》注曰：「首二句生中四句，次聯承第二句，三聯應首句，末章言誰挑錦字將以寄遠，奈燭滅而翠眉頻蓋，言燭滅而月將墜故爾。賦也。」〔註32〕這種對杜詩分段、分句解說方式，有助於讀者了解杜詩謀章佈局之妙，尤其是前後承接照應之處，可以把握杜甫作詩的一些藝術技巧，對進一步探討杜詩藝術成就是很有益處的。在卷十三《秋日夔府詠懷奉寄鄭監李賓客一百韻》中，單復用一千多字的篇幅來分層次講解此詩，可謂精彩紛呈。先把全詩分為若干節，再於每節之中詳細敘說結構大意，通過分節串講，整首詩的特色躍然紙張，讀後令人難忘。限於篇幅，此不具引。再如卷八《遭田父泥飲美嚴中丞》一詩，單復在注釋中分為五個部分分別予以解說，前邊田父邀我飲酒情真意切，後邊籍田父之口讚頌了嚴武的卓著政績及其在百姓中的良好口碑，前後照應，深得杜詩之妙。其它如卷一《龍門》、《贈特進汝陽王二十韻》、《奉寄河南韋尹丈人》、《贈比部蕭郎中十兄》，卷二《送孔巢父謝病遊江東兼呈李白》、《陪鄭廣文遊何將軍山林十首》、《示從孫濟》、《重過何氏五首》等詩，均以分段講詩。單復這種結構論詩，為詮釋杜詩提供了一個新的視角，對清人注杜影響較大。

單復的注釋顯示出他的文獻功底，足見其讀書之廣博，學識卓異超群。他對杜詩中出現的一些人名，考證的比較詳細，頗具有參考價值。如卷一《飲中八仙歌》注中對賀知章、李白的生平事跡及其交往，敘述的很清楚。卷二《送孔巢父謝病歸遊江東兼呈李白》注中對孔巢父與李白的關係剖析很到位。再如卷十二《八哀詩》，對王思禮、李光弼、嚴武、李璡、李邕、蘇源明、鄭虔、張九齡等八人的史實考釋與辨析，對人物的評價也頗中允，很見功夫。其二《故司徒李公光弼》注李光弼云：「李光弼，營州人。嚴毅沈果有大略，善騎射。祿山反，郭子儀薦其能，授河東節度。肅宗即位，詔以兵馬赴靈武，更授戶部尚書兼太原尹。至德二載，史思明等攻太原城，光弼麾下眾不滿萬，賊以太原屈指可取，光弼伺其怠出擊，大破之，是斷賊之右肋也。又破思明於嘉山，而河北歸順者十餘郡。尋加檢校司徒遷司空。乾元二年，光弼與九

〔註31〕單復《讀杜詩愚得》卷十三，第990頁。
〔註32〕單復《讀杜詩愚得》卷十三，第1102頁。

節度兵圍安慶緒於相州，拔有日矣。史思明自范陽來救，屢絕糧道，光弼力戰勝之，思明殺慶緒即僞位，縱兵河南，賊勢日熾。光弼遂檄官吏引兵入三城，賊憚光弼不敢西犯，大破逆黨，此所謂大獻捷也。」〔註33〕顯出單復對唐史之熟悉，人物、事件注釋功底之深。

三

　　單復《讀杜詩愚得》作爲明代第一部杜詩全集注本，在杜詩學史上具有重要影響。單復注杜使用的一些方法，也爲後人所借鑒，其成果也多爲明清注家引用。而且，單氏此書也多次版刻，成爲一部流傳頗廣的杜詩學著作。

　　單復非常重視前代的舊注，對好的注釋充分吸收，輯錄在書中。對於認爲不正確的注釋，則採取批駁的態度，治學謹嚴值得稱讚。例如卷十二《暮春》，先錄默翁舊注：「前四句臥病不得，出遊而又多風雨也，況味亦無聊矣。後四句羨花柳禽鳥之得時適性，而吾乃臥病。賦而興也。」單復對此表示不同意見，其注曰：「詩言臥病峽中，且值風雨擁寒，於之荊嶽不可得，故曰瀟湘洞庭虛映空。至於暮春柳暗蓮紅之時，見鴛鷺之立洲渚，且蛺子翻飛還依一叢，殆歎己不若彼，得以遂其生耳。賦而比也。須溪謂此等可以不作，此評毋乃大率乎？」〔註34〕單復對《暮春》的闡釋是言之有理，符合創作實際的，他對劉辰翁的批評也是中肯之辭。單氏此書徵引劉辰翁舊注甚多，但對他的批評也毫不留情，如在《自序》中就說：「余乃知須溪所評，大抵只據一時己見而言，亦未明作者立言之旨意，然頌相業語實誤後學。」〔註35〕，從中可見單復的治學態度。

　　對杜詩中出現的種種作詩技巧，單復也時有點評，表現出他的藝術鑒賞能力，如卷一《贈陳二補闕》注曰：「此詩首尾俱對，律度整暇，唯第二聯似對非對，近世謂之偷春格者是也。」〔註36〕正常的格律詩一般是頸聯、頷聯要求對仗，如果首聯對仗而頷聯不對仗的，謂之偷春格或偷春體。《詩人玉屑》卷二引北宋蔡絛《西清詩話》云：「其法頷聯雖不拘對偶，疑非聲律；然破題已的對矣，謂之偷春格，言如梅花偷春色而先開也。」〔註37〕在卷七《卜居》、

〔註33〕單復《讀杜詩愚得》卷十二，第870頁。
〔註34〕單復《讀杜詩愚得》卷十二，第919頁。
〔註35〕單復《讀杜詩愚得》卷首，第1頁。
〔註36〕單復《讀杜詩愚得》卷一，第133頁。
〔註37〕魏慶之《詩人玉屑》卷二，上海古籍出版社1982年，第34頁。

《戲題王宰畫山水圖歌》、《出郭》、《泛溪》,卷八《野人送朱櫻》、《奉和嚴中丞西城晚眺十韻》、《建都十二韻》、《短歌行贈王郎司直》,卷九《送路六侍御入朝》、《陪王漢州留杜綿州泛房公湖》等詩的注釋中,對杜甫所用的流水對、當對句、平仄押韻,甚至杜詩的造境技巧、反襯手法、取景特色、細節描寫、剪裁藝術、句法手段等,都加以論析,充分發掘杜詩藝術特徵。

縱觀《讀杜詩愚得》一書,無論是從其搜集材料之豐富,取捨之精當,還是論其詩目譜體例之完備,注釋之穩妥翔實,都是確保其學術質量的重要部分,使得該書在明代杜詩學史上佔有重要地位。單復對杜詩的編年及對舊注的辨正,糾正了宋元杜詩注本的諸多錯誤,對恢復杜詩原貌,探討杜詩真意,都提供了有力的論證。單復的《重定杜子年譜》爲後世注杜者廣泛採納,張綖、邵傅、周甸、胡震亨、浦起龍、仇兆鰲等人在解杜中多次參照單譜。單復在注杜中採用的賦比興論詩、結構論詩、以意逆志闡釋法等,成爲明人注杜常用的方法。邵寶、張綖、顏廷榘、謝傑、胡震亨等人在各自的著作中採用這些方法,成爲明人注杜的主要方法。可以說,單復《讀杜詩愚得》一書爲明人注杜樹立了一個範例,直接影響明人注杜、解杜和選杜,這是單復對明代杜詩學的貢獻。

單復此書也不可避免地留下了不少遺憾,存在種種失誤。大體而言,主要有三方面的失誤。首先是援引舊注有時未能甄辨而沿襲錯誤。宋元人注杜成果多,單復生活在明初,見到的前人杜詩注本較多,在篩選過程中難免看走眼。如卷一《巳上人茅齋》,注釋詩中的巳上人時引歐陽修注曰:「僧齊己也,善吟詩,知名於唐。」〔註38〕歐陽修認爲杜詩中的巳上人即僧齊己,但據北宋陶岳《五代史補》卷三《僧齊己傳》,齊己爲晚唐詩僧,潭州益陽人,著有《白蓮集》十卷,收詩歌八百餘首。顯然此詩中的齊己與杜甫不是一個年代,歐陽修注爲謬,單復不查照錄有失嚴謹。再如同卷《奉贈韋左丞丈二十二韻》一詩中的「李邕求識面,王翰願卜鄰」,引舊注曰:「王翰,文士也,杜華常與遊從。華母崔氏云:『吾聞孟母三徙,吾今欲卜居,使汝與王翰爲鄰。』」〔註39〕對這條舊注,前人曾有過爭議,認爲是杜撰之僞注。錢謙益《錢注杜詩》卷首《略例》說:「蜀人師古注尤可恨,王翰卜鄰,則造杜華母命華與翰卜鄰之事。」〔註40〕仇兆鰲《杜詩詳注》卷一說:「舊注引杜華

〔註38〕單復《讀杜詩愚得》卷一,第98頁。
〔註39〕單復《讀杜詩愚得》卷一,第146頁。
〔註40〕錢謙益《錢注杜詩》卷首,上海古籍出版社1979年,第2頁。

母使華與王翰卜鄰，出偽書杜撰。」〔註41〕可見單復所引的蜀人師古的這條舊注爲僞注無疑。在徵引舊注時，單復多用括號或者陰刻按照次序將注家一一標出，但也有部分詩篇所引舊注未能標明姓氏。卷五《觀兵》、卷十四《醉爲馬墜諸公攜酒相看》兩次引趙次公注未注明。卷一《飲中八仙歌》、卷二《行次昭陵》引蔡夢弼注也未標明，不知者還以爲是單氏自注，再次轉引時難免張冠李戴，此亦爲後人所詬病。

其次是對杜詩的編年存在謬誤，表現在兩個方面。一個是單復對杜詩的編年貪大求全，將全部杜詩納入詩目譜中，出現明顯失誤。眾所週知，杜詩有一部分寫景抒情的作品是無法予以編年的，只能大致劃入某個時期。單復因爲體例所定，將所有杜詩逐一編年，這樣做勢必會導致錯誤。此外他對某些具體作品的編年，也存在明顯的錯誤，例如如《戲爲六絕句》編年在天寶九年，學界多數認爲是入蜀後所作。《洞房》公認爲是大曆元年在夔州作，單復繫年爲大曆四年。又如李白賜金還山，單復定爲天寶七載，而準確時間應爲天寶三載。四庫館臣評曰：「是編冠以新定年譜，亦未免附會。」〔註42〕實事求是的講，單復的這部詩目譜，在明代所編多種杜甫年譜中，算得上是一部出色的年譜。

再次是單復對杜詩的某些解說，還存在偏執之處，說法還不能得到認可。例如卷十《奉寄高常侍》注釋云：「此公殆譏高之無功而朝除，且傷己之遲暮而滯留，故作是歌歟。」〔註43〕杜甫此詩題目是奉寄，表示尊敬之意，詩稱高適爲廉頗，贊其方駕曹劉，都是讚美恭維之意，而單復居然解爲譏諷高適無功而返，眞是謬之千里，與杜詩本義毫不相干。再如卷三《月夜》，本是杜甫被禁於長安望月思家之作，借月抒寫妻子對自己的思念，也寫出自己對妻子的思念，情眞意切簡單明瞭。單復卻注曰：「此公陷賊中，於月夜憶妻子之在鄜州，遙憐兒女年小，未知君臣之誼，唯妻知之，然何時得歸，照我二人而收淚耶？」〔註44〕好好一首思念親人之作，解說中非要加上一頂「未知君臣之誼」帽子，道學家氣撲面而來。此外，單復往往在詩末標注賦比興體，有時也陷於穿鑿附會之中，如卷七《卜居》、《堂成》、《遊修覺寺》、《漫興九首》，卷八《梔子》、《丁香》、《花鴨》、《落日》、《獨酌》等均是清

〔註41〕仇兆鰲《杜詩詳注》卷一，中華書局 1995 年，第 75 頁。
〔註42〕永瑢等《四庫全書總目》卷一百七十四，中華書局 2003 年，第 1532 頁。
〔註43〕單復《讀杜詩愚得》卷十，第 761 頁。
〔註44〕單復《讀杜詩愚得》卷三，第 252 頁。

新寫景之詩，爲杜甫草堂時期閒適心情之眞實寫照，但單復統統標注爲「賦也」，未免不確。四庫館臣評論說：「至每篇仿《詩傳》之例，注興也、比也、賦也字，尤多牽合矣。」〔註45〕單復在《讀杜詩愚得》一書中將絕大部分杜詩，依照朱熹《詩集傳》的體例，在注釋末尾標明賦比興，這樣做有絕對化、片面化的傾向。每首詩都被貼上這麼一個標籤，對解讀杜詩人爲設置障礙，於全面了解杜詩不利。

單復的《讀杜詩愚得》出現在明初不是偶然的，反映了杜詩學發展的必然趨勢，與當時的社會環境、文壇風貌、詩學旨趣等都有關聯。單復注杜的思想觀念、研究方法、注釋體例，對明代的杜詩研究產生了直接的影響，甚至對清代杜詩注本也有深遠的影響。他大量輯錄的杜詩學資料具有較高的文獻價值，很多佚失的材料因單書轉引而得以保存。明代其它杜詩注本，如邵寶《刻少陵先生詩分類集注》二十二卷、張綖《杜工部詩通》十六卷、周甸《杜釋會通》七卷、邵傅《杜律集解》六卷、謝傑《杜律詹言》二卷、顏廷榘《杜律意箋》二卷、胡震亨《杜詩通》四十卷等著作，都引用過單復此書，可見其影響之廣。楊士奇在此書序中說：「考事究旨，必歸於當。其疑不可通者闕之。簡直明白，要其得杜之心爲多。」〔註46〕這個評價是公允的。

（原載《中國詩學》第二十二輯，人民文學出版社 2016 年出版）

〔註45〕永瑢等《四庫全書總目》卷一百七十四，中華書局 2003 年，第 1532 頁。

〔註46〕楊士奇《讀杜詩愚得序》，《讀杜詩愚得》卷首，《四庫全書存目叢書》本，集部第四冊，齊魯書社 1997 年，第 761 頁。

《柳河東集》在宋代的編集與刊刻

　　《柳河東集》又名《河東先生集》、《唐柳先生文集》、《柳柳州集》、《柳宗元集》等，是中唐文學家、哲學家柳宗元的詩文集。宋代對《柳河東集》的編集整理，在編次與注釋兩方面都取得了巨大的成績，也留下了不少遺憾。《柳河東集》在宋代編集定型，四十五卷本是後世一切柳集的祖本。南宋時期出現的多種柳集注釋本，在音辯、注釋、訓詁、解說、集評等方面貢獻較大。宋代對《柳河東集》的編集與刊刻，是宋代柳學的主要內容，代表了宋人對柳宗元的看法，具有重要文學史意義。

一

　　柳宗元去世後，劉禹錫遵其遺囑編詩文集。劉禹錫《唐故尚書禮部員外郎柳君集紀》云：「某執書以泣，遂編次爲三十通，行於世。」〔註1〕陳振孫《直齋書錄解題》卷十六著錄《柳柳州集》四十五卷《外集》二卷，謂：「劉禹錫作序，言編次其文爲三十二通，退之之志若祭文，附第一通之末。今世所行本皆四十五卷，又不附誌文，非當時本也。」〔註2〕這裏的通即爲卷之意，但劉禹錫當時編次的是三十卷本，而陳振孫則說是三十二卷本，可見柳集在唐末五代的流傳中還有增補。《四部叢刊》影宋《劉夢得文集》卷十九劉序亦爲三十通，《崇文總目》及《宋史・藝文志》均作三十卷。劉編本早已佚失，晚唐詩人司空圖曾見過這個本子，《司空表聖文集》卷二有《題柳柳州集後》一文可證。後晉天福五年（940）張昭遠等編修《舊唐書》，卷一百六十《柳

〔註1〕瞿蛻園《劉禹錫集箋證》卷十九，上海古籍出版社2005年，第514頁。
〔註2〕陳振孫《直齋書錄解題》卷十六，上海古籍出版社1987年，第476頁。

宗元傳》記載「有文集四十卷」，但《經籍志》未載，說明這個四十卷的柳集並未刊行，也可能是史官誤記柳集卷數。

由劉禹錫編集的三十卷本柳集經五代戰亂，到宋初時已散失殆盡。北宋初期穆修經過多方訪求，得到了一個柳集傳鈔本，以此為底本開始編修《柳河東集》。穆修《唐柳先生集後序》云：「遂見其書，聯為八九大編，夔州前序其首，以卷別者凡四十有五。真配韓之巨文歟！書字甚樸，不類今跡。蓋往昔之藏書也。從考覽之，或卒卷莫迎其誤脫，有一二廢字，由其陳故剷滅，讀無甚害，更資研證就真耳。因按其書，錄為別本，與隴西李之才參讀累月，詳而後止。」〔註3〕落款時間為天聖元年（1023），距離劉禹錫首編柳集已逾二百年。柳集在傳鈔過程中，由原先的三十卷逐漸增加到四十五卷。因三十卷本《柳河東集》在宋代未見流行，穆修編校的四十五卷本便成了後世柳集的祖本。穆修刊刻柳集後，還在京城大相國寺出售。朱弁《曲洧舊聞》卷四：「欲二家文集行於世，乃自鏤版鬻於相國寺。」〔註4〕穆修為柳集的傳世做出了貢獻，可以說宋代柳學是從穆修開始的。對此，四庫館臣給予他很高的評價：「要之，刻韓、柳集者自穆修始，雖非禹錫之舊，第諸家之本，亦無更古於是者矣。」〔註5〕

北宋末期政和四年（1114），穆修本在沈晦手中得到全面的校勘。《四明新本河東先生集後序》云：「唯柳文簡古雅奧，不易刊削。年大來試為由繹，兩閱歲，然後畢見。凡四本：大字四十五卷所傳最遠，初出穆修家，云是劉夢得本；小字三十三卷，元符間京師開行，顛倒章什，補易句讀，訛正相半；曰曾丞相家本，篇數不多於二本，而有邢郎中、楊常侍二行狀，《冬日可愛》、《平權衡》二賦，共四首，有其目而亡其文；曰晏元獻家本，次序多與諸本不同，而無《國語》。四本中，晏本最為精密。柳文出自穆家，又是劉連州舊物。今以四十五卷本為正，而以諸本所餘作外集。參考互證，用私意補其闕。」〔註6〕沈序中透露出來的信息很多，有助於了解此期柳集傳佈的狀況。穆本到沈晦手中，中間將近一百年，柳集也多次編刻流行。沈晦重編柳本參

〔註3〕穆修《唐柳先生集後序》，吳文治點校《柳宗元集》第四冊，中華書局 1979 年，第 1444 頁。

〔註4〕朱弁《曲洧舊聞》卷四，《唐宋史料筆記》本，中華書局 2002 年，第 142 頁。

〔註5〕永瑢等《四庫全書總目》卷一百五十，中華書局 2003 年，第 1289 頁。

〔註6〕沈晦《四明新本河東先生集後序》，吳文治點校《柳宗元集》第四冊，中華書局 1979 年，第 1445 頁。

照本就有四種，即穆本、京師本、曾丞相家本、晏元獻家本，其中京師本質量最差，「訛正相半」，曾丞相家本和晏元獻家本殘缺，故沈晦起意重編柳集。在校勘柳集的過程中，沈晦用了多種方法。例如理校，「如皇室主易加黃字，馮翊王公易去王字。吳武陵初貶永州，《貞符》中易如《唐書》去量移字，韓曄時猶未死，《答元饒州書》中易於韓宣英上去亡友字。」這些意見無疑是正確的。又如用他校，「以《唐書・孝友傳》校《復仇議》，以《楚辭・天問》校《天對》，以《左傳》《國語》校《非國語》，以唐宋類書、唐人箋表校《天論》等篇，其見於《唐書》者，悉改從宋景文，凡漫乙是正兩千處而贏。」〔註7〕沈晦對柳集仔細校正，訂正了二千餘處的訛誤，可見他校勘柳集是下了一番功夫的。此外，沈氏還釐定《京兆請復尊號表》，增補《請聽政第二表》、《賀皇太子箋》、《省試慶雲圖詩》，使得柳集詩文達到六百七十四篇，最大程度地保存了柳宗元作品。

　　《柳河東集》經過北宋穆修、沈晦二人兩次大規模的編集、訂正後，體例、文字基本成型，奠定了後世編集的基礎。紹興四年（1134），也即沈本刊刻流傳二十年後，李褫出守柳州，出資編刻《柳州舊本河東先生集》。李褫《柳州舊本河東先生集後序》云：「紹興載歲，殿院常公子正，被命守邦，至謁祠下。退而訪侯遺文，則茫然無有，獨得石刻三四，存於州治。自餘雖詩章記事，所以藻飾柳邦者，亦蔑如爾，又安得所謂全文備集者哉！因喟歎久之，出舊所藏及旁搜善本，手自校正，俾鳩良工，創刊此集。其編次首尾，門類後先，文理差舛，字畫訛謬，無不畢理。」〔註8〕李褫曾兩任柳州知州，在他的主持下，對柳集進行了重新編次校勘，可惜這個本子已經失傳。與李褫在柳州刊刻柳集的同時，另有李石編校《柳河東集》。李石本不知刊刻於何地，也不知何時刊刻，但李石爲建炎、紹興時期之人，則此本刊刻當於紹興年間。李石《河東先生集題後》云：「石所得柳文凡四本：其一得之於鄉人蕭憲甫，云京師閻氏本；其一得之於范衷甫，云晏氏本；其一得之於臨安富氏子，云連州本；其一得之於范才叔之家傳舊本。閻氏本最善，爲好事者竊去。晏氏本蓋衷甫手校以授其兄偓刊之，今蜀本是也。才叔家本，似未經校正篇次，大不類富氏連州本，樸野尤甚。今合三本校之，以取正焉。如劉

〔註7〕沈晦《四明新本河東先生集後序》，吳文治點校《柳宗元集》第四冊，中華書局 1979 年，第 1446 頁。

〔註8〕李褫《柳州舊本河東先生集後序》，吳文治點校《柳宗元集》第四冊，中華書局 1979 年，第 1446 頁。

賓客序云『有退之之志並祭文附於第一通之末』，蓋以退之重子厚敘之意云爾也。蜀本往往只作並祭文，其它有率意改竄字句以害義理者尚多。此類或作字、一作字、衍字、去字，此三本之相爲用也。然亦未敢以爲全書，尚冀復得如閣氏本者而取正焉。」〔註9〕據李石《題後》所述，似乎未見到沈晦本。

晁公武《郡齋讀書志》卷十七著錄《柳宗元集》三十卷、集外文一卷。云：「宗元少精敏絕倫，文章卓偉精緻。既竄斥，堙厄感鬱，一寓諸文，仿《離騷》數十篇，讀者悲惻。在柳州，進士走數千里從學，經指授者，文辭皆有法。世號柳柳州。韓愈評其文曰：『雄深雅健，似司馬子長，崔、蔡不足多也。』集中有《御史周君碣》，司馬溫公《考異》以此碣爲《周子諒碣》，實開元二十五年，宗元作天寶時，誤。按子諒以彈牛仙客，杖流瀼州，死藍田。《舊唐書紀》、《牛仙客傳》及《玄宗實錄》皆載之，而此碣殊疏略。」〔註10〕趙希弁《讀書附志》卷下著錄《柳先生文集》四十五卷、外集二卷、附錄二卷，解題曰：「希弁所藏卷帙與劉禹錫四十五通之說同。以諸本點校，寫諸公評論於逐篇之上，附錄中先後失次者正之，遺缺者補之。若夫昌黎所作先生墓誌、祭文，他本皆在附錄中，惟此本在《正符》之後，蓋禹錫自謂附於第一通之末也。」〔註11〕按，《新唐書‧藝文志一》著錄柳宗元《非國語》二卷、《藝文志三》著錄柳宗元注《揚子法言》十三卷、《藝文志四》著錄《柳宗元集》三十卷。《宋史‧藝文志一》著錄《非國語》二卷、《藝文志四》著錄柳注《揚子法言》十三卷、《藝文志七》著錄《柳宗元集》三十卷。《崇文總目》卷五著錄《柳宗元集》三十卷，而《郡齋讀書志》卷十七也著錄《柳宗元集》三十卷，以上現象足以說明，在宋代《柳河東集》三十卷是與四十五卷並行的，極有可能四十五卷本，是在三十卷本的基礎上增加《非國語》二卷、柳注《揚子法言》十三卷的，這樣正好是四十五卷。對此，萬曼先生分析說：「三十卷本，除見於《崇文總目》及《宋史‧藝文志》外，自穆修以來，一般編校家，未曾予以充分重視。其實這個本子確係舊本，而

〔註9〕 李石《河東先生集題後》，吳文治點校《柳宗元集》第四冊，中華書局 1979年，第 1449 頁。

〔註10〕 晁公武《郡齋讀書志》卷十七，孫猛《郡齋讀書志校證》，上海古籍出版社 1990年，第 880 頁。

〔註11〕 趙希弁《郡齋讀書志附志》卷下，孫猛《郡齋讀書志校證》，上海古籍出版社 1990 年，第 1171 頁。

四十五卷本，未必即爲劉禹錫舊本也。」〔註12〕所說極爲正確，頗有啓發。

北宋時期對《柳河東集》的增補，基本上是以劉禹錫所編三十卷爲底本展開的，加上《非國語》二卷、柳注《揚子法言》十三卷正好是四十五卷。此外還有所謂的集外文，例如《直齋書錄解題》卷十六著錄兩種四十五卷本的《柳河東集》，都另外還有《外集》二卷，《郡齋讀書志》卷十七著錄三十卷本《柳宗元集》也有《外文》一卷。這些所謂的《外集》、《外文》，很可能是宋人輯補的柳氏佚作，當然也有可能摻入僞作。例如陸游就曾見到過一種一卷本集外文，《渭南文集》卷二十七《跋柳柳州集》云：「此一卷集外文，其中多後人妄取他人之文冒柳州之名者，聊且裒類於此。子京。右三十一字，宋景文公手書，藏其從孫聶家。然所謂集外文者，今往往分入卷中矣。」〔註13〕這卷集外文前有宋祁題識，後有陸氏跋語，可證宋代編集柳集時確有佚作輯補。

依據上述幾種序記提供的線索可以得知，《柳河東集》在宋代起碼有九種版本，一爲穆修本，即沈晦見到的劉禹錫編本，李石所說臨安富氏子的連州本。二爲京師本，小字三十三卷，沈晦認爲此本質量最次，李石卻說是最善，可能有兩種京師本，畢竟從穆修到李石中間有一百多年時間，可能存在多種翻刻本，以致質量良莠不齊。三爲晏殊本，即沈晦所得晏元獻家本和李石得之於范衷甫的晏氏本。這個晏殊本經過范衷甫手校後，交給其兄范偓刊刻成爲所謂蜀本。四爲曾丞相家本，沈晦見過。五爲范才叔家本，李石認爲「未經校正篇次」。六爲《崇文總目》卷五、《宋史·藝文志》著錄的三十卷本。七爲沈晦本，所謂的四明新本。八爲李襛編次的柳州本。九爲李石本《河東先生集》。上述九本有可能重複，如晏殊本、范才叔家本，因均湮沒無聞，無法窺探內容進行對比。北宋時期的《柳河東集》卷數上有三十卷本、三十二卷本、三十三卷、四十五卷本諸種，經過穆修、沈晦二人編次後，四十五卷本《柳河東集》基本定型。而且，北宋各本皆爲白文本，無注釋。

二

《柳河東集》在北宋時期基本上完成編訂、校勘工作，南宋對《柳河東集》的整理偏重於音釋注解，分工有所不同。柳宗元文章古奧，諸家異口同

〔註12〕 萬曼《唐集敘錄》，中華書局1980年，第190頁。
〔註13〕 《渭南文集》卷二十七，馬亞中、塗小馬《渭南文集校注》，第三冊，浙江古籍出版社2015年，第184頁。

聲都說柳文難以讀懂，例如陳善《捫虱新話》卷四說柳文：「難讀，屈曲聱牙，可試侍讀侍講。」〔註14〕南宋人對柳集的訓詁偏重於音釋上，新安張敦頤首開風氣作《柳文音釋》一卷，與《韓文音釋》並刊。其《韓柳音釋序》云：「余前任邵武教官日，會為讎勘頗備，悉並考正音釋，刻於正文之下。惟柳文簡古不易校，其用字奧僻或難曉。給事沈公晦嘗用穆伯長、劉夢得、曾丞相、晏元獻四家本參考互證，凡漫乙是正二千餘處，往往所至稱善，今四明所刊四十五卷者是也。惟音釋未有傳焉。余再分教延平，用此本篇次撰集，凡二千五百餘字。其有不用本音而假借佗音者，悉原其來處。或不知來處，而諸韻、《玉篇》、《說文》、《類篇》亦所不載者則闕之。」〔註15〕張氏注柳文，特點是本音和假借音皆注出，態度審慎嚴謹認真，據序知此書刊刻於紹興二十六年（1156）。紹興三十二年（1162），建安嚴有翼《柳文切正》繼出，自序謂：「余嘗嗜子厚之文，苦其難讀，既稽之史傳以校其偽謬，又考之字書以證其音釋，編成一帙，名曰《柳文切正》。」〔註16〕嚴氏此書特點是校勘與注釋並舉。南宋紹興年間，另有南城童宗說作《柳文音釋》，趙希弁《讀書附志》卷上著錄《柳文音釋》一卷。乾道三年（1167），雲間潘緯作《柳文音義》三卷，吳郡陸之淵《柳文音義序》云：「柳州內外集凡三十三通，莫不貫穿經史，轇轕傳記、諸子百家、虞初稗官之言，古文奇字，比韓文不啻倍蓰。非博學多識前言者，未易訓釋也。」〔註17〕潘緯自序也說：「偶見江山祝季賓《經進韓文音》善本，不復增損，因放以音子厚之文。又見建寧本近少訛舛，乃依其卷次，先之以諸韻《玉篇》定其音，次之以《爾雅》、《說文》訓其義，而又參之以經傳子史，究其用字之源流。」〔註18〕潘序說明兩點，一是他仿祝允《韓文音義》而作《柳文音義》，二是他和陸之淵見到的建寧本《柳河東集》三十三卷，極有可能是沈晦在《四明新本河東先生集後序》中說的京師小字三十三卷本，潘氏將小字變為大字，陸之淵

〔註14〕陳善《捫虱新話》卷四，上海古籍出版社 1995 年影印本。
〔註15〕張敦頤《韓柳音釋序》，吳文治點校《柳宗元集》第四冊，中華書局 1979 年，第 1447 頁。
〔註16〕嚴有翼《柳文切正序》，吳文治點校《柳宗元集》第四冊，中華書局 1979 年，第 1448 頁。
〔註17〕陸之淵《柳文音義序》，吳文治點校《柳宗元集》第四冊，中華書局 1979 年，第 1451 頁。
〔註18〕潘緯《柳文音義序》，吳文治點校《柳宗元集》第四冊，中華書局 1979 年，第 1452 頁。

在序中大加讚賞。淳熙四年（1177），臨邛韓醇作《柳文詁訓》，王咨序云：「仲韶先生釋柳集，學者爭傳其書，而斯文加密，非仲韶發之，孰窺其秘。」〔註19〕

南宋紹興、淳熙年間，短短二十年之內，從張敦頤《柳文音釋》到韓醇《柳文詁訓》，對柳集音釋訓詁著作凡五種，可謂一時極盛。這些書都是單刻別行的，未與全集混編，隨著《柳河東集》綜合性全集注釋本刊行後，上述張、嚴、童、潘、韓諸家單行本皆廢，僅韓醇《詁訓柳先生文集》有傳。此外，坊間也將上述各本彙集在一起合刊，情況較爲混雜。韓醇《新刊詁訓柳先生文集》四十五卷、《外集》二卷、《新編外集》一卷。前有劉禹錫序、王咨序，後有韓醇自記，附錄有穆修後序。韓醇《河東先生集記後》云：「柳柳州文，胥山沈公謂其參考互證，是正漫乙，若無遺者。余由繹既久，稽之史籍，蓋亦有所未盡：《南嶽律和尙碑》以廣德先乾元，《御史周君碣》以開元爲天寶，則時日差矣。竇群除左拾遺而《表》賀爲右拾遺；連山復乳穴而《記》題爲零陵郡，則名稱差矣。《代令公舉裴冕狀》，時柳州蓋未生；《賀冊尊號表》，時已刺柳，而云禮部作。其它舛誤，類是不一。用各疏於篇，視《文公集》益詳。諸本所餘，復編爲一卷，附於《外集》之末，如胥山之識云。」〔註20〕韓醇對照史料，考證柳宗元生平，對沈晦底本進行了文字辯證，序中所論各點均言之有據，符合柳氏史實。他使用的這個底本，正集四十五卷是穆修編次的，外集二卷是沈晦編集的，新編外集一卷則是韓醇本人的輯補。四庫館臣謂：「至淳熙中，醇因沈氏之本爲之箋注。又搜葺遺佚，別成一卷，附於《外集》之末，權知珍州事王咨爲之序。醇先作《韓集全解》，及是又注柳文。其書蓋與張敦頤《韓柳音辯》同時並出，而詳博實過之。魏仲舉《五百家注》亦多引其說。」〔註21〕韓本今存清鈔本一種，即四庫底本，文津閣《四庫全書》收入。但這兩種鈔本已經不是韓醇原本面目，因爲書中多出錄有張敦頤、孫汝聽等人注文，而且書名標注新刊，說明是後人重新整理過的本子。

南宋紹興年間還出現過一種《增廣注釋音辯唐柳先生集》注本，屬於綜合各家集注本，可能是現存《柳河東集》集注本中最早的一種。題「南城先生童宗說注釋、新安先生張敦頤音辯、雲間先生潘緯音義」。正集四十三卷、

〔註19〕王咨《柳文詁訓序》，萬曼《唐集敘錄》，中華書局1980年，第192頁。

〔註20〕韓醇《河東先生集記後》，吳文治點校《柳宗元集》第四冊，中華書局1979年，第1453頁。

〔註21〕永瑢等《四庫全書總目》卷一百五十，中華書局2003年，第1289頁。

別集二卷、外集二卷，附錄有劉禹錫《天論》等三篇，多人祭文，以及穆修、沈晦、李褆、陸之淵等人序。該書扉頁「增廣注釋音辯唐柳先生集諸賢姓氏」中，又有「中山劉禹錫編、河南穆修敘、眉山蘇軾評論、胥山沈晦辯、新安汪藻記、張唐英論」等，正文中尚引晏殊、晁無咎、朱熹、陳正敏、錢重等人的注文，但所列宋代人物無南宋孝宗以後的，說明它的編集與刊刻在宋孝宗之前。此書編者將童、張、潘三家注釋增加到九家，故書名爲增廣，注釋卻比較簡略，不如南宋其它注本詳實。《四庫全書總目》卷一百十五云：「書中所注，各以童云、張云、潘云別之，亦不似緯自撰之體例。蓋宗說之注釋、敦頤之音辯，本各自爲書，坊賈合緯之《音義》，刊爲一編，故書首不以《柳文音義》標目，而別題曰《增廣注釋音辯唐柳先生集》也。其本以宗元《本集》、《外集》，合而爲一，分類排次，已非劉禹錫所編之舊。而不收王銍僞《龍城錄》之類，則尙爲謹嚴。其音釋，雖隨文詮解，無大考證，而於僻音難字，一一疏通，以云詳博則不足，以云簡明易曉，以省檢閱篇韻之煩，則於讀柳文者，亦不爲無益矣。」〔註22〕對於這個本子的來源，萬曼先生說：「此本正集四十三卷，是把《非國語》分出，做爲別集二卷，並非和四十五卷本有異同。」〔註23〕萬先生此處說法有誤，四十三卷本的底本並不是四十五卷本，也不是把《非國語》二卷分出做爲別集二卷。它的前身應該是三十卷本系統的柳集，按照四十五卷本的文章編次重新編集的，因三十卷本無《非國語》二卷，故此音辯本只有四十三卷。但此本還有一個二十卷本的，頗爲蹊蹺。楊守敬《日本訪書志》卷十四著錄《增廣注釋音辯唐柳先生集》二十卷本，並云：「其書編次與穆修本合，惟彼以《非國語》爲四十四、四十五兩卷，此則合併詩文爲二十卷，而以《非國語》爲《別集》。其《外集》則採自沈晦本，《附錄》下逮紹興，當爲潘緯所定。」〔註24〕二十卷的音辯本當爲書賈翻刻四十三卷本，目的是節約成本，並無新意。此書有南宋建陽麻沙刻本以及元明多種覆刻本，流傳頗廣。孫星衍《平津館鑒藏記書籍》卷一、陸心源《皕宋樓藏書志》卷六十九、沈德壽《抱經樓藏書志》卷五十二均著錄南宋麻沙本。此外，《天祿琳琅書目後編》卷六還著錄一種南宋麻沙小字本，其曰：「《增廣注釋音辯唐柳先生集》，一函四冊，篇目同前首部，亦麻

〔註22〕永瑢等《四庫全書總目》卷一百五十，中華書局 2003 年，第 1289 頁。
〔註23〕萬曼《唐集敘錄》，中華書局 1980 年，第 193 頁。
〔註24〕楊守敬《日本訪書志》卷十四，遼寧教育出版社 2003 年，第 225 頁。

沙小字本,而尺寸微。」〔註25〕南宋麻沙本在元代也多次翻刻,莫友芝《邵亭知見傳本書目》卷十二、瞿良士《鐵琴銅劍樓藏書題跋集錄》卷四、丁丙《善本書室藏書志》卷二十四、楊紹和《楹書隅錄》卷四均著錄元本。

　　《增廣注釋音辯唐柳先生文集》注釋較爲簡略,在淳熙年間則出現一部注釋詳盡的《新刊增廣百家詳補注唐柳先生集》,簡稱百家注本。此書大約成書於南宋中期,略早於《五百家注音辯唐柳先生文集》,編輯者不詳。體例上只有正集四十五卷,無別集、外集。據吳文治先生考證〔註26〕,很可能出於蜀人文讜和王儔之手。中國國家圖書館藏有一部,鑒定爲南宋蜀刻本。百家注本是現存宋刻《柳河東集》中比較完整的一種,具有極高的文獻價值。該書以集解的方式,彙集了從劉禹錫、宋祁、呂溫到穆修、晏殊、王安石、張敦頤、韓醇、童宗說一百多家的校勘、注釋、評說,具有集大成的性質。吳文治《談談柳宗元集的版本問題》〔註27〕認爲百家注本的成書在淳熙四年到十六年之間,經過對人多次編定才最後成書。在集注上,此書廣徵博引,舉凡宋代能見到的柳集注釋,幾乎全部輯錄。例如引孫汝聽注二千六百餘條,韓醇注將近兩千條,童宗說注九百餘條,三人注釋合計六千五百餘條。這些對柳集文字訓詁、訂正的注釋,很多原作已經佚失,靠百家注本予以保留,對保存柳學文獻具有重大意義。

　　音辯本與百家本之後,在南宋慶元六年（1200）,出現了一種《新刊五百家注音辯唐柳先生文集》,簡稱五百家注本。正集四十五卷、新編外集一卷、附錄二卷、《龍城錄》二卷,建安書商魏仲舉刊刻。前有《柳文綱目》一卷、《柳先生年譜》一卷,後附柳氏碑傳序記一卷,文集後序五篇。此書仿「五百家注韓」體例,開列注家姓氏,彙集眾家注釋彙編成書,所謂新添集注五十家,續添補注七十家。《天祿琳琅書目》卷三著錄此書,現存殘本,自二十二卷以下全缺,僅存二十一卷,但外集諸種卷帙完好無缺。四庫館臣說:「其版式廣狹,字畫肥瘠,與所刻《五百家注昌黎集》纖毫不爽,蓋二集一時並出也。前有評論詁訓諸儒姓氏,檢核亦不足五百家。書中所引,僅有《集注》,有《補注》,有《音釋》,有《解義》,及孫氏、童氏、張氏、韓氏諸解,此外

〔註25〕《天祿琳琅書目後編》卷六,《清人書目題跋叢刊》本,中華書局 1995 年,第 312 頁。
〔註26〕吳文治《校點後記》,吳文治點校《柳宗元集》第四冊,中華書局 1979 年,第 1504 頁。
〔註27〕吳文治《談談柳宗元集的版本問題》,《零陵學院學報》2002 年第 5 期。

罕所徵引，又不及《韓集》之博。蓋諸家論韓者多，論柳者較少，故所取不過如此。特姑以五百家之名，與《韓集》相配云爾。」〔註 28〕黃丕烈《士禮居藏書題跋記》卷五著錄此書殘宋本十一卷。

南宋寧宗嘉定年間，姑蘇鄭定在百家注本和五百家注本的基礎上，經過重新添注而成《重校添注音辯唐柳先生文集》。重校本四十五卷、外集二卷，以五百家注本為底本進行重校、添注，同時保留前人舊注及姓氏。《直齋書錄解題》卷十六著錄：「《重校添注柳文》四十卷、《外集》二卷，姑蘇鄭定刊於嘉定。以諸家所注輯為一編，曰集注，曰補注，曰章，曰韓，曰張，曰董氏，而皆不著其名。其曰重校、曰添注，則其所附益也。」〔註 29〕楊紹和《楹書隅錄》卷四：「《宋刊添注重校音辯唐柳先生文集》四十五卷、《外集》二卷，二十四冊、四函。此本題《添注重校音辨唐柳先生文集》，每半葉九行，行十七字。予藏宋槧岳倦翁《愧郯錄》，亦剞劂於禾中，其行式字數及板心所記刻工，若曹冠宗、曹冠英、丁松、王顯諸姓名，悉同此本，則為鄭定嘉興所刊，愈無疑義。《愧郯錄序》署嘉定焉逢淹茂，此本必同時受梓，蓋鄭定之知嘉興，正在寧宗朝也。斧季謂《柳集》傳志絕鮮，故義門以得見殘帙為幸。此本通體完整，彌足珍已。」〔註 30〕王文進《文祿堂訪書記》卷四、傅增湘《藏園群書題記》卷十二、《藏園群書經眼錄》卷十二均著錄此書。鄭定本在國內圖書館均為殘本，其中中國國家圖書館藏卷十八至二十，卷四十三至四十四，廣東博物館藏卷二十至二十二，南京博物院藏卷三十七、卷四十一。臺灣省「中央圖書館」藏三部，其中一部是完整的宋版宋刻，彌足珍貴。對鄭定本重校與添注的內容及價值，岳珍先生發表《宋刊〈重校添注音辯唐柳先生文集〉考述》〔註 31〕，可以參看。

南宋的《柳河東集》注本，從張敦頤《柳文音釋》、嚴有翼《柳文切正》、童宗說《柳文音釋》，再到潘緯《柳文音義》、韓醇《柳文詁訓》等書，大多根據字書和韻書進行訓詁音釋。綜合性注本問世後，這些柳集音釋的書融入集注中，產生了《增廣注釋音辯唐柳先生集》、《增廣百家詳補注唐柳先生集》、

〔註 28〕永瑢等《四庫全書總目》卷一百五十，中華書局 2003 年，第 1289 頁。

〔註 29〕陳振孫《直齋書錄解題》卷十六，上海古籍出版社 1987 年，第 477 頁。

〔註 30〕楊紹和《楹書隅錄》卷四，《清人書目題跋叢刊》本，中華書局 1990 年，第 518 頁。

〔註 31〕岳珍《宋刊〈重校添注音辯唐柳先生文集〉考述》，載《湖南科技學院學報》 2010 年第 1 期。

《五百家注音辯唐柳先生文集》、《重校添注音辯唐柳先生文集》等集注本，柳集注釋達到高潮。這些集注本都是四十五卷本，屬於一個柳集系統。宋人對柳集的輯佚、辨僞、編次、校勘、編年、注釋、解說等用力甚勤，「既爲進一步的文學史研究打下了堅實的基礎，又構成了宋代柳學繁榮的一個表徵。」〔註32〕

三

　　南宋時期除了對《柳河東集》進行集注外，還刊刻了不少白文本柳集，對柳集的傳播起到了重要作用。乾道元年（1165），永州郡庠刊本《唐柳先生文集》，與所刻諸多宋本均有差異。此書正集三十二卷、外集一卷，目前國內僅有外集一卷藏於中國國家圖書館。民國間著名藏書家傅增湘在日本靜嘉堂文庫曾見到此宋刻本，《藏園群書經眼錄》卷十二著錄：「《唐柳先生文集》三十二卷《外集》一卷，宋刊本，半葉九行，每行十七字至十九字不等。後有嘉定改元汪機跋。按：余藏有柳州外集一卷，爲乾道元年永州郡齋刊本，有葉程後序。其文之次第及行款均與此同，卷中《送元嵩師詩》、《上宰相啓》、《上裴桂州狀》三首爲各本所無。第此本無葉程序而有嘉定汪機跋爲異耳。考《經籍訪古誌》載柳集殘本九卷外集一卷，有乾道元年十二月十五日畢工一行，又有紹熙辛亥永州州學校授錢重跋，略言爲之是正，且俾盡易其板之朽弊者云云。末亦附嘉定汪機跋。可知余所藏者爲乾道初刊本，紹熙之補丁者爲二次補本，嘉定之釐正數百字易五百餘板者爲第三次補本。惜今所存者外集之外只得卷二十九、卷三十二寥寥十餘殘葉，非賜廬文庫所藏之舊亦。」〔註33〕葉程字叔軫，爲葉夢得次子，官至中奉大夫，歷任秀州、永州、臨安及蘇州等地知府。他乾道元年在永州任上主持刊刻《唐柳先生文集》三十二卷本，其《重刊柳文後序》云：「郡庠舊有文集，歲久頗剝落，因裒集善本，會同僚參校，凡編次之淆亂、字畫之僞誤，悉釐正之。獨詞旨有互見出者，兩存之以竢覽者去取。」〔註34〕前述北宋編刻《柳河東集》均爲四十五卷本，而此葉程這個南宋刻本獨爲三十二卷本，可能是在北宋三十卷本的基礎上另

〔註32〕李乃龍《論宋代柳學》，梁超然主編《國際柳宗元研究擷英》，廣西人民出版社 1994 年，第 462 頁。

〔註33〕傅增湘《藏園群書經眼錄》卷十二，中華書局 1980 年，第 1070 頁。

〔註34〕葉程《重刊柳文後序》，吳文治點校《柳宗元集》第四冊，中華書局 1979 年，第 1450 頁。

行編訂的。此外，宋代通行的外集多爲二卷，此本獨爲一卷，所錄詩文共四十三篇，其中三十二篇別本都編入正集，只有八篇別本編入外集，而此外集中的《送元嵩師詩》、《上宰相啓》、《上裴桂州狀》三篇，則爲諸本正、外集中均爲收錄。莫繩孫說：「今行本柳氏外集多作二卷，唯晁氏讀書志載柳集三十卷外集一卷。按，晁氏與桯約同時，或所載即此永州本也。」〔註35〕但莫繩孫可能弄錯了版本，因爲晁公武《郡齋讀書志》卷十七著錄的明明是《柳宗元集》三十卷《外文》一卷，而葉桯永州刻本是《唐柳先生文集》三十二卷《外集》一卷，書名、卷數均不對，唯《外文》一卷與《外集》一卷，不知是否爲一書，還不能做出判斷。

葉桯永州刻本是初刊本，二十五年後即紹熙二年（1191），零陵郡守趙善悈又曾刻《唐柳先生文集》錢重校本。趙善悈《柳文後跋》云：「子厚居永最久，作文最多，遣言措意最古。衡、湘以南，士之經師承講畫爲文詞者，悉有法度可觀。意其故家遺俗，得之親授，本必精良，與它所殊。及到官，首取閱之，乃大不然，訛脫特甚。推原其故，豈非以子厚嘗居是邦，姑刻是集，傳疑承誤，初弗精校歟？抑永之士子，當時傳寫雖然，安知不猶有誤而未眞、遺而未盡者乎。」〔註36〕永州州學教授錢重也在《柳文後跋》中說：「重冒昧分教此邦，意爲柳文必有佳本，及取觀之，脫謬落筆妙天下者也。一日，命重爲之是正，且俾盡易其板之朽弊者。然重吳興人也，來永幾五十程。柳文善本在鄉中士夫家頗多，而永反難得。所可校勘者，止得三兩本，他無從得之。其所是正，豈無遺恨？尙賴後之君子博求而精校之。」〔註37〕趙、錢二跋透露出永州無精本《柳河東集》，迫不得已進行校勘，質量不盡人意，寄希望於後來學者。而他們校勘柳集使用的底本正是葉桯乾道元年的永州刻本，對其殘存板片「訛脫」、「脫謬」之處進行補版。之所以會出現「每行十七字至十九字不等」的現象，則是因爲補版所爲。

嘉定元年（1209）汪樾對《唐柳先生文集》三十二卷本進行第三次增補，這一次的校勘改動比較大。汪樾根據他本對此集釐正文字數百處，重新雕版印刷。汪樾跋曰：「舊集日累月益，墨板蠹蝕，字體漫滅，至讀者有以悴爲倅，

〔註35〕《邵亭知見傳本書目》卷十二，臺灣文海出版社 1984 年，第 12 頁。
〔註36〕趙善悈《柳文後跋》，吳文治點校《柳宗元集》第四冊，中華書局 1979 年，第 1454 頁。
〔註37〕錢重《柳文後跋》，吳文治點校《柳宗元集》第四冊，中華書局 1979 年，第 1454 頁。

以邁爲遇者。因委新春陵理掾朱君敏集諸家善本校讎之，更易朽腐五百餘板，釐革訛誤幾數百字，半期而工役成，庶可以傳達。或尙有缺漏，博古君子能嗣而正之，抑斯文之幸也。」〔註38〕嘉定刻汪檟《唐柳先生文集》三十二卷，日人森立之《經籍訪古誌》卷六著錄，殘本，原爲賜廬文庫、金澤文庫所藏，後歸靜嘉堂文庫，嚴紹璗《日藏漢籍善本書錄》集部著錄。我國僅有乾道原刻《唐柳先生外集》一卷，藏中國國家圖書館，傅增湘《藏園群書經眼錄》卷十二著錄。至此，南宋乾道刻本《唐柳先生文集》三十二卷《外集》一卷，在紹熙、嘉定的增刻情況已經清楚。

南宋咸淳間廖瑩中世綵堂刻《河東先生集》四十五卷《外集》二卷，此爲宋代名刻。廖瑩中，字群玉，號藥洲，邵武人，南宋著名刻書家。所刻韓愈《韓昌黎集》四十卷、柳宗元《柳河東集》四十五卷，被稱爲「絕世神品」。「相傳其刊書時用墨皆雜泥金、香麝爲之。」〔註39〕廖瑩中以鄭定本《重校添注音辯唐柳先生文集》四十五卷爲底本進行編訂，但他把百家注本、五百家注本中的每條注文過錄時一律刪掉姓名，不知採錄自何處，造成注釋混亂。其校正柳集紕漏較多，訛、脫、衍、倒等錯誤較它本過之。世綵堂刻柳集以精美著稱，但其校勘質量不容樂觀。潘宗周《寶禮堂宋本書錄》著錄：「《河東先生集》四十卷《外集》二卷，十六冊。宋廖瑩中刻韓、柳二集，周公謹《志雅堂雜鈔》、《癸辛雜識》屢稱其精好。明徐時泰東雅堂、郭雲鵬濟美堂刊本相傳即覆廖刊，爲世推重。覆本且然，況其祖本。韓集舊藏豐順丁氏持靜齋，知已散出，頻年蹤跡，迄無確耗。至柳集則從未之前聞，意謂久已湮沒矣。忽傳山陰舊家某氏有之，急倩書賈往求，至則眞廖氏原本也。各卷末有篆隸『世綵廖氏刻梓家塾』八字木記，作長方、橢圓、亞字形不等。全書字均端楷，純摹率更體。紙瑩墨潤，神采奕奕。公謹謂『廖氏諸書用撫州清江紙、造油煙墨印刷，故能如是』。愛不忍釋，遂斥鉅資留之。按卷首有劉禹錫序，次敘說，次凡例，次目錄。編次與前本同。惟卷一、卷三十一、卷三十七、卷四十、卷四十一、二與前本編次稍異。凡四十五卷，又《外集》二卷。惜卷三、四、五、十諸卷用覆本補配，精彩差遜。又卷三、四，卷六、七、八、九、十各有一葉亦屬補配，神氣索然，蓋覆刻又在後矣。」〔註40〕

〔註38〕 汪檟跋語，傅增湘《藏園群書經眼錄》卷十二，中華書局 1980 年，第 1070 頁。

〔註39〕 丁日昌《持靜齋書目》卷四，上海古籍出版社 2008 年，第 412 頁。

〔註40〕 潘宗周《寶禮堂宋本書錄》，《中國歷代數目題跋叢書》本，上海古籍出版社

潘氏寶禮堂此書後歸陳清華郇齋，五十年代售與政府，現藏於中國國家圖書館。

宋代編刻《柳河東集》基本上都是詩文合編，採取前文後詩的編排方式，但也有將柳詩單獨編刻的。陳振孫《直齋書錄解題》卷十九著錄：「《柳宗元詩》一卷，唐柳宗元撰。子厚詩在唐與王摩詰、韋應物相上下，頗有陶、謝風氣，古律、絕句總一百四十五篇，在全集中不便於觀覽，因鈔出別行。」〔註41〕宋元公私目錄僅見到此一種柳詩刻本，彌足珍貴。

綜上所述，《柳河東集》在宋代的編集與刊刻，大致情況如下：從書名上講，宋代柳集名稱有《柳宗元集》、《河東先生集》、《唐柳先生文集》、《柳柳州集》等多種。卷數則有三十卷、三十二卷、三十三卷、四十三卷、四十五卷諸種，其中以四十五卷爲通行本。穆修編集的《唐柳先生集》四十五卷是宋代最早的柳集，也是一切柳集宋本的祖本。沈晦對穆本予以訂正，最大程度地保存了柳宗元詩文作品。紹興年間的兩種本子，即李褫和李石編校的柳集，是根據穆修本重刻的，加以校勘訂正。宋代流行的三十卷、三十二、三十三卷本，均是從劉禹錫三十卷本而來，篇目略有增補。四十五卷本則是宋人重編之柳集。南宋葉程、趙善惛、汪楫三次編刻《唐柳先生文集》三十二卷，是宋代另外一個體系的柳集刻本，與北宋時期的諸種本子不同。大體而言，柳集在北宋的編訂基本完成，對柳宗元詩文作品的輯補成就較大。南宋時期則對柳集的音辯注釋取得較大成就，出現多種柳集注本，張敦頤、韓醇、童宗說、潘緯、嚴有翼等人貢獻較大。音辨本、百家注本、五百家注本、重校添注本等，對柳氏詩文的音辯、訓詁、注釋、解說、集評等，進行了詳盡地整理，發明頗多成績巨大。這些柳集注本都屬於一個系統，即四十五卷本。宋人對柳集的整理雖然存在著種種缺點，但在《柳河東集》流傳史上佔據重要的地位，是宋代柳學的重要成果。宋人編訂、校勘柳集所取得的成績及其經驗，爲後世柳集的編集提供了堅實的文獻基礎，這是宋代《柳河東集》編集的重要貢獻。

（原載《青海師範大學學報》2016 年第 2 期）

2007 年，第 289 頁。
〔註41〕陳振孫《直齋書錄解題》卷十九，上海古籍出版社 1987 年，第 564 頁。

李德裕集版本源流考

　　晚唐著名政治家、文學家李德裕（787～850），字文饒，趙州贊皇（今河北省贊皇縣）人，與其父李吉甫均爲唐代名相。李德裕出生於門閥趙郡李氏，初以父蔭補秘書省校書郎，開始了漫長的官宦生涯。穆宗即位後，禁中詔書典冊多出於李德裕之手，後彙編成《會昌一品集》。李德裕歷任翰林學士、御史中丞、浙西觀察使、西川節度使、淮南節度使、兵部尚書、左僕射等職，並在唐文宗大和七年（833）及武宗開成五年（840）兩度爲相執掌中樞。擔任宰相期間，力主削弱藩鎮，重視邊防，鞏固中央集權，使晚唐內憂外患的局面有所穩定。近代著名學者梁啓超把李德裕與管仲、商鞅、諸葛亮、王安石、張居正並列，稱他是中國古代六大政治家之一。生平事蹟見《全唐文》卷七三一賈餗《贊皇公李德裕德政碑》、《全唐文》卷七七九李商隱《太尉衛公會昌一品集序》。《舊唐書》卷一七四、《新唐書》卷一八零有傳。

一

　　李德裕生前曾兩次自編其詩文集。第一次是武宗會昌五年（845），李德裕尚在宰相位上。《會昌一品集》卷一八《進新舊文十卷狀》云：「四月二十三日奉宣，令狀臣進來者。伏以揚雄云：『童子雕蟲篆刻，壯夫不爲。』臣往在弱齡，即好辭賦，性情所得，衰老不忘。屬吏職歲深，文業多廢，意之所感，時乃成章。豈謂擊壤庸音，謬入帝堯之聽，巴渝末曲，猥蒙漢祖之知。局蹐慚惶，神魂飛動。謹錄新舊文十卷進上。」〔註1〕從其文中所說的「擊

<hr>

〔註1〕傅璇琮、周建國《李德裕文集校箋》卷十八，河北教育出版社2000年，第349頁。

壞庸音」、「巴渝末曲」可知，這個十卷本的新舊文集是包括詩文的，基本上是會昌前的詩文作品。第二次是在宣宗大中元年（847），此時李德裕已經罷相被貶謫到潮州做司馬。《會昌一品集》別集卷六《與桂州鄭中丞書》云：「某當先聖御極，再參樞務。兩度冊文，及《宣懿太后祔廟制》、《聖容贊》、《幽州紀聖功碑》、《討迴紇制》，五度點戛斯書，兩度用兵詔制，及先聖改名製、告昊天上帝文並奏議等，勒成十五卷。貞觀初有顏、岑二中書，代宗朝常相，元和初某先太師忠懿公，一代盛事，皆所潤色。小子詞業淺近，獲繼家聲，武宗一朝，冊命典誥，軍機羽檄，皆受命撰述，偶副聖情。伏恐製序之時，要知此意，伏惟詳悉。」〔註2〕鄭中丞即李黨中堅人物鄭亞，「元和十五年擢進士第，又應賢良方正、直言極諫制科。吏部調選，又以書判拔萃，數歲之內，連中三科。聰悟絕倫，文章秀發。李德裕在翰林，亞以文干謁，深知之。」〔註3〕會昌五年（845）李德裕罷相後，鄭亞出爲桂州刺史、御史中丞。在《與桂州鄭中丞書》中，李德裕以文集相託給鄭亞，算是找對了合適的人選。鄭亞收到李德裕從東都洛陽寄給他的書信以及文集十五卷後，即命幕僚李商隱代撰寫序文。李商隱《太尉衛公會昌一品集序》云：「故合詔誥奏議碑贊等，凡一帙一十五卷，輒署曰《會昌一品集》云。紀年，追聖德也；書位，旌官業也；不言制集，崇論道也。」〔註4〕此文所述李德裕文集卷數與《與桂州鄭中丞書》中所言吻合。後來鄭亞將李商隱序文由駢文改寫爲散文，置於《李文饒文集》卷首。鄭亞《太尉衛公會會昌一品制集序》云：「故合武宗一朝，冊命典誥，奏議碑贊，軍機羽檄，凡兩帙二十卷，輒署曰《會昌一品制集》。紀年，追聖德也；書位，旌官業也。」〔註5〕李德裕、李商隱兩文均說文集是十五卷，而鄭亞此序卻說是二十卷，二者相差五卷，可能是鄭亞在編訂李德裕文集時有所改動，其間異同已不可考知。《舊唐書》卷一七四《李德裕傳》載「有文集二十卷」，就是鄭亞編訂的這個本子。《新唐書》卷六十《藝文志》四著錄「李德裕《會昌一品集》二十卷、又《姑臧集》五卷，《窮愁志》三卷，《雜賦》二卷。」〔註6〕《舊唐書》、《新唐書》所載李德裕文集均

〔註2〕 傅璇琮、周建國《李德裕文集校箋》卷十八，河北教育出版社 2000 年，第 519 頁。

〔註3〕 《舊唐書》卷一百七十八《鄭畋傳》，中華書局 1997 年，第 4630 頁。

〔註4〕 劉學鍇、余恕誠《李商隱文編年校注》，中華書局 2002 年，第 1659 頁。

〔註5〕 劉學鍇、余恕誠《李商隱文編年校注》，中華書局 2002 年，第 1680 頁。

〔註6〕 《新唐書》卷六十，中華書局 1975 年，第 1607 頁。

爲二十卷，可謂是淵源有自，發軔之功當屬鄭亞，可見在唐代李德裕即以文集二十卷行世。

陳振孫《直齋書錄解題》卷十六：「《會昌一品集》二十卷、《別集》十卷、《外集》四卷。唐宰相趙郡李德裕文饒撰。《一品集》者，皆會昌在相位制誥、詔冊、表疏之類也；《別集》詩賦、雜著；《外集》則《窮愁志》也。德裕自穆宗時已掌內外制，累踐方鎭，遂相文宗，平生著述詎止此，此外有《姑臧集》五卷而已，其不傳於世者亦多矣。《窮愁志》晚年遷謫後所作，凡四十九篇，其論精深，其詞峻潔，可見其英偉之氣。《周秦行紀》一篇，奇章怨家所爲，而文饒遂信之爾。」〔註7〕晁公武《郡齋讀書志》卷十八：「李德裕《會昌一品集》二十卷、《姑臧集》五卷、《平泉詩》一卷、《窮愁志》三卷、《別集》八卷、又《賦》一卷。」〔註8〕從兩部書的著錄來看，在宋代已經流傳李德裕文集二十卷之外的《別集》十卷本，《直齋書錄解題》標注爲「《別集》十卷」，《郡齋讀書志》記載「《別集》八卷」，但加上《平泉詩》一卷、《賦》一卷恰好是十卷。現存李德裕文集均作正集二十卷、別集十卷、外集四卷，共計三十四卷，宋代流行的就是三十四卷本。鄭亞所編訂的《會昌一品集》應爲正集二十卷，有關李德裕詩文別集十卷本的編纂那是宋代時期的事情。

那麼在宋代是哪些人在整理編訂李德裕別集中的詩文呢？范仲淹《范文正公文集》卷六《述夢詩序》云：「景祐戊寅歲（1038），某自鄱陽移領丹徒郡，暇日遊甘露寺謁唐李衛公眞堂，其制隘陋，乃遷於南樓，刻公本傳於其側。又得集賢學士錢綺翁書云，我從父漢東公嘗求衛公之文於四方，得集外詩賦雜著成共一編，目云《一品拾遺》。」〔註9〕《郡齋讀書志》卷十八云：「《一品集》，鄭亞爲之序，皆會昌制誥、表狀、外內冊贊、碑序文也。賦詩四首。《窮愁志》乃崖州所撰。《姑臧集》題段全緯纂，上四卷亦制誥，第五乃《黠戛斯朝貢傳》與八詩。《別集》乃裒合古賦，《平泉詩》、集外雜著。又有《古賦》一卷，載《金松》等四賦。」〔註10〕范仲淹所記《一品拾遺》可能是李德裕別集十卷外的其它零散詩文，對宋人編李氏別集會有影響。

〔註7〕陳振孫《直齋書錄解題》卷十六，上海古籍出版社1987年，第482頁。
〔註8〕晁公武《郡齋讀書志》卷十八，孫猛校證本，上海古籍出版社1990年，第911頁。
〔註9〕范仲淹《述夢詩序》，李勇先、王蓉貴校點《范仲淹全集》，四川大學出版社2002年，第181頁。
〔註10〕晁公武《郡齋讀書志》卷十八，孫猛校證本，上海古籍出版社1990年，第911頁。

　　李德裕外集四卷的編纂要比別集早，《舊唐書》卷一七四《李德裕傳》云：「初貶潮州，雖蒼黃顛沛之中，猶留心著述，雜序數十篇，號曰《窮愁志》。」〔註11〕李德裕《窮愁志序》云：「予傾歲吏道所拘，沉迷簿領，今則幽獨不樂，誰與晤言？偶思當世之所疑惑，前賢之所未及，各為一論，庶乎簡而體要，謂之《窮愁志》，凡三卷，篇論四十九首。銷此永日，聊以解憂。」〔註12〕《新唐書》卷六十《藝文志》四著錄《窮愁志》三卷，《郡齋讀書志》卷十八也著錄為三卷，唯獨《直齋書錄解題》卷十六稱外集四卷，比《窮愁志序》、《新唐書・藝文志》、《郡齋讀書志》多出一卷。今通行本《李文饒文集》均作四卷，可能在宋代編輯外集時多加了一卷。但這外集四卷本中混入了偽作，如外集卷四《周秦行紀論》一篇即為偽作。王偉《〈周秦行紀論〉作者及相關問題考論》一文認為：「《周秦行紀論》是韋瓘託名牛僧孺所作，是配合李黨對牛黨進行政治進攻而作的傳奇作品。」〔註13〕又如外集卷四的《冥數有報論》也是偽作，傅璇琮、周建國《李德裕文集校箋》有詳細考證，可參看。

　　除了文集二十卷、別集十卷、外集四卷外，李德裕還有一些其它的著作，主要是史地類。《舊唐書》卷一七四本傳說：「記述舊事，則有《次柳氏舊聞》、《御臣要略》、《伐叛志》、《獻替錄》行於世。」《新唐書》卷五八《藝文志》二著錄《次柳氏舊聞》一卷、《異域歸忠志》二卷。《藝文志》三著錄《御臣要略》（卷亡）、《西南備邊錄》十三卷。《藝文志》四著錄《姑臧集》五卷、《雜賦》三卷、《吳蜀集》一卷（劉禹錫、李德裕唱和詩集）。《崇文總目》卷三著錄《會昌伐叛志》一卷、《文武兩朝獻替記》三卷、《元和辨謗錄》三卷。又卷四著錄《點戛斯朝貢圖》一卷、《西南備邊錄》一卷、《異域歸忠志》一卷、《南行錄》一卷、《次柳氏舊聞》一卷。又卷五著錄《平泉山居草木記》一卷。又卷十二著錄《李德裕賦》二卷、《窮愁志》三卷。此外，《郡齋讀書志》卷六著錄《兩朝獻替記》三卷、《大和辨謗略》三卷。又卷八著錄《服飾圖》三卷。以上這些李德裕著述，書名與卷數略微有異，但因為出自五代、宋人之手，可信度還是較高的。

〔註11〕《舊唐書》卷一百七十八，中華書局 1997 年，第 4528 頁。

〔註12〕李德裕《窮愁志序》，傅璇琮、周建國《李德裕文集校箋》卷十八，河北教育出版社 2000 年，第 630 頁。

〔註13〕王偉《〈周秦行紀論〉作者及相關問題考論》，《西北大學學報》2011 年第 6 期。

二

　　現存最早的李德裕文集爲南宋浙刻本《會昌一品制集》，殘本，存卷一到卷十。半頁十三行二十二字，白口，左右雙邊，蝴蝶裝。「書中字體端重，避諱謹嚴，凡構字作太上御名，愼字作御嫌名，當刻於南宋孝宗淳熙時。」〔註14〕此宋刻本在清代時曾歸蘇州著名藏書家黃丕烈，他曾作題跋兩則於書中，但《蕘圃藏書題識》並無著錄，可能是繆荃孫等人輯《蕘圃藏書題識》時失察漏收。冀淑英先生將黃跋兩則整理出來，可補《蕘圃藏書題識》之缺。黃丕烈嘉慶四年（1799）跋云：「此殘宋刻《會昌一品制集》十卷，卷中有舊鈔配入，爲甫里嚴豹人家物，而余購之重付裝池者也。先是余得鈔本《會昌一品制集》二十卷，爲沈與文所藏，已明中葉本矣，又得舊鈔《李文饒集》，則不止《會昌一品制集》與明刻本合，而亦無甚佳處。惟此宋刻較二本爲勝，殘本實至寶也。」嘉慶二十三年（1818）跋云：「余嘗謂宋刻之書雖片紙隻字亦是至寶，此寶有見而云然，非癖論也。百宋一廛中全者固不少，缺者亦甚多，其中拈出一二字皆足動人心魄，即如《會昌一品制集》僅存十卷，十卷中亦有舊時鈔補之業，向時未經取校。新秋暑退涼生，無可消遣，輟兩日閒手校於明刻本上。十卷中佳處不可枚舉，鄭亞序文有句云『取封禪之書於犬子』，此用長卿小名也，明刻訛犬爲太，明人之不學無術可歎也。」〔註15〕開卷有「濮陽李廷相雙檜堂書畫私印」印記，原屬明代戶部尚書李廷相藏書。李廷相字夢弼，河南濮陽人，爲弘治十五年（1502）進士，喜愛藏書，《千頃堂書目》簿錄類著錄其藏書目二卷。入清後此書歸黃丕烈所藏，顧廣圻《百宋一廛賦》說：「敬輿中書，會昌一品，事涉經濟，不厭其審。」〔註16〕顧廣圻所說的「會昌一品」即指這部宋刻《會昌一品制集》殘本。黃丕烈後此書又歸常熟藏書家陳子準，因陳與翁心存情誼深厚，所藏書多歸翁氏。此書現存翁氏後人翁萬戈處。1996 年文物出版社將部分翁氏藏書以《常熟翁氏世藏古籍善本叢書》出版，其中就包括這部殘宋本，書前有冀淑英先生撰寫的出版說明，高度評價了殘宋本在文字校勘方面的版本價值。

〔註14〕冀淑英《記黃丕烈舊藏宋刻本〈會昌一品制集〉》，《冀淑英文集》，北京圖書館出版社 2004 年，第 55 頁。

〔註15〕冀淑英《記黃丕烈舊藏宋刻本〈會昌一品制集〉》，《冀淑英文集》，北京圖書館出版社 2004 年，第 55 頁。

〔註16〕顧廣圻《百宋一廛賦》，《黃丕烈藏書題跋集》，上海古籍出版社 2013 年，第 954 頁。

　　殘宋本在版本校勘上有很高的文獻價值。陸心源《儀顧堂題跋》卷十云：
「今借月湖丁氏影宋鈔本校之，始知兩明刻之偽奪。」〔註17〕陸心源曾多次
以影宋本校明本，指出明刻《李文饒文集》的多處錯誤，甚至整篇脫漏者，
明人校書之不嚴謹可見一斑。傅增湘《藏園群書題記》卷十二云：「《李衛公
全集》世傳嘉靖刊本為最古，余昔年曾見黃堯圃跋宋本十卷，又校舊鈔殘本
十餘卷，均為李木師藏書，乃知嘉靖本脫誤實甚。」〔註18〕殘宋本與明刻相
比較，除了陸心源校勘出的錯誤外，可正之處尚有許多。如卷二《異域歸忠
製序》，殘宋本作「具此四美是謂誠有」，明刻本訛作「其比四美悉謂誠臣」。
卷三《討劉稹制》，殘宋本作「接壤戎師」，明刻本訛作「輒謀動戎師」。卷七
《賜王宰詔意》中的「用兵之難」篇，明刻本脫。卷十《論朝廷事體狀》，殘
宋本全，而明刻本「故曰虧令者死」以下脫十三字。黃丕烈在跋語中評價「惟
此宋刻較二本為勝，殘本實至寶也」，誠為不刊之論。

　　宋代編刻李德裕集除了這部現存的殘宋本外，尚有其它幾種。《直齋書
錄解題》卷十六著錄「《李衛公備全集》五十卷、《年譜》一卷、《摭遺》一
卷」，並作解題如下：「此永嘉及蜀本三十四卷之外，有《姑臧集》五卷，《獻
替記》、《辨謗略》等諸書共十一卷。知鎮江府江陰耿秉直之所輯；並考次為
《年譜》、《摭遺》。《姑臧集》者，兵部員外郎段令緯所集，前四卷皆西掖、
北門制草，末卷惟《黠戛斯朝貢圖》及歌詩數篇。其曰「姑臧」，未詳。衛
公三為浙西，出入十年，皆治京口，故秉直刻其集。若永嘉，則其事頗異。」
〔註19〕陳振孫這條解題透露出以下幾個信息：首先是在宋代除了三十四卷
本的李德裕文集外，尚有五十卷本的《李衛公備全集》刊行，這是更為完備
的一個全集本，由耿秉直編輯成書。它的內容包括《會昌一品集》二十卷、
《別集》十卷、《外集》四卷、《姑臧集》五卷以及《獻替記》、《辨謗略》等
十一卷，共計五十卷。其中《姑臧集》五卷由兵部員外郎段令緯所集，其內
容為「前四卷皆西掖、北門制草，末卷惟《黠戛斯朝貢圖》及歌詩數篇」。
按，《會昌一品集》卷十八有《進黠戛斯朝貢圖傳莊》，卷十九有《謝宣氏所
進黠戛斯朝貢圖深愜與懷狀》。《李衛公備全集》五十卷本今已佚失，餘下十

〔註17〕陸心源《儀顧堂題跋》卷十，《清人書目題跋叢刊》二，中華書局 1990 年，
　　　　第 122 頁。
〔註18〕傅增湘《藏園群書題記》卷十二，上海古籍出版社 1989 年，第 621 頁。
〔註19〕陳振孫《直齋書錄解題》卷十六，上海古籍出版社 1987 年，第 482 頁。

六卷的內容不可考知。其次是三十四卷本尙有永嘉刻本與蜀刻本兩種。永嘉
刻本未見記載，「其事頗異」，可能是傳抄有誤。蜀刻本雖已佚失，但這個本
子在清代還有流傳。《四庫全書總目》卷一五零《會昌一品集》提要云：「此
本正集二十卷、別集十卷、外集四卷即《窮愁志》。與晁公武讀書志所載相
合，意即蜀本之舊。」〔註 20〕再次是在宋代即有人爲李德裕編年譜，並且
開始輯佚詩文，只是尙不知《摭遺》一卷具體收錄多少李德裕佚詩佚文。《宋
史》卷一六一《藝文志》七著錄李德裕《記集》二卷，尙不知是何書。

三

　　李德裕集在元代尙無文獻記載有刻本傳世，明代則是李集刊刻的高峰時
期。這既與明代雕版印刷技術改進普及有關，也與明代文學批評復古思潮息
息相關。
　　明代在正德、嘉靖年間就開始編刻李德裕集了，而且大都是三十四卷的
詩文全集本，反映明人刻書貪大求全的心理。現存最早的明刻《李文饒文集》
二十卷《別集》十卷《外集》四卷，爲江西按察司副使吳從憲彙輯成書，嘉
靖間刊刻於袁州。此書半葉十行二十字，白口，左右雙邊，版心題「李衛公
文集」。正文大題在下，題「會昌一品制集」。從卷數、內容、板式、行款來
看，明刻本當從宋本翻刻而來。這個嘉靖刻本在多家書目中都能見到著錄。
瞿鏞《鐵琴銅劍樓目錄》卷十九：「《李文饒文集》二十卷《別集》十卷《外
集》四卷，明刊本，唐李德裕撰，編次與晁氏《讀書志》合，殆出自蜀本，
有鄭亞序及無名氏後序，舊爲古鹽張氏藏書。」〔註 21〕陸心源《皕宋樓藏書
志》卷七十：「《李文饒文集》二十卷《別集》十卷《外集》四卷，明刊本。
葉氏手跋曰：『戊子年夏，假得太原張孟恭所藏蘇州文衡山宋本校，洞庭業石
君記』。」〔註 22〕陸心源在同卷中還著錄一種藍印本。這個由吳從憲彙輯的三
十四卷本在明代曾多次翻刻，萬曆間由袁州知府鄭惇典重加校證，予以再次
刊刻，書名卷數不變。鄭惇典的這個重修本在文字校勘上更勝一籌，傅增湘
《藏園群書經眼錄》卷十二：「余錄之嘉靖複印件與堯夫校殘宋本時合時不

〔註 20〕永瑢等《四庫全書總目》卷一百五十，中華書局 2003 年，第 1294 頁。
〔註 21〕瞿鏞《鐵琴銅劍樓目錄》卷十九，《清人書目題跋叢刊》三，中華書局 1990
　　　　年，第 287 頁。
〔註 22〕陸心源《皕宋樓藏書志》卷七十，《清人書目題跋叢刊》一，中華書局 1990
　　　　年，第 797 頁。

合，要不可解。然其源甚古則無可疑，改定各字悉視刻本爲勝。」〔註23〕吳
從憲彙輯、鄭惇典校正的《李文饒文集》三十四卷本在明代天啓年間又衍生
出兩種版本。一個是茅兆河刻本，區別在於此本有後集十卷。一個是天啓四
年（1624）茅師山刻本，卷數同鄭惇典重修本，不同之處在於書中有韓敬的
評點。王重民《中國善本書提要》集部著錄一部韓敬評點本，「卷內題吳興韓
敬求仲甫評點，同郡茅兆河巨源甫詮定。」〔註24〕此外，茅師山刻本在板式
上與鄭惇典重修本略有不同，它是半頁十行十九字，四周單邊，冊數也有所
增加。莫友芝《邵亭知見傳本書目》卷十二：「《會昌一品集》二十卷《別集》
十卷《外集》四卷，明天啓中吳興茅氏刻本。明刻黑口本佳。明袁州刻本有
評點，僅《一品集》十卷，《外集》四卷。」〔註25〕此外，在明代還有一種書
名爲《李衛公文集》二十卷《別集》十卷《外集》四卷的刻本，卷數同吳、
鄭本，唯獨書名不同。傅增湘《藏園群書經眼錄》卷十二著錄一種嘉靖刻《李
衛公文集》本，每冊版心下記甲至癸十集。這種《李衛公文集》在明末還有
一個陳子龍評點本，中國科學院圖書館藏有一部。

　　明人不僅勤於刻書同時也勤於抄書，有關李德裕集的明鈔本書目著錄頗
多，這在唐人文集版本中是一個突出的現象。目前能見到的明鈔本在卷次上
有兩種，一種是《李衛公文集》十七卷本，《外集》四卷《別集》四卷，校
宋明鈔本。黃丕烈《蕘圃藏書題識》卷七：「此紅格舊鈔《李文饒文集‧會
昌一品制集》一卷至十七卷，計缺尾之三卷，爲卷十八、卷十九、卷二十；
《李衛公外集‧窮愁志》四卷全；《李衛公別集》七卷至十卷，計缺首之六
卷，共三冊。」又說：「然用以臨校宋本大佳。此鈔佳字與宋本合者，記於
上方。」〔註26〕此外，黃丕烈還藏有另外一種鈔本，見於同卷之中，「後以又
見有黑格舊鈔《一品制集》之僅存一卷至十六卷，因出此相對，恝置案頭。」
傅增湘《藏園群書經眼錄》卷十二也曾著錄這個黑格舊鈔本。另外一種明鈔
本是《李衛公文集》二十卷本，《別集》十卷《外集》四卷，這是一個完整的
明鈔本。何焯批校，陸心源、傅增湘均有題跋。此本爲陸心源用影宋鈔本校，
並將重要的異文錄於跋中。《儀顧堂題跋》卷十：「右明鈔《李衛公集》，同治

〔註23〕傅增湘《藏園群書經眼錄》卷十二，中華書局 1983 年，第 1086 頁。
〔註24〕王重民《中國善本書提要》，上海古籍出版社 1983 年，第 507 頁。
〔註25〕莫友芝《邵亭知見傳本書目》卷十二，文海出版社 1984 年影印本，第 14 頁。
〔註26〕黃丕烈《蕘圃藏書題識》卷七，《黃丕烈藏書題跋集》，上海古籍出版社 2013
　　　　年，第 411 頁。

中曾以明正、嘉時刊本校一過，改補碼百字。後得影宋鈔本覆校，卷六《與點戛斯書》補前半首，凡一百二十字，卷七補《王宰詔意》第二首，凡三百九十二字，卷十四《論振武以北事宜狀》後論《回鶻事宜狀》一首，凡一百六十餘字。」〔註27〕說明這個完整的明鈔本在版本校勘上具有較高的文獻價值。

清代刊刻李德裕集很少。光緒十二年（1886）王用臣重編、刊刻《李文饒文集》二十卷。這個本子書名、卷數、次第大致沿襲明本。但王用臣刪掉了《周秦行紀論》和附載的《周秦行紀》，而且他將正集中的間載批答，別集中的附和章一概刪掉。雖如此，王用臣本還是有一定的價值。他將陸心源的校語依次收入書中，自己也做了一些校勘，但遺憾的是他沒有注明出處，而且有些校勘本身是錯誤的。對此，岑仲勉在《李德裕〈會昌伐叛集〉編證上》中說：「畿本之短，在過用主觀，往往改易舊本，失原來面目，如以贊皇自注合後人校注，混稱曰原注，其一例也。」〔註28〕王用臣本另附錄補遺一卷，花了功夫從《全唐文》、《唐文拾遺》、《全唐詩》、《唐詩百家全集》等書中補遺詩句若干篇，搜羅的比較全面。《畿輔叢書》所收《李衛公會昌一品集》二十卷即用的是王用臣的這個本子。另外光緒十六年（1890）常慊慊齋翻刻明末《李衛公文集》二十卷本，除了《別集》十卷《外集》四卷外，尚有補遺一卷，國家圖書館藏本有傅增湘跋並錄黃丕烈校語。乾隆間編修《四庫全書》，所收《會昌一品集》二十卷選用底本即嘉靖刻本。四庫館臣在編李德裕集時，能夠參考的本子很多，故其中很多校改之處與陸心源借用影宋本所校多有相合之處，當然也有不少臆改之處。清代單收李德裕詩歌的，則有康熙年間洞庭席啓寓輯《唐詩百名家全集》本《李衛公詩集》一卷。又，《全唐詩》卷四七五編其詩歌爲一卷，收詩一百三十五首，殘句十六。《全唐文》卷六九六至卷七十一編其文爲二十六卷，《唐文拾遺》卷二八錄文五篇。

綜上所考，可以得知李德裕集在唐代即開始編集，伐山奠基之功爲鄭亞編訂的二十卷本《會昌一品集》，唐代通行的就是這個鄭亞編本。宋代開始編集李德裕別集、外集，遂形成三十四卷本的李德裕集，包括正集二十卷、別集十卷、外集四卷。三十四卷本在宋代定型，多次刊刻，目前能知道的有浙刻本、蜀刻本兩個系統。另外一種《李衛公全集》五十卷本曾在宋代刊刻過，

〔註27〕陸心源《儀顧堂題跋》卷十，《清人書目題跋叢刊》二，中華書局 1990 年，第 123 頁。

〔註28〕岑仲勉《李德裕〈會昌伐叛集〉編證上》，《岑仲勉史學論文集》，中華書局 1990年，第 350 頁。

今已佚失。明代刊刻的李德裕文集主要有《李文饒文集》、《李衛公文集》兩種，均爲三十四卷本，明代首次出現李集評點本，即韓敬、陳子龍評點本。明代刊刻李集質量不容樂觀，脫落、錯訛情況較爲嚴重。清代編刻的兩種李德裕集沿襲明刻，乏善可陳。《李文饒文集》三十四卷中所收錄的詩文，蘊含著豐富的文獻材料，值得研究唐代文史者重視。

（原載《中國韻文學刊》2015 年第 3 期）

《唐宋詞譜校正》的學術價值

　　謝桃坊先生的《唐宋詞譜校正》最近由上海古籍出版社出版，這是詞學研究的最新成果，值得關注。

　　詞是中國古代韻文中形式最精巧和格律最嚴密的一種體裁，它具有中國音樂文學樣式和古典格律詩體的雙重屬性，萌發於唐五代而興盛於兩宋。詞與音樂的關係密不可分，最初它是配合唐代以來燕樂的歌辭，隨著盛唐時期格律詩體藝術形式的成熟，爲長短句的格律化和新體燕樂歌辭的產生創造了條件，逐漸出現文人詞。當某個樂曲被詞人選用爲詞調而譜寫歌辭，就稱之爲創調之作，此後的文人即可依據創調之作的句式、聲韻作詞，逐漸形成格律。詞體格律的整理始於明代，完成於清代。康熙二十六年《詞律》爲詞體格律規範奠定了堅實的基礎，然其過於苛嚴而不實用。康熙五十四年《詞譜》是在《詞律》的基礎上，經過審慎考訂而成的最完備之譜。其所收詞譜最全，圖譜參列，較爲實用。此後所編各種詞譜均從二書所出，且還有所不及。但是，《詞譜》存在的問題也極多，如誤收唐人聲詩、元曲近百調；每詞分列之別體過於繁瑣；小令和長調的區分無合理標準；文獻徵引以及校勘多有訛誤。如此等等不一而足。自清初以來，學術界有關詞體的起源、聲詩與詞的區別、詞調的分類、詞體的定格與詞調的標準，種種問題引起的爭議，皆出於缺乏高度學術規範的詞譜所致。謝桃坊先生的這部《唐宋詞譜校正》（以下簡稱《校正》）在吸取學術界成果的基礎上，重新對唐宋詞譜進行增補、考訂和辨析，整理出一部具有當代學術水平的詞譜，力圖爲詞學研究提供科學規範的譜系，祈望給中國詞學發展以新的起點。

　　《校正》是謝桃坊先生在《唐宋詞譜粹編》（四川人民出版社二零一零出

版）的基礎上進行重編的。之前他曾主編過《中國歷代詞分調評注叢書》，對唐宋詞調有過精深的研究。通讀全書，我們認爲《校正》一書的學術價值主要體現在以下數端：

一、對唐宋詞調的甄辨與增訂

詞是伴隨隋唐燕樂而產生的一種新型詩體，它是中國文學史上特定時期的文學樣式，到宋代完全建立了音樂與文學相結合的規範。詞樂在南宋滅亡後散佚，導致詞體的音樂文學性能的喪失，僅僅成爲一種古典文學的樣式，詞體藝術形式的發展過程結束。當這種音樂功能消失後，其它配合元代北曲音樂的散曲曲調、元人自創的新調、元明清文人的自度曲等等，皆非傳統意義上的詞調，故《校正》一書所收錄的詞調範圍限定在唐宋時期。

自清代以來通行之《詞譜》所收的歷代詞調，因爲種種原因，摻入不少聲詩、大曲和佛曲。重編唐宋詞譜，首要的問題就是對這些誤收之詞調進行甄辨與考訂，做到正本清源。隋唐燕樂歌辭主要有兩種形式，即聲詩和長短句，它們是並行發展的一對雙胞胎。唐代崔令欽《教坊記》所收《南歌子》、《漁父引》、《浣溪沙》、《楊柳枝》、《採桑子》、《烏夜啼》等盛唐朝廷教坊曲，它們的歌辭既有聲詩，也有曲子詞。《詞律》、《詞譜》誤收聲詩，導致詞調混亂。《校正》從體源、律詞、體式、從樂四個方面著手，對二書誤收聲詩爲詞體者的《竹枝》、《閒中好》、《囉嗊曲》、《梧桐影》、《醉妝詞》、《塞姑》、《回波詞》、《舞馬詞》、《一點春》等三十六調進行了甄辨，認爲其不符合律詞的要求，應從唐宋詞譜中予以剔除。大曲是歌唱與舞蹈相結合的大型樂舞，始於南北朝盛行於唐宋時期。大曲的體制複雜，是詞調來源之一，詞人從中摘取某一段爲詞調，如《梁州令》、《伊州令》、《六州歌頭》、《水調歌頭》、《齊天樂》等都是摘取自大曲與法曲的，但大曲和法曲本身不是詞調。《詞譜》卷四十收錄《清平調》、《水調歌》、《涼州歌》、《伊州歌》、《九張機》、《梅花曲》、《調笑令》等都是唐宋大曲。敦煌文獻中保存的許多佛教歌辭，羅振玉在《敦煌拾零》裏收入《十二時》、《五更轉》等十七首稱爲「俚曲」，任二北在《敦煌曲初探》裏稱之爲「佛曲」。這些歌辭實爲三七言句式之韻文，用一種簡單的腔調念唱，沒有形成某調之嚴密格律，不能稱之爲詞調，《詞譜》誤收之。對這些大曲和佛曲，《校正》皆捨而不取。

《詞律》與《詞譜》問世之後，有關詞體文獻資料又有所發現，《校正》

對此進行了增補訂正，豐富了唐宋詞調的品種。敦煌文獻中的詞集《雲謠集雜曲子》以及其它曲子詞近兩百首，它們使用的詞調如《柳青娘》、《喜秋天》、《宮春怨》、《別仙子》、《送征衣》、《阿曹婆詞》、《怨春閨》、《獻忠心》等八調是新發現的唐人詞調。孔凡禮《全宋詞補輯》所收《柳垂青》、《一井金》、《鍾瑟清音引》、《錦堆被》四調也是新發現的宋人詞調。南宋《事林廣記》辛集下卷《嘲戲綺談曲子詞》四十六首，其中的《步步隨》、《惜花春》、《月當庭》、《惱殺人》四調爲南宋民間流行的詞調。此外，宋金諸宮調《劉知遠諸宮調》、《董解元西廂記》和南宋戲文《張協狀元》中保留了一些唐代教坊曲和唐代大曲摘編，例如《回戈樂》、《獅子序》、《金錢子》、《天下樂》、《麻婆子》、《文序子》、《六么遍》等，它們都是宋金民間保存的唐代樂曲，其詞格律可校，應視爲詞調。以上新發現之詞調二十六調，《校正》一一收錄，以求詞體的完備。

經過上述兩方面對唐宋詞調的甄辨與增訂，《校正》重新梳理、核實了現存的各種詞調資料，爲詞學發展構建了堅實的基礎。作者統計唐五代詞調共一一五調，其中爲宋人沿用者八一調。宋詞共八一七調，除去沿用唐五代者，宋人自創七三六調。唐宋詞共有八五一調，《詞譜》經核實之調爲七三八調，比唐宋詞實用之調少收一一二調。

二、對唐宋詞調的分類與整理

對詞調的分類歷來是個難題，原因在於詞是音樂文學，對它的分類既可從音樂而分調類，也可從文學而分體類。這兩種分類都有其缺陷，試圖將二者調和則又顯得不倫不類。清初毛先舒在《塡詞名解》以字數多少對詞調分類：「凡塡詞五十八字以內爲小令；自五十九字始，至九十字止爲中調；九十一字以外者俱長調也。」宋翔鳳《樂府餘論》從音樂的角度提出令、引、近、慢四類分調法。這兩類詞調分類法確立後，一直在詞學領域內占著主導地位，雖然也有不少反對意見。《校正》從詞學史有關詞調分類演變出發，辨析了唐宋詞的音樂屬性與詞調分類的複雜關係，指出朝鮮《高麗史・樂志》所存北宋大晟府歌詞，其情形與令、引、近、慢四類分法存在矛盾，故宋翔鳳的分類法不能反應出唐宋詞當時的本來面貌與存在狀態。自南宋滅亡後，詞體的音樂文學性質因詞樂的散佚而發生根本的變化，成爲純文學的樣式。詞體的格律與音樂脫節，以詞調爲依託，各調的字數、句數、句式、分段、字聲平

仄、用韻等，皆有相異，由此形成各調的聲情和形式的特點。詞調從最短的《十六字令》到最長的《鶯啼序》，其體制宏狹和容量的大小存在很大的差異，依照毛先舒的分類，以字數的多少而考察詞調的長短，顯然有助於認識詞調的基本結構，進而探討詞體的藝術特徵。

《校正》以毛先舒的分類法將唐宋詞調分爲小令、中調、長調，每類之下再依詞調的字數爲序匯到各調。以五十八字以內者爲小令，收一百六十二調；五十九字至九十字者爲中調，收一百二十調；九十一字以上者爲長調，收一百一十五調，共收四百九十七調，包括一般、較僻、常用之調，以及少數著名之孤調。

按照字數分調存在過於殭死而不能適應詞調複雜情形的缺憾，萬樹在《詞律發凡》中極力反對，理由是有些詞調介於小令與中調、中調與長調之間，如何劃分？他在《詞律》裏採取依調排列，有的詞調既有小令，又有中調和長調，他採取以該調的小令的字數定位，其餘的均作別體處理，這將不同體制的詞調歸爲一起，在體制方面產生了新的混亂。稍後《詞譜》承襲了《詞律》以詞調長短爲序的編排，它在處理某詞調既有小令又有長調時，將長調作爲慢詞另列，而且原詞無「慢」者，皆加上「慢」字以示區別。這樣把長調作爲「慢詞」的處理不符合宋詞的實際情況，在觀念上將音樂屬性與文學體制相混淆。《校正》避免了《詞律》、《詞譜》的分類缺陷，在堅持毛先舒分類法的同時，提出了兩個原則。首先是分調以通行的正體爲準，如《雪獅兒》有八十九字、九十二字者，則以程垓八十九字者爲正體，其它爲別體。其次以正體爲準，分別歸屬其調類，如《六么令》九十四字者歸入長調，《法駕導引》三十字者和《太常引》四十九字者歸入小令。這樣的處理基本上可以滿足詞調的分類問題，做到科學規範，有利於認識詞體的基本規律和藝術特點。

對詞調別體的處理，歷來意見紛紜。它的產生是由倚聲製詞的差異、樂曲的改制和音譜的不同所造成的。《詞律》收詞調六百六十調，一千一百八十體；《詞譜》收八百二十六調，二千三百零六體，平均每調約有三體之多。兩書的分體力求齊備但趨於繁瑣，也產生了不少問題。《校正》對詞調別體採取了簡化處理，它所遵循的原則有以下七端：某詞調存在小令、中調或長調，則以調類歸屬，不視爲別體，如《望遠行》五十三字者屬小令，一百零六字者爲長調，調類歸屬後再分別體；樂曲改制後出現的變體屬該調之別體，如四十八字《攤破浣沙溪》爲《浣沙溪》之別體，不再另立爲調；凡一

詞調內出現段式差異者爲別體，如《望江南》單調二十七字，其五十八字雙調者爲別體；凡一詞調用韻存在平聲韻、仄聲韻、入聲韻或平仄互叶者均應分體；凡一詞調之詞存在句群組合差異，無論字數相同或不相同，均應分體，如《瑞鶴仙》雙調一百零二字仄韻爲正體，此外句群組織相異者有其它三個別體；句式長短不同應爲分體，如《臨江仙》通用體爲雙調平韻五十八字和六十字兩體，它們的差異是上下段首句一爲六字句，一爲七字句，故應分爲兩體；詞體字聲平仄是依調定格的，因略有差異而形成許多別體，但《蝶戀花》馮延巳與沈會宗兩體、《醉花間》毛文錫兩體，其中偶有平仄不同之處，應合爲一體。

　　上述調類、變體、段式、用韻、句式、句群、字聲平仄七項，作爲《校正》詞調分體的基本原則，對清理詞調別體因各種原因引起的混亂，對恢復詞體本來面目起到了積極作用，具有學科規範意義。

三、對唐宋詞調的校錄與考釋

　　前面所述對唐宋詞調的甄辨與增訂、分類與整理，都是《校正》一書所依據的指導思想與操作原則。對唐宋詞調的校錄與考釋才是本書的重點，也是最具有學術價值的部份，蘊含著作者多年來的詞學思想，也是集大成式的理論總結，代表作者最新的學術觀點。

　　對唐宋詞調的校正主要體現在以下幾個方面。

　　首先是指出前人著述中有關詞調的斷句錯誤，並予以糾正。詞調的斷句因爲分類、分韻的標準不同從而引起斷句錯誤，這在《詞律》、《詞譜》中大量存在。重編詞譜，應該根據律詞的原則進行糾正。《校正》第五零四頁秦觀《水龍吟》云：「此調《詞律》列三體，《詞譜》列二十四體，但基本上爲一百二字體，只是句式互有一些差異而已。此體後段結尾三句，諸家斷句偶有參差，《詞譜》作五四四句式，《詞律》作三六四句式，《全宋詞》從《詞譜》作五四四句式。過變首句用韻，前後段各第三、四、五、六、七、八共六個四字句，兩韻，而前後段首尾句式異。」第五一零頁賀鑄《石州慢》云：「《詞譜》以爲此詞前段乃攤破第四、五句作三個四字句，遂別爲一體。《全宋詞》依賀詞句式作『誰家籬落閒花，似語弄妝羞怯』，如此句意更爲恰當。可見《詞譜》詳列別體，其中多有斷句之誤者。」

　　其次是指出詞調的殘缺、脫誤問題，並據相關文獻補遺。第五二九頁施

岳《曲遊春》云:「《詞譜》於此調列三體,以周密詞爲一百二字爲正體。《詞譜》編者所據之周密詞集當有脫誤,於後段結句作『正恁醉月搖花,怎生去得』。茲檢校《百家詞》本《草窗詞集》卷上,此詞結句爲『正滿湖、碎月搖花,怎生去得』,此與施岳詞結句字數、句式相同。由此可見《詞譜》詳列之別體,其中每有校勘失誤所致。此調當以施詞爲式。」第五三六頁周邦彥《雙頭蓮》云:「此詞見《百家詞》本《片玉集抄補》,後段結句《全宋詞》無『總』字,乃脫誤。此調前段韻稀,但每一韻須語意連貫。此調共存四詞,字數、句式均有差異,《詞譜》列四體,則每詞自爲一體,但實爲百三字與百字兩種。」第五六七頁史達祖《陽春曲》云:「此詞前段結兩句之句式略異,後段第一句少一字。《詞譜》以史詞爲一百四字體,蓋於後段首句落一韻字『結』,今據《梅溪詞》補正。」

再次是指出詞調用韻、韻位錯誤。第五四二頁王沂孫《眉嫵》云:「王沂孫詞題爲《新月》,寄寓故國之思。此調僅存此兩詞,兩詞格律極嚴,只後段兩字之字聲平仄相異。姜詞過變,《詞譜》以爲『無限』乃短韻,此句爲『無限風流疏散』,『限』字屬偶與韻合,並非韻位所在。」第五九二頁周邦彥《一寸金》云:「前段第七句『波暖鳧鷖作』,『作』韻字;《詞譜》作『泳』,非韻字。」第六零六頁劉燾《八寶妝》云:「此詞前段第六句,後段第二句、第四句,用韻,皆非韻位所在。」

最後是糾正詞調字句訛誤,用善本予以校勘。詞集在流傳的過程中,因爲抄寫、刊刻的原因,會出現種種字句訛誤,需要依據善本加以校勘。《校正》在列舉各詞時,隨時糾正了其中的訛誤。第五四四頁吳文英《龍山會》云:「此詞前段首句用韻,後段結句句式異。此調當以吳文英詞爲式。《詞譜》錄吳詞,字句多有訛誤,茲已校正。」

以上四端爲《校正》對所引詞調文字出現的種種問題進行校正的主要工作,此外還有一些其它的糾錯,如作者、出處、篇名、分片等錯誤,限於篇幅,這裏不一一例舉。

《唐宋詞譜校正》對詞調的考釋主要體現在於每調後有詳細的考訂與辯證,尤其是補充關於詞調表情與特點的說明。對於詞調的來源以及異名,盡可能徵引文獻資料予以說明。對詞調名有誤解者進行辨析,凡是詞調可考其宮調者都在書中注明了出處,以便查閱。對某一詞調歷代的名篇分別羅列,有助於讀者了解該詞調的發展狀況,將多種詞調的解說文字集合在一起,可

以視作爲一部詞調發展小史。

　　謝桃坊先生的這部《校正》在吸收前賢時人研究成果的基礎上，以當代學術視野對唐宋詞譜進行重新類編，這樣做有利於重建詞體規範，促進詞學研究的發展，必定將產生深遠的學術影響，逐漸凸顯出這部著作的學術價值。

　　（原載《詞學》第三十輯，華東師範大學出版社 2013 年出版）

蘇軾《東坡樂府》版本考述

　　蘇軾一生作詞，存留至今者凡三百四十餘首。他以詩文革新運動的精神大力填詞，在柳永慢詞的基礎上開拓了詞境，將歌者之詞變爲詩人之詞，使詞體這種文學形式得到徹底的變革，爲宋詞的發展做出了貢獻。胡寅《酒邊詞序》說：「眉山蘇氏，一洗綺羅香澤之態，擺脫綢繆宛轉之度，使人登高望遠，舉首高歌，而逸懷浩氣，超然乎塵垢之外。於是花間爲皀隸而柳氏爲輿臺矣。」〔註1〕道出東坡開拓詞境之實，洵爲的論。現存蘇軾詞集三十餘種，書名、卷數、篇目、體例皆不相同。宋代以來即與全集別刻單行，收詞數量參差不齊。尤其是後世編纂蘇軾詞集，佚詞不斷補輯，贋品時有混入，以致版本錯綜雜亂，有必要梳理其編刻源流，還其本來面目。

一

　　《東坡樂府》又名《東坡詞》、《東坡先生長短句》、《東坡詩餘》，北宋文學家蘇軾詞集。蘇軾身前就有詞集刊行，黃庭堅《豫章先生文集》卷二十六《跋東坡樂府》、《山谷題跋》卷九《跋東坡長短句》，兩篇跋透露出蘇詞在北宋流傳的訊息。黃丕烈藏毛晉汲古閣影宋鈔本《東坡拾遺詞》，後錄有曾慥跋語：「《東坡先生長短句》既鏤版，復得張賓老所編並載於蜀本者悉收之。」〔註2〕張賓老（1056～1109），北宋末揚州人，第進士。宋徽宗知其能詞章，遷翰林學士。累官知樞密院事。《宋史》卷三百五十一有傳。從曾慥此跋可知，北宋末年還有「賓老所編並載於蜀本」的《東坡詞》，不過是附

〔註1〕施蟄存主編《詞集序跋彙編》卷二，中國社會科學出版社 1994 年，第 169 頁。
〔註2〕施蟄存主編《詞集序跋彙編》卷二，中國社會科學出版社 1994 年，第 60 頁。

載於蜀本《東坡集》中，因已佚失，無法窺知其大致概貌。黃庭堅、張賓老都是與蘇軾同時代的人，他們的跋語證明蘇軾生前確曾刊行過詞集。

蘇軾著作在南宋初期曾大量刊刻，宋孝宗趙睿就說：「人傳元祐之學，家傳眉山之書。」〔註3〕話說的雖然誇張了一點，但也道出蘇軾著述在當時受到歡迎的事實。《東坡樂府》從南宋開始大量編刻，據各種書目著錄，南宋至少曾有六種蘇詞版本刊行。現在能知道蘇詞較早的版本是紹興二十一年（1151）曾慥刊刻的《東坡先生長短句》二卷《拾遺》一卷。《增訂四庫簡明目錄標注》卷二十題為「曾慥輯《東坡詞》四卷本」〔註4〕，誤。曾慥得到張賓老北宋蜀刻本《東坡集》，將蜀本中所收蘇詞盡數採錄。張賓老所編蜀本最遲成書於宋徽宗大觀三年（1109），是蘇集早期刻本之一。曾慥輯《東坡拾遺詞》一卷多數取錄於蜀本，如《菩薩蠻》（娟娟侵鬢壯痕淺）、《江城子》（銀濤無際卷蓬萊），傅幹《注坡詞》未收。《菩薩蠻》一首又見南宋淳祐九年（1249）黃昇《唐宋諸賢絕妙詞選》，作謝絳詞，但《唐宋諸賢絕妙詞選》晚張賓老所編蜀本一百餘年，從版本源流上講著作權應屬於蘇軾。曾慥為南宋前期人，他對蘇詞的輯補從文獻來源上講具有可靠性。曾慥輯本原刊本今已不存，僅靠鈔本延續至今。曾慥跋語落款為「紹興辛未孟冬至遊居士曾慥題」，可知其輯《東坡先生長短句》初刊於紹興二十一年。曾慥另輯《樂府雅詞》三卷《拾遺》二卷，未收錄蘇詞。明代吳訥所編《唐宋名賢百家詞》一百三十一卷，專收唐五代宋元詞集，其中收錄《東坡詞》二卷《拾遺》一卷，為抄錄曾慥輯《東坡先生長短句》。吳訥《唐宋名賢百家詞》沒有刊刻過，其書僅以鈔本傳世，現傳兩種鈔本。一種是明代天一閣鈔本，全書自《花間集》起至《笑笑詞》終，目錄凡百種，中間缺十種，現存九十種，分裝四十冊。第五十一種即《東坡先生長短句》二卷《拾遺》一卷，上卷錄蘇詞一百四十首，下卷錄一百五十七首。《拾遺》一卷錄詞四十一首，中有重出及誤收詞十一首，實則收錄蘇詞共三百二十七首。天一閣舊鈔本阮元曾寓目，《寧波範氏天一閣書目》卷四著錄，今存天津圖書館。另外一種明鈔本題名為《宋元名家詞》，全書自《東坡詞》起，至《花間詞》終，共七十種，共二十四冊。第一種《東坡詞》二卷，亦鈔自吳訥本。清代毛扆以朱筆校過，

〔註3〕 宋孝宗《蘇文忠公贈太師制》，朗曄《經進東坡文集事略》卷首，文學古籍刊
　　　　行社 1959 年，第 1 頁。
〔註4〕 邵懿辰《增訂四庫簡明目錄標注》卷二十，上海古籍出版社 2000 年，第 941 頁。

亦有陸貽典校筆。傅增湘《藏園群書經眼錄》卷十九著錄，今存中國國家圖書館。這兩種明鈔本，今人唐圭璋編纂《全宋詞》、趙萬里編纂《校輯宋金元人詞》曾引用。

尤袤《遂初堂書目》著錄《東坡詞》，《宋史》卷二百零八《藝文志》著錄蘇軾《詞》一卷，二者是否同源不得而知。饒宗頤《詞集考》卷二：「一爲《蘇軾詞》一卷，見《宋史・藝文志》，抱經樓藏鈔本作《東坡詞》一卷，未知同異如何？」〔註5〕陳振孫《直齋書錄解題》卷二十一、馬端臨《文獻通考》卷二百四十六《經籍考》均著錄《東坡詞》二卷。李鄂䴂《江陰李氏得月樓書目摘錄》著錄宋板《東坡樂府》三本。徐乾學《傳是樓宋元本書目》、季振宜《季滄葦藏書目》均著錄宋刻《東坡樂府》二卷一本。從宋代到清代，各種公私書目著錄宋刻《東坡樂府》，有一卷、二卷、三卷諸種。至遲在清代中期宋刻《東坡樂府》還存世，但今均已佚失。上述諸種詞集屬集外單行，因原書佚失，不知其具體內容。在南宋初期，就有人開始注釋《東坡樂府》，出現多種蘇詞注本，但也多數失傳。現存最早的蘇詞注本爲傅幹《注坡詞》十二卷，「收蘇詞凡六十七調二百七十二首，其體例是按調名編次，同調者彙編在一起。」〔註6〕傅幹字子立，福建仙溪人，傅共從子，博聞強記。福建仙溪傅氏家族在宋代是一個研究蘇軾的世家，在當時很出名。傅藻《東坡紀年錄》一卷是宋代有名的蘇軾年譜，傅共《東坡和陶詩解》是第一部注釋蘇軾《和陶詩》的著述，傅幹《注坡詞》十二卷是現存最早的蘇詞注本。關於傅幹《注坡詞》卷數與作者，宋人記載有誤。例如陳振孫《直齋書錄解題》卷二十一著錄《注坡詞》二卷，顯然記錯了卷數。洪邁《容齋續筆》卷十五《注書難》曾說：「紹興初，又有傅洪秀才注坡詞，鏤板錢塘。」〔註7〕洪氏誤將傅洪當成傅幹，可能是把傅共當成了作者，因爲傅共字洪甫。不過洪邁的記載至少可以確定，南宋紹興初年《注坡詞》在杭州刊行過。

傅幹《注坡詞》在杭州刊刻後，一直不爲時人所重。元明時期竟無翻刻，且不見諸家著錄，其書靠鈔本延續至今。阮元《寧波范氏天一閣書目》卷四集部詞曲類著錄精鈔本《注坡詞》十二卷，標注爲傅共洪甫序，即傅幹此書。晚清時期社會動亂，天一閣藏書逐漸散出，鈔本《注坡詞》難免厄運。著名

〔註5〕饒宗頤《詞集考》，中華書局 1992 年，第 52 頁。
〔註6〕曾棗莊《三蘇研究》，巴蜀書社 1999 年，第 362 頁。
〔註7〕洪邁《容齋續筆》卷十五，上海古籍出版社 1996 年，第 394 頁。

藏書家沈德壽將天一閣藏鈔本《注坡詞》再次傳鈔，此傳鈔本後歸南陵徐乃昌積餘齋。沈德壽字長齡，號藥庵，別號靄民，著《抱經樓藏書志》六十四卷，所藏多鈔本，如明鈔本《錄鬼簿》二卷、明藍格鈔本《文獻通考摘要》二十四卷、明藍格鈔本《震澤紀聞》一卷、明鈔本《近峯聞略》八卷。《增訂四庫簡明目錄標注》卷二十著錄「傅幹《注坡詞》十二卷，徐積餘傳鈔天一閣明鈔本。」〔註8〕天一閣舊藏明鈔本已佚失。這部沈德壽傳鈔本《注坡詞》十二卷曾爲多人見過，龍榆生作《東坡樂府箋》大量引用過該書。據王兆鵬《詞學史料學》介紹〔註9〕，徐氏積餘齋藏沈德壽鈔本《注坡詞》現藏於陝西師範大學圖書館。此外，傅幹《注坡詞》在晚清、民國時期還有多種鈔本傳世。

　　傅洪《注坡詞序》云：「傳張芝叟所作私期數章，舊於《文忠公集》見之。以至《更漏子》『柳絲長』、『春夜蘭』之類，則見於《花間集》，乃溫庭筠、牛嶠之詞。《鵲踏枝》有『一霎秋風』、『紫菊初生』之類，則見於《本事集》，乃晏元獻公之詞。是皆削而不取。」〔註10〕可見傅幹在編注東坡詞之前，還是對蘇詞進行了一番考訂工作，首先是辨僞，刪除誤入《東坡樂府》中的非蘇詞。如序中所舉《更漏子》二首、《鵲踏枝》二首。但他也沒有刪盡，如《注坡詞》鈔本中尚有蘇轍《水調歌頭》、黃庭堅《鷓鴣天》各一首。傅氏還對蘇詞進行了輯佚，傅序說傅幹「益之以遺軼者百餘章」，可見經過他大規模的輯補蘇詞，將蘇詞編集成爲定本，爲後世整理《東坡樂府》打下了可靠的文獻基礎。《注坡詞》編排體例是按調名編次，同調者彙編在一起，以數字標示先後次序。上、下闋嚴格區分開來。傅幹的注釋爲雙行小字，不與正文相混。傅幹注釋東坡詞，徵引賅博精校細審，下了很大的功夫。據不完全統計，傅幹徵引典籍超過三百種，詩文篇目超過四百篇，傅氏學識之淵博由此可見一斑。他在書中引用的一些資料，具有很高的文獻價值，如卷十二《天仙子》（走馬採花花發未），是各本蘇詞所沒有的。又如卷八《點絳唇》其五題下注：「此後二詞，洪甫雲親見東坡手跡於潮陽吳子野家。」〔註11〕吳子野爲蘇軾友人，《蘇軾文集》卷十九《遠遊庵銘並序》、晁補之《雞肋集》卷十三《贈麻田山

〔註8〕 邵懿辰《增訂四庫簡明目錄標注》卷二十，上海古籍出版社 2000 年，第 941 頁。
〔註9〕 王兆鵬《詞學史料學》，中華書局 2004 年，第 174 頁。
〔註10〕 劉尚榮校證《傅幹注坡詞》，巴蜀書社 1993 年，第 7 頁。
〔註11〕 劉尚榮校證《傅幹注坡詞》，巴蜀書社 1993 年，第 224 頁。

人吳子野》二詩可證。《點絳唇》其五後二首詞另作秦觀詞，可以據傅幹此條注釋證實爲蘇詞。《注坡詞》也有不少缺點，例如「引李白詩誤作白樂天詩，引李商隱詩誤作李後主詞等。」〔註12〕但畢竟瑕不掩瑜，《注坡詞》作爲現存第一部宋人注釋蘇詞著作，還是具有很高的文獻與學術價值的。

除了這部傅幹《注坡詞》外，南宋還有不少人注釋蘇詞。陳鵠《西塘集耆舊續聞》卷二說：「趙右史家有顧禧景蕃補注《東坡長短句》眞跡云，按唐人詞舊本作試教彈作忽雷，今本作輥雷聲，而傅幹注亦以輥雷爲證，考之傳記無有。」〔註13〕顧禧字景繁，吳郡吳縣人，生卒年均不詳，約宋高宗紹興初前後在世。曾與施元之合作注蘇詩，即《注東坡先生詩》四十二卷。顧禧補注《東坡長短句》，是在誰的基礎上補注的，其書原貌如何，因施注蘇詞已經佚失，無法探知其貌。金章宗承安二年（1197），於南宋對峙的北方金朝孫鑌也爲蘇詞作注。元好問《元遺山文集》卷三十六《東坡樂府集選引》說：「絳人孫安常注坡詞，參以汝南文伯起《小雪堂詩話》，刪去他人所作《無愁可解》之類五十六首，其所是正亦無慮數十百處，坡詞遂爲完本，不可謂無功。」〔註14〕孫鑌事跡見黃虞稷《千頃堂書目》卷三十二：「孫鑌《注東坡樂府》，字安常，隆州人，永安二年賜第，官陝令。」〔註15〕金人孫鑌《注東坡樂府》在明代還有傳本，但今已佚失。

這裏有個問題，即上述幾部南宋人編注的《東坡樂府》，孰先孰後，關係如何？傅幹《注坡詞》在南宋紹興初年即在杭州刊刻，曾慥輯《東坡先生長短句》在紹興二十一年刊刻，從時間上則傅幹注本早於曾慥輯本。將傳本與吳訥輯《唐宋名賢百家詞》所收《東坡長短句》本（以曾慥本爲底本鈔錄）比較，二者所收蘇詞數目相當，唯獨曾本《拾遺》一卷多出四十首詞，則曾慥在編集蘇詞時很可能參考過傳本。顧禧補注《東坡長短句》在時間上要晚於傅幹注本。范成大《吳郡志》卷二十三顧禧條：「紹興間，郡以遺逸薦，閒居五十年不出。」〔註16〕余嘉錫認爲：「顧禧之遺逸被薦，疑是紹熙五年寧宗即位時事。《皕宋樓藏書志》卷八十一謂禧嘉定中當尙在，其說近之。」

〔註12〕程毅中《注坡詞跋》，蘇軾研究學會編《東坡詞論叢》，四川人民出版社 1982年，第 147 頁。

〔註13〕陳鵠《西塘集耆舊續聞》卷二，《知不足齋叢書》第十九集，乾隆十八年（1753）覆丁小疋吳枚庵藏本合校刊。

〔註14〕元好問《元好問全集》（增訂本），山西古籍出版社 2004 年，第 751 頁。

〔註15〕黃虞稷《千頃堂書目》卷三十二，上海古籍出版社 2001 年，第 791 頁。

〔註16〕范成大《吳郡志》卷二十三，江蘇古籍出版社 1999 年，第 329 頁。

〔註17〕如是，則顧禧補注蘇詞在時間上要晚於傅本，有可能顧禧就是在傅注基礎上予以補注的。至於孫鑛《注東坡樂府》時間就更晚了，邵懿辰《增訂四庫簡明目錄標注》卷二十說「元延祐庚申刊本，孫鑛注」〔註18〕顯然有誤，因爲元好問是見過孫鑛原書的，而延祐庚申距離元好問去世六十餘年，顯然時間不對，孫鑛注蘇詞依據的底本應該是南宋時期的刻本。南宋時期的三部蘇詞注本，只有傅本流傳下來，它是蘇詞最早的注本，也是目前能見到最早的蘇詞版本，雖然是鈔本，但文獻價值不容置疑。

季振宜《延令宋版書目》曾著錄宋刊《東坡先生長短句》十二卷，頗令人覺得意外，蓋宋刊《東坡樂府》從無十二卷之說。只有一種可能，那就是季氏所藏爲宋刊傅幹《注坡詞》十二卷。其書名《東坡先生長短句》與傅共序文相符合，其卷數又與傅注本暗合，極有可能就是紹興初年杭州刊刻的《注坡詞》。季氏之後，僅邵懿辰《增訂四庫簡明目錄標注》卷二十邵章續錄，之後就不見蹤影，不知是否還存在於天壤之間。

二

今存最早的蘇詞刻本爲元延祐七年（1320）葉曾雲間南阜草堂刻《東坡樂府》二卷，因元刊《東坡樂府》僅此一刻，故簡稱爲元本。元本上卷凡四十一調一百十五首，下卷二十七調一百六十六首，共六十八調二百八十一首詞，收錄蘇詞數量雖少但尚眞。前有葉曾《東坡樂府敍》，謂：「東坡先生以文名於世，吟詠之餘，樂章數百篇，樂而不淫，哀而不傷，眞得六藝之體。觀其命意吐詞，非涉學窺測。好事者或爲之注釋，中間穿鑿甚多，爲識者所誚。舊板湮沒已久，有家藏善本，再三校正一新，刻梓以求流佈。」〔註19〕葉曾編輯此書曾參考過傅幹《注坡詞》及曾慥所輯《東坡長短句》，所謂「家藏善本」即指傅、曾二書。在篇目上，元本比傅本多出九首詞，分別是《滿庭芳》（歸去來兮清溪無底）一首，《南鄉子》（千騎試春遊）一首，《浣溪沙》二首，《減字木蘭花》三首，《行香子》（北望平川），《畫堂春》（柳花飛處）。元本無拾遺詞一卷，不符合宋本體例，但趙萬里先生在《影印元延祐本東坡樂府跋》中認爲元本也是有拾遺詞一卷的，其謂：「考毛氏汲古閣刻本《東坡

〔註17〕余嘉錫《四庫提要辯證》卷二十二，中華書局 1980 年，第 1372 頁。
〔註18〕邵懿辰《增訂四庫簡明目錄標注》卷二十，上海古籍出版社 2000 年，第 941 頁。
〔註19〕葉曾《東坡樂府敍》，《東坡樂府》影印本卷首，中華書局 1959 年。

詞》，凡毛氏注『元刻逸』或『元刻不載』諸作，如《好事近·煙外倚危樓》一闋，《玉樓春·元宵似是歡遊好》等三闋，《臨江仙·昨夜渡江何處宿》一闋，《蝶戀花·記得畫屏初會遇》等五闋，《漁家傲·臨水縱橫回晚鞚》，《江城子·膩紅勻臉襯檀唇》一闋，《意難忘·花擁鴛房》一闋，《雨中花慢·邃院重簾》等二闋，《水龍吟·小溝東接長江》等二闋，此本均未收。知毛氏謂元本當即此本。曾編《拾遺》詞四十一首，毛本除《江城子·南來飛燕北歸鴻》一闋，係秦淮海作，不復出外，其餘四十首，毛氏散編各調下，均未注明『元刻逸』或『元刻不載』。可見毛氏所見元本，當有此拾遺詞四十一首，而此本則因年久失去，固非不可解也。」〔註20〕趙氏所言極有道理，可知元本確曾有《拾遺》一卷，不過在流傳過程中佚失。

錢曾《讀書敏求記》卷四曾著錄元本，對此書評價頗高：「《東坡樂府》刻於延祐庚申。舊藏注釋宋本，穿鑿蕪陋，殊不足觀，棄彼留此可也。」〔註21〕錢氏所藏元本後為黃丕烈所藏，《士禮居藏書題跋記》卷六：「取毛鈔《東坡詞》勘之，非一本，二卷雖同，其次序前後，字句歧異，當兩存之。」〔註22〕此後元本輾轉歸蘇州汪士鍾藝芸精舍、聊城楊紹和海源閣所藏。民國間天津藏書家周叔弢購得此書，於一九五二年捐贈給北京圖書館。光緒十四年（1888）春，廣西臨桂詞人王鵬運從海源閣借到元本，據此翻刻收入《四印齋所刻詞》。前有王鵬運跋語，謂：「光緒戊子春，鳳阿同年聞余有縮刻稼軒長短句之役，復出此冊假我，遂借鈔合刻。中間字句，間有訛奪，與缺筆敬避及不合六書字體者，悉仍其舊，略存影寫之意。」〔註23〕元本建國後曾多次影印。

宋、元本《東坡樂府》在明代流傳不廣。傅幹《注坡詞》十二卷，明代諸家書目不見著錄，未見翻刻，只有兩部鈔本流傳。曾慥輯《東坡長短句》二卷《拾遺》一卷，在明代也無翻刻，依靠鈔本傳世。與宋、元二代《東坡樂府》單行的情況相反，「明人所刻蘇詞，多附於蘇集或其它總集、叢書中。」〔註24〕表明蘇詞在明代的地位有所下降，這當然跟明代文學復古運動有關，

〔註20〕趙萬里《影印元延祐本東坡樂府跋》，薛瑞生《東坡詞編年箋注》附錄，三秦出版社1998年，第829頁。

〔註21〕管庭芬、章鈺《錢遵王讀書敏求記校證》卷四，《清人書目題跋叢刊》本，中華書局1990年，第229頁。

〔註22〕黃丕烈《士禮居藏書題跋記》卷六，潘祖蔭輯《士禮居藏書題跋記》，書目文獻出版社1989年，第315頁。

〔註23〕施蟄存主編《詞籍序跋萃編》卷二，中國社會科學出版社1994年，第64頁。

〔註24〕曾棗莊等著《蘇軾研究史》，江蘇教育出版社2001年，第239頁。

也是蘇詞在明代眞實的流傳與接受。

萬曆三十四年（1606），茅維編《東坡先生全集》七十五卷，因茅氏另外改編刊行過王十朋纂集的《東坡先生詩集注》三十二卷，故這部《東坡先生全集》收文不收詩。此書最後兩卷，即卷七十四、卷七十五收錄《東坡詞》，係改編曾慥輯本而成，共七十三調三百十六首詞。萬曆三十四年的原刊本收錄有曾慥輯本的跋語，明末陳仁錫閱文堂翻刻本易名爲《蘇文忠公全集》七十五卷，內容與茅維本相同，但刪掉了曾慥的跋語。茅本在明代較爲通行。此本在蘇文、蘇詞的輯佚方面頗下功夫，成爲明代收集蘇軾文、詞最全的本子。對比曾慥輯本，茅本多出蘇詞十五首，其中有兩首是葉夢得、晏殊詞誤收。增補的蘇詞有《滿庭芳》（歸去來兮清溪無底）一首、《念奴嬌》（憑高眺遠）一首、《南歌子》（雲鬢裁新綠）一首、《蝶戀花》（春事闌珊芸歌歇）一首、《行香子》（北望平川）一首、《虞美人》（冰肌自是生來瘦、深深庭院清明過）二首、《祝英臺近》（掛輕帆）一首、《浣溪沙》（花滿銀塘水漫流、入袂輕風不破塵、幾共查梨到雪霜、山色橫侵蘸暈霞）四首、《瑤池燕》（飛花成陣）、《浪淘沙》（昨日出東城）、《占春芳》（紅杏了）。葉夢得《虞美人》（落花已作風前舞），晏殊《浣溪沙》（玉腕冰雪滴露華）。從補輯之篇目可以看出，茅維曾參考過元本《東坡樂府》二卷本，因爲有些詞如《滿庭芳》（歸去來兮清溪無底）、《行香子》（北望平川）顯然是從元本鈔錄過來的。茅維增補的這些蘇詞均爲毛晉編蘇軾詞集所採錄，在保存蘇詞文獻方面做出了貢獻。

明末焦竑曾編《蘇長公二妙集》二十二卷，題琅琊焦竑批點，茂苑許自昌等人校訂。所謂二妙是指蘇軾尺牘與詩餘，即《東坡先生尺牘》二十卷、《東坡先生詩餘》二卷。《二妙集》刊於天啓元年（1621），爲徐象橒曼山館刻，毛晉編蘇軾詞集所依據的金陵本子即此本。焦本《東坡先生詩餘》二卷採自茅維本《東坡詞》二卷，二書內容編排基本上相同。但焦本對蘇詞又進行了增補，在茅本的基礎上多了二十首詞，分別是《水龍吟》（小溝東接長江、露寒煙冷蒹葭老）二首、《滿庭芳》（三十三年漂流江海、北苑龍團）二首、《雨中花慢》（邃院重簾何處、嫩臉羞蛾）二首、《木蘭花令》（元宵似是歡遊好、經旬未識東君信、高平四面開雄壘）三首、《臨江仙》（昨夜渡江何處宿）一首、《漁家傲》（臨水縱橫回晚鞚）一首、《好事近》（煙外倚高樓）一首、《江城子》（膩紅勻臉襯檀唇）一首、《蝶戀花》（記得畫屛初會遇、昨夜秋風來萬里、簾幕風輕雙語燕、梨葉初紅蟬韻歇、玉枕冰寒消暑氣、雨霰疏疏經潑火、

蝶懶鶯慵春過半）七首。焦本源出於茅本，茅本源出於曾慥輯本，茅本參考過元本，但焦竑編輯蘇詞時似乎沒有參考過元本。趙萬里《影印元延祐本東坡樂府跋》說：「焦本《東坡先生詩餘》，原出曾慥本更益以某本，按調名類次混合編成。凡毛本有此本無者五十九闋，除《浣溪沙‧晚菊花前斂翠蛾》一闋，《永遇樂‧天末山橫》一闋外，皆備於焦本，文字亦幾全同。此本有毛本無者八闋，則不見於焦本，可見焦氏實未見此本。」〔註25〕元本中有蘇詞八首焦本未收，而且焦氏增補蘇詞疑有贋品，如《雨中花慢》豔詞二首，但焦本作爲有明一代編刻《東坡樂府》收蘇詞最多的一部書，在蘇詞版刻史上還是具有承上啓下的重要作用。

毛晉於崇禎三年（1630）編刻《宋六十名家詞》九十卷，共六集二十六冊，其中第三冊收錄《東坡詞》一卷，凡七十二調三百二十八首詞。編排按詞調分類，字數少的在前字數多的在後，體例較爲合理。毛晉《東坡詞跋》云：「東坡詩文不啻千億刻，獨長短句罕見。近有金陵本子，人爭喜其詳備，多混入歐、黃、秦、柳作，今悉刪去。至其詞品之工拙，則魯直、文潛、端叔輩自有定評。」〔註26〕毛晉跋中所說「金陵本子」即焦竑本，作爲重編《東坡詞》的底本，另外還參考了元本及其它通行本，廣採博收。毛本收蘇詞多於它本，但很多都是從茅本、焦本鈔錄過來，又不加考辨，以至於錯訛較多。四庫館臣評說毛晉《東坡詞》：「其中名姓之錯互，篇章字句之僞異，雖不能免，而於諸本之誤甲爲乙，考證釐定者亦復不少。」〔註27〕毛晉還妄補詞題、詞序，對誤入詞集的僞作也未能刪盡。朱祖謀《東坡樂府發凡》說：「元刻中有五首即爲毛氏所已刪，顧尚疑其未盡，如《意難忘》之『花擁鶯房』，《雨中花慢》之『邃院重簾』、『嫩臉修蛾』二首，不類坡詞，苦無顯證。」〔註28〕毛晉對蘇詞的誤收、妄改爲後世編校東坡詞增添了困難。毛本在明末清初流傳頗廣，其間還衍伸出一些名家校本。如《宋名家詞》本《東坡詞》一卷，清代陸貽典、黃儀、毛扆、季錫疇、瞿錫邦校並跋，何煌、何元錫校，原藏鮑廷博知不足齋和瞿紹基鐵琴銅劍樓，後存北京圖書館。另外一種批校本有

〔註25〕趙萬里《影印元延祐本東坡樂府跋》，薛瑞生《東坡詞編年箋注》附錄，三秦出版社 1998 年，第 829 頁。

〔註26〕施蟄存主編《詞集序跋彙編》卷二，中國社會科學出版社 1994 年，第 61 頁。

〔註27〕永瑢等《四庫全書總目》卷二百，中華書局 2003 年，第 1833 頁。

〔註28〕朱祖謀《東坡樂府發凡》，《彊邨村叢書》本《東坡樂府》，上海古籍出版社 1989 年。

黃丕烈校語和跋語。光緒十四年（1888）錢塘汪氏據汲古閣原刊本重刻，《東坡詞》作爲第四種收錄。

明人輯佚蘇詞喜歡貪大求全，對蘇詞來源要求不嚴，因而誤收了很多非蘇詞。如《江城子》（南來飛燕北歸鴻）、《虞美人》（落花已作風前舞）、《蝶戀花》（玉枕冰寒消暑氣）、《永遇樂》（天末山橫）、《意難忘》（妓館）、《浣溪沙》（晚菊花前斂翠蛾）等詞，毛本、焦本、茅本收錄，而傅注本、元本並不載。《江城子》爲秦觀詞，見宋乾道高郵軍學本《淮海居士長短句》卷上。茅本、焦本不查，僅僅依靠明吳訥《東坡詞拾遺》收錄，便以爲是蘇詞。又如另一首詞《滿庭芳》（北苑龍團），南宋乾道間刻印《淮海集》便將此詞收入，《能改齋漫錄》卷十七卻認爲此首《滿庭芳》是黃庭堅所作。焦竑、毛晉將此首詞收入蘇詞集中，既不做說明也不存疑備考，顯然有違規範。再如《虞美人》爲葉夢得詞，曾慥輯《樂府雅詞》中卷、黃昇《中興以來絕妙詞選》卷一均作葉夢得詞，版本來源可靠，而茅維、焦竑、毛晉等人都不作考訂，當作蘇詞誤收。又如《蝶戀花》七首，宋元本不載，焦本、毛本收錄，從意境和做法來看均與蘇詞格格不入，來源相當可疑。上舉數例足以證實明人在編輯《東坡樂府》時，不注重甄別蘇詞眞僞，雖廣採博收但質量不高。從這點上來看，明人學風空疏之弊可見一斑。

明代還有數種蘇詞選本，如《東坡小詞》二卷，明崇禎三年（1630）海陽黃嘉惠校刊本，與黃山谷詞合刊，題《蘇黃小品》。上下卷各錄蘇詞五十三首，共一百零六首，按調編排，正文係從茅維《東坡先生全集》中析出，而詞題則多從毛本。每首詞眉端有編者黃嘉惠的評語，間有圈點。還有一些詩詞選本，如崔邦亮《蘇文忠公集選》三十卷，選錄蘇詞四十二首。這種詩詞合選本在明代較爲流行。

三

清代編輯《東坡樂府》的數量很少。清人熱衷於注釋蘇詩，蘇詞少有人關注。傅幹《注坡詞》十二卷流傳到清代也只有鈔本，清人對傅注認識不夠，他們似乎更看重元本。錢曾《讀書敏求記》卷四說：「舊藏注釋宋本，穿鑿蕪陋，殊不足觀，棄彼留此可也。」〔註29〕黃丕烈《延祐本東坡樂府跋》說：「遵

〔註29〕管庭芬、章鈺《錢遵王讀書敏求記校證》卷四，《清人書目題跋叢刊》本，中華書局1990年，第229頁。

王欲棄宋留元，未始無意。」〔註 30〕錢曾是清代大藏書家，連他都認爲宋本蘇詞不如元本，其它清人就更不重視了。《四庫全書》集部所收爲明毛晉刻本，而毛本源於元延祐本。《四庫全書總目》卷一百九十八：「此本乃毛晉所刻，後有晉跋云：『得金陵刊本，凡混入黃、晁、秦、柳之作俱經芟去。』然刊削尚有未盡者，如開卷《陽關曲》三首，已載入詩集之中，乃餞李公擇絕句。其曰以《小秦王》歌之者，乃唐人歌詩之法。宋代失傳，惟《小秦王》調近絕句，故借其聲律以歌之。非別有詞調謂之《陽關曲》也。使當時有《陽關曲》一調，則必自有本調之宮律，何必更借《小秦王》乎。以是收之詞集，未免泛濫。」〔註 31〕四庫館臣也批評毛晉收錄蘇詞泛濫，不辨眞僞。光緒十四年（1888）王鵬運輯《四印齋所刻詞》六十二卷，其中有《東坡樂府》二卷，底本亦爲元延祐本。其《東坡樂府跋》云：「文忠詩文傳刻極夥，倚聲一集獨少別本單行，且蘇辛本屬並稱，而二書蹤跡始並見於季滄葦《延令書目》中，繼復同歸黃氏士禮居、汪氏藝芸書舍。余復從楊氏海源閣假刻以行，亦良足多矣。越月刊成，誌其緣起如此。」〔註 32〕王本卷首除葉曾原序及黃丕烈題識外，增刻許玉瑑序、王鵬運跋語。宣統二年（1910）朱祖謀輯《彊村叢書》二百六十卷，其中收錄《東坡樂府》三卷，以王鵬運四印齋刻本爲底本進行編年校刊。卷一收編年詞一百零六首，卷二收編年詞九十八首，卷三爲不編年詞一百三十六首，共三百四十首蘇詞。吳虞輯《蜀十五家詞》十七卷，所收錄《東坡樂府》三卷即據《彊村叢書》本翻印。

朱祖謀箋注《東坡樂府》三卷，曾參考毛氏汲古閣刻本，將毛本異文附於詞後。毛晉輯佚蘇詞好大喜功，收錄不少僞作，蘇詞多於元本者達六十一首。朱祖謀箋注《東坡樂府》，對蘇詞眞僞進行了考訂，凡元本確定爲闕訛者依毛本正之。朱氏箋注蘇詞，重點不在於注釋而是編年。他根據傅藻《東坡紀年錄》、王宗稷《東坡年譜》、王文誥《蘇詩編年總案》，相互參證審愼定奪，對蘇詞首次大幅度進行了編年。此外，朱氏補輯了前人未收的佚作，淘汰了互見及誤入的僞作，對毛本忘改的題序與題注也進行了調整，所下功夫很大。馮煦《東坡樂府序》評價說：「若夫校訂之審，箋注之精，則前輩發其凡矣，此不具書。」〔註 33〕蘇詞經過朱氏的訂訛補闕及編年箋注，逐漸恢復了原來

〔註 30〕黃丕烈《士禮居藏書題跋記》卷六，書目文獻出版社 1989 年，第 315 頁。
〔註 31〕永瑢等《四庫全書總目》卷一百九十八，中華書局 2003 年，第 1808 頁。
〔註 32〕施蟄存主編《詞籍序跋萃編》卷二，中國社會科學出版社 1994 年，第 64 頁。
〔註 33〕施蟄存主編《詞集序跋彙編》卷二，中國社會科學出版社 1994 年，第 66 頁。

的面目。可惜的是，朱祖謀箋注蘇詞所見善本不多，明代的吳訥鈔本及焦竑本等都沒有見到，致使箋注蘇詞有個別疏漏，畢竟瑕不掩瑜，朱祖謀對蘇詞整理與研究還是有貢獻的。

繼朱祖謀箋注《東坡樂府》之後，龍榆生也對蘇詞進行了箋注。龍氏《東坡樂府箋》三卷，其編年依據朱祖謀。卷一收編年詞一百零六首，卷二收編年詞一百首，卷三為不編年詞一百三十八首，共收錄蘇詞三百四十四首。在數量上，龍本比朱本多收四首詞，分別是《瑤池燕》（飛花成陣）一首、《點絳唇》（醉漾輕舟、月轉烏啼）二首、《浣溪沙》（風壓輕信貼水飛）一首。龍本僅對朱本編年做了個別調整，《菩薩蠻》（娟娟缺月西南落）改編年為元豐六年，朱本繫於元豐二年。《西江月》（點點樓頭細雨）朱本未編年，龍本繫於元豐六年。其它均同朱本。在注釋上多採用傅幹注，也有一些是龍氏的發明。對傅幹注蘇詞遺漏之處，龍氏均進行了補注，從文獻引用上完善了傅注。龍榆生箋注蘇詞幾乎每首都引用傅注，有些引用標明是傅注，有些則不予標明，但材料來源依舊是傅注。如《點絳唇》（莫唱陽關）、《水調歌頭》（明月幾時有）二首幾乎照錄傅注。對傅注疏漏之處，龍氏則力所能及的進行補注，如《行香子》（丹陽寄述古）一首中的「丹陽」、「孤山寺」、「湧金門」諸地方，傅幹未詳注，龍氏則引《一統志》、《圖經》等書加以注釋。對傅注中的錯誤，龍氏也一一訂正，如《永遇樂》（長憶別時）中的「景疏樓」、《南歌子》（海上乘槎侶）中的「僊人萼綠華」、《水龍吟》（小舟橫截）中的「豔歌餘響」等多處，傅幹注釋不確，龍氏都予以了訂正，儘量提高蘇詞注釋的質量，這是龍氏箋注蘇詞的貢獻。《東坡樂府箋》曾由商務印書館多次刷印，流傳頗廣，至今仍在重印。

從宋代到清代，歷朝箋注蘇詞者很少而編刻蘇詞者多，這是蘇詞流傳史上的事實。馮煦《東坡樂府序》對此予以總結，他認為有四個方面的原因，其中一個重要原因是蘇軾「詞尚要眇，不貴質實，顯者約之使隱，直者揉之使曲」〔註34〕，也就是說蘇詞很難把握。陸游在《施司諫注東坡詩序》中說蘇詩「意深語緩，尤未易窺測」〔註35〕，因而陸游不肯注蘇詩，蘇詞也是如此。清人注蘇詩眾多而注蘇詞寥寥無幾，原因即在於此。

〔註34〕施蟄存主編《詞集序跋彙編》卷二，中國社會科學出版社 1994 年，第 66 頁。
〔註35〕陸游《渭南文集》卷十五，馬亞中、塗小馬《渭南文集校注》，第二冊，浙江古籍出版社 2015 年，第 136 頁。

　　綜上所述，《東坡樂府》歷代版刻流傳大致如下：宋元時期《東坡樂府》多以單刻行世，不與全集相混。在宋代至少有六種《東坡樂府》刊行，清代中期還有宋刊本出現，現皆不存。宋代較早的刻本是紹興二十一年曾慥刊刻的《東坡先生長短句》二卷《拾遺》一卷，此書元、明時期無刻本流傳，僅靠鈔本傳世，明代吳訥所編《唐宋名賢百家詞》本《東坡詞》二卷《拾遺》一卷即鈔自曾本。宋代注釋蘇詞多種，有傅幹《注坡詞》、顧禧補注《東坡長短句》、孫鎮《注東坡樂府》。最早的注本是傅幹《注坡詞》十二卷，刊刻於杭州，後依鈔本傳世。現存最早的刻本為元延祐七年葉曾雲間南阜草堂刻《東坡樂府》二卷，存蘇詞雖少但尚眞，具有很高的文獻價值。明代編刻《東坡樂府》大多與全集混編，很少有單刻。萬曆三十四年茅維《東坡先生全集》本《東坡詞》二卷、明末焦竑《蘇長公二妙集》本《東坡先生詩餘》二卷、崇禎三年毛晉《宋六十名家詞》本《東坡詞》一卷三種蘇詞為主要代表，缺點是濫收所謂蘇軾佚詞而不做考辨，反映出明人空疏的學風。清代編輯《東坡樂府》的數量很少。《四庫全書》集部所收為明毛晉刻本。光緒十四年王鵬運《四印齋所刻辭》本《東坡樂府》二卷、宣統二年朱祖謀《彊村叢書》本《東坡樂府》三卷、吳虞《蜀十五家詞》本《東坡樂府》三卷等蘇詞同根同源。朱祖謀箋注《東坡樂府》三卷、龍榆生《東坡樂府箋》三卷二種注本，對蘇詞編年注釋多有發明，功不可沒。

　　當代學術界對蘇詞的箋注取得了較大成績，先後出現三部著作，分別是石聲淮、唐玲玲《東坡樂府編年箋注》（華中師範大學出版社 1990 年）、薛瑞生《東坡詞編年箋注》（三秦出版社 1998 年）、鄒同慶、王宗堂《蘇軾詞編年校注》（中華書局 2002 年）。三部著作對蘇詞的辨偽、輯佚、編年、注釋、集評等均進行了詳盡的研究，代表了新時期《東坡樂府》研究的成就。

（原載《國學集刊》第四集，四川人民出版社 2016 年）

蘇軾《和陶詩》版本考述

　　《和陶詩》四卷是蘇軾晚年自編的一部詩集，主要是他晚年貶謫惠州、儋州時追和東晉詩人陶淵明詩歌的作品，寫作形式上全部採用次韻手法。除了和陶詩外，蘇軾尚有《問陶淵明》、《歸去來集字十首並序》等，足見他對陶詩的喜愛。蘇軾大量創作和陶詩已經超越了一般文學史上的詩歌意義，上陞爲一種文化現象，袁行霈《論和陶詩及其文化意蘊》一文說：「蘇軾和陶詩在當時就引起了廣泛的注意，甚至可以說帶給詩壇一陣興奮，從此和陶遂成爲延續不斷的一種風氣。蘇軾確有開創之功。」〔註1〕蘇軾《和陶詩》四卷曾在宋代刊刻，並引起多人爲之箋注、評說，此後在元明清時期也多次編刻，卷數、篇數、編排等情況較爲複雜，有必要對它的版本源流進行一番考述，弄清它本來的面貌。

　　蘇軾一生崇敬陶淵明，尤其是他中年遭遇烏臺詩案，晚年連遭貶謫仕途坎坷，他以陶淵明固窮的態度和曠達的精神自勉，始終泰然處之。他在《和歸去來兮辭》中說：「師淵明之雅致，和百篇之清詩。賦歸來之新引，我其後身蓋無疑。」〔註2〕把自己看做是陶淵明的後身，可見他對淵明的推崇之深。蘇軾《和陶詩》在宋代就已經單獨編集並刊行，蘇轍《欒城後集》卷二十一《子瞻和陶淵明詩集引》載蘇軾語曰：「吾前後和其詩，凡百數十篇，至其得意，自謂不甚愧淵明，今將集而並錄之，以遺後之君子，子爲我志之。」〔註3〕蘇轍又在《亡兄子瞻端明墓誌銘》中說：「公詩本似李杜，晚喜陶淵明，

〔註1〕袁行霈《論和陶詩及其文化意蘊》，載《中國社會科學》2003 年第 6 期。
〔註2〕袁行霈《陶淵明集箋注》，中華書局 2003 年，第 660 頁。
〔註3〕曾棗莊、馬德富點校《欒城集》，上海古籍出版社 1987 年，第 1402 頁。

追和之者幾遍，凡四卷。」〔註4〕蘇轍兩文透露出蘇軾《和陶詩》在宋代的大致概況，即《和陶詩》四卷，詩「百數十篇」。陳振孫《直齋書錄解題》卷十五中著錄：「《和陶集》十卷，蘇氏兄弟追和，傅共注。」〔註5〕蘇轍說《和陶詩》四卷，陳振孫著錄爲十卷，相差如此之大，可能是傅共在注《和陶詩》時將原書次序打亂，重編爲十卷，即傅共《東坡和陶詩解》十卷。

　　宋代刊刻《和陶詩》不是一個孤例，它的刊行當與東坡全集並行，所以考察《和陶詩》在宋代的編刻，應該與全集放在一起。蘇軾去世一年後，即宋徽宗崇寧元年（1102），蘇轍在《亡兄子瞻端明墓誌銘》中談到蘇軾著作的情況，「有《東坡集》四十卷、《後集》二十卷、《奏議》十五卷、《內制》十卷、《外制》三卷。」〔註6〕這五種集子加上《和陶詩》共六集九十二卷，這是北宋時期蘇軾詩文全集整理的基本面貌。到了南宋，蘇軾全集的情況又發生了變化。晁公武《郡齋讀書志》卷十九著錄：「《東坡集》四十卷、《後集》二十卷、《奏議》十五卷、《內制》十卷、《外制》三卷、《和陶集》四卷、《應詔集》十卷。」〔註7〕這樣東坡全集由北宋六集變爲南宋七集，東坡七集只是在六集的基礎上增補了《應詔集》十卷，仍保留著分集編刻的體例。無論是北宋還是南宋編刻《東坡全集》，《和陶詩》四卷都是收錄在裏邊獨立成集，也可以單行問世。正因爲《和陶詩》可以單獨成集，書肆易於購買，以致宋代有些編刻的東坡集就沒有收錄《和陶詩》，如題名王十朋集注的《王狀元集百家注分類東坡先生詩》二十五卷就不包括《和陶詩》，僅收錄《東坡前集》和《後集》中的蘇詩。另一種宋刊本《注東坡先生詩》四十二卷，編者施元之、顧禧對《東坡前集》和《後集》中的蘇詩編年箋注時，另將《和陶詩》編爲二卷，放在全書最後，即卷四十一與卷四十二，有意不與其它蘇詩混淆。這種情況說明，在宋代所編刻的東坡全集或詩集，《和陶詩》都是單獨成集並沒有打散。

　　那麼，宋代編刻的《和陶詩》名稱與實際內容又是怎樣，跟我們現在見到的通行本又有怎樣的區別呢？今存蘇軾《和陶詩》宋刊本僅一種，從中可以窺見當時的面貌。臺灣中央圖書館藏宋代黃州刻本《東坡先生和陶淵明詩》四卷是唯一現存之宋刻本。在編排體例上，「目錄次行低一格題第一卷，第三

〔註4〕曾棗莊、馬德富點校《欒城集》，上海古籍出版社1987年，第1422頁。
〔註5〕陳振孫《直齋書錄解題》卷十五，上海古籍出版社1987年，第446頁。
〔註6〕曾棗莊、馬德富點校《欒城集》，上海古籍出版社1987年，第1422頁。
〔註7〕孫猛《郡齋讀書志校證》卷十九，上海古籍出版社1990年，第996頁。

行以下低三格平列《飲酒》至《怨詩楚調》凡七題。以下接排第二卷，爲《形贈影》至《答龐參軍》凡十四題。第三卷包括《時運》至《雜詩十一首》凡七題。第四卷有《連雨獨飲》至《歸去來兮辭》凡二十四題。」〔註8〕此書的編排採取編年，即按照蘇軾寫作各篇和陶詩的具體時間順序，這與其它蘇集的編次不同。歷代各種《和陶詩》的編排主要有三種，即按詩體編排、獨自成卷編排、混合編年編排，宋刊《和陶詩》則大致按編年編排，顯得較爲合理。如卷四《和陶西田獲早稻》詩前小引云：「小圃栽植漸成，取淵明詩有及草木蔬穀者五篇，次其韻。」〔註9〕「草木蔬穀者五篇」依次爲《庚戌歲九月中於西田獲早稻》、《丙辰歲八月中於下潠田舍獲》、《五月旦作和戴主簿》、《酬劉柴桑》、《和胡西曹示顧賊曹》，蘇軾的五篇和詩在宋刊《東坡先生和陶淵明詩》卷四中是依次連排的，當爲同期所作。而現存各種蘇集均將這五首詩篇打散重排，不符合蘇軾原來的本意。

根據宋人費袞《梁溪漫志》卷四：「東坡既和淵明詩，以寄穎濱，使爲之引。穎濱屬稿寄坡，東坡命筆改之。」〔註10〕則宋刊《東坡先生和陶淵明詩》應有穎濱撰寫並經過東坡改定的一篇引，但此黃州刻本無穎濱引。宋刊《注東坡先生詩》二十五卷本及通行本《東坡續集》所載和陶詩時，前面都有一篇署名蘇轍的這篇引，也即《欒城後集》卷二十一《子瞻和陶淵明詩集引》，算是一篇《和陶詩》編刻小史，具有重要文獻價值。又據《天祿琳琅書目》卷三著錄：「《東坡先生和陶淵明詩》一函四冊，宋蘇軾著，四卷。前蘇轍《詩引》。」又云：「軾《和陶集》，宋時杭、蜀本皆有之，具在全集中，係別爲四卷，原可單行。此本無校刊人名氏，似即從全集中抽出。且紙致墨潤，實爲宋本之佳者。本朝崑山徐乾學藏本。」〔註11〕繆荃孫《藝風藏書再續記》卷下著錄一部四卷《東坡和陶詩》影宋本，並作解題：「然觀子由《詩引》云云，則實公所定，當時自成一集。此作四卷，與墓誌合。宋時杭本，季直給事在臨安所刻者，與全集同時上板。據《容齋五筆》，是刻在南宋初。每半葉十行，行十六字。」〔註12〕根據這幾條材料可以確定，在清代即存在兩種宋刻《東坡先生和陶淵明詩》四卷本，且前面有蘇轍《詩引》，從版式上看二者行款均

〔註8〕劉尚榮《蘇軾著作版本論叢》，巴蜀書社 1988 年，第 26 頁。
〔註9〕中國人民大學中文系《中國蘇軾研究》第二、第三輯，學苑出版社 2005、2007 年。
〔註10〕費袞《梁溪漫志》卷四，上海古籍出版社 1985 年，第 43 頁。
〔註11〕于敏中等《天祿琳琅書目》卷三，中華書局 1995 年，第 55 頁。
〔註12〕繆荃孫《藝風藏書記》卷下，上海古籍出版社 2007 年，第 528 頁。

同，是否同出一源待考。

黃州本收錄陶淵明、蘇軾、蘇轍三人的詩歌，按體編排。其中陶淵明五言詩五言詩一百零二首，四言詩四首，外加《桃花源記》、《歸去來兮辭》，共收錄一百零八篇作品。收錄蘇軾和陶詩五言詩一百零三首，其中《連雨獨飲》詩原作一首，蘇軾追和二首，四言詩四首，此外《和桃花源記》、《和歸去來兮辭》各一篇，共一百零九篇。蘇轍和陶詩共三十三首，分別是《次韻子瞻和淵明飲酒二十首》、《次韻子瞻和陶公止酒》、《次韻子瞻和淵明擬古九首》、《和子瞻歸去來辭》、《和子瞻次韻陶淵明停云詩》、《和子瞻次韻陶淵明勸農詩》。上述這些和詩，與其說是和陶淵明，不如說是和《東坡和陶詩》更爲確切，因爲都是和蘇軾所作和陶詩，跟陶氏原詩隔了一層。黃州刻本所收錄蘇軾和陶詩篇數一百零九首，符合宋刊《施注蘇詩》書首蘇轍《子瞻和陶淵明詩集引》所引蘇軾語「吾前後和其詩，凡一百有九篇。」的記載，但與《欒城後集》卷二十一《子瞻和陶淵明詩集引》「吾前後和其詩，凡百數十篇」文字稍有差異。「一百有九篇」與「百數十篇」明顯不同，這也是導致後世編刻《和陶詩》篇目混亂的源頭，始作俑者當爲蘇轍本人。如何理解這種文字偏差，本文最後一節將分析此問題。

《天祿琳琅書目》卷三推測宋刊《東坡先生和陶淵明詩》「似即從全集中抽出」，判斷較爲準確，那麼這個單行本究竟是從哪個全集本中抽出的呢？劉尚榮《宋刊〈東坡和陶詩〉考》將此書同上海圖書館藏宋代黃州刊本《東坡後集》、臺灣藏《東坡奏議》殘本互相比勘，從行款、板式、字體、避諱等方面考察，得出結論說：「此書原刊於北宋末年，後於南宋淳熙七年庚子（1180）第一次修版重刊，又在慶元元年乙卯（1195）再次補版印行。前後經過七十年，可謂兩宋時代的暢銷書之一。」〔註 13〕也就是宋代黃州刊本《東坡七集》之單行本，《寶禮堂宋本書錄》記載此書殘葉有「黃州刊」字樣，故世代俗稱此刻爲黃州刊本。宋刻《和陶詩》具有很高的文獻價值。現存東坡集最早版本爲宋代眉山大字本，只剩下兩冊殘卷。其次就是黃州刊本《東坡七集》，其中《東坡後集》、《東坡奏議》都是殘本，唯獨《東坡和陶詩》是全本，那麼探究宋刻《東坡七集》的版刻面貌及其特徵，就可以通過《和陶詩》完帙來考知。而且進一步還可以通過此書來對蘇詩、陶詩進行校勘，對判斷蘇詩、陶詩中的異文提供了版本學上的依據。前人校勘陶集、蘇集便以宋刊《和陶詩》

〔註13〕劉尚榮《蘇軾著作版本論叢》，巴蜀書社 1988 年，第 32 頁。

作爲重要參考文獻。宋刊《和陶詩》輯錄了蘇轍三十三首和陶詩，這些詩歌的文字與篇目與現存之《欒城後集》多有歧異，爲重新校訂《欒城集》提供版本依據。總之，宋刊《和陶詩》因爲刊刻時代早，未經人爲刪改，比較眞實地保留了宋人編刻蘇詩的原貌，對校勘陶詩、蘇軾詩、蘇轍詩都具有珍貴的文獻價值。

宋代除了黃州刊本《和陶詩》外，還有其它一些刻本，而且由此產生了多種《和陶詩》注本，這是一種獨特的文學現象，值得加以重視。宋代編刻蘇軾全集主要有兩種系統，即分集本和分類本。黃州刻本《東坡七集》即分集本，各自可單獨成集面世，方便購買和閱讀。另外還有一種分類本，即陳振孫《直齋書錄解題》卷十七著錄的《東坡大全集》，其云：「麻沙書坊又有《大全集》，兼載《志林》、《雜說》之類，亦雜以穎濱及小坡之文，且間有訛僞剿入者。」〔註14〕余嘉錫《四庫提要辨證》卷二十二說：「直齋謂其大略與杭本同，則是取前、後集及《內制》、《外制》、《奏議》、《和陶》諸集中詩文編次爲一，以別於六集之各自爲書也。」〔註15〕宋代的這種大全集，將東坡六集中的詩文打散，重新編次，這樣《和陶詩》四卷也就跟著分散了。因爲這種分類本的編纂體例不合，在明代以後逐漸失散，以至於現在不清楚《和陶詩》在分類本中編刻的具體情況。

上述分集本、分類本東坡詩文集之外，尚有數種蘇詩注本流行，裏邊也收錄有《和陶詩》。南宋嘉定六年（1213），第一部蘇詩注本《注東坡先生詩》四十二卷在淮東刊行，編者施元之、顧禧，後人俗稱此書爲《施注蘇詩》。《施注蘇詩》首次對全部蘇詩予以了編年箋注，前四十卷爲編年詩，第四十一卷、四十二卷爲《和陶詩》。編者將四卷本《和陶詩》壓縮成兩卷本，收錄蘇軾和陶詩一百零七首，較之黃州本少了《和劉柴桑》、《和陶東方有一士》。該書在南宋凡兩刻，即嘉定六年首刻與景定年間鄭羽修補重刻，然今僅存殘卷。書前有陸游作《施司諫注東坡先生詩序》一篇，收入《渭南文集》卷十五。陳振孫《直齋書錄解題》卷十七、馬端臨《文獻通考》卷二百四十八《經籍考》皆著錄《注東坡先生詩》。清代藏書家黃丕烈曾收藏《和陶詩》二卷本，即嘉定原刻本之第四十一、四十二兩卷，唯獨原書「第四十一卷」、「第四十二卷」之卷數，已經被書賈分別挖改爲「卷上」、「卷下」，冒充全帙以圖利。書後有

〔註14〕陳振孫《直齋書錄解題》卷十七，上海古籍出版社1987年，第502頁。
〔註15〕余嘉錫《四庫提要辨證》卷二十二，中華書局1980年，第1360頁。

－165－

黃丕烈多條題跋及題詩，如嘉慶十六年題跋曰：「標題當云《注東坡先生詩》卷第四十一、卷第四十二，分冊當云二冊全函。蓋此係東坡先生詩刻殘本，不過《和陶淵明詩》為全璧耳，余藏諸陶陶室中，尤為兩美之合。」〔註16〕同治年間，此書歸聊城楊紹和海源閣，《楹書偶錄》卷五著錄。以後輾轉歸周叔弢，周氏將此書捐贈給北京圖書館，保存完好。嘉定刻《注東坡先生詩》之《和陶詩》與黃州刻《和陶詩》對比，文字上出入較大，則其另有刊刻底本無疑，限於資料已無法考辨。

還有一些關於宋代刊行《和陶詩》的記載。如《文獻通考》卷二百四十八《經籍考》七十五著錄：「《和陶集》十卷。陳氏曰：『蘇氏兄弟追和，傅共注』」〔註17〕《百川書志》卷二十著錄：「《東坡和陶詩》五卷，宋蘇子瞻謫居時和晉陶淵明之作也，各詩下間有子由及時人所和。」〔註18〕高儒記載的《東坡和陶詩》五卷，此書未見其它書目著錄，根據「各詩下間有子由及時人所和」可知，是宋人將蘇氏兄弟和陶詩與其它人和陶詩編輯在一起刊行的一種詩集。蘇門四學士各有和陶之作，如晁補之、張耒和《飲酒》、《歸去來兮辭》等，宋人編《坡門酬唱集》二十三卷就收錄有這類作品。傅共注《和陶詩》，全名為《東坡和陶詩解》十卷，《福建通志》卷六十八《藝文一》著錄該書。有關傅共及其《東坡和陶詩解》的情況，目前有楊焄《傅共〈東坡和陶詩解〉探微》以及卞東波《〈精刊補注東坡和陶詩話〉與宋代和陶詩的宋代注本》二文做了專門考辨，已經弄清楚了其注《和陶詩》的大致情況，探幽發微頗有啟發，可以參看。

南宋末年詩學批評家蔡正孫撰《精刊補注東坡和陶詩話》十三卷，該書徵引了大量宋人關於蘇氏兄弟和陶詩的註釋資料，保存了不少宋人筆記、詩話的佚文，對瞭解宋代有關《和陶詩》詩歌評論與版本流傳提供了新的線索。蔡正孫字粹然，號蒙齋野飄，福建建安人，出生於南宋嘉熙三年（1239），卒年不詳，為南宋著名詩人謝枋得弟子。著有《詩林廣記》前後集二十卷、《唐宋千家連珠詩格》二十卷，今皆流傳於世。蔡氏《唐宋千家連珠詩格序》云：「正孫自《詩林廣記》、《陶蘇詩話》二編殺青之後，湖海吟社諸公辱不鄙而下問者蓋眾。」〔註19〕《詩林廣記》成書於元世祖至元二十六年（1289），

〔註16〕余鳴鴻等點校《黃丕烈藏書題跋集》，上海古籍出版社2013年，第466頁。

〔註17〕馬端臨《文獻通考》卷二百四十八，中華書局2003年，第1958頁。

〔註18〕高儒《百川書志》卷二十，古典文學出版社1957年，第301頁。

〔註19〕卞東波《唐宋千家連珠詩格校證》卷首，鳳凰出版社2001年。

序作於「庚子春三月」即元大德四年（1300），可以看作《精刊補注東坡和陶詩話》爲蔡氏入元後著述，屬於南宋遺民的作品。《和陶詩話》十三卷流傳不廣，公私書目皆無著錄，唯獨韓國李仁榮《清芬室書目》卷四著錄：「每卷首題精刊補注東坡和陶詩話卷之幾，次行靖節先生陶淵明詩，次行東坡先生蘇軾子瞻和，次行潁濱先生蘇轍子由和附，次行後學蒙齋正孫粹然補注。覆宋刊本，四周單邊有界，八行十六字，注雙行。」〔註20〕《和陶詩話》凡十三卷，目前僅存部分目錄，卷一至卷五（其中卷五有殘缺）、卷八至十三（卷十三缺《聯句》詩及注）。卷一至卷十二是對陶淵明詩、蘇氏兄弟和陶詩的箋注與解說，卷十三是對蘇氏兄弟未和之陶詩的評注。目前全書缺卷六、卷七兩卷，其餘各卷分藏在韓國高麗大學中央圖書館及私人藏書家手中。此書名爲《詩話》，實則體例在總集詩話之間，卞東波《韓國所藏孤本詩話〈精刊補注東坡和陶詩話〉考論》一文說「其形式是先列詩歌輯注釋，注釋以雙行夾註的形式出現，然後附以大量的詩話、筆記、年譜或注釋。」〔註21〕由於該書大量徵引宋代李燾、楊恪、黃公紹三人所作陶淵明年譜、保存了傅共《東坡和陶詩解》、蔡夢弼《東坡和陶集注》以及蔡正孫本人大量的補注，因此對認識宋人注《和陶詩》具有很高的文獻價值，在校勘陶集、蘇集方面提供了珍貴的版本依據。中國學者金程宇、楊焄、卞東波分別發表了多篇論文探討《精刊補注東坡和陶詩話》的價值。楊焄還將蔡正孫在該書中引用的傅共《東坡和陶詩解》、蔡夢弼《東坡和陶詩集注》注文輯錄出來，形成《宋人〈東坡和陶集〉注本二種輯考》一文，發表在《中國詩學》第十七輯上，以供學者參考。

南宋另一位學者蔡夢弼，曾校刊過《史記》，注釋過韓愈、柳宗元文及杜甫詩，有《杜工部草堂詩箋》四十卷傳世，是宋代著名的唐詩文獻專家。蔡氏也曾注釋過《和陶詩》，但今已佚失，蔡正孫《精刊補注東坡和陶詩話》十三卷保留大量蔡夢弼注文。「從所輯佚文來看，其主體內容與傅共之注類似，只要是對陶、蘇詩作內容的串講。在此過程中，蔡氏既能聯繫作者生平抉發其創作初衷，又能由文本引申出相關的議論或感慨；除此之外，蔡氏注本還包括作者考辨、異文校勘、字詞注音釋義、徵引其它文獻等多項內容。」〔註22〕根據楊焄的輯錄，我們知道在南宋末期，起碼有傅共、蔡夢弼二人對

〔註20〕張伯偉《朝鮮時代書目叢刊》，中華書局2004年，第4653頁。
〔註21〕卞東波《宋代詩話與詩學文獻研究》，中華書局2013年，第103頁。
〔註22〕楊焄《宋人〈東坡和陶集注本二種〉輯考》，《中國詩學》第十七輯，人民文

—167—

《和陶詩》進行過注釋，促進了《和陶詩》在南宋時期的流傳，對於研究陶淵明、蘇軾詩歌在宋代的傳播、接受狀況提供了重要的文獻依據。在此基礎上，楊焄、卞東波又對傅共、蔡夢弼注《和陶詩》撰寫了多篇文章，基本上弄清楚了傅、蔡注本的大致情況以及文獻價值，對進一步研究宋人注《和陶詩》大有益處。

宋代刊刻的大全集本早已失傳，日本建仁寺兩足院所藏《東坡集》，實屬於失傳之《東坡大全集》之宋刊殘帙。該書據目錄為一百一十卷，殘存五十三卷，十冊。在編排上先詩後文，對前後集分類不同、難以合編的情況下，也極其穩妥地進行了處理，而且還收錄了宋刊東坡七集本遺漏的詩文，具有較高的版本價值。該書第三冊卷二十七到卷三十是《和陶詩》，其收詩數量、編排體例、蘇詩正文與黃州刊本《東坡先生和陶淵明詩》一一吻合，而且卷二十七收錄蘇轍《和陶淵明詩集引》。凡此種種，可以印證其是以宋刊東坡七集之《和陶詩》四卷為底本的，這說明宋刊《東坡先生和陶淵明詩》還有另外的存在方式與版刻形態。

到了明代，《和陶詩》的體例與刊刻發生了變化，最大的特點就是不再將《和陶詩》單獨成集，而是混入它卷，使《和陶詩》喪失了獨立的面貌。明成化四年（1468），江西吉安府知府程宗刊刻《東坡七集》，包括《東坡集》四十卷、《東坡後集》二十卷、《奏議集》十五卷、《內制集》十卷、《外制集》三卷、《應詔集》十卷、《東坡續集》十二卷。他將《和陶詩》四卷編入《東坡續集》卷三中，又四卷變為一卷。與宋刊本不同的是，程氏在《和陶詩》裏增錄《集歸去來詩十首》及蘇轍《追和陶淵明詩引》。在卷數、篇目、編排上都呈現出新的面貌，形成《和陶詩》流傳史上另外一個系統。因為其增錄了十一首作品，使《和陶詩》在數量上達到一百二十首，為清人編纂和陶詩開了不良的先例。傅增湘《明成化程宗刊本東坡七集跋》云：「惟《續集》為程氏所編，採各集所無之詩文而並《和陶集》於其中，此其異耳。」〔註23〕嘉靖十三年（1534），江西布政司又重刊成化本。明代晚期還刊行過一種《東坡全集》一百十五卷本，據嘉靖本重新編纂而成。清康熙年間蔡士英據此重訂，乾隆朝編《四庫全書》即收錄此書，卷數悉同《東坡全集》一百十五卷，唯獨該書卷三十一、卷三十二為《和陶詩》，而成化本《東坡續集》卷三為《和

學出版社 2013。

〔註23〕傅增湘《藏園群書題記》，上海古籍出版社 1989 年，第 674 頁。

陶詩》，但二者在編排次序上完全一致。

宋代題名王十朋纂集之《王狀元集百家注分類東坡先生詩》二十五卷爲首部分類集注蘇詩本，其未收《和陶詩》。到了明代萬曆年間，此書在流傳中發生了變化。明代著名散文家茅坤之子茅維將宋元以來流行的《王狀元集百家注分類東坡先生詩》，由二十五卷七十八類，增補爲三十二卷三十門，而且補錄了宋元類注本未收的《和陶詩》。茅本將《和陶詩》列入卷三十一中，且單列一類，編排體例大致同成化《東坡續集》本。「茅維刪削舊注十餘萬字，還任意變更注家姓氏，以至全失宋元注本眞貌。」〔註24〕清代康熙三十七年（1698），新安朱從延據茅維本重刊，並將酬和與酬答合爲一類，共二十九類三十二卷，《四庫全書》據此收錄。

清代的幾種蘇詩注本也收錄了《和陶詩》，出現了一些新情況。宋刊《施注蘇詩》在元明時期流傳甚少，託名王十朋纂集的分類注本又遭到明人任意刪改，失掉了舊本原有之眞貌，故清代再次掀起了箋注蘇集的高潮，出現了幾部完整的蘇集注釋著作，代表了清人對蘇詩研究的新成就。康熙三十八年（1699），著名詩人宋犖在任江蘇巡撫間得到宋刊《注東坡先生詩》三十卷殘本，請邵長蘅、李必恒爲之補注，又輯得施、顧未收之蘇軾佚詩四百餘首，刻印成書，是爲委宛堂刻本。這個補刊本雖然錯訛較多，又對施、顧注肆意增刪，但宋犖還是從明代《東坡續集》、《重編東坡先生外集》等書中補遺到詩、顧注本未收蘇軾四百餘首遺詩，編爲《蘇詩續補遺》二卷，例如就收錄《和東方有一士》、《和劉柴桑》二首，編入《蘇詩續補遺》卷上。其它《和陶詩》依舊編入卷四十一、卷四十二中，與宋刊保持一致。幾乎與邵長蘅等編纂《施注蘇詩》的同時，康熙年間還出現了一部很重要的注蘇詩著作《補注東坡先生編年詩》五十卷。此書是著名詩人查愼行在京師見到《施注蘇詩》後，花三十年心血採取以補注的形式撰寫的一部注蘇詩著作。它以施、顧注本爲基礎，先列施、顧舊注，再列自己的補注，並爲《和陶詩》予以編年。查愼行把《施注蘇詩》中的二卷本《和陶詩》打散，按照寫作時間先後次序編排在《補注東坡先生編年詩》卷三十五至四十三中。其《補注東坡先生編年詩例略》說：「《和陶詩》，子由有序，自成二卷，細考之，惟《飲酒》二十章和於揚州官舍，余悉紹聖甲戌後自惠遷儋七年中作也。歲月大略可稽，分

〔註24〕劉尚榮《蘇軾著作版本論叢》，巴蜀書社 1988 年，第 56 頁。

之各卷，以符編年之例。」〔註25〕查慎行爲《和陶詩》編年，這在《和陶詩》清代流傳史上是首創，其後馮應榴《蘇文忠公詩合注》五十卷、王文誥《蘇文忠公詩編注集成》四十六卷、紀昀評點《蘇文忠公詩集》五十卷都採取這個體例。

馮應榴《蘇文忠公詩合注》五十卷成書於乾隆五十八年（1793），以查慎行《補注》爲底本進行蘇詩編注，錢大昕《蘇文忠公詩合注序》云：「編年卷第，一遵查本，其編次失當者隨條辨正，而不易其舊。」〔註26〕馮氏在該書卷四十八末增錄蘇轍《和陶擬古九首》，即《欒城後集》卷二《次韻子瞻和淵明擬古九首》，其它均同查慎行《補注》。嘉慶二十年（1815），王文誥《蘇文忠公詩編注集成》撰成，於道光二年（1882）刊刻成書，其間王氏多次增訂該書，前後歷時數十年。該書在匯注方面主要吸取《蘇文忠公詩合注》的精華，在編年上有新的發明，並且在編次上與《合注》一書多有不同，表現出作者的創新。他對蘇軾的生平頗有心得，撰成《蘇文忠公詩編注集成總案》四十五卷，長達六十萬字，算是一部蘇軾年譜。書中的《編年古今體詩》四十五卷就是依據《總案》的考訂而編定，對《和陶詩》的編年有些與查慎行不同。自明代《東坡續集》卷三把《和陶詩》混編後，清代所出各種蘇軾注本無不蹈襲，尤其是查慎行《補注東坡先生編年詩》開創《和陶詩》編年混入其它作品先例後，其後的蘇詩注本均採取此例，如此《和陶詩》就越來越偏離了當初編選的初衷，其影響也逐漸式微。

最後探討一下《和陶詩》各個時期刊本的詩篇數量問題。宋代黃州刊本《和陶詩》所刊載的蘇軾和陶詩數量是一百零九首，宋刊《施注蘇詩》卷首蘇轍《子瞻和陶淵明詩集引》所引蘇軾語「吾前後和其詩，凡一百有九篇」，這兩者是相符合的。問題出在蘇轍這篇《詩引》有兩個版本，《欒城後集》卷二十一《子瞻和陶淵明詩集引》記載蘇軾原話說「吾前後和其詩，凡百數十篇」，究竟是蘇軾說錯還是蘇轍記錯？依據現存三種宋刊《和陶詩》版本，可能是蘇轍記錯，因爲宋刊黃州本《和陶詩》是一百零九首，宋刊《施注蘇詩》之《和陶詩》是一百零七首，與「一百有九篇」基本吻合。問題出在明代。成化年間程宗編《東坡續集》，卷三即《和陶詩》，其共收錄和陶詩一百二十首，相比黃州刊本多收了十一首。程氏把《集歸去來詩十首》和蘇轍《追

〔註25〕祝尚書《宋集序跋彙編》，中華書局 2010 年，第 608 頁。
〔註26〕馮應榴《蘇軾詩集合注》，上海古籍出版社 2001 年，第 2636 頁。

和陶淵明詩引》一併收入到《和陶詩》中，這十一首當然不能算是和陶詩。《集歸去來詩十首》是蘇軾集陶淵明《歸去來兮辭》中文字而成的十首詩，算是集陶詩而不是和陶詩。蘇轍《追和陶淵明詩引》是文章而非詩歌，當然也不能算是和陶詩。明代所刊《東坡全集》一百十五卷本，卷三十一、卷三十二共收錄和陶詩一百三十五首，一下多出二十六首。不過這個數目的差異出在計算方法上，即卷三十一中的《和勸農四首》、《和時運四首》、《和停雲四首》、《和答龐參軍六首》，這些詩在宋刊本中都只算是一首。而且，這個全集本也如成化《東坡續集》一樣，把《集歸去來詩十首》也收錄。此風一長後世紛紛傚仿，萬曆年間刊行的《東坡先生詩集注》三十二卷，在《和陶詩》的編刻上也學習《東坡全集》，而且還增加了《問淵明》一首，使和陶詩的總數達到一百三十六首。清代查慎行《補注》與馮應榴《合注》二書中的和陶詩也都是一百三十五首，數量同明刊《東坡全集》。康熙間邵長蘅等注《施注蘇詩》五十卷，在和陶詩的編錄上較爲謹慎，卷四十一、卷四十二共收錄一百二十二首，如果加上《續補遺》上卷所收《和陶東方有一士》、《和陶和劉柴桑》，正好是一百二十四首，與王文誥《蘇文忠公詩編注集成總案》卷四十三「共一百二十四首」〔註27〕的數目一致。王氏在《集成》中以紹聖四年十二月十九日爲界限，前收和陶詩一百零九首，後收和陶詩十五首，二者相加爲一百二十四首。查慎行《補注東坡先生編年詩》在編排和陶詩時提出一百三十三首說，其謂：「施氏原本《和陶詩》二卷，凡一百零五首，《歸去來辭》亦在數內。此十章向不載《和陶》卷中，今從新刻本採錄，又增入補遺二章。自《飲酒二十首》起至此止，分編各卷，共一百三十三首，而《歸去來辭》不與焉。」〔註28〕

　　以上各本對《和陶詩》數目的統計之所以出現差異，並不是眞有遺漏之蘇軾和陶詩，而是出現在和陶詩篇目的理解上。主要有兩個問題，一個是陶詩章和首的問題，一個是《問淵明》、《集歸去來詩十首》、《追和陶淵明詩引》是不是和陶詩的問題。如果解決了這兩個問題，則諸本和陶詩出現的數目差異迎刃而解。顧易生《蘇軾詩集合注前言》說：「蘇軾的和陶詩中有四篇四言詩，其中兩篇篇分四章，另兩篇篇分六章。因此四篇的總章數就是二十章。當有必要改用與全書一致的首字來計算時，所說的『一百三十六首』之中減

〔註27〕王文誥《蘇文忠公詩編注集成》，巴蜀書社 1985 年，第 5 頁。
〔註28〕查慎行《補注東坡先生編年詩》，臺灣商務印書館 1983 年，第 847 頁。

去這虛幻的十六首，再減去並非和詩的十一首，所餘就仍然是一百零九首，與蘇軾自己的說法完全一致。」〔註 29〕劉尚榮《宋刊〈東坡和陶詩〉考》也說：「清代學者在此問題上互相矛盾的說法，把一個本來並不複雜的問題，搞得十分混亂，今有澄清的必要。」〔註 30〕當然，蘇轍《追和陶淵明詩引》中的異文「凡百數十篇」也是後世編刻《和陶詩》產生篇目混亂的源頭，因為來源自蘇轍具有權威性，也就給後人詮釋帶來了疑惑。今人編訂《和陶詩》，還當以蘇軾自己的原話為準，即「吾前後和其詩，凡一百有九篇」，可以定讞無疑。

（原載《銅仁學院學報》2016 年第 2 期）

〔註 29〕馮應榴《蘇軾詩集合注》卷首，上海古籍出版社 2001 年，第 32 頁。
〔註 30〕劉尚榮《蘇軾著作版本論叢》，巴蜀書社 1988 年，第 29 頁。

陸游著作三種版本考述

　　陸游在宋代作家中是比較勤奮的一位，他一生創作頗豐，明代崇禎間毛晉汲古閣所刻《陸放翁全集》一百五十七卷，其中《渭南文集》五十卷、《劍南詩稿》八十五卷、《放翁逸稿》二卷、《老學庵筆記》十卷、《南唐書》十八卷、《家世舊聞》一卷、《齋居紀事》一卷。此外，他還主持編修孝宗、光宗《兩朝實錄》及《三朝史》，一生勤於著述。其著作從宋代編刻，直到清代末期，編纂、翻刻、評註、選編陸游詩文著述，史籍著錄流傳有序。茲將陸游《劍南詩稿》、《渭南文集》、《老學庵筆記》三種，對其版本編刻與流傳略作考述。

一、《劍南詩稿》版本考述

　　《劍南詩稿》八十五卷是陸游的詩集，《四庫全書總目》卷一百六十四：「《劍南詩稿》八十五卷，宋陸游撰。游有《入蜀記》，已著錄。是集末有嘉定十三年遊子朝請大夫知江州軍事子虡跋，稱游『西溯灊道，樂其風土，有終焉之志，宿留殆十載。戊戌春正月，孝宗念其久外，趣召東下。然心未嘗一日忘蜀也。是以題其平生所爲詩卷曰《劍南詩稿》，蓋不獨謂蜀道所賦詩也。』又稱戊申、己酉後詩，游自大蓬謝事歸山陰故廬，命子虡編次爲四十卷，復題其籤曰《劍南詩續稿》。自此至捐館舍，通前稿爲詩八十五卷。子虡假守九江，刊之郡齋，遂名曰《劍南詩稿》云云。則此本遊子虡之所編。至跋稱游在新定時所編前稿，於舊詩多所去取，所遺詩尚七卷，不敢複雜之卷首，別其名曰《遺稿》者，今則不可見矣。卷首又有淳熙十四年游門人鄭師尹序，稱其詩爲眉山蘇林所收拾，而師尹編次之。與子虡跋不同。蓋師尹

所編，先別有一本。子虞存其舊序，冠於全集也。」〔註1〕提要對早期《劍南詩稿》的編訂人、刊刻時間、卷次等做了大致的考訂，對我們理清該書的版刻源流多有幫助。本文打算以現存《劍南詩稿》各種版本以及相關文獻爲依據，對其版本略作考述。

《劍南詩稿》在陸游身前就有刊刻，這就是目前能見到的最早的刻本《新刊劍南詩稿》二十卷。陳振孫《直齋書錄解題》卷二十詩集類下著錄：「《劍南詩稿》二十卷、《續稿》六十七卷，陸游務觀撰。初爲嚴州刻前集稿，止淳熙丁亥。自戊申以及其終，當嘉定庚午，二十餘年，爲詩益多，其幼子復守嚴州，續刻之。篇什之富以萬計，古所無也。」〔註2〕這個本子目前有殘本存中國國家圖書館。所藏的殘本存十卷，含卷一到卷四、卷八到卷十、卷十四到卷十六。半頁十行二十字，白口，左右雙邊。此集由陸游門人鄭師尹負責編輯，淳熙十四年刊刻於嚴州。鄭氏在序中交代了是書編撰刊刻的來龍去脈，其曰：「太守山陰陸先生劍南之作傳天下，眉山蘇君林收拾尤富，適官屬邑，欲鋟本爲此邦盛事，乃以纂次屬師尹」、「劍南詩稿六百九十四首，續稿三百七十七首。蘇君於集外得一千四百五十三首。凡二千五百二十四首。又囗七首，釐爲囗十卷。總曰劍南，因其舊也。」〔註3〕序後署「淳熙十有四年臘月幾望，門人迪功郎監嚴州在城都稅務括蒼鄭師尹謹書」。據於北山《陸游年譜》知，陸游曾於淳熙十三年春受命知嚴州，七月到達嚴州任所，直到十五年七月任滿，均在嚴州任上。據鄭序知此期鄭師尹也以迪功郎身份監嚴州在城都稅務，師生同在嚴州。眉山蘇林對陸游詩文集的收集尤富，想在嚴州刊刻《劍南詩稿》，把這個任務交給鄭師尹。鄭氏不負重託，編訂完畢付梓之前，寫下了這篇序言，成爲研究《劍南詩稿》刊刻流變的重要文獻。

此殘宋本《新刊劍南詩稿》在清代歸蘇州大藏書家黃丕烈所得，其在《士禮居藏書題跋記續編》卷五中說：「殘本《新刊劍南詩稿》，每半葉十行，每行廿字。所存一至四，又八至十，又十五至十七，凡十卷。前有淳熙十有四年臘月幾望門人迪功郎、監嚴州在城都稅務鄭師尹一首。《書錄解題》云『《劍南詩稿》二十卷，止淳熙丁未。《續稿》六十七卷，自戊申以及其終，當嘉

〔註1〕永瑢等《四庫全書總目》卷一百六十四，中華書局2003年，第1380頁。
〔註2〕陳振孫《直齋書錄解題》卷二十，上海古籍出版社1987年，第603頁。
〔註3〕錢仲聯《劍南詩稿校注》卷首，上海古籍出版社2005年，第3頁。

定庚午，其幼子子遹續刻之』。今經汲古毛氏一概合刻，面目無復存焉者矣。此雖殘帙，猶可考其初不捆連也。」〔註4〕傅增湘《藏園群書經眼錄》卷十四對此也有提要，爲省篇幅茲不引。

既然此書取名爲《新刊劍南詩稿》二十卷，那麼必定在此前也有人刊刻過《劍南詩稿》，否則新刊就無從解釋。那麼此前又是誰在何地刊刻過《劍南詩稿》呢？祝尙書《宋人別集敍錄》卷二十說「細味鄭序可知，淳熙本之前，已有《劍南詩稿》（收詩六百九十四首）及《續稿》（收詩三百七十七首）。鄭氏所編《劍南詩稿》二十卷，乃是合前此已有之《詩稿》、《續稿》及蘇林所輯集外詩一千四百五十三首，凡二千五百二十四首，又口七首，然後通篇而成。陸子後來在嚴州所刻《續稿》六十七卷，則是彙集作者淳熙十五年至逝世所作之詩，與鄭序所稱之《續稿》完全不同。鄭師尹所編『總曰《劍南》，因其舊也』。《劍南詩稿》及《續稿》之書名前後相因，其內涵則各不相同，後人常以鄭序所述舊本與嚴州所刊新本混淆，《四庫提要》亦語焉不詳。」〔註5〕由於文獻缺失，《劍南詩稿》的初刊本我們至今見不到，無從親睹原始面目，只能從相關的序跋中窺探一二。

《新刊劍南詩稿》二十卷的刊刻時間是淳熙十四年，由鄭師尹在嚴州組織刊刻。至於《續稿》的刊刻時間，錢仲聯《劍南詩稿校注前言》說「《書錄解題》詩集類又著錄《續稿》六十七卷，說是自淳熙十五年戊申以至其逝世前二十餘年之作，其幼子子遹復守嚴州所續刻。考《景定嚴州續志》卷二《知州提名》，子遹守嚴州在寶慶二年十一月到紹定二年三月，刻《續稿》當在此三數年內。《書錄解題》別集類著錄的《劍南詩稿續稿》八十七卷，當是合嚴州前後二刻的總稱。」〔註6〕淳熙十四年到紹定二年約四十年，此時陸游過世已經二十年，故此《續稿》應爲除《詩稿》外所有的詩歌編集。子遹所編《續稿》六十七卷，今已不存，無法窺知。

嘉定十三年，陸子遹的哥哥陸子虡在江州刊刻《放翁先生劍南詩稿》八十五卷。子虡做了一個跋，交代了刊刻是書的由來，其曰：「心固未嘗一日忘蜀也，其形於歌詩，蓋可考矣，是以題其平生所爲詩卷曰《劍南詩稿》，以見其志焉，蓋不獨謂蜀道所賦詩也。後守新定，門人請以鋟梓，遂行於世。

〔註4〕黃丕烈《士禮居藏書題跋記續編》卷五，載《國家圖書館藏古籍題跋叢刊》第七冊，國家圖書館出版社2002年，第28頁。
〔註5〕祝尙書《宋人別集敍錄》卷二十，中華書局1999年，第960頁。
〔註6〕錢仲聯《劍南詩稿校注》第一冊，上海古籍出版社2005年，第8頁。

其戊申、己酉後詩，先君自大蓬謝事後歸山陰故廬，命子虡編次爲四十卷，後復其籤曰《劍南續詩稿》，而親加校定，朱黃塗攛，手澤存焉。自此至捐館舍，通前稿，凡爲詩八十五卷。子虡假守九江，刊之郡齋，遂名曰《劍南詩稿》，所以述先志也。其佗雜文論著，季弟子遹亦已刊之溧陽。會子虡上乞骸之請，且暮且去，故有所未暇。初，先君在新定時，所編前稿，於舊詩多所去取。故其遺詩，存者尚七卷。念先君之遺之也，意或有在，且前稿行已久，不敢復雜之卷首，故別其名曰《遺稿》云。」〔註7〕據此可以推知，鄭師尹刊刻《新刊劍南詩稿》二十卷後，陸游自淳熙十五年到嘉定二年辭世之間的詩作，由其幼子陸子遹編成《劍南詩稿續稿》六十七卷，於紹定二年前後復守嚴州時刊刻。陸子虡守九江時，將陸游嘉泰三年到歸隱山陰故居期間的作品編集爲《劍南詩續稿》四十卷。後又將陸游辭世之前的詩歌編次爲二十五卷，合《劍南詩稿》二十卷，定名爲《放翁先生劍南詩稿》，總計八十五卷，刻於江州郡齋。這裏有一個問題，就是陸氏兄弟均刊刻過《續稿》，一個是六十七卷，一個是四十卷，其中有何異同？陸子虡明明在跋中說「其佗雜文論著，季弟子遹亦已刊之溧陽」，可見子遹編刻的《續稿》，應該是包含陸游的各種文章在內的，不僅僅單是詩稿。因素遹刻《劍南詩稿續稿》六十七卷本今不見，子虡刻《劍南詩續稿》四十卷今僅存卷四十二、四十三、卷五十八到卷六十二，無法對比，無由得知其中異同。

南宋江州刻《放翁先生劍南詩稿》八十五卷今有殘本存於中國國家圖書館，收入《中華再造善本》叢書唐宋編集部第二十九種，可以窺知大概面貌。傅增湘《藏園群書經眼錄》卷十四曰：「宋刊本，十行二十字，白口，左右雙欄。版心上記字數，下記刊工姓名，有董雲、劉元、劉舉、劉寅、曾宣、胡允、胡生、吳元、阮才、天祐、余才、之滋、之宗、弓定、吳宗、胡必誠、胡果、王文、董榮、劉振、張璟、蔡申、徐清、羅誼、操誠、胡睦、蔡章、蔡戀諸人。目錄卷一前十二葉紙背乃宋人詩人詩草稿。鈐有『華亭朱氏』、『橫經閣收藏圖籍印』、『徐子容印』、『汪士鍾印』、『閬源眞賞』。卷首有黃堯圃詩二首，跋三則。」〔註8〕黃丕烈於嘉慶十五年得到江州殘本，其於《士禮居藏書題跋記續》下跋曰：「余家舊藏《新刊劍南詩稿》殘宋刻，無總目，其卷第之可考者有一至四，八至十，其卷第之剜改而猶可約略者有十四至十六，所

〔註7〕錢仲聯《劍南詩稿校注》第八冊附錄，上海古籍出版社 2005 年。
〔註8〕傅增湘《藏園群書經眼錄》卷十四，中華書局，1983 年，第 1245 頁。

謂嚴州刻是也。頃訪書玉峰吳氏，復得殘宋本《放翁先生劍南詩稿》。目錄三冊，爲目錄一至十、二十九至三十、三十一至四十五。《放翁先生劍南詩稿》卷四十二至四十四、五十八、五十九、六十至六十二，亦三冊。第一冊版心卷第可考，餘二冊俱剗去，約略而得其卷第之次序矣。四十二卷中有己未冬至詩，六十二卷中有乙丑重五詩，合諸陳氏所云，必在續稿中，此皆題曰《劍南詩稿》者，必非幼子子遹復守嚴州續刻之本。就乙丑數至庚午尚隔有五年，惜目錄與詩卷第俱不全，無從得其究竟爲可恨耳。」〔註9〕黃丕烈判斷此《放翁先生劍南詩稿》殘宋本非陸子遹刻《劍南詩續稿》，結論正確。

　　從上面所引幾種序跋來看，有關南宋刻《劍南詩稿》的版刻、卷數大致清楚，但也有一個不容易弄清楚的問題，這就是各序跋中所列舉的卷數有不一致的地方。鄭師尹淳熙十四年在嚴州刻《新刊劍南詩稿》二十卷，這無異議。關於《續稿》，則有陸子遹的嚴州六十七卷本、陸子虞的江州先編四十卷本、後編六十五卷本。而且根據子虞自跋，尚有《遺稿》七卷，如果加上鄭氏正編，則《劍南詩稿》全帙有九十二卷之多。可見關於《劍南詩稿》的卷數記載之混亂。對於這個問題，沈曾植在跋中有獨到的解釋，他說：「《書錄解題》所錄《劍南詩稿》二十卷《續稿》六十五卷，子遹所刻嚴州本也。汲古閣刻通爲八十五卷，子虞所刻江州本也。毛刻與陳錄固以不同，而子虞自跋尚有遺詩七卷在八十五卷之外，合之當得九十二卷。汲古無遺稿，是所得江州本尚非完帙耳。又子虞稱翁自定戊申己酉後四十卷，題其籤曰《劍南詩續稿》，則續稿止四十卷，何以嚴州本爲六十七卷，江州本爲六十五卷？而鄭師尹序中何以先有詩稿續稿之目？宋藝文志所錄續稿何以又有二十一卷之本？此皆疑不能定者，其樞紐全在鄭氏序中剗換者，真可恨也。」〔註10〕沈氏認爲出現這些混亂卷數的原因在於鄭師尹序中含混不清所致，因爲我們見不到《劍南詩稿》完整的嚴州刻本與江州刻本，所以對這個問題，一時還不能下決定。

　　綜上所考，《劍南詩稿》在南宋凡三刻，一爲淳熙十四年鄭師尹在嚴州郡齋所刻《新刊劍南詩稿》二十卷本；二爲紹定二年前後陸子遹在嚴州郡齋所刻《劍南詩續稿》六十七卷本；三爲嘉定十三年陸子虞在江州所刻《放翁先

〔註9〕黃丕烈《士禮居藏書題跋記續》下，載《國家圖書館藏古籍題跋叢刊》第七冊，國家圖書館出版社 2002 年，第 30 頁。
〔註10〕傅增湘《藏園群書經眼錄》卷十四，中華書局 1983 年，第 1247 頁。

生劍南詩稿》八十五卷本。三種刻本僅存鄭刻《新刊劍南詩稿》、陸刻《放翁先生劍南詩稿》殘本，兩種殘本先後爲汪士鍾、黃丕烈所藏，後均藏中國國家圖書館。

由宋代直到明代，根據各家公私書目，有關陸游詩集的著錄相當混亂。如明《文淵閣書目》卷十記載「《放翁詩集》一部二冊，完全；《陸放翁劍南稿》一部四冊，完全；《陸放翁劍南續稿》，一部十九冊，闕。」《菉竹堂書目》卷四記載「《陸放翁詩》一冊，陸放翁《劍南稿》三十四冊，陸放翁《劍南遺稿》四冊，陸放翁《劍南續稿》十九冊。」《世善堂藏書目錄》卷下記載「《渭南詩集》三十卷，《劍南詩稿》二十卷。」等等，各家的記載從書名到卷數、冊數都是相當的混亂，而且多爲殘本。直到明末，常熟毛氏汲古閣將《劍南詩稿》八十五卷與《渭南文集》五十卷、《放翁逸稿》二卷、《南唐書》十八卷、《老學庵筆記》十卷等合刊爲《陸放翁全集》，《劍南詩稿》八十五卷本才得以完整的保存下來。汲古閣主人毛晉在跋中說：「近來坊刻孤陋不成帙，劉須溪本子亦十僅二三。甲子秋，得翁子子虡編輯《劍南詩稿》，又吳、錢兩先生嚴定夭夭者，眞名秘本也。亟梓行之，以供同好。」汲古閣刻《劍南詩稿》八十五卷本，以江州刻《放翁先生劍南詩稿》八十五卷本作爲祖本，這是毛跋中明確說明的。現在江州刻本成爲殘本，我們可從汲古閣刻本中窺探江刻的面貌。但是，汲古閣在刊刻《劍南詩稿》的過程中，也是有所修訂的，但主體還是以江州刻本爲主。

汲古閣刻《劍南詩稿》，初印本在明崇禎年間，後印本在清康熙年間，有過多次刷印。茲以南京圖書館所藏一部明刻本爲例來簡要論述。南圖所藏汲古閣刻《劍南詩稿》八十五卷本，半頁八行十八字，白口，左右雙邊，無魚尾。每頁書口有「汲古閣」三字，正文卷次下鈐有「上海東亞同文書院圖書館印」、「南京圖書館藏」。前有鄭師尹原序，序後有「宋版翻雕」四字。全書因係《陸放翁全集》本之單種，故無總目錄，採取目錄隨卷數合刻，於每卷之前單印目錄，便於翻檢。後有陸子虡原跋。《詩稿》之後另有《放翁逸稿》二卷。上卷爲賦七首，記二首，辭五首。下卷爲古詩六首，律詩十四首。《逸稿》後有毛晉跋，曰：「據放翁子子虡跋云『先君編前稿，於舊詩多所去取，其遺存者尚七卷，別名《遺稿》。』惜今不傳。余刻《劍南詩稿》成，復從牧齋師案頭見《續稿》二冊，又得未刻律詩八句者二十三首，四句者二十首。但《春日》一章，雖編入斷句，而語意未了，疑亦八句而缺其後。遂銓次作

《逸稿》下卷，聊補《劍南》之遺云。湖南毛晉識。」另有毛扆跋，謂「先君刻《遺稿》後六十餘年，扆購得別本《渭南集》五十二卷，其前後與家刻略同，只少《入蜀記》六卷，而多詩八卷。細撿《劍南集》中，除其重複，又得未刻詩二十首，並續添於後云。汲古後人毛扆識。」

汲古閣本在江州本的基礎上還是做了一些編訂工作的，首先是毛氏把江州本的總目錄打亂，將目錄分散劃歸各冊各卷之中。這樣做有利有弊，因為這對於查找全部陸詩來講，相對費力。但對於每冊具體的詩作的查找，也要方便的多。其次，毛扆在後印本中根據他得到的《渭南集》，增訂了江州本所缺的未刻詩二十首，更加完善。汲古閣刻本一出，即成為《劍南詩稿》定本，影響較大。中華書局一九七六年出版點校本《陸遊集》五冊，前四冊即以汲古閣所刻後印本為底本，參校國家圖書館所藏兩種殘宋本。錢仲聯《劍南詩稿校注》也是以汲古閣刻本作為底本，校以各種他本。由此可見汲古閣刻本的價值。

二、《渭南文集》版本考述

陸游在退居山陰之後即著手編訂《劍南詩稿》八十五卷、《渭南文集》五十卷，但僅有《新刊劍南詩稿》二十卷在他身前刊刻，《渭南文集》五十卷則是他去世十一年後的嘉定十三年（1220），由其幼子子遹在溧陽縣署刊刻於學宮。子遹又名子適，字懷祖，陸游第七子，其刻《渭南文集》，延請當時杭州著名刻工，用上等白棉紙精刻而成。此本現有殘本藏中國國家圖書館，存卷一至二、卷五至十、卷十三至五十，凡四十六卷，保留了原刻本的大致面貌。十行十七字，白口，左右雙欄，前有宋嘉定十三年陸子遹序，時知溧陽知縣也。黃丕烈舊藏。子遹序曰：「今學者皆熟誦《劍南》之詩，《續稿》雖家藏，世亦多傳寫。惟遺文自先太史未病時，故已編輯，而名以《渭南》矣，第學者多未之見。今別為五十卷，凡命名及次第之旨，皆出遺意，今不敢紊。乃鋟梓溧陽學宮，以廣其傳。『渭南』者，晚封渭南伯，因自號為陸渭南。嘗謂子遹曰：『《劍南》乃詩家事，不可施於文，故別名《渭南》。如《入蜀記》、《牡丹譜》、樂府詞，本當別行，而異時或至散失，宜用廬陵所刊歐陽公集例，附於集後。』此皆子遹嘗有疑而請問者，故備著於此。嘉定十有三年十一月壬寅，幼子承事郎知建康府溧陽縣主管勸農事子遹謹書。」由此可知，《渭南文集》的命名、卷次、體例都是陸游身前所親訂，子遹不過是根據他的遺意付

諸雕版而已。

陳振孫《直齋書錄解題》卷十八著錄《渭南集》三十卷,《文獻通考》卷二百四十同。《四庫全書總目》卷一百六十曰:「疑三字五字筆劃相近而訛可也」,此說影響較大,但也有疑問。陳振孫與陸游生活年代相近,於嘉熙二年(1238)到臨安做國子監司業,開始編撰《直齋書錄解題》,斷不會將陸氏文集的卷數弄錯。同書所著錄《劍南詩稿》、《續稿》八十七卷,一字不錯,何以會將《渭南文集》五十卷誤為三十卷?南宋張淏《寶慶會稽續志》卷五《人物》之陸游條說:「有《劍南詩稿》二十卷、《續稿》六十七卷、《渭南集》四十五卷行於世。」張氏《會稽續志》是在施宿等所修《嘉泰會稽志》二十卷的基礎上,加以補訂成書的。陸游父子曾參修《會稽志》,陸游並為之序,嘉泰元年(1201)成書。張淏《會稽續志》成書於寶慶五年(1232),與《會稽志》相隔僅 31 年,而且張淏修志時人在紹興,此時子遹刊刻的《渭南文集》五十卷已行世,按理張淏不會將五十卷誤作四十五卷。明萬曆十五年(1587)所修《紹興府志》卷四十著錄陸游的著作卷數與張淏《會稽續志》相同,當為據宋志所本。

揣度之,陸游在南宋時名聲顯著,他的詩文集分別由其子子虡與子遹刊刻後,一定會有其它刻本流傳。書坊刊刻陸氏詩文集,極有可能在家刻本的基礎上予以刪減合併,從而在南宋出現《渭南文集》五十卷、三十卷、四十五卷等多種刻本,只不過陸氏兩種家刻本《劍南詩稿》、《渭南文集》影響較大,幸有傳本留存。丁丙《善本書室藏書志》卷三十謂《渭南文集》三十卷本「佚久不傳」,也有其合理成份。

中國國家圖書館藏嘉定本曾經錢謙益、黃丕烈收藏。錢謙益《絳雲樓題跋》中有《渭南文集》條,曰:「先輩題跋書畫,多云某年月日某人觀。陸放翁跋所讀書,但記勘對裝潢歲月,寥寥數語,亦載集中。蓋古人讀書多,立言慎。」〔註11〕相傳毛晉曾向錢氏借閱《渭南文集》,黃丕烈《蕘圃藏書題識》卷八說:「昔絳雲樓未火之先,有白髮老人自稱放翁,示夢於汲古毛氏,謂我有集在絳雲樓,曷假之。既寤,異其夢,遂向假歸,而越日火發,放翁集得免於厄。然不知為詩與文,且斯言亦不知果確否也。」〔註12〕此書從絳雲樓

〔註11〕 潘景鄭輯校《絳雲樓題跋》,《中國歷代書目題跋叢書》本,上海古籍出版社 2006 年,第 111 頁。

〔註12〕 黃丕烈《蕘圃藏書題識》卷八,江蘇廣陵古籍刻印社 1991 年,第 30 頁。

散出後，又經過多人遞藏，最後黃丕烈從五柳居陶琅軒購得。「紙白墨黑，如初印者然。人之疑或有之，然此書係翁子子遹所刻，故游字皆缺末筆，遇宋諱或缺筆，或云某某廟諱，非宋刻而何？」後來黃丕烈在蘇州玄妙觀書攤買到弘治華氏銅活字本，「取對余所藏者，遇有紅筆描改處，皆與活字本合，則華氏所藏本即此。以幾百年為合之物，而一旦相為證明，何快乃爾。因追敘顛末，並記所聞之有關於是書者，以備後之讀者覽焉。嘉慶丁巳冬十月十七日雪窗漫書，讀未見書齋主人黃丕烈識。」（引文同上）黃丕烈的好友顧廣圻曾作《百宋一廛賦》，其中有「神子遹之渭南，葉告夢之殊祥」兩句，即指黃氏得到宋刻本《渭南文集》的傳奇故事。黃丕烈自注說：「《渭南文集》五十卷，每半頁十行，每行十七字，前有序一首，署『嘉定十有三年十一月壬寅幼子承事郎知建康府溧陽縣主管勸農事子遹謹書』。此是家刻，故游字皆去末筆。」〔註13〕南宋本《渭南文集》五十卷在錢謙益、黃丕烈手中還是全的，後來幾經散失，入歸國家圖書館時少了四卷，缺卷三、卷四、卷十一、卷十二，成為遺憾。

　　就目前文獻所見，《渭南文集》在元代僅有一刻。僅有一刻。《天祿琳琅書目後編》卷十一著錄元刻本《渭南文集》「四函二十四冊，宋陸游撰。陸游字務觀，山陰人，官寶章閣待制。《宋史》有傳。書五十二卷，凡表狀二、箚子二，奏狀一，啓七，書一，序二，碑一，記五，雜文十，墓誌、塔銘九，祭文、哀詞二，天彭牡丹譜一，致語一，入蜀記六，詞二。前有嘉定三年其子子遹跋。游晚封渭南伯，故以名集。」〔註14〕此元刻本《渭南文集》五十二卷本，為清代藏書家揆敘所藏，每冊首尾分別鈐有謙牧堂藏書記白文印、謙牧堂書畫記朱文印，後歸清宮廷天祿琳琅藏書。元本顯然是從宋嘉定本而來，從內容到編次，與宋本一脈相承，不過卷數與名目略有不同，可能是元刻本在宋本的基礎上略有所增，從而多出了兩卷。今遍查各種公私書目，未見此元刻本，不知還在世間否？

　　明代刊刻《渭南文集》的情況比較多，弘治、正德、萬曆、崇禎各朝都有刻印，就版本而言，主要有五十卷本與五十二卷本兩種。弘治十五年（1502），無錫人華珵據嘉定本以銅活字摹刻印行，為《渭南文集》五十卷。

〔註13〕王欣夫輯《顧千里集》卷一，中華書局 2007 年，第 15 頁。
〔註14〕清彭元瑞等撰《天祿琳琅書目後編》卷十一，《清人書目題跋叢刊》本，中華書局 1995 年，第 364 頁。

華珵（1438～1514）字汝德，錫山人（今江蘇無錫），別號夢堂，一號尚古生。善鑒別古奇器及法書名畫，又多聚書，曾官至光祿署丞事。好藏書、刻書，曾用銅活字刷印過多種典籍。無錫華氏的銅活字本在中國印刷史上佔有重要的地位。此華本半頁九行二十一字，白口，左右雙邊，白棉紙，署「山陰陸游務觀」，有吳寬《新刊渭南集序》與祝允明《書新本渭南集後》。今存有三部，分別藏國家圖書館、南京圖書館、日本靜嘉堂文庫。國家圖書館藏本爲江蘇武進人董康藏本，鈐「南蘭陵董氏誦芬室珍賞」白文印。南京圖書館藏本爲杭州丁丙八千卷樓故物，《善本書室藏書志》卷三十著錄，鈐有「簡莊藝文」、「仲魚圖像」、「得此書費辛苦後之人其鑒我」、「鷗寄室王氏收藏」等印。日本靜嘉堂藏本乃歸安皕宋樓陸氏藏書，《皕宋樓藏書志》卷八十七著錄，原爲清初著名學者朱彝尊舊物。陸心源去世後，由其子陸樹藩於光緒三十三年（1907）將皕宋樓、十萬卷樓、守先閣等處藏書售與日人，至今成爲靜嘉堂文庫鎮館之寶。民國張元濟編《四部叢刊》，《初編》集部即據華氏本影印。

　　正德八年（1513），紹興郡守梁喬與同僚屈銓、王翰等刊刻《渭南文集》五十二卷本。此書二十四冊，半頁十行二十一字，前有汪大章序，後有梁喬序，存世較多。張元濟《涵芬樓燼餘書錄》集部著錄：「卷首正德癸酉汪大章序，次放翁本傳，次目錄。文四十一卷，詩詞十卷。卷中『敦』字有注『光宗廟諱』者。又行文涉及宋帝處，均空格。是所祖之本，猶宋槧也。」〔註15〕傅增湘《藏園群書經眼錄》卷十四說：「此本文爲四十二卷，詩九卷，詞一卷，卷中遇宋帝提行空格，知所據亦古本。蓋汪大章巡按浙江時，得省元張君直本，屬郡守梁喬刻之紹興郡齋者也。」〔註16〕傅氏又在《明正德本渭南文集跋》中進一步說：「此正德本爲汪大章官浙江按察僉事時所刻，蓋合詩文匯編以傳者也。據自序言，以壬申巡行山陰，得《渭南文集》，原本多訛闕，附以手錄，至不成字。乃屬郡守梁君喬等爲倡，正訛補缺，梓而行之。觀其所言，似所據者殆合刻本、鈔本而校輯以成是編也。全集五十二卷，卷一至第四十二爲文，卷四十三至第五十一爲詩，卷五十二爲詞。取汲古閣本核之，文之編次大略相同，惟此本詩只九卷，遺佚正多，殆即序中所言『翁長於詩，而集未之備，再求善本而不可得』者也。本書半葉十行，行二十一

〔註15〕張元濟《涵芬樓燼餘書錄》，《張元濟古籍書目序跋彙編》中冊，商務印書館
　　　　 2003年，第698頁。
〔註16〕傅增湘《藏園群書經眼錄》卷十四，中華書局1983年，第1248頁。

字，白口，四周雙闌，篇中語涉朝廷者空一格，是其源亦出宋刻也。」〔註17〕
《善本書室藏書志》卷三十也著錄此書，爲邵二雲藏書。根據上述諸家著錄，
正德刊本去掉《入蜀記》六卷，加入詩九卷，雖然卷數與元刊本《渭南文集》
相同，可知二者之間並無聯繫，因爲元刊本有《入蜀記》六卷，無詩九卷，
正德刊本與此相反，那麼汪大章刻本所祖之底本會是哪種，會不會是依據弘
治華氏活字本呢？傅增湘在《明正德本渭南文集跋》中說：「第余有不可解
者，《渭南文集》弘治壬戌有無錫華珵活字本，據言得溧陽學宮本摹而傳之，
其集之命名及次第皆出放翁遺意，是《渭南文集》眞本斷推此刻。汪氏刊此
集爲正德癸酉，其間相距只十一年，紹興、梁溪地非遼阻，汪氏與張省元謀
傳此刻，勤加搜訪，何以竟未見此華本？」可見汪大章刻此書，不是以華氏
銅活字本爲底本。根據上述題跋所謂「是所祖之本，猶宋槧也」、「知所據亦
古本」、「是其源亦出宋刻也」諸語可知，汪大章本所選用的底本爲宋本。目
前僅存的宋本爲嘉定五十卷本，而此本爲五十二卷本，加上是詩文合編本，
這樣就論證了前邊我們提出的設想，有可能是宋代書賈糅合陸游詩文，刊刻
出其它卷數的《渭南文集》銷售。如果這個推論大致不錯，那麼，加上《直
齋書錄解題》、《文獻通考》、《寶慶會稽續志》等書中的記載，在南宋，起碼
有《渭南文集》的五十二卷、五十卷、四十五卷、三十卷本的出現，這從另
一個方面說明了陸放翁詩文在當時的推崇。

　　萬曆四十年（1612），陸夢祖據正德本翻刻。此本半頁十行，行二十二
字，四周單邊，白口。前有萬曆四十年陳邦瞻序、正德八年汪大章序，後有
正德八年梁喬序。各卷詩後偶有評語，據傅增湘《明萬曆本渭南文集跋》所
考，爲劉辰翁之語，編者將劉辰翁評陸游詩的評語全部收入，方便讀者。正
德、萬曆本本爲一家，它們將陸游詩摻入到文集中，破壞了陸游遺意。而且，
所編進文集中的詩歌僅占陸詩的極少部份，不足以反映陸詩的面貌，加上又
刪掉了《入蜀記》，在某種程度上是一個不倫不類的本子，故此二本不爲爲
後人所重。

　　崇禎年間，常熟著名藏書家毛晉根據華珵銅活字本翻刻《渭南文集》五
十卷，其跋曰：「放翁富於文辭，諸體具備，惜其集罕見於世。馬氏《通考》
載《渭南集》三十卷，今不傳。邇來吳中士夫，有抄而秘其本者，亦頗無詮
次。紹興郡有刻本，去《入蜀記》，溷增詩九卷。據翁命子云：『詩家事，不

〔註17〕傅增湘《藏園群書題記》卷十五，上海古籍出版社 1989 年，第 739 頁。

可施於文』，況十僅一二耶？既得光祿華君活字印本《渭南文集》五十卷，乃嘉定中翁幼子子遹編輯成也。跋曰：『命名次第，皆出遺意』，但活板多謬多遺，因嚴加讎訂，並付剞劂，自秋徂冬，凡六月而成。湖南毛晉記。」毛晉將收集到的陸游佚文放入《放翁逸稿》卷上，增補賦七篇，文二篇，詞五首。並作《放翁逸稿跋》，其曰：「《渭南文集》皆放翁未病時手自編輯者，其不入韓侂胄《園記》，亦董狐筆也。予已梓行久矣，牧齋師復出賦七篇相示，皆集中所未載。又云《閱古》、《南園》二記，雖見疵於先輩，文實可傳。其飲青衣泉，獨盡一瓢，且曰視道士有愧，視泉尤有愧，已面唾侂胄。至於南園之亂，惟勉以忠獻事業，無諛詞，無侈言，放翁未嘗爲韓辱也。因合鐫之，並載詩餘幾闋，以補《渭南》之遺云。湖南毛晉識。」

毛晉（1599～1659），初名鳳苞，字子九，號潛在，更名晉，字子晉，常熟人。家饒田產而醉心於藏書，約三十歲左右開始經營校勘刻書事業，建汲古閣、目耕樓。以高價求購宋、元版本書，藏書八萬餘冊。葉德輝《明毛晉汲古閣刻書之一》說：「明季藏書家以常熟毛晉汲古閣爲最著者。當時曾編刻《十三經》、《十七史》、《津逮秘書》、唐宋元人別集。以致道藏、詞曲，無不搜刻傳之。」〔註18〕毛晉第一次將陸游的所有著述收集在一起，刊刻成《陸放翁全集》七種一百五十七卷，其中《渭南文集》五十卷、《劍南詩稿》八十五卷、《放翁逸稿》二卷、《老學庵筆記》十卷、《南唐書》十八卷、《家世舊聞》一卷、《齋居紀事》一卷，爲保存陸游詩文做出了傑出的貢獻。

毛晉認爲華氏銅活字本源自嘉定子遹刻本，對紹興郡所刻的五十二卷本，即汪大章、陸夢祖刻本，混入陸詩頗有微詞，故他以華本爲底本，重加校讎，並補錄陸游佚文，起到正本清源的作用。毛本一出即爲定本，先後多次刷印。

明代刊刻的五十二卷本、五十卷本《渭南文集》，在清代藏書家中多有收藏。正德、萬曆刻五十二卷本，瞿鏞《鐵琴銅劍樓藏書目錄》卷二十一、陸心源《皕宋樓藏書志》卷八十七、繆荃孫《藝風藏書記》卷六、丁丙《善本書室藏書志》卷三十、葉德輝《郋園讀書志》卷八、張鈞衡《適園藏書志》卷十二、傅增湘《雙鑒樓善本書目》卷三十、《藏園群書題記》卷十六、《藏園群書經眼錄》卷十四等書目都有記載。毛晉刻本因影響較大，在清代藏書家中就更爲普遍，甚至兩種刻本都有收藏的，此不一一例舉。

〔註18〕葉德輝《書林清話》卷七，中華書局 1999 年，第 188 頁。

乾隆年間官修《四庫全書》，集部所收《渭南文集》五十卷即以毛本爲底本。《四庫全書總目》卷一百六十曰：「宋陸游撰。游晚封渭南伯，故以名集。陳振孫《書錄解題》作三十卷。此本爲毛氏汲古閣以無錫華氏活字版本重刊。凡表箋二卷，箚子二卷，奏狀一卷，啓七卷，書一卷，序二卷，碑一卷，記五卷，雜文十卷，墓誌、墓表、壙記、塔銘九卷，祭文、哀辭二卷，《天彭牡丹譜》、《致語》共爲一卷，《入蜀記》六卷，詞二卷，共五十卷。與陳氏所載不同。疑三字五字筆劃相近而訛刻也。末有嘉定三年遊子承事郎知建康府溧陽縣主管勸農事子遹跋，稱『先太史未病時，故已編輯。凡命名及次第之旨，皆出遺意，今不敢紊』。又述游之言曰：『《劍南》乃詩家事，不可施於文，故別名《渭南》。如《入蜀記》、《牡丹譜》、《樂府詞》本當別行，而異時或至失散。宜用廬陵所刊歐陽公集例，附於集後』云云。則此集雖子遹所刊，實游所自定也。」〔註19〕在光緒年間，汲古閣刻本也有翻刻本。民國中華書局編《四部備要》，所收也爲毛刻本。

綜上所考，《渭南文集》五十卷在南宋嘉定十三年由子遹在溧陽縣署刊刻於學宮，此爲《渭南文集》首刻本，由陸游身前編訂命名。從目前的資料來看，在南宋，起碼出現過五十二卷、五十卷、四十五卷、三十卷本的《渭南文集》，只不過目前的實物只有五十卷本的。元代曾刊刻過《渭南文集》五十二卷本，未知刊刻人。明代凡四刻。弘治十五年華珵用嘉定本以銅活字刊印。正德八年汪大章用另外一種古宋本刻印《渭南文集》五十二卷本。萬曆四十年陸夢祖據正德本翻刻。汪大章、陸夢祖本爲詩文合刻本，混入詩九卷。崇禎間毛晉用華氏銅活字本翻刻，增補陸游佚文，首次刊刻出《陸放翁全集》，對保存陸游詩文起到了作用，也成爲《渭南文集》刊刻史上的定本，具有較高的史料價值。

三、《老學庵筆記》版本考述

《老學庵筆記》十卷爲陸游晚年退居山陰在鏡湖邊所作。該書記載了大量的逸聞軼事、風土民情、奇人異事，考辨了許多詩文、典章、輿地、方物等，內容多爲作者親歷、親見、親聞之事，或者是讀書考察的心得，筆調流暢，行文活潑，是宋人筆記中的翹楚，具有很高的史料價值。清代文學家李慈銘在《越縵堂讀書記》中評論《老學庵筆記》：「其雜述掌故，間考舊文，

〔註19〕永瑢等《四庫全書總目》卷一百六十，中華書局 2003 年，第 1381 頁。

俱爲謹嚴。所論時事人物，亦多平允。」〔註20〕持論較爲公允。

陸游寫作《老學庵筆記》的具體時間，前人有過一些推測。如瞿鏞《鐵琴銅劍樓藏書目錄》卷十六載陸子遹跋云：「《老學庵筆記》，先太史淳熙、紹熙間所著也。」〔註21〕黃丕烈《蕘圃藏書題識》卷五同載陸子遹跋語。朱東潤《陸游研究》斷定《老學庵筆記》「作於紹熙年間，即 1190～1194 年。」〔註22〕陸游本人在《老學庵筆記》中多次談到淳熙末，例如卷二：「淳熙末還朝，則迎駕起居，閤門亦唱諾，然未嘗出聲也。」〔註23〕卷三：「予淳熙末還朝，則朝士乃以小紙高四五寸，闊尺餘相往來。」〔註24〕據於北山《陸游年譜》可知，陸游淳熙十三年（1186）除朝請大夫知嚴州事，到淳熙十五年（1188）七月任滿還鄉，本年年底再次入都除軍器少監，直到淳熙十六年（1189）十一月爲諫議大夫何澹彈劾罷官，則其在《老學庵筆記》所記淳熙末當爲淳熙十五年七月至十六年十一月之間的事情。又考卷六「今上初登極，周丞相草儀注，稱『新皇帝』，蓋創爲文也。」〔註25〕「今上初登極」當指光宗趙惇，其繼位在紹熙元年（1190），故《老學庵筆記》的寫作時間當在紹熙元年之後。

《劍南詩稿》卷二十六《題老學庵壁》，錢仲聯先生《劍南詩稿校注》將此詩繫年爲紹熙三年（1192）冬作於山陰。《渭南文集》卷二十八《跋原隸》，文末陸游自注「紹熙癸丑四月二十一日老學庵書」。綜合上述記載，可知《老學庵筆記》約成書於宋光宗紹熙元年至三年之間，具體時間難以確考。此書陸游生前並未刊行，直到宋理宗紹定元年（1228）才由其子陸子遹將它與陸游的其它遺稿一起刊刻，共十卷，這是《老學庵筆記》最早的刻本，也是唯一的宋本。陳振孫《直齋書錄解題》卷十一著錄：「《老學庵筆記》十卷，陸游務觀撰。生識前輩，年登耆期，所記見聞，殊可觀也。」〔註26〕陳氏記載的這個刻本，當爲陸氏家刻十卷本。《宋史》卷二零三《藝文志》二著錄《老學庵筆記》一卷，可能是誤將十作一，或者是刻書時誤刻。

〔註20〕李慈銘《越縵堂讀書記》，上海書店出版社 2000 年，第 684 頁。

〔註21〕瞿鏞《鐵琴銅劍樓藏書目錄》卷十六，《清人書目題跋叢刊》本，中華書局 1990 年，第 242 頁。

〔註22〕朱東潤《陸游研究》，中華書局 1961 年，第 18 頁。

〔註23〕陸游《老學庵筆記》卷二，中華書局 1997 年，第 20 頁。

〔註24〕陸游《老學庵筆記》卷三，中華書局 1997 年，第 37 頁。

〔註25〕陸游《老學庵筆記》卷六，中華書局 1997 年，第 72 頁。

〔註26〕陳振孫《直齋書錄解題》卷十一，上海古籍出版社 1987 年，第 336 頁。

　　元末明初，陶宗儀編纂《說郛》一百卷，在卷四收錄《老學庵筆記》節錄本一卷。陶宗儀字九成，號南村，浙江台州黃岩人，著名文學家、史學家。著有《南村輟耕錄》三十卷、《書史會要》九卷、《南村詩集》四卷、編纂《說郛》一百卷。《說郛》主要匯集秦漢到宋元時期的筆記，包括諸子百家、詩話文論。內容包羅萬象，爲歷代私家編集大型叢書中較重要的一種。但陶宗儀編纂《說郛》後不久就病逝，手稿爲松江文人多家收藏，未曾刊刻成書。直到明末清初，雲南姚安人對《說郛》加以增補，編成一百二十卷本，順治三年（1646）由宛委山堂刊刻，才首次出現《說郛》刻本。《說郛》本《老學庵筆記》爲節錄本，僅一卷，半頁九行二十字，無魚尾，左右雙邊，寫刻。明代萬曆年間會稽人商濬編纂的《稗海》叢書也收入《老學庵筆記》十卷。商濬又名維濬，字初陽，銳情稽古廣購窮收，藏書樓名世學樓，藏書積至百萬卷。選藏書中記載有體、議論可信者及縉紳家遺書並重加校訂而成《稗海》刊行。所收多野史稗乘、雜識漫錄，起自晉張華《博物志》，迄於元蔣子正《山房隨筆》，以宋人筆記爲多。因爲當時商濬隨編隨刻，以至於諸家著錄卷數不一。《稗海》一書《明史·藝文志》列入小說家類，計三百六十八卷。《千頃堂書目》列入類書類，四十六種續二十七種，但無卷數。《叢書集成初集》收入七十四種、四百四十八卷。《中國叢書綜錄》著錄十函七十種，四百四十九卷。《稗海》本《老學庵筆記》十卷板式同《說郛》本，半頁九行二十字，單魚尾，左右雙邊，寫刻。主要版本有明萬曆會稽商氏半埜堂刊本、清康熙振鷺堂據原版重編補刊本、乾隆振鷺堂修補重訂本，《稗海》本流傳頗廣。商濬在刊刻《稗海》本《老學庵筆記》後，意猶未足，又與諸葛元聲合校原刻，改正多處錯誤，重刻單行本行世。但這個單行本各家公私書目無任何記載，僅人民日報圖書館館藏一部，爲抗日名將馬占山所捐贈。誠爲世間罕見之物，也許是天壤間孤本。清代黃丕烈曾見到過這個單行本，他在《蕘圃藏書題識》卷五中說：「渠所校爲明會稽商濬本，是《稗海》中梓，今此本亦同，然其中已有改正處，未識是翻版否。」〔註27〕黃丕烈見到的正是這個單行本，但他不知商濬重刻過單行本，懷疑是《稗海》本的翻版。黃氏見到的本子「已有改正處」，說明商濬重刻單行本的確是下了功夫。

　　商校本《老學庵筆記》十卷，比《稗海》本以及中華書局以穴硯齋鈔本

〔註27〕黃丕烈《蕘圃藏書題識》卷五，《黃丕烈藏書題跋集》，上海古籍出版社 2013年，第 293 頁。

為底本的標點本，有多處不同，可以據商校本校正《稗海》本、中華本的多處訛誤。如卷三「岑參」條，中華本作「岑參在西安幕府」，商校本「西安」作「安西」。岑參於天寶八年（749）在安西節度使高仙芝幕府為掌書記，商校本作「安西」符合史實。卷四「予為福州」條，中華本為「予為德寧縣主簿」，商校本「德寧」作「寧德」。《劍南詩稿》卷六十二「予初仕為寧德縣主簿」，則商校本無誤。由此可見，商濬、諸葛元聲合校本《老學庵筆記》在校勘方面的確比《稗海》本在質量方面要勝出一籌，它的出現為研究《老學庵筆記》提供了新的材料，理應引起重視。

明末清初之際，著名學者傅山以商校本為底本，批註《老學庵筆記》。傅山批本分裝四冊，書皮有傅山草書重要章節目次及卷頁等，全書鈐印「傅山之印」二十八枚，均陰文隸書。批語中有「耳目先老」之語，知為傅山晚年批註。傅山的批注文字，主要表現在對《老學庵筆記》的點讀和注釋上。傅氏讀書獨具卓識，在批註中於點、校、注、評多有發明，對研讀該書多有益處。著名版本學家柯愈春先生將傅山批注文字逐條整理出來，以《傅山〈老學庵筆記批註〉》為名刊發在《晉陽學刊》一九八四年第一期，對了解傅山批註提供了文本。

明末毛晉編纂《津逮秘書》十五集，將《老學庵筆記》十卷收入第十集中。《津逮秘書》叢書收錄了很多罕見又有實用價值的筆記雜錄，尤以宋人筆記為多。毛晉是明末著名藏書家，他極力反對明人編輯叢書刪節割裂的陋習，在《津逮秘書》中儘量收集首尾完備、體力完整之足本，尤其是注意選擇善本，精心校勘，為保存古代典籍做出了貢獻。毛晉所收錄的《老學庵筆記》底本即《稗海》本，但他利用景宋本作過校勘，糾正了《稗海》本的許多訛誤。清代的《四庫全書》本、《學津討原》本《老學庵筆記》均是根據毛晉《津逮秘書》本編修的。毛晉校勘的《老學庵筆記》十卷本不僅收入進《津逮秘書》叢書，還收錄到《陸放翁全集》中，為《渭南文集》附刊本，並作跋語一篇，收進《汲古閣書跋》。清代藏書家周中孚就藏有一部附刊本，《鄭堂讀書記》卷五十六：「《老學庵筆記》十卷，《渭南文集》附刊本，宋陸游撰。」〔註28〕毛晉校勘《稗海》本《老學庵筆記》下了很多功夫，依據景宋本以及其它文獻，改正了不少錯誤。這裏以試舉數例來看毛晉的校勘之功。卷一中出現的歷史人物如「至完顏亮入寇」、「張芸叟過魏文貞公舊莊」、

〔註28〕周中孚《鄭堂讀書記》卷五十六，臺灣世界書局 1965 年影印。

「李德遠亦召爲太常丞」、「完顏璟嗣僞位」等,《稗海》本「完顏亮」作「元顏亮」、「魏文貞公」作「魏文正公」、「李德遠」作「李德裕」、「完顏璟」作「元顏璟」,皆誤。完顏亮爲金代第四位皇帝,《金史》卷五《本紀》第五有傳。完顏璟爲金代第六位皇帝,《金史》卷九《本紀》第九有傳。李德遠本名李浩,孝宗時曾任太常丞,《宋史》卷三八八有傳。魏文貞公爲唐太宗宰相,死時諡號「文貞」,《舊唐書》卷七一有傳。上述幾位人物在歷史上赫赫有名,商濬編纂《老學庵筆記》校勘不精,以致出錯。毛晉依據史書文獻予以糾正,顯示出他嚴謹的治學精神。又如卷二出現的地名如「鄂州蒲圻縣」、「耀州出青瓷器」,卷三「將至南雄州」、卷四「曲阜今仙源縣」等,《稗海》本「蒲圻縣」作「蒲祈縣」、「耀州」作「耀川」、「南雄州」作「南雄府」、「仙源縣」作「仙原縣」,皆誤。蒲圻縣即今湖北省赤壁市,《宋史》卷八十八《地理志》「荊湖北路鄂州有蒲圻縣」,作「蒲祈縣」顯屬形誤。耀州即今山西省銅川市耀州區,在宋代生產青瓷,爲貢品。《宋史》卷八十七《地理志》「永興軍路有耀州,貢青瓷」,作「耀川」爲形誤。南雄州即今廣東省韶關市南雄市,《宋史》卷九十《地理志》「廣南東路有南雄州」,無南雄府。仙源縣爲宋代的曲阜,大中祥符五年(1012)宋眞宗下詔改曲阜爲仙源縣。上述四例地名錯誤明顯,毛晉在校勘時予以糾正。其它《稗海》本出現的錯誤,如引用唐詩、名物、景物、職官等,毛晉也是盡力改正。當然也有《稗海》本不錯而毛晉誤改的地方。如卷三、卷四兩次出現的北宋人物晁之道,毛晉就錯改爲「晁以道」。卷四「呂吉甫在北都,甚愛晁之道」即晁詠之,字之道,爲晁補之從弟,見《宋史》卷四四四《晁補之傳》,毛氏不明而誤改。

明代編刻《老學庵筆記》的單行本還有一種,即天啓三年(1623)周應儀、王志堅刻本《老學庵筆記》十卷。周應儀字元度,吳江人,曾任光祿寺署丞,《千頃堂書目》卷二十七著錄周應儀《南北遊草》。王志堅字弱生,更字淑士,一字聞修,崑山人,曾任南京兵部主事,督湖廣學政,著有《四六法海》。周刻本半頁九行二十字,前有王志堅《刻老學庵筆記序》、錢允治序,在板式上與《稗海》本、《說郛》本相同。清代有丁丙題跋本、翁同龢批註本,其中丁丙題跋本藏南京圖書館,翁同龢批註本後歸常熟曹大鐵,現藏常熟博物館。翁同龢批註《老學庵筆記》文字,見黃國光《翁同龢藏書三種概述》一文,發表在《文獻》二零零四年第一期。

除了刻本外,明代《老學庵筆記》的鈔本有兩種。傅增湘《藏園群書經眼

錄》卷八：「《老學庵筆記》十卷，宋陸游撰。明寫本，藍格棉紙十行二十字，次行低一格，語涉宋帝、后空一格。按，此書余己巳秋獲之金誦清肆中，審其款式實出宋刊，抄手亦在正德以前。攜之東瀛，旅邸抽暇以津逮本校之，改正凡三百六十餘字。其次第與津逮本亦有不同處，當以此本為正也。」〔註29〕同卷傅增湘著錄另外一種鈔本，其謂：「《老學庵筆記》十卷，宋陸游撰。明穴硯齋寫本。鄧孝先邦述藏書，余嘗借校，改正甚夥。」傅增湘很重視這個明藍格寫本，在日本時曾將它與毛晉《津逮秘書》本互校，改正毛本三百六十多處錯誤，可見其校勘價值之高。傅氏又做了一篇《明鈔本老學庵筆記跋》，收入《藏園群書題記》卷七，高度評價了這個明鈔本。穴硯齋鈔本《老學庵筆記》十卷為明代崇禎年間所鈔，也具有較高的文獻價值。民國時商務印書館以穴硯齋鈔本為底本，參校《津逮秘書》本、周應儀刻本、何義門校本，收入《宋元人說部書》中。中華書局點校本即以《宋元人說部書》本為底本整理而成。

　　清代刊刻《老學庵筆記》情況相對簡單。清代首次出現影宋本《老學庵筆記》十卷，這個本子黃丕烈曾得到過這個影宋本，與《津逮秘書》本、《稗海》本、商校本互校，發現影宋本訛謬最少也最可信。《蕘圃藏書題識》卷五：「乙亥四月八日，用新收影宋本校前五卷，並鉤勒行款，補潤賓、陸敕先校本所未及也。余檢此書後五卷，影宋本雖殘帙，亦未易得，故但借校之。其前五卷，未嘗有影宋本也。今忽得影宋本十卷，可喜之至，手校如左。其後五卷，親見影宋本，故不復校也。」〔註30〕黃丕烈這條跋語說明在清代曾有兩種影宋本刊行，一種是影宋本殘卷，僅有後五卷而缺前五卷，另一種是影宋本全帙。毛晉據影宋本校勘《稗海》本當為殘卷。黃丕烈的這個校宋本後歸繆荃孫，《藝風藏書記》卷二著錄此書。清代的兩種影宋本顧廣圻也見到過，《思適齋書跋》卷三：「《老學庵筆記》十卷，校影宋本。是書毛子晉刊入《放翁集》行於世，余嘗見陸敕先用鈔本所校，斧季又用景宋本校，後五卷用殘宋本校。第七後半第八卷改補諸處，每與此刻合。今以朱筆圈別識之，蓋此刻所據乃善本也。」〔註31〕這裏說的殘宋本，是指陸子遹家刻本後五卷，毛晉校勘《稗海》本時曾用過，後傳給毛斧季，清代出現的影宋本殘卷，可能是依據毛斧季的這個殘宋本覆刻的，但清代出現影宋本十卷，則不知底本來源

〔註29〕傅增湘《藏園群書經眼錄》卷八，中華書局 1983 年，第 701 頁。

〔註30〕黃丕烈《蕘圃藏書題識》卷五，《黃丕烈藏書題跋集》，上海古籍出版社 2013 年，第 294 頁。

〔註31〕顧廣圻《思適齋書跋》卷三，上海古籍出版社 2007 年，第 71 頁。

何處，因公私書目無著錄，存疑待考。清代藏書家毛扆、毛斧季、黃丕烈、顧廣圻、何義門、陸敕先等人先後校勘過《老學庵筆記》一書，大多是以影宋本、殘宋本去校《稗海》本、《津逮秘書》本，取得了較大的成績，爲編集定本做出了貢獻。

清代編修《四庫全書》，子部收錄《老學庵筆記》十卷，《四庫全書》本所用的底本是毛晉《津逮秘書》本。《四庫全書總目》卷一百二十一著錄：「《老學庵筆記》十卷、《續筆記》二卷，江蘇巡撫採進本。宋陸游撰。游有《入蜀記》，已著錄。案《宋史‧藝文志‧雜史類》中載陸游《老學庵筆記》一卷，陳振孫《書錄解題》作十卷，與此本合，《宋史》蓋傳刻之誤。《續筆記》二卷，陳氏不著於錄，疑當時偶未見也。」〔註32〕雖著錄《續筆記》二卷，但有目無文。《續筆記》二卷在陳振孫《直齋書錄解題》、馬端臨《文獻通考》以及《宋史‧藝文志》中均無著錄，也未與《老學庵筆記》一起刊刻，可以確定爲後人僞作。張海鵬編纂《學津討原》二十集，第十五集收入《老學庵筆記》十卷，也是據《津逮秘書》本覆刻，但書中個別地方與毛晉刻本有區別，可以看出張海鵬在編刻時進行過校勘。

李慈銘《越縵堂讀書記》還記載過一種湖北書局的官刻本，「閱《老學庵筆記》，亦湖北書局所刻，據《津逮秘書》本，而誤字頗多，不及毛刻遠甚。」〔註33〕民國時期商務印書館曾編纂出版過兩套叢書，王雲五主編的《叢書集成初編》收入《老學庵筆記》十卷，也是依據毛晉《津逮秘書》本排印。另一套叢書《宋元人說部書》收入的《老學庵筆記》十卷，以明代穴硯齋鈔本爲底本，校以《津逮秘書》本、周應儀刻本以及何義門校本，取長補短精心校勘，質量較高。《宋元人說部書》本前有夏敬觀跋語一篇，對明清兩代編刻《老學庵筆記》的情況作了較爲詳細的概述，不無價值，可資參考。

綜上所考，《老學庵筆記》十卷在宋代刊刻過一次，由陸子遹在宋理宗紹定元年（1228）與其它遺稿一起刊行。明代《說郛》、《稗海》、《津逮秘書》三種叢書都收錄過《老學庵筆記》，其中《說郛》本爲節錄本，僅一卷。商濬在編刻《稗海》後不久又刊刻過《老學庵筆記》的單行本，毛晉也將《老學庵筆記》收入《陸放翁全集》中梓行。明代的《老學庵筆記》鈔本主要有兩種，即傅增湘《藏園群書經眼錄》著錄的正德藍格鈔本與崇禎穴硯齋鈔本。

〔註32〕永瑢等《四庫全書總目》卷一百二十一，中華書局 2003 年，第 1046 頁。
〔註33〕李慈銘《越縵堂讀書記》，上海書店出版社 2000 年，第 684 頁。

清代除了《四庫全書》、《學津討原》中收錄《老學庵筆記》外，還出現了兩種影宋本，一種是殘本五卷，一種爲全本十卷，對校勘《老學庵筆記》具有重要的文獻價值。清代學者黃丕烈、顧廣圻、何義門、張海鵬等人對校勘《老學庵筆記》用力頗勤，對恢復該書原貌起到了極其重要的作用。

（原載《國學集刊》第二集，四川人民出版社 2015 年出版）

《安陽集》版本源流考

　　《安陽集》五十卷是北宋名相韓琦的詩文集，又名《韓魏公集》、《韓魏王安陽集》、《韓忠獻安陽集》，以他的家鄉今河南安陽為書名。韓琦（1008～1075），字稚圭，自號贛叟，相州安陽人，是北宋著名的政治家、文學家。韓琦一生歷經仁宗、英宗和神宗三朝，曾經為相十多年，輔佐三朝，也曾貶謫在外地任職十多年。他經歷過北宋很多重要的歷史事件，如防禦西夏、慶曆新政等。韓琦與范仲淹率領宋軍防禦西夏，在軍中名重一時，人稱「韓范」。無論是在朝廷為相還是在地方任職，他都為北宋的社會發展做出了自己的貢獻，先後被朝廷封為儀國公、魏國公，享有很高的聲望。熙寧八年（1075）六月在相州任上逝世，神宗御撰墓碑稱其為「兩朝顧命定策元勳」。死後諡忠獻，贈尚書令，配享英宗廟庭，極盡哀榮。《宋史》卷三一二有傳。清人楊希閔編有《韓忠獻公年譜》。韓琦治學勤勉，著述頗豐，撰有《二府忠議》五卷、《諫垣存稿》三卷、《陝西奏議》五十卷、《河北奏議》三十卷、《雜奏議》三十卷、《安陽集類》五十卷、《祭儀》一卷。奉敕纂修《仁宗實錄》二百卷。《全宋文》卷八三二至卷八六一收其文三十卷。《全宋詩》卷三一八至三三九收錄其詩二十二卷。《全宋詞》第一冊收其詞五首。

一

　　韓琦的著述在北宋就開始編纂與刊刻。《安陽集》後附宋代佚名《韓魏王家傳》卷十：「乃諭忠彥曰：『先侍中忠義於國，平生奏議甚多，可悉錄奉來。』」敕崇文院遣筆吏數人至相州，遂以《二府忠議》五卷、《諫垣存稿》三卷、《陝西奏議》五十卷、《河北奏議》三十卷、《雜奏議》三十卷上之。

上得之喜，閱之殆遍。」〔註1〕這說明在韓琦生前，他就有意識地整理自己的著作，以至於韓琦剛死後不久，神宗對其長子韓忠彥徵集遺著，就能在相州順利得到。《家傳》又說：「又有《安陽集類》，《祭儀》一卷，藏於家。」《安陽集》附錄李清臣《韓忠獻公琦行狀》也說「有《安陽集類》五十卷」〔註2〕，可見韓琦最早編集的名字是《安陽集類》，按類編排故也，手編稿本存留待刊，今傳之刊本則無「類」字。韓琦的不少著作在宋代曾經刊刻過，這在當時有記載。陳振孫《直齋書錄解題》卷六著錄「《韓氏古今家祭式》一卷，司徒兼侍中相臺韓琦稚圭撰。」〔註3〕又卷十七著錄「《安陽集》五十卷」，又卷二十二著錄「《諫垣存稿》三卷」。趙希弁《郡齋讀書志附志》卷下云：「韓魏王《安陽集》五十卷。右魏忠獻王韓琦之文也。王，安陽人，故以名集。王字稚圭，天聖五年進士第二人，定策三朝，功在國史。」〔註4〕馬端臨《文獻通考》卷二百三十四《經籍志》六十一著錄《安陽集》五十卷、卷二百四十七《經籍志》七十四著錄《諫垣存稿》三卷。《宋史》卷二百零八《藝文志》七著錄《安陽集》五十卷。尤袤《遂初堂書目》亦著錄此二種著述，卷數均同。晁公武《郡齋讀書志》卷六、陳振孫《直齋書錄解題》卷四均著錄韓琦《仁宗實錄》二百卷。《解題》云：「學士華陽王珪禹玉、范鎮景仁、知制誥常山宋敏求次道撰，嘉祐八年奉詔，歷治平至熙寧二年七月書成，宰臣韓琦提舉。」〔註5〕《諫垣存稿》三卷乃韓琦自己編輯其景祐年間為右司諫時所上的奏議稿，慶曆二年（1042）有自序，謂「於是存而錄之，離為上中下三卷，命曰《諫垣存稿》，以藏余家。」〔註6〕上述著作除《安陽集》五十卷外，今都已佚失。

《安陽集》宋刻諸本今已不可見，我們只能從各種序跋中得以窺知一二。正德張士隆刻本《安陽集》卷首有曾大有正德九年（1514）撰《正德重刊安陽集序》，謂「今以其全集觀之，為《家傳》十卷，《別錄》、《遺事》各一卷，詩、記、雜文、表、奏、書啓、製詞、冊文、祭挽、墓誌諸體又五十

〔註1〕 李之亮、徐正英《安陽集編年箋注》，巴蜀書社2000年，第1861頁。
〔註2〕 李之亮、徐正英《安陽集編年箋注》，巴蜀書社2000年，第1746頁。
〔註3〕 陳振孫《直齋書錄解題》卷六，上海古籍出版社1987年出版，第187頁。
〔註4〕 趙希弁《郡齋讀書志附志》卷下，孫猛《郡齋讀書志校證》，上海古籍出版社1990年，第1175頁。
〔註5〕 陳振孫《直齋書錄解題》卷四，上海古籍出版社1997年出版，第129頁。
〔註6〕 韓琦《諫垣存稿》序，祝尚書《宋集序跋彙編》卷六，中華書局2010年，第275頁。

卷，要皆經緯化機，根據理窟，豈屑於雕蟲者哉。數百年來其集不知凡幾易梓，侍御張公士隆復翻刻於河東之行臺，殆所謂曠百世而相感者乎。」〔註7〕萬曆書錦堂刻本《安陽集》卷末有郭樸《萬曆重刻安陽集後序》，謂「《安陽集》五十卷，宋魏國韓忠獻王之文也，並《家傳遺事》十餘卷，蓋傳自宋之季世云。」〔註8〕從這兩段序中可知，明代正德、萬曆年間分別刊行的《安陽集》，其祖本當爲宋刻本。萬曆康丕揚刻本《韓魏公集》爲毛九苞在萬曆三十七年（1609）所編，其《凡例》說初刻本集「廟諱已至光宗，若寧宗則稱御名，可見皆寧宗時刻本。」宋寧宗爲趙擴，爲宋室南渡後第四位皇帝，在位凡三十年，使用年號慶元、嘉泰、開禧、嘉定。毛九苞所用祖本爲宋寧宗時刻本，而萬曆書錦堂刻本也是用「傳自宋之季世」的本子。所謂季世即末代，寧宗朝也可算是宋代的季世，如此則明代所刻《安陽集》底本皆源於寧宗刻本，這是目前所能知道最早的文獻記載。

二

明代曾多次編刻《安陽集》，目前能見到最早的明刻本當爲正德九年（1514）張士隆刻本《安陽集》五十卷，另有《家傳》十卷《別錄》三卷《遺事》一卷。此書後收入《北京圖書館古籍珍本叢刊》，由書目文獻出版社 1988 年影印出版。張刻本共十冊，白口，左右雙邊，半葉十一行十八字，無魚尾。小字雙行也爲十八字，版心題《安陽集》卷之幾。前有正德九年曾大有《重刊安陽集序》以及宋程瑀《書忠獻魏王章表後》、宋王巖叟《忠獻韓魏王別錄序》，其中王序第六行「退輒書而藏之記或未詳則他日再叩以欽宗廟諱其方貪嗜未足」，仍然避宋諱，可見此本直接翻刻自宋本而來不及刪改。另有《安陽集目錄》上、下。此集卷次分別爲：卷一至卷三爲《古風》，卷四至卷二十爲《律詩》，卷二十一爲《記》，卷二十二爲《序》，卷二十三爲《雜文》，卷二十四至卷三十二爲《表狀》，卷三十三至卷三十六爲《奏狀》，卷三十七、三十八爲《書啓》，卷三十九爲《書狀》，卷四十爲《制詞》，卷四十一爲《冊文》，卷四十二至四十四爲《祭文》，卷四十五爲《挽詞》，卷四十六至卷五十爲《墓誌》。此書流傳頗廣，傅增湘《藏園群書經眼錄》卷十

〔註7〕曾大有《重刊安陽集序》，祝尚書《宋集序跋彙編》卷六，中華書局 2010 年，第 277 頁。

〔註8〕郭樸《萬曆重刻安陽集後序》，祝尚書《宋集序跋彙編》卷六，中華書局 2010 年，第 278 頁。

三著錄。

　　與張刻本年代、內容、風格相近者尚有明刻安氏校正本，此書亦爲《安陽集》五十卷《家傳》十卷《別錄》三卷《遺事》一卷。此書原藏於中國國家圖書館，後收入四川大學古籍所編《宋集珍本叢刊》，線裝書局 2004 年影印出版。安氏本不知具體刊刻年代，與張刻本在板式上多有不同。此本四周雙邊，單魚尾，半頁十二行二十五字，小字雙行也爲二十五字。前有宋程瑀《書忠獻魏王章表後》、宋王岩叟《忠獻韓魏王別錄序》以及《安陽集目錄》上、下，缺曾大有《重刊安陽集序》。題「宋忠獻魏王韓琦著」、「奉勑提督軍政監察御史前翰林庶吉士安成尹仁校正」，《忠獻韓魏王遺事》題「群牧判官朝奉郎尚書職方員外郎上騎都尉強至編次」。此書目錄編次同張刻本，但詩文內容缺失較爲嚴重。卷十五缺《上巳會許公亭二首》、《次韻和通判錢昌武郎中上巳許公亭惠詩》、《次韻和留守宋適推官遊宴御河二首》、《三月十八日上水關》等詩。卷二十九缺《丁未秋乞罷相第一表》、《第二表》。卷三十三缺《乞外任知州狀》及《辭免諫官第一狀》二文。卷三十九缺《大使迴天雄軍澶州幷二運使回日遠迎》、《大使去日回滑州書》、《白溝謝筵狀》、《新城謝撫問表》等篇。卷四十六缺《錄附陂城府君墓誌石本序》。

　　張刻本與安校本除了板式有所區別外，在卷數和內容上看來很相似。安校本無曾大有序，但都保留宋人序。卷七律詩，張刻本有《水嬉》一詩殘，存「巧匠矜龍作水嬉偶形千狀擬眞爲機關自謂無知者手足其如有見時釣叟投竿魚自出舞姬揮」殘句，以及無篇目有內容的「晉陽封守遠睢陽空有馳魂若侍傍處世少容雖鑿枘與公相協自宮宮冥鴻愈適知難慕疲駕將顚失預量新句暗投頻駁目少陵光熠極輝煌」，這兩首詩是安校本所缺的。有可能安校本在張刻本之前，因爲是殘句，張刻本捨棄不刻。此外，在某些局部細節上，兩本也是有些微區別的。以詩文題目爲例，如卷三十九書狀，安校本題作《燕京謝酒菓狀》，張刻本作《燕京謝酒果狀》，此爲異體字差別。卷二古風，安校本題爲《晉祠池魚》，張刻本作《晉祠魚池》。卷六律詩，安校本題爲《髮白有感》，張刻本作《白髮有感》。卷七律詩，安校本題爲《幷塞秋晚》，張刻本作《幷塞晚秋》。此爲詩題名目顛倒。也有詩題異文者，例如卷十二律詩，安校本作《初發長安遇雨》，張刻本作《初伏長安遇雨》。安校本作《題靈臺觀》，張刻本作《題雲臺觀》。這些都是重刊時出現的排版錯誤，因形近而致誤，可以不論。上述細微的差別正好說明安校本與張刻本同出一源。

萬曆十五年（1587）張應登以書錦堂的名義重刊了《安陽集》五十卷，此爲重刊正德本，唯一的區別是正德本爲十一行十八字，此本爲十行十八字。原題「宋司徒太師侍中上柱國尚書令忠獻魏王韓琦著，明少府兼太子太傅吏部尚書武英殿大學士郭樸校」。前有程瑪原序，以及郭樸後序、張應登《重刻安陽集跋》。郭樸《重刊安陽集後序》云：「正德中，監察御史安陽張公士隆按隴山西刻置河東書院，樸後得之，謹藏於笥。萬曆乙酉鄞司理内江張公謂先哲著作，鄉郡不可闕。次年重構書錦堂成，乃謀於郡守漳平陳公，邵丞清苑王公，通守垣曲趙公再加校錄，刻置堂中。」〔註9〕王重民《中國善本書提要》集部著錄：「樸亦安陽人，此其致仕家居時所校刻。《別錄》宋王岩叟撰，有熙寧八年自序。《遺事》強至撰，《家傳》不著撰人。此三書《四庫總目》並載入《傳記類存目》一。」〔註10〕上述的幾個版本都是《安陽集》五十卷本附《家傳》十卷《別錄》三卷《遺事》一卷系統，在明代還有一種三十八卷本的《韓魏公集》。此書最早有萬曆三十六年（1608）康丕揚刻本，此後萬曆四十二年（1614）曾重刷過。康丕揚字士遇，號驤漢，山東陵縣人，萬曆壬辰進士。官至監察御史，萬曆三十七年（1609）致仕，崇禎五年（1632）辭世。康氏喜好刻書，曾將北宋韓琦、范仲淹的詩文集合刻爲《宋兩名相集》，此外他還刊刻過《重編東坡先生外集》八十六卷。《韓魏公集》三十八卷本由康丕揚屬吏毛九苞編定校勘，該書半頁九行十九字，白口，四周單邊，單魚尾，白棉紙精印，每卷題「宋韓琦稚圭著，明康丕揚士遇校」。書後有毛九苞《書萬曆康刻本韓魏公集後》、姚祚端《跋萬曆本韓魏公安陽文集》二文，交代了康丕揚刻本的來龍去脈。毛九苞《書萬曆康刻本韓魏公集後》云：「直指康臺合刻韓、范兩集既成，覆命苞詮次卷帙，考訂訛謬。苞不敏，謹次韓公集爲三十八卷：詩十卷，序一卷，記一卷，題後、解策、贊銘、樂府、疏文一卷，奏議八卷，表四卷，狀箚三卷，書啓二卷，制一卷，冊文一卷，祭文一卷，墓誌銘、墓記、墓表、神道碑、行狀五卷。其《宋史》本傳、《家傳》十卷、《別錄》一卷、《遺事》一卷，附集後。」〔註11〕該書《凡例》中稱：「初刻本集爲五十卷，《家傳》十卷，《別錄》三卷，《遺事》一卷。其中

〔註9〕郭樸《萬曆重刻安陽集後序》，祝尚書《宋集序跋彙編》卷六，中華書局2010年，第278頁。

〔註10〕王重民《中國善本書提要》，上海古籍出版社1983年，第515頁。

〔註11〕毛九苞《書萬曆康刻本韓魏公集後》，祝尚書《宋集序跋彙編》卷六，中華書局2010年，第280頁。

一二葉爲卷者。今更定併合，本集三十八卷。」毛九苞編定《韓魏公集》三十八卷，在《安陽集》五十卷的基礎上予以了卷次合併，而且他擅作主張將《韓魏王家傳》十卷中的裏頭的奏議輯出，單獨成奏議八卷，即卷十四至二一，包括「奏議補遺」兩卷。「今考其奏議八卷，編輯殊無倫次，重收，誤署年代，以面奏爲文，或謹述史事而無文，不勝枚舉。考之《韓魏王家傳》，其奏議全輯自《家傳》，而割裂連綴，拙劣殊甚。」〔註 12〕康刻本此後流傳到日本，天保十五年（1844）大洲藩明倫堂刻《韓魏公集》三十八卷以及《家傳》、《別錄》、《遺事》等，即據康刻本而翻刻。

三

清代曾多次刊刻過《安陽集》，而且出現過二十卷本，在版本流傳上值得探索。最早刊刻《安陽集》當屬康熙五十六年（1717）徐樹敏晚香書屋刻本，這個本子爲萬曆書錦堂刻本的重刻。康熙本有徐樹敏《重刻安陽集序》，謂：「康熙二十九年，予受命令安陽，至即拜公祠下，私幸獲蒞公故土，大懼不克勝任以爲公羞，每思得誦公言論，追公治行以爲師法。因求公遺集而讀之，而舊刻漫漶，僞缺不可卒讀。於是別求善本及家藏舊刻，公退之暇，輒校勘討論，而重鋟諸梓。數月訖工，於是公之遺文燦然矣。」〔註 13〕徐樹敏字玉山，號師魯，蘇州府崑山縣人。康熙二十九年任安陽縣知縣，五十九年任戶部郎中。清朝大藏書家徐乾學之子，有兄徐炯、徐樹谷，弟徐樹屛、徐駿，徐氏父子在康熙朝頗有名聲。這裏有一個問題，即徐樹敏知安陽縣令在康熙二十九年，當年他就重刻《安陽集》，爲何過了二十七年後才有徐氏晚香書屋刻本？可能是當年他在安陽本地刊刻的集子現已無存，而他帙滿南歸時將板片帶回了崑山，又以此重刷《安陽集》，這就是目前能見到的晚香書屋刻本。蔣緘三在乾隆五年（1740）任安陽縣令時，即購得徐氏殘缺本補刻。補刻本前有沈德潛《補刻乾隆徐本韓魏公文集序》云：「既晉西曹，乞假歸，嘗手是編，並以示子孫，使讀公書而尚論其世。集舊本漫漶磨滅，前令崑山徐先生師魯重付梓矣，至是復多殘缺。先生購崑山缺本，次第鐫補之，既成，命德潛草序。」〔註 14〕今徐氏刻本與蔣氏補刻本均存，書目皆有著錄。

〔註 12〕祝尚書《宋人別集敘錄》卷五《安陽集》，中華書局 1999 年，第 200 頁。
〔註 13〕徐樹敏《重刻安陽集序》，祝尚書《宋集序跋彙編》卷六，中華書局 2010 年，第 282 頁。
〔註 14〕沈德潛《補刻乾隆徐本韓魏公文集序》，祝尚書《宋集序跋彙編》卷六，中華

　　與蔣緘三補刻《安陽集》的同時，知安陽縣事陳錫輅在乾隆四年（1739）用萬曆書錦堂本重新校刻《安陽集》，板成後遂置板片於書錦堂。陳錫輅《安陽集序》云：「《安陽集》五十卷附《家傳遺事》十二卷，明萬曆乙酉鄴郡司理內江張公刻置於書錦堂，其集稿則得之鄉賢郭文簡公，文簡公又得之同邑侍御張公刻於河東之行臺者。為時既久，其板漶漫耗矣。至國朝康熙時，前令崑山徐公重加校刻，攜其板而南。乾隆戊午錫輅修輯邑乘工既竣，亟謀梓之，請諸郡守三韓滿公、司馬安溪李公、別駕雉皋丁公，咸嘉其事，各捐清俸，與邑之薦紳先生共襄厥成，自客冬迄今仲夏凡八閱月而剞劂告畢。」〔註15〕三十年後，陳錫輅重刻本之板片又漸漫漶，另外一位安陽令黃邦寧在乾隆三十五年（1770）重修之。黃邦寧《重修安陽集序》云：「韓忠獻公《安陽集》板藏於書錦堂者，鋟於乾隆四年戊午，距今未久，未大缺損，第其編次多未協，體制字畫之舛者及漶漫者頗多，余舊讀是書即有心整頓之。歲丙戌守土於茲，瞻拜公之祠墓，歎其不修且壞，輒俸鳩工先新祠宇，禁邱木之翦伐者。逮今歲庚寅然後取是整頓之。所增刻於卷首者，今天子之綸音也、公之遺像及宋孝宗所撰贊也，神宗所製兩朝顧命定策元勳之碑也，史之本傳也。所增刻於簡末者，歐蘇二公之《晝錦堂》、《醉白堂記》也。所易置者舊刻遺事家傳十餘卷隸於集後，今改而序諸本傳之下也，綜為十卷，頓改舊觀。剞劂既成，余夙心於是乎一慰。」〔註16〕

　　從黃序中可知，黃邦寧此次所做重修，將陳錫輅重刻本後面附錄的《遺事》、《家傳》移到前附《宋史》本傳之下。在內容編排上，黃本將《安陽集》細分為十集。根據《安陽集總目》可知十集分別為：甲集收御製論、御製贊、諭祭文、序、例言、遺像、像贊、宋神宗御製碑、宋史本傳、家傳卷一至卷三。乙集收家傳卷四至卷九。丙集收家傳卷十、別錄序、別錄上、別錄中、別錄下、遺事、文集目錄。丁集收文集卷一至卷七。戊集收文集卷八至卷十七。己集收文集卷十八至卷二十五。庚集收文集卷二十六至卷三十四。辛集收文集卷三十五至卷三十九。壬集收文集卷四十至卷四十六。癸集收文集卷四十七至卷五十。而且，黃邦寧還根據新舊本韓集，相互補充闕失，對於新舊本中都缺的文字，採取守缺存疑的態度，不妄加改動，體現了嚴謹的刻書

　　　書局 2010 年，第 285 頁。

〔註15〕陳錫輅《安陽集序》，祝尚書《宋集序跋彙編》卷六，中華書局 2010 年，第284 頁。

〔註16〕黃邦寧《重修安陽集序》，祝尚書《宋集序跋彙編》卷六，中華書局 2010 年，第 286 頁。

精神。黃邦寧重修本除了黃序外，尚有沈鳳來《重修安陽集序》、湯陰縣知縣李林《重修安陽集跋》、河南按察使譚尚志《重刻安陽集序》。其中，譚序對《安陽集》的流傳略作考訂，其謂：「公著作自《安陽集》外《奏議存稿》尚一百九十二卷，今皆不可得見，惟《安陽集》傳於故里，一刻於前明萬曆間，再刻於國朝康熙間，三刻於乾隆四年前安陽令陳錫輅，閱今三十餘載，板浸漶漫，今彰德太守黃公景慕先哲，重較而梓行之。」〔註17〕咸豐二年（1852），書錦堂又將黃本重刊，增加了載鸞翔錄《上諭韓琦從祀文廟》一文。

　　黃邦寧重修本是在陳錫輅重刻本的基礎上進行修訂的，而陳錫輅重刻本又是翻刻萬曆書錦堂本，書錦堂本是正德張士隆刻本的重刊，所以清代安陽幾次重修、重刻《安陽集》，其實是明正德本的翻刻本，其傳承關係一目了然。經過幾百年的傳承，黃邦寧重修本與其祖本張士隆刻本在內容上出現了一些變化。首先是黃本有不少缺文，如文集卷七律詩《呂景初殿院被召歸闕》、《初伏柳溪》、《重九以疾不能主席因成小詩勸北園諸官飲》、《並寒秋晚》、《賀觀文富公遷職》、《水嬉》，卷十六律詩《辛亥三月十八日遊御河二首》、《遊河遇雨》、《次韻荷致趙少卿》、《喜雨應禱》等詩缺內文。這些缺文的原因，正如黃序所說：「韓忠獻公《安陽集》板藏於書錦堂者，鋟於乾隆四年戊午，距今未久，未大缺損，第其編次多未協，體制字畫之舛者及漶漫者頗多，余舊讀是書即有心整頓之。」黃邦寧等人沒有見到正德刻本原書，所以無法進行校勘補遺。其次是黃本多了一些序跋以及其它的內容，如宋熙寧乙卯王岩叟《忠獻韓魏王別錄序》、《朱文御製論》、《朱文御製贊》、《朱文論祭文》、《宋神宗御製兩朝顧命定策元勳之碑》、《宋史本傳》、《遺像》、《像贊》等。再次，黃本將舊刻《遺事》、《家傳》十餘卷由集後改置於本傳之下，綜合為十卷，做到內容整齊劃一。

　　清代還出現過一種二十卷本的本子，即康熙四十八年（1709）張伯行正誼堂刻本《韓魏公集》二十卷。張伯行本半葉十行二十二字，左右雙欄，雙魚尾，題「儀封張伯行孝先甫重訂」。有康熙四十八年（1709）張伯行原序，明正德九年（1514）曾大有序、《韓魏公文集目錄》、宋程珌《書忠獻魏王章表後》。卷次分別為：卷一到卷九收各類文章共計239篇，卷十至卷十九收《家傳》，卷二十收《別錄》、《遺事》。如此看來，張伯行所編《韓魏公集》其實

〔註17〕譚尚志《重刻安陽集序》，祝尚書《宋集序跋彙編》卷六，中華書局 2010 年，第 290 頁。

只是一個韓琦文集，而且收錄的還不全。同治五年（1866），福州正誼書院據張伯行本收入《正誼堂全書》。

　　乾隆間編修《四庫全書》，集部收入《安陽集》五十卷，注明是內府藏本，未知是何本。《四庫全書總目》卷一百五十二集部五：「宋韓琦撰。琦事跡具《宋史》本傳。其集晁公武《讀書志》、陳振孫《書錄解題》、《宋史‧藝文志》俱作五十卷。此本目次相符，蓋即原本。」〔註18〕四庫館臣將明刻本中的《安陽集》五十卷照錄，而將其附錄的《家傳》、《別錄》、《遺事》單獨剔除，收入其它部類中。《安陽集提要》接著說：「此集之後，舊附家傳十卷，別錄、遺事各一卷。檢驗《通考》三書，本各自為目，乃後人彙而附之。今仍釐原帙，別著錄於史部，從其類焉。」這樣，就造成了《安陽集》五十卷無附錄一種本子。今存文淵閣四庫全書本《安陽集》與文津閣四庫全書本《安陽集》，均已經影印出版，二者是否為同一個祖本，相互有無差異？今查文淵閣、文津閣兩本對比可知，文津閣本《安陽集》在卷七律詩多了《水嬉》一首，存「巧匠矜能作水嬉偶形千狀擬真為機關自謂無知者手足其如有見時釣叟投竿魚自出舞姬揮闋」等字。此外，還多一篇無標題，存「晉陽封守遠睢陽空有馳魂若侍傍處世少容雖鑿枘與公相協自宮商冥源適知難慕疲駕將顛失預量新句暗投頻駭目少陵光焰極輝煌」等字。這個情況與明代的兩種刻本安氏校正本、正德張士隆刻本很相似，因為張士隆刻本也是多出這一首《水嬉》及殘句。是不是可以這麼說，清代內府本同時藏有明代安氏校正本和正德張士隆刻本，而且將這兩種明刻本分別作為底本用在文淵閣本、文津閣本中。如此，則正德張士隆刻本、萬曆書錦堂刻本、康熙徐樹敏晚香書屋刻本、乾隆黃邦寧刻本與文津閣本《安陽集》是一個系統，出自同一個底本，而文淵閣本則出自安氏校正本。

　　根據以上所考，可以得出以下結論：韓琦在生前即開始有意識的收集自己的詩文，編好了多種著作，例如《安陽集類》五十卷、《二府忠議》五卷、《諫垣存稿》三卷、《陝西奏議》五十卷、《河北奏議》三十卷、《雜奏議》三十卷等，但一直沒有刊行。宋代曾多次刊刻《安陽集》五十卷，今均不存。目前能見到最早的本子為明正德九年張士隆刻本《安陽集》五十卷，後附《家傳》十卷《別錄》三卷《遺事》一卷。張士隆刻本影響很大，萬曆張應登書錦堂刻本、康熙徐樹敏晚香書屋刻本、乾隆黃邦寧刻本、文津閣《四庫全書》

〔註18〕永瑢等《四庫全書總目》卷一百五十二，中華書局 2003 年，第 1311 頁。

本均屬於張刻本系列。明代安氏校正本是與張刻本同時代的刻本，在時間上可能要早於張刻本，後來爲文淵閣《四庫全書》本作爲底本收入。在《安陽集》的版刻流傳史上，曾先後出現過《安陽集》五十卷附《家傳》十卷《別錄》三卷《遺事》一卷本、《安陽集》五十卷本、《韓魏公集》三十八卷本、《韓魏公集》二十卷本四個系統刻本。在質量方面以安氏校正本《安陽集》五十卷本爲最善，正德以下的各本，又是是清代翻刻的各種《安陽集》，所出現的闕文和訛誤，均可以安氏校正本進行補訂。萬曆康丕揚刻《韓魏公集》三十八卷本在編撰、校勘方面質量最差，代表了明人刻書空疏的時代風貌。清代所編《韓魏公集》二十卷本雖不是全本，但在傳播韓琦文章方面起到了積極地作用，貢獻不可抹殺。

（原載《青海社會科學》2015 年第 4 期）

《升菴文集》版本源流考

　　《升菴文集》又稱《太史升菴文集》、《升菴先生文集》、《太史升菴全集》、《升菴全集》、《升菴集》等，明代楊愼撰。楊愼（1488～1559），字用修，號升菴，明宰輔楊廷和之子，四川新都人。楊愼少年時聰穎過人，十餘歲即能吟詩作文，人皆驚歎不已。正德六年（1511）殿試第一，授翰林院修撰。嘉靖三年（1524）眾臣因「大禮議」，違背世宗意願受廷杖，楊愼謫戍雲南永昌衛，居雲南三十餘年，死於戍地。《明史》卷一百九十二有傳。楊愼一生勤於著述，有《升菴文集》八十一卷、《升菴外集》一百卷、《升菴遺集》二十六卷、《升菴長短句》三卷、《陶情樂府》四卷、《二十一史彈詞》十二卷等傳世。《明史·藝文志》載「《楊愼文集》八十一卷、《南中集》七卷、詩五卷、詞四卷」〔註1〕。按，《明志》此記有誤，因爲《文集》八十一卷本身就包含《南中集》七卷、《楊升菴先生詩》五卷、《升菴長短句》三卷（《明志》誤爲四卷）中的內容。若是按楊愼著作刊刻存世記載，則他還有《升菴外集》一百卷、《升菴遺集》二十六卷、《南中續集》四卷、《升菴七十行戍稿》二卷等，都有明刻本存世，理應一併記入。《明史》本傳謂「明世記誦之博，著作之富，推愼爲第一。詩文外，雜著至一百餘種，並行於世。」〔註2〕據四川省圖書館所編《楊升菴著述目錄》，楊愼著述多達二百九十八種。這些著作內容繁富，舉凡經史子集皆有涉獵，而且大多是升菴貶謫雲南後撰述成書，對研究明代文學具有重要的參考價值。本文打算依據有關文獻，借鑒前人研究成果，對《升菴文集》的版刻流傳略作考述，以供參考。

〔註1〕　《明史》卷九十九《志》第七十五《藝文志》四，中華書局1974年，第2473頁。
〔註2〕　《明史》卷一百九十二《列傳》第八十，中華書局1974年，第5081頁。

一、《升菴文集》的編撰成書及其在明代的多次刊刻

楊慎的著述在身前就有不少刊刻問世，但多爲單行本，如嘉靖二十四年（1545）譚少嵋刻《升菴南中集》六卷、嘉靖二十九（1550）年刻《南中續集》四卷、嘉靖三十二年（1553）刻《南中集續鈔》五卷、嘉靖三十一年（1552）刻《楊升菴詩》十卷等。王文才《楊慎學譜》中卷《升菴著述錄》、傅增湘《藏園群書經眼錄》卷十六集部五就記載了不少刊本。王炎《楊升菴著述繫年》對楊慎一生各個時期著述刊刻情況有較詳細的記述，可參看〔註3〕。大規模的搜集整理成文集流傳，則是在他去世後，如通行的《太史升菴文集》八十一卷本即是。但在楊慎身前也有人刊刻過《升菴文集》，這就是嘉靖三十五年（1556）宋少宇在瀘州刊刻的《升菴集》二十五卷本。明代朱睦㮮《萬卷堂書目》卷四著錄「《升菴集》二十一卷《升菴續集》四卷」〔註4〕就是這個本子。寒齋所藏道光甲辰影明板重刊本《升菴遺集》卷十三有《送宋少宇侍禦北還宋公刻余詩文於江陽故句中及之》七律詩一首，可大致考知宋少宇刻本的情況。據楊慎友人簡紹芳編《贈光祿卿前翰林修撰升菴楊慎年譜》〔註5〕可知，從嘉靖三十一年（1552）九月到嘉靖三十八年（1559）春，楊慎僑寓瀘州凡七年。宋少宇巡撫四川事在嘉靖三十五年（1556），在任期內編刻《升菴集》二十五卷，應該是經過楊慎本人審閱校訂過的。費經虞《劍閣芳華集》卷五簡紹芳小傳云「在滇與慎唱和，定較慎集，紹芳爲多，張愈光諸人不及也。慎集蜀本，紹芳所序也。」〔註6〕王藩臣《重刻楊升菴先生文集敘》說「其集初刻於江陽，遺文逸翰，家多有之，今所翻校，以羈跡仕途，未遑盡括。」〔註7〕按，江陽即瀘州，這是《升菴文集》嘉靖刻本最直接的證據。瀘州刻《升菴集》二十一卷《升菴續集》四卷，是簡紹芳在昆明編訂《升菴文集》的基礎上重新加以修訂的，其間經過楊慎本人的審訂，簡

〔註3〕 王文載《楊升菴誕辰五百週年學術論文集》，四川大學出版社 1994 年，第 272 頁。

〔註4〕 馮惠民、李萬健等主編《明代書目題跋叢刊》下冊，書目文獻出版社 1994 年，第 1097 頁。

〔註5〕 簡紹芳編《楊慎年譜》，見王文才選注《楊慎詩選》，四川人民出版社 1981 年，第 200 頁。

〔註6〕 王文才《楊慎學譜》中卷《升菴著述錄》，上海古籍出版社 1988 年，第 316 頁。

〔註7〕 王文才、張錫厚輯《升菴著述序跋》中卷《別集文論之屬》，雲南人民出版社 1985 年，第 118 頁。

紹芳作序，由宋少宇主持刊刻。因爲這個本子加上續集才二十五卷，較之後來通行的《升菴文集》八十一卷本，少了三分之二的篇幅，流傳不廣，後來竟被八十一卷本所取代，至今看不到傳本，以至我們無法窺探其本來面目。

那麼簡紹芳在昆明編訂的《升菴文集》是否刊刻過呢？王文才先生在《楊升菴叢書》第三冊《後記》中開頭就說：「世傳《升菴文集》，自明以來，編刻非一。嘉靖已有滇、蜀、吳中三本，萬曆又有蜀刻、再刻及金陵三刻諸本。」〔註8〕王先生之所以這麼說，主要是因爲上引費經虞《劍閣芳華集》卷五「在滇與愼唱和，定較愼集，紹芳爲多」以及《升菴遺集》卷十二《二月十二日司馬顧公重過高嶢海莊》詩注「公序鄖集謂，有無論漢魏、屈宋不多讓之語」的記載。按，詩題中的「顧公」爲顧應祥，此人曾於嘉靖六年（1527）、嘉靖二十八年（1549）兩度巡撫雲南。兩條材料說的很明白，簡紹芳在昆明編訂過楊集，顧應祥則爲楊集撰寫序言，但都沒有說明當時是否刊刻過《升菴文集》。我們知道，整理編訂文集，請人撰寫序言都是刊刻文稿的必要前奏工作，可是，整理好了的文稿因爲種種原因當時沒有及時刊刻流傳的情況也有不少。就算是退一步講，由簡紹芳編訂、顧應祥作序的楊集在昆明刊刻過，有沒有可能是《南中集》、《南中續集》、《楊升菴詩》這類單行本別集而不是《升菴文集》這樣的全集呢？這些都需要確切的文獻材料來左證。查《雲南省圖書館善本書目》、《雲南大學圖書館古籍善本書目》等均不見有嘉靖滇刻本《升菴文集》。再查閱《中國古籍善本書目》、《四川省古籍善本書聯合目錄》、《中國善本書提要》、《明別集版本志》、《明代版刻綜錄》等各種善本書目，也未見有嘉靖滇刻本的記載。收藏楊愼著作比較齊全的新都楊升菴博物館，只有四套《太史升菴文集》萬曆刻本，其中三套是殘本，僅明萬曆陳大科校刻本《太史升菴全集》八十一卷本是完整的。王文才、張錫厚輯《升菴著述序跋》一書所收《升菴文集》，也僅見萬曆刻本。《北京圖書館古籍善本書目》集部之明別集類載「升菴南中集」七卷，明嘉靖十四年王廷刻本，一冊。《升菴南中續集》四卷，明嘉靖刻本，一冊。《楊升菴詩》五卷，明嘉靖二十四年譚少嵋刻本，一冊。」〔註9〕《南中集》與《南中續集》均爲楊愼在雲南貶謫期間所作，刊刻也在雲南。極有可能簡紹芳在昆明編訂刊刻的是《升菴南中集》與《升菴南中續集》，而不是《升菴文集》。

〔註8〕王文才、萬光治主編《楊升菴叢書》第三冊，天地出版社2002年，第1111頁。
〔註9〕《北京圖書館古籍善本書目》集部，書目文獻出版社2003年，第2356頁。

萬曆二十九年（1601）王藩臣、蕭如松秣陵刻《升菴先生文集》八十一卷本有陳邦瞻《楊用修太史集敘》一篇，文末說：「用修集初刻於蜀，今侍御王公復刻之秣陵，不佞樂其傳之益廣也，以爲一代之文在是，故爲序其端如此，然非不佞言也，不佞所聞當世作者之言也。」〔註 10〕陳邦瞻所說「用修集初刻於蜀」，從文獻上給我們找到了嘉靖無滇刻本《升菴文集》的一個佐證，因爲陳氏寫此序言，距離升菴辭世不遠，應該清楚文集的刊刻情況。

寒齋所藏光緒二十七年（1901）錢塘丁氏刊本《善本書室藏書志》卷三十七載「《太史升菴集》二十六卷，舊抄本，成都楊愼著，孫金吾宗吾輯。」按，丁丙所藏此《太史升菴集》二十六卷應爲《太史升菴遺集》二十六卷，目錄衍一「遺」字，因係抄本，或爲抄手所爲。

嘉靖年間所刻《升菴文集》唯一能見到實物的，是周復俊編訂《升菴文集》二十卷本，嘉靖三十六年（1557）刻於吳中。北京市文物局藏有一部，《中國古籍善本書目》漏收此書。此書爲竹紙本，九行十八字，白口，左右雙邊，雙魚尾。版心刻書名，下魚尾刻陰文刻工名氏。前有嘉靖甲子南京太僕寺卿周復俊序，謂：「俊往時總憲蜀臺，解後，公金沙寺謂予，不鄙斯集，幸刻諸吳中。」按，此集爲殘本，僅餘十四卷，存文闕詩，文章分類編排。而且對比萬曆的幾種刻本，文也不全。雖然這樣，這個本子作爲僅存的嘉靖刻本，也是難能可貴的，具有較高的版本價值。

嘉靖刻《升菴文集》無論是二十卷本，還是二十五卷本，從卷數與數量上來講，都算不上是全集性質的。眞正具有全集性質的《升菴文集》的編撰與刊刻，則是楊愼去世後由楊有仁編輯的八十一卷本。據考，萬曆刻《升菴文集》八十一卷本目前能見到的有萬曆十年（1582）蔡汝賢刻本、萬曆二十九年（1601）王藩臣蕭如松刻本、萬曆間陳大科刻本等，刊刻地主要是成都與南京，茲分別論述。

萬曆十年（1582）蔡汝賢刻本《太史升菴文集》八十一卷，目錄四卷。題「成都楊愼著，從子有仁編輯，後學趙開美校」。竹紙十六冊，半頁十行二十字，白口，四周單欄，單魚尾，書口上方刊「楊升菴全集」五字。前有萬曆十年宋仕《太史升菴文集序》、萬曆十年張士佩《訂刻太史升菴文集序》、萬曆十年陳文燭《楊升菴先生文集序》，後有萬曆十年鄭旻《訂刻太史升菴文

集跋》、萬曆十年蔡汝賢《太史升菴文集跋》。目錄依次爲卷一賦類、露布；卷二封事、序類；卷三序類；卷四記類；卷五論類、辯類、說類、解、閒書；卷六書類；卷七碑銘、墓銘；卷八墓銘；卷九祭文；卷十跋類；卷十一贊類、詞類、傳類；卷十二至十四古樂府；卷十五至十七五言古詩；卷十八至十九五言律詩；卷二十至二十二五言排律；卷二十三至二十五七言古詩；卷二十六至三十七言律詩；卷三十一七言律詩、七言排律；卷三十二至三十三五言絕句；卷三十四至三十五七言絕句；卷三十六七言絕句、七言六句；卷三十七至三十九長短句；卷四十六言四句至八句；卷四十一易；卷四十二書詩；卷四十三春秋；卷四十四禮樂；卷四十五書；卷四十六諸子；卷四十七至五十一史類；卷五十二至五十三文類；卷五十四至六十一詩類；卷六十二至六十四字類；卷六十五璅語；卷六十六至七十二雜類；卷七十三仙佛；卷七十四至七十五天文；卷七十六至七十八地理；卷七十九至八十花木；卷八十一鳥獸。此書丁丙《善本書室藏書志》卷三十七、繆荃孫《藝風藏書記》卷七、傅增湘《藏園群書經眼錄》卷十六有著錄。中國國家圖書館、上海圖書館、四川省圖書館等全國三十一家圖書館入藏。海外美國哈佛大學哈佛燕京圖書館、日本靜嘉堂文庫等也有入藏。

宋仕序云：「余奉命按蜀，咨詢耆舊文獻，乃藩臬諸君咸稱，升菴遺文宜爲表率，唯種襃猥繁，今已多散落，恐久而就湮沒矣。於是謀之撫臺濾濱張公，檄藩司求之先生令侄大行益所君，抄錄若干卷。凡先生閎言眇詞，徹於著述比興者，亦略具是。爰屬稍加釐訂，刪要歸正，道而論之。自一卷至四十卷，爲賦、序、記、論、書、誌銘、祭文、跋贊、詞傳與各體詩，皆取之文集而以類編纂者。自四十一卷至八十一卷，皆訓釋，整齊百家雜語，取諸《丹鉛輯錄》、《譚苑醍醐》、《巵言》等書，而以類編纂者，總名之曰《太史升菴文集》。」張士佩序云：「余奉命撫蜀，謀之巡察可泉宋公，以文獻宜爲表章，議克協矣，爰檄藩司往從，悉取其書。得之其家大行以義君藏輯者，有先生文集若干卷，賦序記論，書志碑贊詞傳，與各體詩，凡厥述懷贈述者具焉，因就而掄次之。復得《丹鉛輯錄》、《譚苑醍醐》、《藝林伐山》、《巵言》各種雜著，凡厥探賾索隱者具焉，因刪而彙編之，刊削膚引，勒成一家之言，總之爲八十一卷。」蔡汝賢後跋云：「萬曆乙亥，余之出守西川也，時與沔陽陳玉叔謀刻升菴楊太史文集，已而弗果。歲辛巳余再入蜀，承撫臺濾濱張公，侍御可泉宋公檄，購先生從子益所公，得家本數種，與未梓者若干篇，不揣

寡昧，刪重複，萃菁英，稍加品列，肇壬午之春，歷三時而竣於仲秋。卷分八十一，取陽數也。」從上引三段序跋中，我們可以得知蔡汝賢刻《太史升菴文集》的大致情況。蔡汝賢，字用卿，又字思齊，號龍陽，明松江華亭人。隆慶二年（1568）進士，萬曆三年（1575）、萬曆九年（1581）兩次出守四川，萬曆十三年（1585）出任廣東布政司參政，終兵部侍郎。蔡氏在四川藩司任上跟同僚陳文燭謀劃刻印楊升菴文集，得到上司宋仕跟張士佩的大力支持，從楊慎從子楊有仁手中購得若干遺存文稿，加上已得到的其它著作，合刊成《太史升菴文集》八十一卷。從署名上看，這個本子是得到了楊有仁的增補編訂的，由蔡汝賢萬曆十年編成刊刻於成都。張士佩，字玫父，陝西韓城人。嘉靖三十五年（1556）進士。曾任紹興推官、山西布政使、南京戶部尚書，後罷官歸里。萬曆三十五年（1607）主持編纂的《韓城縣志》，雍正《陝西通志》卷五十七有傳。宋仕，字原學，號可泉，山東平原人。隆慶五年（1571）進士。仕歷衡水、遵化知縣、監察御史，晉副都御史，轉南京刑部侍郎，擢南京都察院掌院事、右都御史，贈太子少保，道光《濟南府志》卷五十二有傳。據吳廷燮《明督撫年表》卷五〔註11〕，張、宋二人於萬曆十年前後均曾入四川為官，出於對四川鄉賢的景仰之情，對蔡汝賢刊刻《太史升菴文集》給予了很大的幫助。

《四庫全書總目》所收之書，為萬曆中四川巡撫張士佩所訂本，實為蔡汝賢刻本。蔡刻本奠定了《太史升菴文集》以後各種刻本的基礎，從卷數到體例，幾乎不出此本的範圍。

蔡刻本問世十多年後，在南京出現了王藩臣、蕭如松刊刻的另外一種《升菴文集》，這就是萬曆二十九年（1601）秣陵刻本《升菴先生文集》八十一卷目錄四卷。此書竹紙二十四冊，半頁十行二十字，左右雙邊，白口，單魚尾，書口上方刊刻「楊升菴文集」。題「成都楊慎著，從子有仁編輯，後學趙開美校正，高安陳邦瞻重校，江陽王藩臣、內江蕭如松同校」。前有萬曆十年宋仕《太史升菴文集序》、萬曆十年張士佩《訂刻太史升菴文集序》、萬曆十年陳文燭《楊升菴先生文集序》、萬曆二十九年蕭如松《重刻楊太史升菴先生文集後序》、萬曆二十九年王藩臣《重刻楊升菴先生文集敘》、陳邦瞻《楊用修太

〔註11〕 吳廷燮《明督撫年表》卷五四川「萬曆八年」條載「三月升山西布政使張士佩右副都御史，巡撫四川。萬曆十年十月，四川巡撫張士佩吏部右侍郎」，可知張士佩於萬曆八年至十年任四川巡撫。《明督撫年表》下冊，中華書局 1982年，第 588 頁。

史集敍》（未署年月），後有萬曆十年（1582）鄭旻《訂刻太史升菴文集跋》、萬曆十年蔡汝賢《太史升菴文集跋》，卷十五、十七、二十四、三十二、四十末鐫「明新安吳勉學校梓」。此本黃虞稷《千頃堂書目》卷二十二、繆荃孫、吳昌綬、董康《嘉業堂藏書志》卷四著錄。據《中國古籍善本書目》，上海圖書館、南京圖書館、四川省圖書館、重慶圖書館、四川師範大學圖書館等三十四館，臺灣中央圖書館、美國哈佛大學哈佛燕京圖書館、日本靜嘉堂文庫、內閣文庫入藏。

王、蕭刻本在卷數與目錄體例上與蔡刻本基本上無異，可以算作是翻刻本。在開本上，秣陵刻本略小於蜀刻本。字體也有變化，蜀刻本的字體是楷體寫刻，此本則用明代常見的書刻體。目錄上，從卷二十五言排律中挑出少數放入前邊的五言古詩中。在卷八十一後有「新增」詩歌八首作爲輯佚附錄，卻不知新增的《永寧雜言》五首已經收錄在《升菴遺集》卷十七中。蕭如松序云：「先生從子侍御以義君，余同年友也。頃得其所編次先生全集，則前記在念，惟家世幽貞苦節，得與雄文俱傳，私心竊慶幸之。復念集刻僅蜀本，海內士誦法先生者，每恨不獲家有其書，遂與同臺介甫王君謀，刻之秣陵。」王藩臣與蕭如松萬曆二十九年（1601）不僅在南京刊刻了《升菴先生文集》八十一卷，還刊刻了《趙文肅公文集》二十三卷。王、蕭二人均爲四川人，能在南京出資刊刻《升菴先生文集》、《趙文肅公文集》這兩位同鄉先賢的文集，是很了不起的事情。

在秣陵刻本付梓前後，陳文燭的兒子陳大科也在四川刊刻了一部八十一卷的《太史升菴全集》，因這部書陳大科在《刻太史楊升菴全集序》中沒有署具體年月，只能大致確定是萬曆間刻本，世稱陳刻本。前邊我們說的嘉靖刻本，萬曆蜀刻本、秣陵刻本，書名爲《太史升菴文集》或者《升菴先生文集》，而陳刻本則徑署《太史升菴全集》，這是楊愼著作刊刻史上第一次使用「全集」者。陳大科（1534～1601），字思進，號如岡，明直隸通州崇明（今江蘇省南通市）人。隆慶五年（1571）進士，累仕右都御史，兼兵部侍郎，後總督兩廣，著有《陳如岡文集》二卷，《四庫全書總目》卷一百七十九著錄。此書八十一卷目錄上下二卷，白紙十六冊，半頁九行十九字，白口，左右雙邊，單魚尾，版心上鐫「楊升菴」。卷三鐫有刻工余仁、劉龍名。題「成都楊愼著，從子有仁錄，韓城張士佩彙，維揚陳大科校」。王重民《中國善本書提要》集部別集類、《四川省古籍善本書聯合目錄》卷四、《成都市古籍

聯合目錄》集部別集類著錄。據《中國古籍善本書目》，有北京大學圖書館、中國社科院文學所圖書館、上海圖書館、四川省圖書館等十六家圖書館入藏。陳大科序云：「余從都下過先生從子侍御君所，得見先生全集焉，則韓城張公並彙詩文，刻諸蜀中矣。曾殺青幾何時，而其字已剜且蝕矣，此其摹印之者眾矣，誰謂雞林紙貴之語誕也哉！頃以其暇，奉笥中所受諸遺書，參以蜀本，手讎校焉，而付之剞劂，成先志也。」原來陳大科從南京到成都楊有仁家中見到蔡刻本版片，因為刷印多次導致字體「已剜且蝕」，不能再用，遂萌發重刻升菴文集的想法。陳序又說其父陳文燭司寇雲南，從滇蜀得楊慎著作數十種，悉數交給他閱讀，而且讓他以後有機會「將謀彙刻之」。故他以蔡汝賢刻本為底本，參照先前其父交給他的數十種升菴遺書，「手讎校焉，而付之剞劂」，總算是完成了陳文燭當年的願望。

陳大科在蔡刻本的基礎上做了如下的工作：首先，他根據其父先前所得的數十種升菴遺書，參照蔡刻本，做了詩文增補，分別按照體例增訂在各卷之中，從而充實了全書的分量，盡可能的保存了升菴詩文。在前四十卷中，陳大科主要根據《滇中集》增補了卷一《梅花賦並序》、卷十九《癸卯九日憶張月塢》、卷二十二《安寧溫泉詩並序》、《遊三塔寺晚登鶴雲山麓》、卷二十五《贈李中溪》、《題梁生霄正蒼山奇石屏歌》、卷三十《折楊柳》、卷三十三《高嶢十二景詩》、卷三十六《自楊林過板橋》、《留別劉仲粟》、卷三十九《自香松堡至金龍哨，山水清奇，馬上贈王天敘丘鴻夫》、《漁家傲》（月節詞）、《鶯啼序》（高嶢海莊十二景圖）、卷四十《飛靄澄暉樓葉兩湖簡西畧同賦》等十四題三十六篇詩文。可見楊有仁、蔡汝賢在編訂刊刻《太史升菴文集》時候沒有見到《滇中集》，不然不會有如許多的遺漏。查各家書目，知楊慎《南中集》、《南中續集》存世較多，而《滇中集》罕見，從某種意義上講，陳大科根據《滇中集》補訂《太史升菴全集》，客觀上保存了楊慎詩文，功不可沒。其次，陳大科在編訂中，對升菴全集中出現的偏僻字詞在當頁天頭或篇末做了注釋，包括音注跟釋義，屬於音韻訓詁之學，對閱讀理解升菴詩文頗有幫助。例如卷一《戎旅賦》就有「腄，音豆，頸也。跢，切多，去聲。趏，音諸，鳥跳貌。唶，音借。蟨，音位。蛄，音姑。鼪，音生，鼬，音右，野鼠也。欱，音喝。崦嵫音淹茲，山名。」卷六《答重慶太守劉嵩陽書》有「刖，音月，絕也，又斷足也。嚆，虛交，切孝平，聲大呼也。」整部書中像這樣的音注釋義，可謂累累，從中也可以見出陳大科深厚的文字學

造詣。再次，陳大科在編訂文集中，時下按語，表明己意。如卷二十卷首有「按，二十卷至二十二卷共彙排律七十四首，今校之，似止得三十三首，餘四十一首，皆選體及古謠漢魏康樂徐庾諸體，宜入五言古詩中，爰各注古字於上方，以別之。」這條按語說明，陳大科對於蔡刻本的詩體分類編排是有看法的，故他將蔡刻本中的非五言排律標明記號，以視區別。這樣做，既沒有擅自改變原書的次序，又表明了自己的意見，是一種比較合理的做法。

陳大科編訂刊刻的《太史升菴全集》八十一卷，雖然在詩文卷數、體例編排方面跟蔡汝賢刻本無大異，但是這個本子稱得上是《升菴文集》的定本，而且陳氏編訂此書，也算是古籍整理研究。詩文補遺、字詞注音釋義、詩體編排，以及多處的按語，都是文集整理中的重要工作。陳刻本一出，影響很大，流傳也廣。後來乾隆六十年（1795）新都周氏養拙山房刊刻的《太史升菴全集》八十一卷本以及民國十八年新都同文會刻印的《太史升菴全集》八十一卷本都是以陳刻本為底本刻印的。

吉林大學圖書館藏有一部明萬曆陳大科刻清初宮偉鏐重修本《太史升菴全集》八十一卷本，題「宮資陽先生重校，崇川陳氏原本，吳陵宮氏補遺」。此書惜不曾寓目。

萬曆年間還有秀水閱覽齋刊刻《升菴楊太史合編》二十四卷本。半頁十行二十字，白口，四周單邊，無魚尾，版心上鐫「閱覽齋彙函」。湖北省圖書館、中央民族大學圖書館各藏有一部。此書由卜世昌編輯，總目一卷，分集七種，分別是：《楊升菴先生賦集》一卷、《楊升菴先生文集》十卷、《楊升菴南中集》二卷、《楊升菴先生詩集》二卷、《升菴先生七十行戍稿》一卷、《楊升菴先生詩集補》七卷、《楊升菴先生詩餘》一卷。前有長水譚昌言《楊太史合編敘》，未署年月。敘曰：「余友卜君聖瑞諱世昌者，博訪遺篇，得蜀本全集，並《南中》《玉堂》《行戍》諸稿，彙而刻之，刪其重複，訂其亥豕，名曰《升菴合編》。」譚敘雖無年月，但從「得蜀本全集」可以推知，此書當在陳大科刻本之後。由於是升菴著作合編，算是叢書，參編者有多人，這從每書卷首題刻中可以得知。《楊升菴先生賦集》、《楊升菴先生詩集補》、《楊升菴先生詩餘》由「秀水卜日义校」，《楊升菴先生文集》由「秀水卜世昌、卜不遺同校」，《楊升菴先生南中集》、《升菴先生行戍稿》由「秀水卜日义、姚澧同校」，《楊升菴先生詩集》由「秀水卜日义、卜世昌同校」。《升菴楊太史合編》二十四卷本由秀水卜氏家族編刊，由於他們在編輯中重新編排，打破了

《太史升菴全集》原書的體例，不免混亂。《賦集》一卷，係從全集中抽出，單獨成書，共十一篇。《文集》十卷，按體分類編排，共收文二百零九篇，刪掉了陳刻本中大量的文章。卷首序類三卷，收入楊慎各類序跋，是反映楊慎學術思想重要的文獻，但卜世昌又將贈序壽序孱入其中，明顯體例不合。但編者從嘉靖本《太史升菴文集》中增補佚文七十多篇，這是一個重大的貢獻。《南中集》二卷從嘉靖刻原本中抄錄，唯獨將原本六卷變爲二卷，可能是卜氏出於對全書總卷數的通盤考慮，蓋因全書二十四卷，《南中集》爲楊慎滇中別集一種，不宜卷數太多。《詩集》二卷《詩集補》七卷，幾乎囊括升菴所有詩篇，但是編者也犯了一個錯誤。《詩集》二卷從《南中集》、《玉堂集》、《南中續集》、《南中集續鈔》四種詩集中撮合彙編而成，這樣就導致全書重複。既然單列《南中集》二卷，那麼在編排《詩集》的時候就不應將《南中集》中的詩篇再次彙入，也可能是卜氏考慮到《詩集》二卷的完整性。《詩集》彙錄各體詩歌近兩百首，但《詩集補》七卷卻從陳大科《太史升菴全集》全錄詩歌四百五十餘篇，加上其它的補錄，有五百多首，這樣就使人感到頭重腳輕。既然《詩集》二卷能融彙滇中四集，爲何又不能一併彙錄萬曆全集本中的詩歌呢？明人刻書缺乏通盤考慮，此爲一例。

萬曆刻本《升菴文集》凡四刻，就是上述的蔡刻本、王蕭刻本、陳刻本、卜刻本。崇禎年間刊刻《升菴文集》，根據文獻記載，僅見崇禎十二年（1639）陳宗器刻本《太史升菴文集》八十一卷一種，此書全國只有山東師範大學圖書館藏有一部。全書十四冊，半頁十行二十字，白口，單魚尾，四周單邊。題「成都楊慎著，從子有仁編輯」，除有宋仕、張士佩序，鄭旻、蔡汝賢跋外，尚有崇禎十年李默《訂刻太史升菴文集序》，諸序後皆鐫「崇禎十二年夏季塾邑陳宗器明宇重刊」。

二、《升菴文集》在清代的刊刻與《四庫全書》本的編修

明代萬曆年間三次刊刻的《升菴文集》八十一卷本，傳世數量較大，故在清代早期一直都沒有刊刻。據考，有清一代，《升菴文集》八十一卷本僅乾隆六十年（1795）由新都周氏養拙山房刊刻過一次，此外還有兩種合纂本問世，分別是道光彙刻本《楊升菴全集》三種二百零七卷目錄二卷，光緒八年（1882）新都王鴻文堂刻本《總纂升菴合集》二百四十卷。此外，民國十八年新都同文會曾據養拙山房本影印過一部《太史升菴全集》八十一卷本。

　　乾隆六十年，新都周參元養拙山房曾用萬曆陳大科《太史升菴全集》八十一卷本翻刻過一次，封面題「乾隆乙卯年重鑴，升菴全集，養拙山房藏板」，卷端鑴「成都楊愼著，從子有仁錄，維揚陳大科校，新都周參元重刊」。這個刻本有兩種版式，一種是半頁九行十九字，白口，四周雙邊，上魚尾。版心上方鑴「楊升菴」，二十四冊。一種是半頁九行二十字，白口，四周雙邊，單魚尾，二十冊。兩種的區別在於單行字數、冊數不同，陳刻本所存在的特徵，例如目錄中的篇目增錄標注以及出處，注音釋義，按語等，這兩種書都原樣保留。唯獨周參元刻本將原書的宋仕、張士佩、鄭旻、蔡汝賢四人的序跋去掉，僅保留陳大科的原序。此外，周參元自己也寫了一個《重刻太史升菴全集序》，置於卷首，署「乾隆六十年歲次乙卯蒲月中浣日，揀發貴州候補吏目署鎮遠府經歷，後學贛九周參元。」周參元還作了一個《升菴先生年譜》，放在目錄前。周序云：「顧參蜀人也，且生於升菴之鄉，幼聞父師講悔，知升菴學通天人，才雄藝苑，且著述之富，冠絕前儒，心竊慕之。因遍求先生遺文，不謂蜀中絕少，片紙隻字無不等之昆玉良金，不獲睹也，怏怏者久之。後薄宦黔中，時時遍訪，偶得《太史升菴全集》一編，乃前明按蜀御史宋可泉先生，偕蜀撫張公濠濱極力搜索，得之升菴之侄之手，而親加釐訂，創爲付梓。後又有侍御陳公諱大科，重爲校訂剞劂者。參批而讀之，始信升菴之學博矣」「爰攜歸以示吾鄉，則莫不傳觀抄錄，若獲拱璧。因思人心共嗜大美，原應共諸天下，況升菴著述，尤其不忍湮滅者。是集自可泉先輩搜羅創刻之，又得御史陳公不憚校讎，重爲鏤板，豈有他哉。不過恐作者之失墜，鑒學者之慕思，爲廣其傳焉耳。參不揣謭陋，用將原書，重爲較刻，公諸同志，正以慕可泉諸先輩傳書之雅。」周序可以算是一個升菴文集刊刻小史，對是書的來龍去脈交代的較爲清楚。

　　因本文主要探討《升菴文集》的版刻流傳，未對《升菴外集》一百卷、《升菴遺集》二十六卷的版本進行研究，這兩種書的情況也比較複雜，萬曆年間就有多種刻本，與《升菴文集》留世並存。《升菴文集》、《升菴外集》、《升菴遺集》三集一脈相承，但是編訂人、刊刻者、付梓地都不盡相同，要想搜求到楊愼的全部著作，實屬不易。基於此，道光年間有人將這三部書合刊，是爲《楊升菴全集》三種二百七卷本。此書全國僅中國科學院圖書館入藏一部。全書八函五十二冊，將乾隆六十年（1795）新都周參元刻本《升菴全集》八十一卷、道光二十四年（1844）新都古桂山房影明板重刻《升菴外

集》一百卷、道光二十四年新都古桂山房影明板重刻《升菴遺集》二十六卷彙刻成《楊升菴全集》一書，從而第一次使楊氏三書彙刻在一起。《楊升菴全集》中的《太史升菴文集》八十一卷採用的是九行十九字本，二十四冊。《升菴外集》一百卷，二十四冊，半頁十行二十字，白口，左右雙邊，單魚尾，版心上鐫「外集」及卷數。封面題「道光甲辰影明板重刊，楊升菴外集，桂湖藏板」，卷端鐫「成都楊慎著，琅琊焦竑編，吳郡顧起元校」。錄萬曆四十四年顧起元《升菴外集序》。《太史升菴遺集》二十六卷，六冊，半頁十行二十字，白口，四周雙邊，單魚尾，版心上鐫「升菴遺集」。封面題「道光甲辰影明板重刊，升菴遺集，古桂山房藏板」，卷端鐫「成都楊慎著，孫金吾宗吾輯，濟南王象幹校，丹陽湯日昭閱」。錄萬曆三十四年湯日昭《太史楊升菴先生遺集序》。

　　跟這套道光《楊升菴全集》二百七卷相似的還有光緒八年（1882）新都王鴻文堂刊刻的《總纂升菴合集》二百四十卷，一百冊。《合集》由新都鄭寶琛纂輯，將《升菴全集》、《升菴外集》、《升菴遺集》三集合刊，又從道光五年李調元萬卷樓刻《函海》叢書第十一函到第十七函楊慎著作中抽取部分雜著，彙集成煌煌二百四十卷的《升菴合集》，堪稱楊慎著作刊刻史上卷數最多、部頭最大的一部書。鄭氏編纂此書，本意是爲了收集升菴所有著作，便於翻檢閱讀，但是他貪多求大，沒有考訂升菴著作的版本流傳情況，導致該書編排混亂，體例不一，而且校讎不精，遠不及舊本之便。鄭氏此書最晚，然影響不及前書，遂湮沒無聞。

　　乾隆年間編修《四庫全書》，以萬曆十年蔡汝賢刻本（即張士佩所訂本）作爲底本，收入集部之中。《四庫全書提要》卷一百七十二云：「此集爲萬曆中四川巡撫張士佩所訂。凡賦及雜文十一卷、詩二十九卷，又雜記四十一卷。蓋士佩取慎《丹鉛錄》、《譚苑醍醐》諸書刪除重複，分類編次，附其詩文之後者也。慎以博洽冠一時，其詩含吐六朝，於明代獨立門戶。文雖不及其詩，然猶存古法，賢於何、李諸家窒塞艱澀，不可句讀者。蓋多見古書，薰蒸沉浸，吐屬自無鄙語，譬諸世祿之家，天然無寒儉之氣矣。至於論說考證，往往恃其強識，不及檢核原書，致多疏舛，又恃氣求勝，每說有窒礙，輒造古書以實之，遂爲陳耀文等所詬病，致糾紛而不可解。孝《因樹屋書影》有曰：『《丹鉛》諸錄出，而陳晦伯正楊繼之，胡元瑞筆叢又繼之。當時如周方叔、謝在杭、畢湖目諸君子集中，與用修爲難者不止一人。然其中雖極辨難，有

究是一義者，亦有互相發明者。予已彙爲一書，顏曰翼楊』云云。其語頗爲左祖，然亦未始非平心解鬥之論也。諸書本別本各行。士佩離析其文，分類排纂，合而爲一，較易檢尋。而所分諸目，較《丹鉛總錄》亦尚有條理。故仍錄之集中，備互考焉。」〔註12〕題下小注：「副都御史黃登賢家藏本」。萬曆年間編刻的三種《升菴文集》八十一卷本，蔡刻本最早，但最完備的本子，當屬陳大科刻本，因爲陳刻本從《滇中集》中補錄了三十六篇詩文，這是宋仕、張士佩、蔡汝賢編訂《升菴文集》所沒有看到的，因而漏收。在嘉靖本難見全帙的情況下，陳刻本就具有很高的版本價值。那麼，四庫館臣在編修《四庫全書》的時候，爲什麼不選陳刻本而選蔡刻本作爲底本呢？這主要是因爲蔡刻本是第一個《升菴文集》八十一卷本的完備本，它的出現奠定了後世《升菴文集》編訂刊刻的基礎。而且，蔡刻本的主要參與者宋仕、張士佩、蔡汝賢三人，都是明隆慶年間的進士，既是官員又是學者，影響相當要大些。再者，《升菴文集》八十一卷本詩文數量較大，而且蔡刻本、陳刻本都是一脈相承，四庫館臣也不見得逐篇查對，兩個刻本之間相差十餘年，所以《四庫全書》本《升菴集》選擇了蔡刻本作爲底本，也就不足爲奇了。

最後順便說說民國時期楊愼著作刻印的情況。民國十八年（1929）新都縣同文會用乾隆周參元養拙山房刻本影印過一套《升菴全集》八十一卷，由新都縣唐鎭培文社石印。卷首有明太史楊升菴先生遺像照片一張，係畫像翻拍。白紙精印，開本闊大，賞心悅目。民國間新都還出過一種《升菴詩集》十卷的排印本，無牌記，無序跋。五冊，半頁九行十九字，單魚尾。從書頁天頭的音注來看，此本當從周參元刻本輯出成集。又有民國二十六年（1937）新都楊氏小紫陽閣重刊《升菴長短句》三卷，一冊，半頁十行二十字，四周雙邊，單魚尾。卷首有民國二十六年楊愼十三世孫楊崇煥《重刊升菴長短句正集序》，署「十三世孫崇煥校刊」、「十四世孫德安覆校」。楊崇煥致力於升菴著述的搜集刊刻，除了這部《升菴長短句》三卷本外，他還編輯了《升菴遺文錄》二卷，民國新都排印本。

（原載《古籍整理研究學刊》2012 年第 6 期）

〔註12〕永瑢等《四庫全書總目》卷一百七十二，中華書局 2002 年，第 1502 頁。

李調元《函海》編修與版刻考論

　　《函海》是清代乾隆時期由四川著名學者李調元編修的一部大型古籍叢書，其內容以歷代蜀人著述爲主，代表了清代四川叢書編纂的主要成就。李調元（1734～1803），字羹堂，號雨村，別署童山蠢翁，常以雨村、童山、調元作爲其著作落款。綿州羅江人。乾隆二十九年（1764）進士，選翰林院庶吉士，後歷任吏部考功司主事、翰林院編修、廣東鄉試副考官，尋遷考功司員外郎、吏部員外郎。乾隆四十三年（1778）任廣東學政，三年任滿回京，擢升直隸通永道。三十八年（1773）因參永平知府弓養正，爲所訐而罷官，下保陽皋司獄。次年春遣戍伊犁，行至涿州爲袁守桐奏獲贖免。隨即返回綿州故里，家居二十餘年，以著述自娛。著作有《童山詩集》四十二卷、《童山文集》二十卷。編修《函海》四十函、八百五十六卷（以嘉慶本爲準）、收書一百五十九種，爲保存巴蜀典籍做出了巨大貢獻。《清史列傳》卷七十二有傳。《函海》一書的編集、修訂與刊刻持續了一百多年，先後歷經李調元初刻、李鼎元校刻、李朝夔補刻，所選書目經多次增刪，以致函數、卷數、冊數與書目各版皆有異同。這是清代版刻史上一個突出的現象，值得加以研究。

一

　　清代是中國叢書編撰史上的鼎盛時期，尤其是清代中葉以後，隨著文化的繁榮和學術的興盛，各種私刻叢書相繼出來。這些叢書不僅體類完善，而且內容也向學術化、精粹化轉變。清代各種重要的學術著作幾乎都被收入到叢書之中，從而有利於學術事業的發展。清代私家叢書編修的參與者主要是學者和藏書家，故編修的叢書在版本與質量方面都有保證。這其中以張海鵬

《學津討源》二十集、《墨海金壺》十六集、鮑廷博《知不足齋叢書》三十集、盧見曾《雅雨堂叢書》、黃丕烈《士禮居叢書》、潘仕成《海山仙館叢書》、黎庶昌《古逸叢書》等爲翹楚，代表了清代私刻叢書的水平。清代四川編撰的叢書首推屬李調元《函海》，它的出現絕非偶然，而是有著多種因素相互促成的。

四川自明末清初兵禍戰亂後，不僅人口銳減文物毀壞，而且案卷、圖書等文獻亦散失殆盡。清初政府兩次移民入川，文教方面還未恢復元氣。李調元於乾隆二十四年（1759）獲鄉試第一名時，學政史貽謨曾對他說：「余校試蜀中三年，並未見一秀才，今方見一秀才也。以川中書少，無師承，見聞不廣故也。」〔註 1〕川中少書致使讀書人少，這是李調元萌發編修《函海》念頭最初的動機。後他隨父入京，繼而登第，開始了漫長的官宦生涯，所到之處無不細心收集有關巴蜀先賢的文獻資料，爲編修《函海》作準備。

乾隆壬寅版《函海》前有李調元《函海總序》，其云：「余不能化於書而酷有嗜書癖，通籍後，薄遊京師，因得遍訪異書，手自校錄。然自《漢魏叢書》、《津逮秘書》而外，苦無足本。幸際聖朝，重修《永樂大典》，採遺書，開《四庫》，於是人間未見之書駢集麇至，石渠天祿，蔑以加矣。余適由廣東學政任滿，蒙特恩，監司畿輔，去京咫尺，而向在翰林同館諸公，又時獲鱗素相通，因以得借觀天府藏書之附本。每得善本，輒倩胥錄之。始於辛丑秋，迄於壬寅冬，哀然成帙，真洋洋大觀矣。有客諛余所好，勸開雕以廣其傳，遂欣然爲之。」〔註 2〕清政府於乾隆三十八年（1773）二月開設四庫全書館，由皇六子永瑢負責，任命內閣大學士于敏中爲正總裁官，編撰《四庫全書》，歷時九年方告竣工。爲了編修《四庫全書》，從全國各地徵求古籍善本，據統計達一萬三千多種，獻書最多的鮑士恭、范懋柱、汪啓叔、馬裕四家賜以內府所印《古今圖書集成》各一部，以資表彰。同時朝廷開放宮廷內府藏書，「人間未見之書駢集麇至」，加上李調元同四庫編纂官邵晉涵、程晉芳等人爲至交，「因以得借觀天府藏書之副本」，這樣便利的條件爲李調元編輯《函海》提供了絕好的機會。

清政府在乾隆年間實行「稽古右文」政策，重修《永樂大典》，開四庫採

〔註 1〕 李調元《童山自記》，見伍文《蜀學史料》，《蜀學》第四輯，巴蜀書社 2009年，第 261 頁。

〔註 2〕 鄧長風《〈函海〉的版本及其編者李調元——美國國會圖書館讀書札記之五》，《明清戲曲家考略全編》上冊，上海古籍出版社 2009 年，第 366 頁。

集遺書，公私編書刊刻之風盛行。李調元監司畿輔，參加了這項工作。他充分利用借觀內府藏書之副本，僱請胥吏抄寫從漢到明罕見之善本書籍。尤其是他利用《永樂大典》進行輯佚，取得了很大的成績。《函海》所收梁元帝蕭繹《古今同姓名錄》二卷、南唐劉崇遠《金華子雜編》二卷、宋徐總乾《易傳燈》四卷、宋趙善湘《洪範統一》一卷、宋趙汝适《諸藩志》二卷、宋張行成《翼玄》十二卷、宋高晦叟《珍席放談》二卷、宋潘時涑《月波洞中記》一卷、宋闕名《產育保慶集》二卷、宋崔敦禮《芻言》三卷、宋李心傳《舊聞證誤》四卷、宋李幫獻《省心雜言》一卷、宋吳箕《常談》一卷等二十三種書，即是李調元從《永樂大典》中輯佚單獨成書，因收入《函海》流傳至今。李調元公事之餘，積極在京城訪書，凡是他遇到的罕見之書，無論刻本還是鈔本，總是想盡辦法重錄一遍，尤其是巴蜀先賢的著述。《函海》收錄唐人蘇鶚《蘇氏演義》二卷，前有李調元《蘇氏演義序》曰：「陳振孫稱其考究書傳，正訂名物，辨訛證誤，有益見。聞龍果溪以家藏本刻之，尤本傳佈絕少，予數求之不得，忽從友人處借得鈔本，因急爲梓行。」〔註3〕又如《函海》收錄宋代蜀人蹇駒撰寫的《採石瓜洲斃亮記》一卷，李調元序曰：「陸梅谷云是書向無刊本，鈔悞甚多，偶於馬雲衢齋頭借得善本，又云此書不啻左氏之傳春秋，又云閱古人傳記最苦史筆庸下，此乃鐵中錚錚者，其推崇可謂至矢。《函海》一書意在表彰鄉先輩，故梓行之。」李調元凡是從他處借到之書補鈔，幾乎都要寫入序中，這樣的例子很多，限於篇幅就不一一例舉。

李調元家藏書頗豐，這爲他編修《函海》一書奠定了物質基礎。其父李化楠字廷節，號石亭，乾隆七年（1742）進士，歷官餘姚、秀水知縣，後遷滄州、涿州知州，宣化府、天津北路、順天府北路同知。著有《醒園錄》二卷、《石亭詩集》十卷、《石亭文集》六卷。曾在家鄉修建藏書樓醒園，藏書數萬卷，爲川西第一藏書家。李調元《石亭府君行述》說：「府君官餘姚日，以川中書少，遍購威信書籍數萬卷。以舟載至家，造萬卷樓以藏之。」〔註4〕李化楠在浙江爲官時曾購買了大量的書籍，走水路用船運回四川。李調元也深受其父的影響，在各地購買了很多珍本、孤本，從而使萬卷樓的藏書提升了檔次。李氏萬卷樓藏書分爲經史子集共四十廚，幾乎網羅了當時能見到的

〔註3〕李調元《蘇氏演義序》，光緒七年鍾登甲樂道齋刻本《函海》，人民出版社 2012年影印本。以下凡引用《函海》李調元序跋，皆出此本，不再另作注。

〔註4〕李調元《石亭府君行述》，《童山文集》卷十八，《續修四庫全書》本，上海古籍出版社 1995 年。

巴蜀文獻。李調元利用這些藏書，整理典籍潛心著述，在修訂《函海》時進行了大量的增補。

《函海》一書主要收集罕見之典籍，尤其是其它叢書不錄之書，這與當時叢書的編修思想與方法有關聯。李調元在《函海總序》說：「余蜀人也，故各書中於錦里諸耆舊著作，尤刻意搜羅，梓行者居其大半。而新都升菴博學鴻文，爲古來著書最富第一人。現行世者除《文集》、《詩集》及《丹鉛總錄》而外，皆散佚不傳，故就所見已刻未刻者，但睹足本，靡不收入。書成分二十函，自第一至十皆刻自漢而下以至唐宋元明諸人未見書。自十一自十四，皆專刻明升菴未見書，自十五至二十，則附以拙刻。冀以仰質高明，名曰《函海》。」〔註5〕他的編書指導思想就是專門搜羅「自漢而下以至唐宋元明諸人未見書」，而且以巴蜀文獻爲主。《四庫全書》館臣從《永樂大典》輯佚成書五百四十餘種，但收入《四庫全書》者僅三百八十五種，所選之書皆從正經正史角度出發，衛道之氣太濃，摒棄民俗野語、俚詞雜作之類的著述。乾隆時期的江南藏書家喜愛刻書，如鮑廷博《知不足齋叢書》所選錄之書，無不是流傳有序的名家精校本、精鈔本，這些書堪稱善本，代表了藏書家的收藏趣味，但往往忽視漢唐舊籍。李調元看到《知不足齋叢書》對保存古籍作用巨大，於是步鮑廷博後塵，發願刊刻《函海》專收未見書與罕見書，聲稱所編之書要與《知不足齋叢書》並駕齊驅，成爲書壇佳話。

二

《函海》的版本比較複雜，原因在於此書既非一時一地一人刊刻成，也非板式整齊劃一，而是在函數、卷數、冊數、書目數等方面都不一致，形成這種狀態的原因有多種，需要探究其本來面目。

李調元在青年時代即有刊刻巴蜀前賢著述的志趣，並且有過親身實踐。乾隆三十年（1764），李調元在翰林院任庶吉士，曾與鄧在珩合刊《李太白全集》十六卷，《童山文集》卷五有《重刻李太白全集序》，今存乾隆甲申刻本《李太白全集》。《函海》不是一蹴而就編成，而是李調元長期對巴蜀文獻搜集、輯佚、整理的結果，期間花費了很大的精力。據《童山自記》、《童山詩集》、《童山文集》諸書可知，李調元在乾隆三十年入京任職翰林院之前，即

〔註5〕鄧長風《〈函海〉的版本及其編者李調元——美國國會圖書館讀書札記之五》，《明清戲曲家考略全編》上冊，上海古籍出版社 2009 年，第 367 頁。

已經完成了輯《蜀雅》二十卷、《程氏考古編》十卷、《易傳燈》四卷、《儀禮古今考》二卷、《月令氣候圖說》一卷、《夏小正箋》一卷、《蜀碑記》十卷、《蜀語》一卷、《尚書古文考》一卷、《續孟子》二卷、《通俗編》十五卷等書整理、撰寫工作。入京任職之後，在六年的時間內，李調元在公事之餘，把主要精力放在舊籍的編纂上，先後完成整理的著述有《藏海詩話》一卷、《月波洞中記》一卷、《唐史論斷》三卷、《珍席放談》二卷、《江南餘載》二卷、《舊聞正誤》四卷、《江淮異人錄》二卷、《建炎以來朝野雜記》上下四十卷、《省心雜言》一卷、《雪履齋筆記》一卷、《龍龕手鏡》三卷、《吳中舊事》一卷等。出任廣東學政期間，完成了《嶺南視學冊》二十六卷、《觀海集》十卷、《粵東試牘》二卷、《全五代詩》一百卷、《南越筆記》十六卷等。乾隆四十六年（1781）李調元任滿回京，又授直隸通永兵備道，監管海防、河務、屯田，駐通州，輯成《出口程記》一卷。至此，李調元才開始全面校訂《函海》，並於次年刊刻成書，稱爲通州本衙版。

　　乾隆四十七年壬寅（1782）冬在通州刊刻的《函海》爲首版，此書不易見到，以致多種版本著作未曾著錄。例如《中國叢書綜錄》只著錄《函海》之嘉慶、道光、光緒三種版本，而臺灣商務印書館 1973 年出版的《續修四庫全書總目提要》叢部僅著錄乾隆甲辰本《函海》，國內多種圖書館古籍書目及工具書均對乾隆壬寅本《函海》隻字不提。1992 年 3 月，上海古籍出版社編輯鄧長風先生在美國國會圖書館見到乾隆壬寅初刻本《函海》，發表了《〈函海〉的版本及其編者李調元——美國國會圖書館讀書札記之五》一文，才揭曉《函海》初刻本的原始面目。根據鄧文可知，《函海》壬寅初刻本凡二十集，收書一百四十二種〔註6〕，分裝二十函，卷首有李調元乾隆四十七年十二月初六日《函海總序》一篇，見前文兩次所引。這篇《函海總序》作於乾隆四十七年十二月初六日，從中可以看出李調元編纂《函海》一書的動機、過程、體例以及編排，反映了李氏編修該書的艱難。李調元發願編《函海》的念頭自青年時代起便一直存在，原因是蜀中書少，他要整理蜀中先賢著述，以傳蜀學文脈。他到京城任職後，遍訪異書加以校錄，積纍原始文獻。但他發現除了《漢魏叢書》、《津逮秘書》以外，所見到的有關巴蜀文獻的書籍都不是足本，幸而朝廷開館修《四庫全書》，他有機會能見到內府藏書。這樣從乾隆

〔註6〕鄧長風先生後來在《再談李調元的著作總數》一文中將壬寅本收書更正爲一百四十六種，見《明清戲曲家考略全編》上冊，上海古籍出版社 2009 年，第399 頁。

四十六年辛丑（1781）秋到四十七年壬寅（1782）冬一年多的時間，才將《函海》所收書籍底本找齊全，並於壬寅年冬在通州官衙刊刻成書。

《函海》初刻本卷首目錄之前附有程晉芳索書詩原詩以及李調元的和詩，李詩爲《和程魚門索余所刻〈函海〉原韻》，其詩曰：「新都夙所嗜，余書雕始開。書成日《函海》，其卷尚未排。」〔註7〕此詩與程晉芳原詩都收入《童山詩集》卷二十三，編年在乾隆壬寅秋冬之間，根據內容可證作於《函海總序》之前，此時目錄尚未排完。細玩詩意，可知程晉芳事先已知李調元要刊刻《函海》一書，想要一部把讀，故寫了一首索書詩寄去。但此時《函海》尚未竣工，「其卷尚未排」，李調元只是將已經印好的《全五代詩》一百卷贈之。遠在蘇州的袁枚聽說李調元刊刻《函海》，心情極爲迫切地在《答李雨村觀察書》中說：「再啓者，尊著《函海》，洋洋大觀，急於一睹爲快。雖卷帙浩繁，一時無從攜帶，倘有南來便船，望與選刻拙作五卷，一齊惠寄，是所懇切。」〔註8〕袁枚收到李調元的《函海》後，即作詩《奉和李雨村觀察見寄原韻二首》答謝，其一曰：「訪君恨乏葛陂龍，接得鴻書笑啓封。正想其人如白玉，高吟大作似黃鐘。童山集著山中業，函海書爲海內宗。西蜀多才君第一，雞林合有繡圖供。」〔註9〕《函海》在開雕的同時，李調元借機將自己的部分著作如《童山詩集》四十二卷、《童山文集》二十卷、《全五代詩》一百卷少量印刷成單行本，贈給親朋好友。朝鮮國副使徐浩修索要《函海》，李調元只給他《童山詩集》與《童山文集》，只有陳韞山、程晉芳、祝德鱗等少數知己，才得到李調元寄贈的全套《函海》。祝德鱗《雨村以所刻〈函海〉見貽即送其歸蜀仍用寄懷韻二首》其一云：「集排二十日函海，策蹇駄來驢背折。」〔註10〕上述各人收到李調元寄贈的《函海》，正是壬寅初刻本。

壬寅本《函海》是最初的刻本，其在《函海》版刻史上具有重要的地位。此書的初刻時間正是李調元任職京畿通永道上，年富力強精力旺盛，刊刻《函海》志在必得。初版《函海》所收之書，很多都是精校本，而且大都是足本，

〔註7〕李調元《和程魚門索余所刻〈函海〉原韻》，《童山詩集》卷二十三，《續修四庫全書》本，上海古籍出版社 1995 年。

〔註8〕袁枚《答李雨村觀察書》，詹杭倫《李調元學譜》下編《李調元評論譜》，天地出版社 1997 年，第 230 頁。

〔註9〕袁枚《奉和李雨村觀察見寄原韻二首》，《童山詩集》卷三十四附載，《續修四庫全書》本，上海古籍出版社 1995 年。

〔註10〕祝德鱗《悅親樓詩集》卷十四，《續修四庫全書》本，上海古籍出版社 1995 年。

如宋李綱《靖康傳信錄》三卷、宋李心傳《建炎以來朝野雜記》四十卷、宋劉過《龍洲集》十卷、宋趙炎《建炎筆錄》三卷等書，對研究宋史很有作用。又有不少是珍稀本，例如宋龔鼎臣《東原錄》一卷，晁公武《郡齋讀書志》、陳振孫《直齋書錄解題》、馬端臨《文獻通考》、《宋史·藝文志》均不載，可見其珍罕程度。而且，李調元本人的《續制義科瑣記》一卷僅壬寅本才有，後出各本皆無，可謂彌足珍貴。《函海》板片自從李調元帶回羅江後，屢經刷印和挖改，已經出現文字漫漶甚至斷板的現象，加上嘉慶、道光、光緒各版《函海》經眾手修改，在文字方面已經不是原來的面貌，故壬寅本在版本校勘上的價值顯而易見。初刻本《函海》第十五至二十函專收李調元著作，共四十一種，凡卷首有李調元署名的，分別加上撰、輯、校三種明確的標示，他對這三種分類是極其嚴格的，表明李調元嚴謹的治學態度。而且，壬寅本《函海》比後刻的嘉慶本、光緒本多出十種李氏著作，分別是《楊揚字錄》二卷、《讐林冗筆》四卷、《史說》六卷、《官話》三卷、《劇話》二卷、《弄譜》二卷、《東海小志》一卷、《唾餘新拾》十卷、《續拾》六卷、《補拾》二卷、《續制義科瑣記》一卷、《彙音》二卷。上述十種著作皆署曰「李調元撰」，今存嘉慶本、光緒本皆無，可補李調元著述之缺。

正當《函海》初刻本竣工之際，也就是在乾隆壬寅秋冬間，李調元因議稿事罪英廉、舒赫德等人，招致下獄。次年發遣伊犁，後經直隸總督袁守桐奏贖免。基於此，李調元無暇顧及《函海》的後續編刻工作。《童山自記》說：「余在通永道時，刻《函海》二十集，共一百五十部成，欠梓人三百金，扣板不發。陳韞山為贖焉，又代完分賠一千二百兩。」乾隆四十九年甲辰（1784）春，李調元贖罪後在通州潞河書院開始對《函海》作增補修訂工作。這是《函海》的第二次刊刻，李調元不僅補寫了《函海後序》，而且還修改了《函海總序》。修改總序的原因在於此次刊刻增加了函數與書目，故原序中的數字不再適合。甲辰本《函海總序》說：「書成，分為三十函，自第一至十皆刻自晉而下以至唐宋元明諸人未見書；自十一至十六專刻明升菴未見書；自十七至三十則附以拙刻。」﹝註11﹞《函海後序》說得更為詳細一些，其云：「余所刻《函海》書共三十集。其前十六集皆古人叢書也，而己書亦附焉，蓋用後體例也。小卷不計，總全卷共一百五十種書。始於戊戌春，迄於壬寅冬，閱五年而成。予在通永道，遭事去官，板片零散；又半在梓人林姓家，以鐫貲未楚，居奇

﹝註11﹞ 李調元《函海總序》，《函海》乾隆四十九年（1784）刻本。

不發。時余獲罪在保陽皋司獄，方將遠戍萬里，無暇及此，自料此書不能輯完矣。會予姻親永定南部觀察陳公韞山諱琮者，枉過通廨，視予兒女，見板片零落，慨然曰：『此雨村不朽業也，奈何使其中棄乎？』問知其故，立出三百金，交予弟檢討鼎元墨莊，使購板歸。適予亦荷總制袁清恪公保奏，得贖回通，因完公羈留之暇，修成此書。凡有校讎，責之餘季墨莊，其去取余獨任之。時雖前序云『成於壬寅冬』，實成於甲辰春。」〔註12〕壬寅本《函海總序》爲「書成分二十函，自第一至十皆刻自漢而下以至唐宋元明諸人未見書。自十一自十四，皆專刻明升菴未見書，自十五至二十，則附以拙刻。」甲辰本《函海總序》變爲「三十函」，多了十函。「自漢而下」也改爲「自晉而下」，收書範圍縮減，其它各函收書內容也有變化，但二序均署「乾隆四十七年十二月初六日」，只不過是李調元挖改前序而已，因爲署時間與函數的不同導致《函海》版本判斷的混亂，始作俑者正在於李調元本人。

　　甲辰本刊刻在乾隆四十九年（1784）三月，《函海總序》說「分爲三十函」，但今存甲辰本《函海》卻爲二十四函，並非是三十函，極可能是李氏所說的「板片零散」、「板片零落」，雖經陳琮出金贖回板片，但不是全部贖回，或者中途有板片遺失情況發生。甲辰本比壬寅本多出四函，在書目上多出《方言藻》二卷、《出口程記》一卷、《樂府侍兒小名錄》二卷、《蜀雅》二十卷等十三種書，而刪減了《續制義科瑣記》一卷，使收書總數達到一百五十八種，比壬寅本多出十二種書。而這多出的著作基本上是李調元本人的，可以說甲辰本是對壬寅本的補刻，基本面貌沒有改變，而且兩書的刊刻均在通州，不過甲辰本的校勘者多了李鼎元而已。

　　乾隆五十年（1785），李調元將《函海》板片運回老家羅江，至遲在乾隆末年他還對甲辰本板片進行過補訂與改易，而且重印過一次，這次刊刻的《函海》增加到三十函。此次刊刻的《函海》牌記已經變爲萬卷樓，以他的藏書樓作爲牌記名。中國國家圖書館存有一部乾隆末年李氏萬卷樓刻道光五年（1825）李朝夔增修本，爲清末著名藏書家楊守敬藏書，鈐「宜都楊氏藏書記」、「朱師轍觀」諸印。題「川西李雨村編函海、萬卷樓藏版」。這部道光五年的增修本雖不是乾隆末年萬卷樓原刻本，但它是依據萬卷樓刻本而進行的增修本，可以證明乾隆末年的確有李氏萬卷樓刻本《函海》的事實。《中國叢書綜錄》在著錄嘉慶本《函海》時也說是「清乾隆中綿州李氏萬卷樓刊

〔註12〕李調元《函海後序》，《函海》乾隆四十九年（1784）刻本。

嘉慶十四年（1809）李鼎元重修本」〔註13〕，從中可以窺知乾隆末年李調元
的確刊刻過一次《函海》。此外，還可以從其它文獻中得到印證。《童山詩集》
卷二十三有李調元《甲寅九月十四日中允余秋室副郎中范攝山典試蜀闈榜發
回京道過綿州枉駕見訪適余遊中江不值以書問詢兼寄所畫蘭扇並索函海作
二律詩答之》，卷三十四有《得袁才子書奉寄二首》，其序云：「兼寄近刻七
種，並索余《函海》。以數所傾慕之人，一旦得聞謦欬，不勝狂喜。」〔註14〕
兩首詩分別作於乾隆五十九年（1784）、嘉慶元年（1796），距離壬寅本、甲
辰本刊刻已經十多年，故李調元向余集和袁枚贈送的當是新近刻本。袁枚十
多年前曾問李調元索要過《函海》，見前文所引，當時李調元寄的應該是壬
寅本。又王昶《春融堂集》卷四十五有《跋函海所刻金石存》一文，其中透
露出《函海》曾在乾隆末年刊刻過的訊息。其云：「吳君玉搢，淮安山陽人，
生平好古，撰《金石存》十五卷，於乾隆三年自為序以記之。余與其弟玉鎔
會試同年，故見其書，錄而藏之。後三十年，余在西安，聞綿州李君羹堂調
元刊《函海》，此書刻於其中，謂無名氏作。余寓書以告之。今《函海》刻
成，則以是書為趙搢所編，且謂趙氏是吾鄉人，曾於乾隆初年以博學鴻詞薦。
是時所舉鴻詞未嘗有趙搢，而吾鄉所薦鴻詞亦未有其人。且謂其別字鈍根老
人，未審錯誤何以至於斯也？」〔註15〕王昶字德甫，號蘭泉，江蘇青浦人，
著名金石學家，著有《金石萃編》一百六十卷、《春融堂集》六十卷。其任
西安按察使在乾隆四十八年（1783）至五十一年（1786）間，當時他看到的
《函海》只能是壬寅本或甲辰本，讀到裏面所收《金石存》十五卷作無名氏，
就寫信告訴李調元讓其更正。「今《函海》刻成」，必是其離開西安若干年後
的事情。直到王昶去世，嘉慶本《函海》尚未刻成，故他見到的這個本子應
該就是乾隆末年李調元萬卷樓刻本。

三

據《童山自記》所載，嘉慶五年（1800），李調元避亂至成都。四月初
六日，羅江萬卷樓被焚，所幸《函海》板片無恙。四月二十六日，家人周榮

〔註13〕上海圖書館編《中國叢書綜錄》第一冊，上海古籍出版社 1982 年，第 138 頁。

〔註14〕李調元《童山詩集》卷三十四，《續修四庫全書》本，上海古籍出版社 1995
年。

〔註15〕王昶《函海所刻金石存》，《春融堂集》卷四十五，陳明潔、朱惠國等點校，
上海文化出版社 2013 年，第 815 頁。

送《函海》板片七千餘片至成都，租青石橋白衣菴樓一間屋存儲。此時李調元已經六十七歲，他在成都對《函海》做了最後一次的修訂，對書目做了一些調整，並於次年刊刻成書。嘉慶本《函海》今存多部，查閱較易。此書卷首右上角印「川西李雨村編」，左下角印萬卷樓藏版，顯然是源於乾隆末年萬卷樓刻本。在嘉慶版《函海》前照例有李調元《函海總序》，依然是經過挖改前序而成，數字有些變化。其云：「書成分為四十函，自第一至十皆刻自晉六朝以至唐宋元明諸人未見書；自十一至十六皆專刻明升菴未見書；自十七至二十四則兼刻各家未見書，參以考證；自二十五至至四十則附以拙纂。名曰《函海》。」〔註 16〕今存嘉慶本分為四十函，但所收書的編目實際上與李調元的自序所分有些不同。嘉慶本《函海》收錄楊慎著作在十一至十八函，二十、二十一函中所收三種書以及二十四函之後的絕大部分，都是李調元所輯、所撰的著作，故嘉慶本實際書目與函數與序中記載並不一致。嘉慶本《函海》在《函海總序》之前，尚有一篇李鼎元作於嘉慶十四年（1809）的《重校函海序》，中云：「吾兄《函海》之刻，流傳海內已廿有年，而讀者每以魯魚亥豕脫文闕簡為病。讀其歸田後所著及續刻諸書，復二十函，亦頗有前刻之病。因合四十函重加校正，訛者正之，脫者補之，殘毀者足之，闕文者仍之，雖未敢定為善本，然亦可以告無罪於雨村矣。」〔註 17〕李調元卒於嘉慶七年（1802），李鼎元寫此序時已去世七年，可見嘉慶本在嘉慶間有兩次刻印，一次是李調元手訂本，一次是李鼎元重校正本。李鼎元對嘉慶本所做的工作即序中所言，「訛者正之，脫者補之，殘毀者足之，闕文者仍之」，做到了版本文字校正。

　　嘉慶本對比乾隆本最大的區別在於重新調整了書目，首次增入了李調元父李化楠的《李石亭詩集》十卷、《李石亭文集》六卷，同時李調元對自己的著述做了大面積的調整。新增加《全五代詩》九十卷、《童山詩集》四十二卷、《童山文集》二十卷、《粵東皇華集》四卷、《談墨錄》十六卷、《蠢翁詞》二卷、《古音合》二卷、《童山選集》十二卷、《羅江縣志》十卷、《蜀碑記補》十卷、《六書分毫》三卷等書。同時，去掉了《粵東觀海集》十卷、《彙音》二卷、《弄譜》二卷、《東海小志》一卷、《唾餘新拾》十卷、《唾餘續拾》六卷、《唾餘補拾》二卷、《井蛙雜記》十卷、《楊揚字錄》二卷、《鼯林冗筆》

〔註 16〕李調元《函海總序》，《函海》嘉慶六年（1801）年李氏萬卷樓刻本。
〔註 17〕李鼎元《重校函海序》，《函海》嘉慶六年（1801）年李氏萬卷樓刻本。

十卷、《史說》六卷、《官話》三卷、《劇話》二卷等十餘種已著。增刪相抵實際收書一百五十九種，分裝四十函，這是《函海》最後的定本，經過李調元的親手編定。嘉慶十四年（1809）李鼎元重校本的《函海》，即此四十函，不過剔除了《劇話》二卷，其餘均同。嘉慶本是李調元晚年的補訂本，其加入《童山詩集》、《童山文集》，是希望這兩種詩文集能隨著《函海》流傳下去，從中可以看出前年萬卷樓火災對他的深刻影響。但嘉慶本成於李氏晚年，無論是精力、財力都不能與乾隆諸版相比，在紙張、印工、板式上都不如壬寅本、甲辰本，而且疏漏錯誤在所難免。但嘉慶本《函海》作為李調元晚年自訂的刊本，它在收書範圍、編排體例等方面都真實地反映了李調元的意願。它首次大規模收入了李化楠、李調元父子的著作，甚至包括《羅江縣志》這樣的著作，從中可以窺知其思想的劇變，無疑是很好的史料。

李調元避亂成都時，還曾刊刻過《續函海》六十二卷，分裝六函，收書十一種。與嘉慶六年版《函海》一併刊行。卷首有李調元嘉慶六年（1801）八月所寫《續函海序》，云：「前刻《函海》一書，業已流傳海內，其板由京載回，藏於萬卷樓之前楹。自去歲庚申，兇焰忽延，長思莫守。於四月初六日，萬卷一炬，化為烽雲，幸《函海》另貯，未成焦土。以故五月中即僱車搬板至省，寄放青石橋白衣巷。迄今已及一年，改訛訂正，又增至四十函，可謂無恨矣。然隨身篋中所帶鈔本，其中有內府修《全書》時，經諸纂修者所校定，而未入聚珍版者，皆人間未見書，亦例得刊出，嘉惠來學。」〔註18〕《續函海》所收十一種書分別為《長短經》九卷、《楊誠齋》十卷、《環溪詩話》一卷、《金德運圖說》一卷、《韶舞九成樂補》一卷、《清脾錄》四卷、《唾餘新拾》二卷、《新搜神記》十二卷、《榜樣錄》二卷、《雨村詩話》十六卷、《雨村詩話補遺》十卷。其中《唾餘新拾》壬寅本、甲辰本曾收入，不過是十卷，此處為二卷，可能是縮減本。《續函海》中自《唾餘新拾》二卷以下皆為李調元自著書，最大的亮點是新增入《雨村詩話》十六卷足本，而壬寅本、甲辰本所收錄的《雨村詩話》皆為二卷本。《續函海》除了嘉慶六年（1801）原刻本外，尚有光緒二十三年（1897）廣漢鍾氏校刻本，兩書今皆存。

道光五年（1825），李調元子李朝夔再次對《函海》進行了增補。李朝夔此次的增補，僅補刊《金石存》五卷、《全五代詩》十卷、補遺一卷，《童山文集》補遺一卷、《蠢翁詞》二卷，共計四十函、一百六十三種書。道光

〔註18〕李調元《續函海序》，《續函海》嘉慶六年（1801）李氏萬卷樓刻本。

本卷首有賀懋椿《重鐫函海序》，其云：「歲甲申孟秋，李生以補刻《函海》來謁曰：生前辱大君子教，檢先大夫初刻元本重付梨棗。始因卷帙浩繁，雖破產為之，猶不能就，賴戚友之千金佽也，數年蕆事。」「是編溯自兩晉以來，更補諸書所未備，彙為四十函。」〔註19〕次李鼎元《重校函海序》、次李調元《函海總序》、次道光乙酉李朝夔《補刻函海跋》，中云：「越壬戌，先大夫見背，夔惟謹藏此板，以期世守而已。後叔墨莊自京艱歸，不忍殘缺以廢先君之舉，爰加校訂，亦大苦心，因獲初刊原板所印全部，急照殘缺者逐篇抄錄，付梓補入。」〔註20〕道光本在版刻上所下功夫較大，李朝夔以初版《函海》校正嘉慶本之殘缺、字跡漫漶處，又收集李調元遺著，使其著述更加完備。這是《函海》版刻史上收書最多的一種，功莫大焉，故此書流傳頗廣。民國間商務印書館出版《叢書集成初編》以及近年臺灣藝文印書館出版《百部叢書集成》，所收《函海》底本即道光本。

　　光緒七年（1881），四川廣漢人鍾登甲以樂道齋的名義重刊了《函海》，但他改動了《函海》的編次與體例，主要的動機在於銷售《函海》一書以牟利。此書收著作一百六十二種，數目上較道光本少一種，依舊分裝四十函，卷首有鍾登甲《重刊函海序》，稱讚《函海》之不朽。鍾本打破了前版書的體例，如將第一函所收《華陽國志》十二卷、《郭子翼莊》一卷、《古今同姓名錄》二卷《續錄》一卷、《素履子》三卷分拆為三函，第一函僅收《華陽國志》，其餘分別收錄在第二函、第三函，有點標新立異的意味。由於李化楠《李石亭詩集》十卷、《李石亭文集》六卷、李調元《童山詩集》四十二卷、《童山文集》二十卷已經有了單行本，故鍾登甲從叢書中抽掉，另外收入流行較少的著作，例如李調元《童山詩音說》四卷、《春秋左傳會要》四卷、《井蛙雜記》十卷等書，當然這些書在乾隆諸版中都已收入，從中可以看出鍾登甲的精明。光緒本與前列諸版在收書上唯一例外的是，其收錄了李調元《諸家藏書簿》十卷，此書之前所有《函海》皆闕。在開本上，鍾氏為了節省經費，將《函海》以巾箱本的形式刊刻，故成為《函海》版刻史上開本最小的書。樂道齋刻本無論在收書範圍、編排體例，還是在紙張、板式上均不是李調元編本之舊貌，它的目的在於盈利，不過是借《函海》作為牟利的手段而已，談不上版本價值。

〔註19〕賀懋椿《重鐫函海序》，《函海》道光五年（1825）刻本。
〔註20〕李朝夔《補刻函海跋》，《函海》道光五年（1825）刻本。

綜上所述，《函海》一書的版刻，前後經歷百餘年，情況較爲複雜。大體而言，乾隆壬寅本、甲辰本是李氏在通州編刻而成，此時各方面條件具備，兩種書在質量上堪稱上乘，是後版《函海》文字校勘的善本。書板運回四川後，板片經過多次搬運，遭到散失厄運，書目開始殘缺不齊，出現文字異同。雖經李調元晚年親自手訂，但也顯得力不從心。而且嘉慶本、道光本先後經過眾人參與，在編書體例、宗旨上與乾隆版已有差異。嘉慶、道光本大幅度增收蜀人著作，包括李氏父子著述，使此書逐漸向鄉土化方向轉變，可以看出李調元晚年心境的變化。光緒本已非李本舊貌，目的在於牟利，無法跟前版相提並論。

四

李調元編修《函海》，最初的動機是收集巴蜀先賢著述及天下罕見之書，這是他個人的愛好，通過多次刊刻《函海》這個目的基本達到。歷史上蜀人編纂的叢書甚多，但清代僅有兩部，除了這部《函海》，另外一部就是二仙庵版《道藏輯要》。《函海》的貢獻要遠遠大於《道藏輯要》，《清史列傳》卷七十二《李調元傳》曰：「其表彰先哲，嘉惠來學，甚爲海內所稱。」〔註21〕高度評價了李氏編修《函海》的歷史貢獻。

《函海》首次大規模收集了明代楊愼的著作，這對保存、流傳楊愼著作貢獻最大。楊愼是繼北宋蘇軾之後四川最有成就的文學家，詩詞歌賦、金石經史皆有佳作。據四川省圖書館編《楊升菴著作目錄》，多達二百九十八種。這些著作舉凡經史子集皆有涉獵，可以看出楊愼淵博的學識。明清叢書收錄楊愼著作不多，康熙《四川總志》目錄亦不全。李調元通過在浙江、廣東等地任職之機，廣搜博採，特別是在翰林院謄抄《四庫全書》所輯部分，利用內府藏書輯佚，將楊愼流傳較少之書彙輯於《函海》中，收錄著作四十餘種，佔有九函之多。楊愼的許多著作，如《升菴經說》十四卷、《山海經補注》一卷、《秫林伐山》二十卷、《世說舊注》一卷、《金石古文》十四卷、《麗情集》一卷等書，通過收入《函海》而流傳至今。而且，在收集楊愼的著作時，李調元特別注意楊氏著作的足本，可見他的用心。今編升菴全集，皆依靠《函海》本，李氏保存楊愼著述功莫大焉。

對於其它巴蜀歷史文獻著述，《函海》也盡可能做到網羅無遺，傾注了李

〔註21〕佚名《清史列傳》卷七十二，中華書局1987年，第5917頁。

調元大量的心血。有關蜀中歷代史學著作，是李調元重點搜尋的對象。自漢代文翁化蜀以來，蜀中史學一直興盛不已，史學名家倍出，宋代還在眉山刊刻過著名的眉山七史。《函海》收錄的歷代蜀史著作有《華陽國志》十二卷、張唐英《蜀檮杌》二卷、陳亮《三國紀事》一卷、唐庚《三國雜事》二卷、趙汝适《諸藩志》二卷、李心傳《建炎以來朝野雜記》四十卷等史學名著。王象之《蜀碑記》十卷、李調元《蜀碑記補》十卷、黃休復《益州名畫錄》三卷屬於巴蜀人文特色濃鬱的著作，《函海》亦收錄。至於李調元自己的《羅江縣志》十卷，則是《函海》收錄的唯一一部地方縣志，雖然有單行本問世，但李氏依舊將其收入叢書中，是想藉著《函海》流傳自己的著述，用心可謂良苦。蜀中方言著述，收錄了九部，基本上反映蜀中音韻、訓詁之學。明人李實《蜀語》一卷是現存最早一部「斷域爲書」的方言詞彙著作，專門解說四川方言詞彙。該書從詞義、詞形、詞音三方面來解說四川方言，共收錄四川方言詞語五百六十三條，客觀地反映了明清之際四川方言的發展態勢與變化。楊慎《奇字韻》五卷，以奇字標示字體之稍異者，類似四聲，保存了不少秦漢之際巴蜀地區的古漢字，對研究巴蜀文字很有益處。楊慎《卍齋瑣錄》十卷，則是將方言與經典、字書相互印證，目的在於「古字可復，俗字可正」，創造了音韻訓詁學新的研究方法，值得推廣。

四川歷來文人輩出，清代即有多位著名的文學家，李調元有志於編集一部詩歌總集，《蜀雅》二十卷就是他多方採集而成的一部清代四川詩歌總集。他在《蜀雅序》中說：「余束髮授書來即矢此志，廣搜遠探，披沙煉金，閱有歲時，匯爲一冊，統名爲《蜀雅》。」在序中他還規定了選詩標準，即「明以前不選，明有科甲而入仕本朝或流寓隱居者悉入卷首」，不管有無官職是否成名，「總以詩取人」，這個入選標準保證了《蜀雅》的質量。入選者有呂大器、費密、費錫琮、唐甄、劉道開、鄧子儀、岳眞等詩人，並對一些詩做了點評。李調元《蜀雅》二十卷，與袁說友《成都文類》五十卷、楊慎《全蜀藝文志》六十四卷、費經虞《蜀詩》十五卷、孫桐生《國朝全蜀詩鈔》六十四卷相接軌，完整地描述出自宋至清蜀中詩歌發展軌跡與面貌，對研究清代四川詩歌極有參考價值。

《函海》也保存了李調元本人的全部著作。李調元有關詩歌、辭賦、金石、音韻、民俗、戲劇、文藝理論等方面的著作頗多，除了詩文集有單行本外，其它著述皆依賴《函海》而流傳下來。同時，其父李化楠的《李石亭詩

集》十卷、《李石亭文集》六卷、《醒園錄》二卷等著作也因《函海》而保存下來。總之，李調元編修《函海》對傳承巴蜀文化典籍起到了極大的作用，現在研究巴蜀文化，李調元編修的《函海》依然是重要的參考書，越來越凸顯它的學術價值。

李調元在編修《函海》的過程中，主要做了三個方面的事情。首先是收集刊刻底本。例如他從《永樂大典》中輯佚出二十三種書，又分別從友人處借到《華陽國志》十二卷、《蘇氏演義》二卷、《採石瓜洲斃亮記》一卷、《龍洲集》十卷、《瑾戶錄》一卷等書，或僱請人抄錄一份，或借來直接刊刻於叢書中，故而都有寫了一篇序以紀其事。也有從書肆買來的鈔本，如《金石存》十五卷。這些書都是有現成的本子可以刊刻。此外，李調元還輯了很多著作，這更需要精力和時間。李氏的輯書，情況有多種。有從一部大書中按照某個主題輯錄者，如《尚書古字辨異》一卷、《左傳官名考》二卷、《春秋三傳比》二卷。有從大型叢書、類書中輯錄者，如《諸家藏畫簿》十卷、《諸家藏書簿》十卷。也有大量採集民歌、民謠、傳說匯集爲專題民俗學著述者，如《粵風》四卷、《蜀雅》二十卷。更有他花費巨大精力從數百種文獻中輯成的詩歌總集《全五代詩》一百卷。有的時候輯書比著書更難，資料的收集並非一蹴而就，需要長時間的收集、整理與甄辨，最後才能編輯成書。

其次他在選擇底本上很下功夫，進行過版本考訂工作，甚至根據所見到的資料對原書予以增補，做到擇善而從，確保《函海》所收書的質量。在他看來，底本的挑選不僅要是足本，而且還要校勘精細質量上乘。例如常璩《華陽國志》一書，通行本爲十卷，李調元從丁小山處見到足本，並做一跋一序以紀之。《華陽國志跋》云：「《華陽國志》十二卷，較俗本多卷十上、中二卷，蓋書賈僅知挨次卷數刊刻，未審第十卷內復分上中下三卷耳。」《華陽國志序》云：「此本得之於丁小山，爲從來未見之足本，新安程晉芳魚門書以相聞，較之《漢魏叢書》幾多至一半，考校精詳，博雅典覈，小山以余蜀人，此志爲蜀志之祖，割愛以貽余。合諸志參之，蓋深服膺，因梓而行之。」由於《函海》本《華陽國志》在內容上比其它刻本多出兩章，故此書是目前學術界研究《華陽國志》的重要參考書。又如楊愼《升菴經說》，通行本或爲八卷或爲六卷，皆不全。《升菴經說序》云：「《千頃堂書目》作八卷，注云一本作六卷。今焦竑刊本作十四卷，多至倍餘，蓋皆後人抄逸而此，獨完善洵足本也。先生雄才博雅，精於考證，爲有明一代之冠。余刻諸說郛書，遇蜀人尤加意搜

羅，梓而行之，使讀者得以暢睹其全。」李調元多次在序跋中談到「足本」、「全本」，是他編刻叢書的宗旨和底線，做到寧缺毋濫，確保學術質量。再如楊慎《墨池瑣錄》，陶珽《續說郛》所收錄僅三十餘條，而《函海》本《墨池瑣錄》二卷是足本。在編修《函海》時，李調元還將他收集到的各種零碎資料予以合編，讓其集中在一起便於流傳。例如楊慎《麗情集》，爲楊慎創作之文言小說專集，很多書都不著錄，更談不上收錄進叢書。《麗情集序》云：「惟升菴有《麗情集》及續編各一卷，意即補張唐之所未備者，散見於先生各說部、詩話中，今合併梓行，庶可以歸當日之全。」這些屬於李調元加工前人之書，意在保存並流傳，從這個意義上講，李調元對保存巴蜀文獻功不可沒。在校勘上，李調元遵循一個原則，即不輕易改動前人著述的字句，對於異字的處理，另作注釋列於下邊，做到尊重前刻原貌，顯示出李調元嚴謹的治學風範。《華陽國志序》云：「其偏旁字盡悉丹棱李氏宋本，不妄改一字，有與諸刻不合者，則分注於下，至各家刻《華陽國志》，體例各不相同，究以李叔廑爲宋本故。」

再次李調元對所收錄之書，大部分都寫了序言或跋語。在這些序跋中，很多都是書目解題性質的文字，反映了李調元的目錄版本學思想。如《程氏考古編序》：「《考古編》者，宋程大昌所雜論經義異同及記傳謬誤而作也。大昌字泰之，休寧人，紹興二十一年進士，歷官權吏部尚書，出知泉州，以龍圖閣直學士致仕。卒，謚文簡，事載《宋史》本傳。大昌深於經術，學問湛深，於諸經皆有論說，於易學尤精，所著有《易原》一書，苦思力索，四年而成，其學力可知矣。此書於各經皆反覆推闡，多明大義，如論刑官之家魏，張掖之鮮水以及《荀子》子弓之非駙臂，後漢章懷太子之注段熲，皆確有典據，非泛爲摭拾，與鄭樵輩之橫議相去不知幾何！其於洪邁《容齋隨筆》固不相亞也。大昌所著尚有《演繁露》十六卷，續六卷，已有刊本，惟是本互相傳寫，故先校行云。」這篇序是一篇標準的書目解題，得陳振孫、晁公武之眞傳，介紹了著作生平事跡與學術、本書之優點，使讀者對其一目了然。又如《金石古文跋》：「楊用修《金石古文》十四卷，刻於明嘉靖年，有永嘉省菴孫昭序。按，升菴是編編釋碑石鼓及秦漢諸刻，搜羅最富，然其中有因訛傳誤，不可不爲訂正者。如以史晨碑之夫子冢爲大子冢，魯公冢爲魯公家，此承洪適《隸釋》之訛也。以張遷碑之籌策爲蕭何，承都穆之訛也。今碑刻俱在可驗。又如韓勒碑陰，升菴頗譏《隸釋》之誤，今考漢碑文與《隸釋》

所載本相合，而碑之兩側尙有題名，適固未載，升菴偶未之考也。」李調元對楊愼《金石古文》一書中出現的錯訛，條分縷析地進行辨析，顯現出他深厚的金石學學養，因爲跋語極具學術性。再如在《龍洲集序》中辨析時人誤將《斜川集》當做《龍洲集》，蓋蘇過、劉過相混淆不分也。在《舊聞證誤序》中論說李心傳此書對宋代朝章典制考證的特點，《烏臺詩案序》中論述多種版本的區別，等等，皆具有辨章學術、考鏡源流的特點。要之，《函海》中李調元所作之序跋，可以算得上是李氏的一部目錄版本學著作，此爲時人所忽視，理應加以重視。

（原載《版本目錄學研究》第六輯，北京大學出版社 2015 年出版）

白敦仁先生與《彊邨語業箋注》

一

　　白敦仁先生（1917～2004），字梅盦，四川成都人。生前爲成都大學中文系教授，長期從事中國古典文學的教學與研究，尤精於宋代文學，造詣深厚。著有《陳與義集校箋》（上海古籍出版社）、《陳與義年譜》（中華書局）、《巢經巢詩鈔箋注》、《彊邨語業箋注》、《水明樓詩詞論集》、《水明樓詩詞集》等書（後四種均由巴蜀書社出版）。此外，由白敦仁先生纂輯的《養晴室遺集》十五卷最近也由巴蜀書社出版。上述論著出版後在學術界產生了廣泛的影響，深受好評。

　　1917 年農曆臘月初九，白敦仁出生在四川成都的一個官宦人家。白家祖籍河北通州，因四世祖白汝衡於道光三十年（1850）以副員知成都縣，至此白氏遂定居成都。三世祖白賡棣，字樸誠，同治十年（1871）知成都縣，主持編纂過《成都縣志》。祖父白曾煦，字春谷，歷任富順、資陽、仁壽等地知縣。父白塝，字岸青，喜愛京劇、川劇，英年早逝，享年三十九歲。白敦仁家族長輩均爲讀書仕宦之人，故他五歲時就入家辦私塾，始讀四書五經、古文觀止諸書。十三歲時考入成都縣立第一小學，兩年後考入成都縣立中學。在成都讀中學期間，白敦仁曾拜蜀中名宿鄧潤生先生、查慎公先生爲師，學習唐宋古文及美術繪畫。1936 年，白敦仁二十歲，曾與雷履平、徐汝坤、喬雁賓等人創辦春吟詩社，專心學習創作舊體詩詞，所作多爲春花、春草之類的五七言律詩、絕句。其《雜題〈徐夢喬遺集〉五首》序：「湔江徐夢喬，余少時摯友也。憶十五六歲，與同窗好友雷履平等四五人，嘗結春吟詩社。夢

喬天資縱逸，落筆常驚四座。」〔註1〕後來，鍾樹梁、徐艾、余篤生等人陸續加入詩社參與吟唱，詩社改名爲樸社。

1937 年，白敦仁考取四川大學中文系，師從著名學者林山腴、向宗魯、龐石帚等先生，精讀先秦典籍，並開始學習塡詞，曾將與雷履平、鍾樹梁詞作合刻一集取名《焦桐集》。1940 年八月，白敦仁轉學到華西大學中文系，精力花在研習經學上，尤其是三禮上。這個時期他對鄭子尹詩、朱彊邨詞產生濃烈興趣，打算作《巢經巢詩鈔箋注》、《彊邨語業箋注》，開始收集相關資料。1942 年七月，白敦仁從華西大學中文系畢業，畢業論文爲《釋食》，得到指導教師李培甫先生高度評價，給予滿分一百分。同時，由華西大學中文系主任龐石帚先生的介紹，白敦仁留校任助教。次年，華西大學發生學潮，師生反對聞在宥任系主任，中文系全體教師辭聘，白敦仁先生也辭職並發表宣言。八月由王懷文、方善福二先生介紹到私立蔭唐中學任國文教員。1944 年華西大學成立國學研究所，由李培甫任所長，聘請白敦仁爲助理研究員，但並未承擔具體工作。又經雷履平介紹到成都縣立中學任教，後屈守元也到該校任教，三人經常在一起賦詩塡詞，被時人稱之爲三學士。直到 1949 年，白敦仁一直在成都縣立中學、天府中學任教，其間經龐石帚先生介紹，曾到成華大學中文系任兼職講師、專職講師，講授國文、歷代文選、中國通史等課程。

建國後，白敦仁在成都市第七中學任教。1956 年，白敦仁被中華人民共和國政府委派到波蘭華沙大學任教，講授中國古代文學、中國現代文學等課程。1960 年九月，結束在波蘭大學的教學任務回國，繼續在成都市第七中學從事中學語文教學。文革當中，白敦仁被打成反動學術權威，接受批鬥，停止授課，責令打掃廁所及校園衛生。1975 年九月，由成都市第七中學調到成都師範學校任教。授課之餘開始整理青年時期所著學術論著，並開始撰寫《陳與義年譜》，同時整理龐石帚先生遺著《養晴室日記》、《養晴室遺集》等。1979 年四月，白敦仁調入新成立的成都大學中文系，教授古典文學、現代文學課程。至此，白敦仁先生開始了相對穩定的學術研究，相繼撰寫並出版了多種著述，擔任成都大學中文系首任系主任、成都大學學術委員會主任，受聘爲四川省李白研究學會顧問、四川省杜甫學會顧問。

白敦仁先生早年頗喜杜甫詩，曾花大力氣研究過杜詩。他的系列杜詩研究論文，能夠從細小的題目入手，站得高看得遠，抓住杜詩本質，揭示出某

〔註1〕白敦仁《水明樓詩詞論集》，巴蜀書社 2006 年，第 488 頁。

些創作藝術特點，做到求實求眞而細緻入微。白敦仁身處成都，自青少年時代起就經常拜謁杜甫草堂，杜甫的人格精神對他起到了潛移默化的滋潤與影響。他自己的詩詞創作中貫穿著一種草堂情節，晚年越來越強烈，以致他的學術研究中也處處流露出這種情節。他的舊體詩詞中有不少是直接化用杜詩，在詞意方面深受杜詩影響，繼承了少陵詩史精神。白先生的三部校箋著作《陳與義集校箋》、《巢經巢詩鈔箋注》、《彊邨語業箋注》，可以說都與杜詩有著密切的關聯。陳與義是宋代江西詩派後期的重要人物，所謂一祖三宗。陳與義專學杜詩但又不拘泥於杜詩，對杜詩他能博覽約取、融會貫通，從而形成自己的風格。在宋代詩人學杜中，陳與義是很有成就的一個。清代西南大儒鄭珍是宋詩派的中堅人物，倡導學人之詩與詩人之詩合一，取法北宋蘇軾、黃庭堅，進而上溯到開宋詩風氣的杜甫、韓愈，故鄭珍與杜詩之間也有密切的關係。朱彊邨爲晚清四大家之一，在詞的創作和研究方面有卓越的成就，公認爲一代宗師。朱氏的詞作處處流動著杜詩神韻，很能契合白先生的美學趣味，故他在青年時代起即發願箋注彊邨詞。

二

朱祖謀原名朱孝臧，字藿生，又字古微，號彊邨，浙江歸安人。咸豐七年（1857）出生，光緒九年（1883）進士，改庶吉士，授翰林院編修。後歷官會典館總纂總校、禮部右侍郎、吏部侍郎等。光緒三十年（1904）出爲廣東學政，後辭官寓居蘇州，任教於江蘇法政學堂。辛亥革命後寓居上海，民國二十年（1931）卒於上海寓所，享年七十五歲。朱氏工倚聲，著有《彊邨語業》二卷，後門人龍榆生補刻一卷。他與王鵬運、鄭文焯、況周頤並稱爲清末四大詞人。錢仲聯先生在《光宣詞壇點將錄》中將朱氏比作天魁星呼保義宋江，評其詞曰：「彊邨領袖晚清民初詞壇，世有定論。雖曰揭櫫夢窗，實集天水詞學大成，結一千年詞史之局。」〔註2〕彊邨詞的藝術成就以及在詞史上的地位，世有定論。朱祖謀尤精於校勘之學，所刻《彊邨叢書》二百六十卷，搜集唐至元詞總集、別集共一百七十三種。所收詞集以稀見善本爲主，每種詞集都注明版本來源，並且加以校訂，糾正原刻錯誤，故此套書質量堪稱上乘。另外還編有《湖州詞徵》二十四卷、《國朝湖州詞錄》六卷、《滄海遺音集》十三卷。其它已刻、未刻之著述，由龍榆生於1933年彙編爲《彊邨

〔註2〕錢仲聯《光宣詞壇點將錄》，《詞學》第三輯，華東師範大學出版社1985年。

遺書》出版。

　　據許世榮《白敦仁年譜》〔註3〕可知，白敦仁從二十五歲開始就收集朱彊村詞的相關資料，而立之年始注彊邨詞，晚年完成《彊邨語業箋注》三卷，前後跨越半個世紀，期間三易其稿，可謂精心之作。白先生箋注的三部著作，唯獨《彊邨語業箋注》花的精力最多，也是最難箋注的一部書。陳寅恪先生曾說：「自來詁釋詩章，可別為二。一為考證本事，一為解釋辭句。質言之，前者乃考今典，即當時之事實。後者乃釋古典，即舊籍之出處。」〔註4〕考古典不算很難，基本上可以通過查閱工具書解決，何況很多古典前人已有考釋。難辦的是今典，往往只有當事人經歷，極少數人才能知道這些用典的含義。今典簡直是注不勝注，弄清楚其中的來龍去脈也頗費力。彊邨詞中的古典與今典皆難考，原因在於朱氏作詞用了很多古代的偏典、冷典，對此，夏敬觀《忍寒詞序》與龍榆生《彊邨詞本事序》二文皆有論述。龍榆生曾有志於箋注彊邨詞，然終以彊邨詞本事難以考明而未能成書，可見注彊邨詞的難度之大。

　　白敦仁年輕時即喜彊邨詞，他曾談起箋注彊邨詞的緣由，「若彊邨詞之沉鬱頓挫，哀感頑艷，則嗜之尤篤，鈔之不下三遍。故《語業》三卷中詞，大抵悉能背誦。寒齋案頭，日置朱印本二部，每研覽有得，輒以繩頭小字書數語於簡端。其涉及人、地、時、事有關資料，文字繁多，簡端不能容，則另紙箋出，錄置卷中。日月積纍，竟裒然成帙。乃於一九四九年冬，錄出清本。」〔註5〕可見白先生箋注彊邨詞即在三十餘歲時完成，此為初稿。十年動亂期間此稿散失，唯留下眉批朱印本詞集二部。一九七五年，白先生調到龍泉山麓之成都師範學校，時間充裕，遂開始重新董理，錄成第二稿，字數較初稿倍增。又過了二十年，白先生以八十三歲高齡對原稿加以修訂增補，交付出版社出版，然等不到看見樣書即辭世，可謂一波三折好事多磨。五十年間三易其稿，這種精益求精的治學態度的確是值得傚仿與學習。驪海探珠，愈見功力，其艱辛不言而喻，其學術價值亦由此可見一斑。

　　彊邨詞不易讀此為公論，原因在於朱氏置身於晚清政壇飄搖之際，複雜的政治鬥爭之中，革命浪潮風起雲湧，各種思潮此起彼伏，他往往不能適應。民國成立直至他逝世，朱祖謀不輟詞筆，除了感時憂事外，更多的主題是對

〔註3〕《杜甫研究學刊》二零一三年第一期。

〔註4〕陳寅恪《柳如是別傳》上冊，三聯書店 2001 年，第 7 頁。

〔註5〕白敦仁《彊邨語業箋注前言》，《水明樓詩詞論集》，巴蜀書社 2006 年，第 359 頁。

前朝的眷戀和氣節的堅守。於是將難言之隱、苦悶之情，寄情於聲歌而隱其本事，這是彊邨詞難讀的主因。《彊邨語業》三卷共存詞二百六十九首，白敦仁先生逐一箋注，約一千三百四十餘條，引用書籍四百五十餘種，徵引詩文一千七百餘條，正式的注文達三十餘萬字，可見白氏對箋注彊邨詞所下的功夫之深。透過這部《彊邨語業箋注》，可以窺見晚清歷史文化之面貌，對研究晚清詞壇、晚清文化必將產生廣泛而深遠的影響。

三

　　《彊邨語業箋注》最大的貢獻就是對朱詞典實的考證。夏敬觀《忍寒詞序》論彊邨詞曰：「侍郎詞蘊情高致，含味醇厚，藻采芬溢，鑄字造詞，莫不有來歷。」〔註6〕龍榆生《彊邨本事詞序》也說：「彊邨先生四十始爲詞。時值朝政日非，外患日亟，左袒沈、陸之懼，憂生念亂之嗟，一於倚聲發之。故先生之詞，託興深微，篇中咸有事在。」〔註7〕兩篇序文都說朱詞中的典實難考。箋注彊邨詞首要解決的問題就是對這些詞中的典故予以箋解，弄清楚本事的來龍去脈，這極具難度。如卷三《鷓鴣天》（廣元裕之宮體八首）是彊邨詞中的名作，歷來不乏解讀者，甚至還有人專門就此組詞中的本事直接問朱祖謀本人。《詞學季刊》第一卷第三期謝榆孫《記彊邨先生廣元裕之宮體鷓鴣天本事詞》一文認爲《鷓鴣天》八闋皆爲洪憲稱帝而作，並將論點錄入《親廬詞話》中。《詞學季刊》第一卷第四期張爾田《與龍榆生論彊邨詞事書》、《再與龍榆生論彊邨詞事書》二文即對謝文提出商榷，認爲「此八首乃指宣統出宮之變，非詠項城稱帝時事也。」白先生箋注此八首詞，從史料出發，徵引《鄭孝胥日記》，詳細地論證、補充了張爾田的觀點。箋注云：「當即入津覲見，有感於移宮之事而作，絕無可疑。」〔註8〕組詞其五：「聞道嬋媛北渚遊，東風連苑冷於秋。無多裝綴花宮體，禁斷排當鞠部頭。歡易散，夢難留，女床鸞樹向人愁。紅鼄憔悴同功繭，繰盡春絲未放休。」這首詞是整組詞中最難理解的，朱氏化用楚辭、李頎、李商隱等詩中多處典故，哀婉悱惻，使人不知雲裏霧裏。箋注引《宋史全文》卷三十四上、《元詩選》戊集等，認爲「宮廷宴會輒由內伺操辦，亦往往於此弄其奸貪。」又結合《溥

〔註6〕夏敬觀《忍寒詞序》，《忍寒詩詞歌詞集》卷首，復旦大學出版社2012年。
〔註7〕龍榆生《彊邨本事詞序》，《龍榆生詞學論文集》，上海古籍出版社1997年，第471頁。
〔註8〕《彊邨語業箋注》卷三，巴蜀書社2002年，第315頁。

儀自傳》、《清帝列傳宣統帝》等傳記材料，考證出此詞「殆與溥儀后妃不和事有關。」白氏對朱詞所涉及清宮內廷之事，徵引賅博，考證詳細，結論可信。又如卷一《鷓鴣天》：「夢裏雲屏度幾重，蘭期猶暖舊歡叢。燈飄繡扇花如睡，歌咽金船酒不濃。春寂寂，恨匆匆，鳳城涼信又歸鴻。緘情慾託天邊月，知道高樓雨是風。」這首詞感慨深沉，輾轉纏綿，但詞中的「鳳城涼信又歸鴻」則不好解。箋注先引沈佺期、杜甫詩爲證，鳳城在詩中代指京城，但彊邨是時在京城，不當有「涼信又歸鴻」之語。進而闡釋說：「此鳳城當指今遼寧鳳城縣。光緒初，置鳳凰廳，直隸盛京。故以鳳城概稱遼瀋。」接著箋注又徵引時事，李鴻章赴俄賀俄皇加冕，並與俄國簽訂密約十二條。中俄合約草稿送抵北京，光緒帝不肯畫押，俄使則以武力相威脅，慈禧也迫使光緒畫押，帝不得已揮淚批准。所謂「涼信又歸鴻」，當指密約後事言。這種解釋，因切中時事，結論合情合理，詞中寓意也清晰無隱，充分體現了白先生的學術功底。

　　彊邨詞中所用的今典往往涉及到晚清政事，舉凡戊戌變法、庚子事變、日俄戰爭、辛亥革命等，都出現在詞中。彊邨雖四十歲才開始作詞，但他在王鵬運的引導下，在創作和研究方面都有成就。彊邨始作詞時，正值甲午戰爭到戊戌變法，他本人在立場上是支持變法的，以曲折含蓄的手法對政事多有描寫。杜詩後人以「詩史」譽之，彊邨詞則可以稱爲「詞史」，《彊邨語業箋注》一書最大限度地發掘彊邨詞所涉及的史實，詳加考證，用力甚勤。卷一《菩薩蠻》八調，箋注先引龍榆生《彊邨本事詞》、夏孫桐《清故光祿大夫前吏部右侍郎朱公行狀》，「爲義和拳亂事作」。接著下按語：「按是年秋，京師破，彊邨與劉福姚依半塘以居，著有《庚子秋詞》。此八首不在《庚子秋詞》中，蓋總結事變經歷，綜爲連章述志之詞。於時禍變紛紜雜出，彊邨躬預其事，所感萬端，難於一一證實。」即以第一首而言，「西洲風緊驕禽唳。文梁乳燕樓無地。相望鬱金堂。氤氳心字香。芳悰山黛蹙。自轉商絲軸。郎意未分明。綠窗閒夢驚。」白先生指出，「驕禽」指載漪，「乳燕」指德宗，又引《庚子國變記》、《驢背集》、《崇陵傳信錄》等書的記載，闡明詞中史實。即戊戌變法失敗後，康有爲、梁啓超逃亡英國、日本受到庇護，慈禧大怒。端王載漪謀廢立，激起元善的反對，太后震驚，下令逮元善，元善逃入澳門。上述事端引起慈禧、載漪等人對洋人的憤恨。後義和拳起，載漪大喜，以爲是國家之福，企圖利用義和拳對外國公使施加壓力，以達到政治目的，箋注

曰：「凡此皆所謂『自轉商絲軸』也」。德宗名爲皇帝形同傀儡，對於政事毫無發言權，「此所謂『郎意未分明』也」。箋注通過史料的徵引，層層剝筍，盡力發掘彊邨詞中所蘊含的史實以及他的態度，用力之深之精，誠可歎也。

《聲聲慢》（辛丑十一月十九日味聃賦落葉詞見示，感和）是朱氏詞集中的名篇，作於辛丑年。此詞借詠落葉以寫國變後的宮廷慘劇，感慨光緒與珍妃的生死離別之悲，同時抒發彊邨對清朝國運覆滅之勢無可挽回的沉痛，極盡哀婉之情。詞中多用典故，很不好讀懂。箋注從解釋古典入手，先後引《青瑣高議》、《拾遺記》、屈原賦、李商隱、李賀、韓愈詩、王沂孫詞，對詞中的「杜鵑」、「金井」、「神宮」、「禁花」、「香溝」等涉及到珍妃的典故做了考釋。隨後又徵引《清史稿》、《光緒東華錄》、《述菴秘錄》、《花隨人聖菴摭憶》等書中的記載，將珍妃之死諸書所記之差異及其原因，考證得一清二楚，從而糾正了很多書中的錯誤。白氏箋注彊邨詞，注重從歷史文獻中找出材料，以事實爲依據，因而他的箋注在考史釋典方面，證據確鑿，辨析入微，具有極高的學術價值。在對《齊天樂》（鴉）、《金縷曲》（書感寄王病山）秦晦鳴）、《夜飛鵲》（己卯中秋）等詞的箋注中，白氏無不是從史料出發，旁徵博引，力爭詮釋出彊邨詞中所蘊含的精神實質。

白氏在箋注彊邨詞時，特別注意他的生平與交遊，對詞中出現的人物進行了大量的箋證。因爲《彊邨語業》三卷中的絕大部分詞作，都不是孤立的，而是圍繞著詞人後期的交遊而展開，從中可以窺見晚清詞壇創作的風尚。卷二《齊天樂》（寒夜同麥孺博、潘若海）中的麥孺博、潘若海二人，均曾師事康有爲，箋注大量徵引錢仲聯《中國近代文學大系》詩詞卷、汪國垣《光宣以來詩壇旁記》、陳衍《石遺室詩話》、梁啓超《飲冰室詩話》等書，弄清楚麥、潘二人與彊邨的交遊以及相互之間的詩詞唱和，並對二人的詞作稍作評論。《戚氏》（丁巳滬上元夕）爲彊邨晚年寓居上海的詞作，此年元宵節一批遺老在上海雅集。箋注從章梫《題校詞圖》入手，詳細考證出當年丁巳滬上雅集詞人及其詞作，並錄出原詞，具有高度的詞學史料價值。此外如《高陽臺》（花朝渝樓同蒿叟作）、《花木蘭滿》（陳伯平君飲席話舊）、卷三《臨江仙》（辛酉歲暮同痳叟作）、《燭影搖紅》（乙丑元日和閏枝）等，白氏均從當時史料入手，詳細地考釋詞中人名，弄清其與彊邨的關係，並盡可能勾勒出其交遊的起始，這不僅有益於進一步理解彊邨詞，而且對研究晚清詞壇也提供了豐富的材料。

　　《彊邨語業箋注》雖爲箋注之作，但此書又可以看做是彊邨研究資料彙編，裏面所收集的資料，包羅萬象，與彊邨有關的人物、著述、活動等幾乎都收入其中，這爲研究朱祖謀及其詞帶來極大的便利。卷一《齊天樂》（鴉），箋注引同期彊邨師友之作，如王鵬運、劉伯崇、經剛父同題之作，照錄全詞，並略加以分析，從中可以窺知彊邨做此詞時的心境，這對研究朱祖謀的交遊大有益處。又如卷二《三姝媚》，題下有自注「舸菴有鄧尉探梅之約」，對於這個「舸菴」究竟是誰，白先生先後引陳三立《散原精舍文集》卷十、陳衍《石遺室詩話》、夏敬觀《忍古樓詩話》、狄葆賢《平等閣詩話》、錢仲聯《近百年詩壇點將錄》等資料，詳細考證出「舸菴」爲浙江山陰人俞明震。同時箋注還收錄了與俞明震一起鄧尉探梅其它詞人的多首詞作，以及與此次雅集有關的相關材料，例如鄭叔問《樵風樂府》、彊邨詞《念奴嬌》（與夏菴聯句）序等，對這次文人雅集做了較爲詳細的考證，勾勒出了清末文人雅集的大致狀態以及唱和方式，對研究晚清文學極有參考價值。這種由小處著手進而全面展開的箋注方式，在全書中比比皆是。白先生盡可能地將能見到的資料收集齊全，從中勾勒出彊邨詞創作的背景，眞正做到知人論世。又如卷二《荔枝香近》（皋橋夜集送瞻園），箋注引大量資料，弄清楚當時皋橋夜集的詞人與詞作。又引張爾田《與楡生言彊邨遺事書》，其中論述彊邨事跡較爲詳細，這對研究朱祖謀的思想與創作無疑提供了很好的材料。總之，只要是與彊邨相關的文獻資料，此書都盡可能地收集進去，清晰地展現朱祖謀的爲人處世。

　　白氏在箋注彊邨詞時，對朱詞的編年也花了很大的功夫，依據相關文獻盡可能對各個時期的詞作進行準確編年。詞集箋注除了釋典外，編年也是重要的一項工作。編年的正確與否直接關係到對詞作含義的理解，尤其是那些溫柔敦厚、哀怨悱惻的詞作。《彊邨語業箋注》在編年方面採取文獻徵引與本詞內證相結合的方式，對彊邨詞寫作年代進行了編年。卷一《祝英臺近》的作年，白氏從夏孫桐《朱公行狀》入手排比彊邨行蹤，又從《彊邨剩稿》前集、王鵬運《蝌知集》、俠君《閬邱集》找出證據，綜合論述後將此詞的昨年定爲光緒二十四年（1898）。白氏在編年彊邨詞時，絕不輕易下結論，而是通過多方尋求證據相互比證，這種嚴謹的學風瀰漫在整部書中，具有極高的學術價值。尤其值得稱讚的是，白氏在《彊邨語業箋注》的目錄編排上，根據在正文中考證的結果，對詞作目錄做了較爲系統的編年劃分，讓讀者一目了然。

　　此書主要是箋注，但白先生對彊邨詞的校勘也頗下了功夫。彊邨詞的版本雖不複雜，但因爲篇章散佚，加上有一卷是補刻，未經過作者手校，字句訛誤之處難免。卷三《望江南》（雜題我朝諸名家詞集後），箋注大量引用吳興蔡正華《味逸遺稿》卷四《朱彊邨望江南題清詞箋注》，對彊邨詞中的異文校勘做了最大程度的還原。又如卷一《金縷曲》（書感寄王病山、秦晦鳴），箋注謂舊刻中無「王」、「秦」二字，而根據陳衍《石遺室詩話》記載王乃徵字聘三號病山，崇彝《道咸以來朝野雜記》記載秦樹聲字幼衡號晦鳴，結合《彊邨棄稿》之詩加以考索，補正題目之闕。此外，白先生還利用各種詞集，比勘彊邨詞，儘量廓清詞句的本來面目，限於篇幅就不一一例舉。尤爲値得稱道的是，白先生對彊邨與人唱和之作，往往照錄唱和原文，這樣對校勘彊邨詞提供了例證，不僅具有資料價値，而且還可以進一步研究彊邨的交遊，一舉數得令人稱讚。

　　《彊邨語業箋注》一書是白敦仁先生晚年八十高壽的封筆之作，也是他一生中最爲看重的一部著作，它的學術價値必將會在以後的清詞研究中逐漸凸現出來，研究晚清詞壇，此著是最有參考價値的一部著作。

　　　　　（原載《詞學》第三十三輯，華東師範大學出版社 2015 年出版）

清代蜀人別集經眼錄

　　有關蜀地詩文的整理輯集，前人做了許多工作，例如宋代袁說友編《成都文類》五十卷、明代周復俊輯《全蜀藝文志》六十四卷、明代費經虞輯清代孫澍校訂《蜀詩》十五卷、明代傅振商編《蜀藻幽勝集》四卷、清代李調元輯《蜀雅》二十卷、清代孫桐生輯選《國朝全蜀詩鈔》六十四卷等。民國傅增湘除編輯《宋代蜀文輯存》一百卷外，尚編訂《蜀賢叢書》十二種刊行。以上這些著述對研究蜀地詩文無疑具有很大的參考價值，爲進一步整理編撰《全蜀詩》、《全蜀文》提供了第一手的資料。今人廖永祥編撰《蜀詩總集》十二卷，輯錄從先秦到清末蜀中詩人兩千三百餘家，詩作近萬首，伐山奠基之功不容抹殺，然廖著也有不少遺漏。余自入蜀問學之日起便著意留心蜀地文獻的收集，今從寒齋所藏拈出部分近代蜀人別集，撰成此文，以求教於同好。

《張文端公全集》八卷

　　遂寧張鵬翮撰，清光緒八年（1882）刻本。八冊，半頁九行二十二字，黑口，左右雙邊，單魚尾。扉頁題「遂寧張文端公全集」，卷首有李星根序，末有其孫張知銓跋，俱爲光緒七年（1881）作。每卷末左下署「裔孫知銓後學歐陽紹同校字」。張鵬翮，字運青，一字寬宇，四川遂寧人，祖籍湖北麻城。生於清順治六年（1649），卒於雍正三年（1725）。康熙九年（1670）進士及第，歷任禮部郎中，黃州、兗州知府、江南學政等職，曾隨索額圖勘定中俄東段邊界。後任大理寺少卿、浙江巡撫、刑部尚書、吏部尚書等要職。康熙三十九年（1700）任河道總督，受命治理黃河，多有成效。後轉任兩江總督、

文華殿大學士、加太子太保太子太傅等。雍正元年（1723）拜相，任武英殿大學士，三年卒於相位，謚文端。主要著述有《治河記》十卷、《奏議》十二卷、《奉使俄羅斯行程紀略》及《如意堂詩文》等，後由張知銓輯爲《張文端公全集》八卷。《清史稿》卷二七九、《清史列傳》卷一一、《國朝先正事略》卷九、《國朝耆獻類徵初編》卷一一一有傳。

卷首爲張希良《河防志序》，次爲《國朝名臣傳》本傳、張知銓編《遂寧張文端公年譜》。前雖有張希良序，然不見《河防志》一書。卷首爲一組治河論文，由論、志略、圖說三部分組成，系統總結張氏治河心得，置放在卷首。卷一、卷二、卷三爲奏章，主要奏報修築河道事宜。卷四爲雜文，多迎合之作，如《御駕親征蕩平漠北頌》、《萬壽頌》、《萬壽無疆頌》。也有一些碑記，如《遂寧文廟碑記》、《安東縣關廟碑》等。有意思的是一篇《桐城張文端公墓誌銘》，墓主爲同僚桐城張英，謚號也爲文端公，恰好都爲張姓。卷五爲七言律詩、五言律詩，卷六爲七言絕句、五言絕句，多紀事。康熙二十七年（1688），俄羅斯察罕出兵擾亂邊境，張鵬翮同索額圖、佟國綱、陳世安等人奉使邊界，訂《尼布楚條約》，有《奉使出使俄羅斯口占》、《駐軍拉拉克帶》、《中秋前一日同陳給諫使還》、《登歸化城樓口占》、《居庸關早發》等七律紀事。康熙三十五年（1696），玄燁西征葛爾丹，張鵬翮有《征葛爾丹詩》，可補史闕。在公事之餘，張氏也創作了一些寫景抒情之詩，頗清新可喜。如《春柳》：「麗日和風宿霧消，清池玉露滴花朝，新傳淑氣催黃鳥，楊柳青青蔭御橋。」《湖上》：「六橋風雨透紅霞，一片笙簫傍水涯，春到西湖偏可愛，綠蔭深處有桃花。」《紫薇花》：「誰將海底珊瑚樹，移向江南處處栽。花氣晨飄香入座，霞光夜映月盈臺。雞鳴風雨思賢俊，秋水蒹葭歎溯洄。記得唐人傳軼事，紫薇堂下紫薇開。」卷七爲雜記，主要記述入朝爲官後的一些事情，包括與皇帝對話，與同僚往來，所思所感等，內容不一，採取雜記體逐條記載。卷末附親朋友好所記張氏生平事蹟之文，如朱報《文端公年譜後跋》、朱金山《後序》、徐潮《竹閣碑記》、戴紱《竹閣書院記》、張懋誠《河成賦》等。全書標注八卷，正文其實只有七卷，故有書目著錄爲七卷。

此集雖名爲全集，然張氏很多著述都沒有收入。卷首凡例云：「公之書有《水雪堂稿》、《如意堂稿》、《奉使俄羅斯行程紀略》、《治河全書》，皆其自著。至於纂輯者，有《文廟禮樂考》、《關夫子志》、《兗州府志》、《遂寧縣志》、《信陽子卓錄》、《身鏡》、《士鏡》、《治鏡》等錄，《敦行錄》、《家規輯要》、《女誡

輯要》等。」就此集內容看，主要是詩文，冠以全集，似為不妥。鈐印有「江油張氏珍藏圖書」。

《掣鯨堂詩集》九卷

新繁費錫璜撰，清道光間《古棠書屋叢書》本。一冊，半頁十一行二十一字，黑口，左右雙邊，單魚尾。題「蜀新繁費錫璜滋蘅撰」，版框左下角每頁有「古棠書屋」四字。前有汪玉璣康熙二十年（1681）序。費錫璜，字滋蘅，四川新繁人，寓居江蘇江都，後歸蜀。費密之子。生於康熙三年（1663），卒年不詳。康熙三十五年（1696）隨父會友，作《江防唱和》詩，滿座皆驚，人稱「鳳毛」。《國朝詩人徵略初編》卷二零、《國朝耆獻類徵初編》卷四二八有傳。錫璜與兄錫琮俱有詩名，曾合著《階庭偕詠》三卷，康熙間刻，南京圖書館藏。費錫琮，字厚蕃，號樹棲，生於順治十八年（1661），卒於雍正三年（1725）。據民國《新繁縣志》卷三十，撰有《白雀樓詩集》行世。《掣鯨堂詩集》有十三卷本與九卷本兩種。《北京圖書館古籍善本書目》集部著錄十三卷本，目次為樂府三卷、五古三卷、七古一卷、五律兩卷、七律一卷、五絕一卷、五排律一卷、七絕一卷、七排律一卷。十三卷本付梓後三年，門人汪文蓍匯刻錫璜文百餘篇，名《貫道堂文集》四卷行世。此集為九卷本，目次為卷一收樂府詩六十五首，卷二收樂府詩四十二首，卷三收樂府詩一百十七首，卷四收五古二十四首，卷五收七古三十四首，卷六收五律一百零二首，卷七收五律五十五首，卷八收七律三十四首，卷九收五絕十八首，七絕三十四首。共計收古今體詩五百二十五首。目錄後有沈德潛、李調元、張雲谷、張春皋等人的評論，名曰雜評。茲錄李調元評論兩則如下：「滋蘅遵父命自揚州還鄉省墓，昔兵燹甫定，道路榛莽，閞關萬里，不憚艱險，與密嘗糞事，相同父子，稱孝尤為難得。國朝蜀詩自此後滋蘅當推為一大宗。」「滋蘅詩有至情而根底亦極深厚。古樂府直接漢魏，五七律絕亦在李頎崔顥之間，雖遭際明末露骯髒，然其言忠厚，絕無乖張之氣。識者當諒其旨，惜其才而去，其疵可也。」

《亥白詩草》八卷

遂寧張問安撰，清光緒七年（1881）玉燕堂刻本。四冊，半頁十行二十字，黑口，左右雙邊，單魚尾。扉頁題「光緒辛巳年重鐫　亥白詩草　玉燕

堂藏板」，卷首有王學浩、張問萊二序，俱署嘉慶二十一年（1816）作。張問安，字悅祖、季門，號亥白，四川遂寧人。爲張鵬翮玄孫、張顧鑒長子、張船山兄。生於清乾隆二十二年（1757），卒於嘉慶二十年（1815）。乾隆五十三年（1788）舉人，例授教職不就，雲遊山川。曾主講華陽書院、溫江書院，多有成就。與弟船山爲蜀中著名詩人，時稱二雄。王學浩序云：「但覺其語淡而味腴，節短而韻長，蓋將於韋孟之外，另闢一逕，以與唐人爭席也。」張問萊序云「余伯兄亥白、仲兄船山皆以詩名於世。」著有《亥白詩草》八卷，存詩八百餘首。據各家書目，知《亥白詩草》有嘉慶二十一年遂寧張氏家刻本、道光五年清白齋刻本、咸豐八年舞雩樓刻本，則此玉燕堂刻本爲重刻本。《清史稿》卷四八四、《清史列傳》卷七二有張問陶附傳。今人胡傳淮撰有《清詩人張問安行年簡譜》，載《川北教育學院學報》二零零零年第四期。

此集八卷四冊，一卷一集，每冊兩集，著意編排。分別是卷一《永華軒合稿》，爲問安與時人、友朋交遊唱和之作，如《春草二章和十二叔韻》、《上閣學紀曉嵐先生》、《雨中奉和齊先生賦得好雨知時節》等，末有《集古贈季門》，爲其妻遺筆，有問安長附注。卷二《八蜀集》，主要是在四川境內之作，多寫蜀中風物，如《登成都城南樓同田橋素作》、《青羊宮銅羊歌》、《廣德寺》、《大邑趙順平墓》、《劍門關》等。卷三《嶺南集》，爲問安在廣東所作詩歌編集。卷四《上計集》，多爲行旅之作，區間爲成都至北京，沿途見聞所感。卷五《岸舟集》，以《岸舟四首》開頭，與卷四一樣也多爲行旅之作，不過舟行多一些，故名《岸舟集》，其中《秋日漫興四首》頗有老杜《秋興八首》風致。卷六《丙辰集》，卷七《庚午集》，卷八《甲戌集》，此三集爲編年集，從嘉慶元年丙辰（1796）到嘉慶十五年庚午（1810），也就是問安晚年詩歌結集。詩人定居蜀中，以授課爲業，更多的題材爲日常閒居，如《讀莊子》、《讀程史》、《清醮》、《讀書》、《歲宴》等。船山早問安一年去世，集中有《哭船山仲弟》七律六首、《七月廿八日得旃山季弟書知船山仲弟確耗》七律兩首哀悼。嘉慶《四川通志》卷一八七著錄張問安有《小琅環詩集》四卷，今未見。

《船山詩草》二十卷

遂寧張問陶撰，清嘉慶二十年（1815）石韞玉刻本。十冊，半頁十行二十字，白口，左右雙邊，單魚尾。題「翰林院檢討臣張問陶恭撰」。卷首有遂寧靈泉寺釋道嶸乾隆五十七年（1792）序、船山嘉慶十三年（1808）自序。

書後有石韞玉嘉慶二十年（1815）《刻船山詩草成書後》。張問陶，字仲冶，號船山，又號蜀山老猿、藥菴退守。四川遂寧人。生於乾隆二十九年（1764），卒於嘉慶十九年（1814）。乾隆五十五年（1790）進士，歷任翰林院檢討、江南道御史、山東萊州知府。因看透嘉慶衰世政治之腐敗，於嘉慶十六年（1811）辭官，漫遊吳越，後僑寓蘇州虎丘。著有《船山詩草》二十卷、《船山詩草補遺》六卷。《清史稿》卷四八五、《清史列傳》卷七二、《國朝耆獻類徵初編》卷二四四、《國朝先正事略》卷四四、《國朝詩人徵略初編》卷五一有傳。今人何定國撰《張問陶年譜》，載《重慶師範學院學報》一九八一年第二期。又胡傳淮撰《張問陶年譜》，巴蜀書社二零零五年出版。《船山詩草》二十卷爲張氏晚年自訂，嘉慶二十年石韞玉刻於吳門。後其鄉人陳葆森從張立軒處收集船山未刻遺稿，編爲《船山詩草補遺》六卷，道光二十九年（1849）刻本。黃丕烈輯《士禮居叢書》，曾收錄《船山詩草選》六卷，錄詩五百餘篇。中華書局一九八六年有整理本《船山詩草》出版，列入《中國古典文學基本叢書》。

船山自序謂：「自十五歲乾隆戊戌年始，至四十歲嘉慶癸亥年止，共二十六年得詩三千五百五十二首，刪存一千七百四十六首，分爲十五卷。其甲子四十以後詩另卷附後，觀存者之有不必存，知刪者之有不應刪矣。愜心之事難哉。」是集收錄乾隆四十三年（1778）至嘉慶十八年（1813）所作詩，按年編排爲十五集。依次爲卷一《樂府》、卷二《戊丁集》、卷三《戊巳集》、卷四《出山小草》、卷五《松筠集》、卷六卷七《乞假還山集》、卷八《扁舟集》、卷九《贏車集》、卷十到卷十三《京朝集》、卷十四《奇零集》、卷十五《己庚集》、卷十六《辛癸集》、卷十七《依竹堂集》、卷十八《出守東萊集》、卷十九《藥庵退守集》上、卷二十《藥庵退守集》下。石韞玉《刻船山詩草成書後》：「文園遺稿歎叢殘，手爲刪存次第刊。名世半千知己少，寓言十九解人難。留侯慕道辭官蚤，賈島能詩當佛看。料理一編親告奠，百年心事此時完。」船山作詩主性靈，與袁枚、蔣士銓齊名。袁枚《答張船山太史書》云：「詩人洪稚存太史，曠代逸才，目無餘子，而屢次來信頌執事之才爲長安第一。」《答張船山太史寄懷即仿其體》云：「忽然洪太史，誇我得奇士。西川張船山，槃槃大才子。」可見船山當時影響之著。關於張問陶詩歌，論著較多，此不贅言。

《李石亭詩集》十卷《文集》六卷

羅江李化楠撰，清光緒七年（1881）綿州李氏萬卷樓刻《函海》本。一冊，半頁十行二十一字，白口，左右雙邊，單魚尾。卷一下題「羅江李化楠讓齋著　男調元雨村編纂　受業杭州陸燡補梅　嘉興李祖惠虹丹全　紹興黃璋稚圭校」，後面卷數下署名校者另有多人。此集又名《萬善堂集》，分爲詩集十卷文集六卷。卷首有錢塘金住甫序，未署年月。次有李化楠小像及自題辭。李化楠，字廷節，號石亭、讓齋，李調元父，四川羅江人。生於清康熙五十二年（1713），卒於乾隆三十四年（1769）。乾隆七年（1742）進士，授浙江餘姚縣令，後調平湖縣，遷滄州、涿州知州，宣化府、天津北路、順天府北路同知。有政聲，被譽爲浙江第一循良。《國朝耆獻類徵初編》卷二五四有傳，李調元撰行述，見《童山文集》卷十八。著述除詩文集外，尚有《醒園錄》共分上下兩卷，內容乃記古代飲食、烹調技術等。化楠作詩學白樂天，爲官也同情百姓，反映民生疾苦的題材在詩中較多。如卷二首篇《餘姚署中偶作》開頭就說：「爲民父母本無難，無擾方能境內安。德化鳴梟皆赤子，政除猛虎即清官」，表達勤政爲民的思想。同卷《擬古樂府二十首有序》、《新樂府二首》（種田戶、欠糧戶）、《恤囚吟四首有序》、《春懷四首》，卷四《秋雨歎二首》、《觀田中護稻歌》，卷六《田家雜興四首》等，皆言民生之苦。卷五《成都雜詩八首》、《牛頭山長歌》、《棧道二首》，卷六《鳳縣道中作》、卷七《秦中雜詩十二首》、《趙州大石橋歌》等，語多質實，又不以憑眺山水爲能事，摹情寫景，夾敘夾議。

《李石亭文集》六卷，與《李石亭詩集》爲同一叢書版次，版式相同。卷一卷二分別是《治姚紀略》上下篇，由多篇小文章組成，如《重修姚江崇聖宮記》、《姚江後清橋落成碑記》、《姚江書院志略記》等。卷三爲《族譜序》、《族譜圖序》、《文昌孝經序》、《陸載一先生六十壽序》四文。卷四爲一組碑記，如《明倫堂碑記》、《文昌宮碑記》、《重修觀音寺碑記》等。卷五是人物傳記，卷六是墓誌銘，不例舉篇名。

《粵東皇華集》四卷

羅江李調元撰，清光緒七年（1881）綿州李氏萬卷樓刻《函海》本。一冊，半頁十行二十一字，白口，左右雙邊，單魚尾。題「羅江李調元雨村著」，卷首有程晉芳乾隆四十一年（1776）序。李調元，字美堂，號雨村，別署童

山蠢翁，四川羅江人。生於雍正十二年（1734），卒於嘉慶七年（1802）。乾隆二十八年（1763）進士，由吏部文選司主事遷考功司員外郎。後遭誣陷，遣戍伊犁，至乾隆五十年（1785）方得以母老贖歸，晚年潛心著述。歷任翰林編修、廣東學政。乾隆 46 年（1781），擢授通水兵備道等職，因彈劾永平知府，得罪權相和珅，充軍伊犁，後以母老得釋歸，居家著述終老。著有《童山全集》六十五卷，撰輯詩話、詞話、曲話、劇話、賦話著作達五十餘種。編輯刊印《函海》共三十集，全卷共一百五十種書，保存文獻功莫大焉。《清史列傳》卷七二、《國朝先正事略》卷四四、《國朝耆獻類徵初編》卷二一二、《國朝詩人徵略初編》卷四零有傳。今人楊世明撰有《李調元年譜略稿》，載《南充師範學院學報》一九八零年第二期。又詹杭倫撰《李調元學譜》，天地出版社一九九七年出版。

　　是書爲李氏自乾隆四十二年（1777）至四十六年（1781）任廣東學政期間所作詩歌結集。程晉芳在序中開頭就說：「《粵東皇華集》四卷，雨村李五丈作也。雨村以甲午之夏奉命爲廣東副典試，往還六閱月，凡所經歷悉記以詩，刪汰改易又二年，而刊成囑余爲之序。」卷一寫由京赴粵途中見聞，不涉及粵中。詩人由京城經河北、山東、江蘇、江西、湖南而進入廣東，以詩紀程。卷二由《過大庾嶺》開頭，記述進粵所見風物。《嶺南舟行雜詩十首》、《謁張文獻公祠》、《韶州望韶石》、《曲江風度樓》、《英德道中》、《抵清遠縣》，一路寫來，粵中風景映入詩中。《與編修王春甫分賦嶺南草木三十首》分詠粵中水果物種，一詩一物，可見嶺南物產之盛。卷三爲李氏學習粵中民歌之作，用淺近的俚語作詩，如《採珠曲》、《後採珠曲》、《合歡詞》、《淘鵝謠》、《花燕》、《相思曲》、《竹葉歌》、《南海竹枝詞十六首》等。卷四則全部爲李氏與粵中各地人物的交遊詩歌。全書雖分爲四卷，然均按內容編排，全面描述李調元在就任廣東學政期間的見聞，對研究當時廣東歷史，頗有助益。

《童山詩集》四十二卷

　　羅江李調元撰，清嘉慶十年（1805）綿州李氏萬卷樓刻本。六冊，半頁十行二十一字，黑口，左右雙邊，單魚尾。題「綿州李雨村著　童山詩集　萬卷樓藏板」，卷首有程晉芳乾隆三十四年（1769）序。此集爲調元晚年自訂，詩集四十二卷，附《蠢翁詞》二卷，分年編排。卷一自乾隆十三年戊辰（1748）起，到卷四十二嘉慶五年庚申（1800）止，基本上是一卷一年編排，也有少

數一年分爲上下兩卷的。收詩歌兩千餘首，體裁上古今體、五七言俱備。乾隆間刻《函海》，此集爲三十一卷。道光、光緒間刻《函海》，增補爲四十二卷，將《粵東皇華集》四卷全部收錄進本集。李調元與從弟驥元、鼎元馳騁詩壇，時有「三李」之稱，而以調元聲名爲著。又與江南著名詩人袁枚、趙翼相互詩歌唱和，名重一時。其女夫張懷湘即將袁枚、趙翼、王文治與調元詩合刊，取名《四家詩選》，可見影響之深。程晉芳序謂「余詩多平易近情語，遠不逮雨村」，當爲實話。卷一《雜興》五古九首，《蜀樂府十二首》並序、《猛虎行》、《少年行》、《子夜四時歌四首》、《苦雨行》，吸收六朝古詩精華，大氣磅礴，酣暢淋漓，頗顯詩人才氣，編排在卷首，也可見調元的用意。卷五《南宋宮詞百首》，上承五代花蕊夫人宮詞，一洗脂粉氣，舊瓶裝新酒。小序謂：「宮詞者，所以紀宮中行樂之詞也。而南宋自南渡以來，長腳專權，大眼喪氣。頒下金牌一十二面，偏安王室百五十年。」「逝者雖淹，後來可鑒，因作宮詞百首以補正史三長，不無譏刺微詞，半借風謠規誡云爾。」調元作詩喜吸收民歌俗語，求新求變，卷三十八《弄譜百詠》，記所見手工雜藝百戲，語句清新，力求新奇。又如卷四《觀錢塘潮歌》、《青羊宮觀銅鼎歌》，卷七《琉球刀歌並序》、《石鼓歌》、《秦鏡歌》、《卓文君銅印歌》，卷九《蛺蝶詞》、《雙燕曲》、卷十一《觀捉魚歌》、《戲墨莊》、《詠新竹二十韻》、《石鏡屏歌並序》，卷十四《題醒園圖有感六首》、《雜憶詩十首用元微之韻》，卷十五《嶺南舟行雜詩十首》、卷十八《登泰山二首》、《柳煙波》等，長則千言，短如四句，無不揮灑自如，爭奇鬥豔，極逞才力。

《榴榆山館詩鈔》六卷

廣漢張懷泗撰，清道光十三年（1833）榴榆山館刻本。一冊，半頁十二行二十五字，黑口，左右雙邊，單魚尾。題「道光癸巳年鐫　榴榆山館詩鈔　本館藏板」，每卷下署「漢州張懷泗環甫氏甫著」。卷首有吳縣蔡學海道光十二年（1832）序、張懷溥序（未署年月），書末有門人劉碩輔跋（未署年月）。張懷泗，字環浦，號臨川，晚稱棗核老人，四川廣漢人。生於清乾隆十二年（1747），卒於道光二十七年（1847）。清乾隆四十四年（1779）中舉人，先後任懷來、順義、宛平知縣，因生性磊落，剛直不阿，被免官職。返鄉以經史授生徒，主講漢州講道書院，歷三十六年。著有《榴榆山館詩鈔》六卷、《抱經堂今古文》六卷《續編》一卷，主修嘉慶《漢州志》四十卷。

詩起於嘉慶十六年（1811），爲懷泗返鄉授課後所作詩歌編集。辭官授課，師生切磋交流，返樸歸眞，其樂融融，集中不少作品反映這種心態。如卷一《喜譚生墨泉送食筍》，卷二《著鞭行爲汪生作》、《榴榆山館落成和雨山韻》，卷三《喜余龍叔中茂才》，卷四《秋詠二十首》（爲壎兒改課）、《春圃十詠》、《酬溫生作》、卷五《講院即事十首》、卷六《公刻雨山選李杜韓蘇四大家詩版成門人黃蔚南有詩次韻》、《公刻李杜韓蘇詩版成後印裝藏慨然有感》、《送劉孟興成均讀書》、《將刻榴榆山館詩鈔與廓舟八弟校字》等。授課之餘，與友朋踏山游水，相互詩歌唱和，也是詩人的主要活動，這樣的題材在集中佔有很大的比重。僅卷一就有《趙蘊齋明經招同黃善田孝廉黃靜齋學博及同人遊龍居寺用少陵遊何將軍山林十首韻》、《趙蘊齋有事於先隴邀與張生秉一同到移時重遊龍居寺用少陵重過何氏韻》、《宿寶光寺尋佛德長老用少陵重過何氏韻》、《同黃策軒北郭晚步和韻》等多篇。懷泗長於讀史吟評，卷一《書龐士元先生傳後》、卷二《讀明史有感四首》、《讀南史雜詠十首》卷四《讀南宋書題後二十首》、卷五《讀書有感》五古四首、《讀禹貢》諸篇，褒貶議論，俱有可觀。對於張懷泗詩作，蔡學海序中這樣評論：「讀之，見其根底淵深，眾長兼擅。其七古七律，豪邁流宕，尤得昌黎眉山之腴，眞傳作也。夫詩以抒性情，自鳴天籟，然非多讀書則無筆，非多閱歷則無題。先生才氣充溢，書卷富羅，生山水最奇之邦，官犖犖華輝之地，跋涉秦晉燕趙，交遊賢士大夫，磊落胸襟，超越流輩，故其爲詩也縱橫跌盪，生氣鬱律，自然流露於行間，非有所規仿而然也。」

《蘿溪山舫詩草》四卷《續集》兩卷

三臺陳謙撰，清光緒二十一年（1895）刻本。一冊，半頁九行二十一字，黑口，左右雙邊，單魚尾。題「蘿溪山舫詩草　王龍勳署檢　光緒二十一年乙未夏月新刊」。前有王龍勳題辭（未署年月）、徐楫同治七年（1868）序、陳芝生同治七年（1868）序，陳謙同治元年（1862）自序。後有陳錫紱光緒二十一年（1895）跋、王世芬《讀蘿溪山舫詩草書後》、蔣蘅光緒五年（1879）跋、唐德嘉《讀遊仙詩百首題詞》。陳謙，字吉林，自號蘿溪山舫主人。道光十一年（1831）貢生，四川三臺人，生平事蹟不詳。此集又名《蘿溪詩草》，卷一爲古今體詩一百一十四首，卷二爲古今體詩五十一首，卷三爲古今體詩四十首，卷四爲古今體詩十四首。《續集》兩卷，有林有任同治十二年（1873）

序。卷一爲古今體詩二十二首，卷二爲古今體詩九十三首。附錄《小遊仙詞百首並序》。對於是書的編集，其子陳錫紱在跋中說：「此編原集八百餘首，經徐汝舟先生刪削十分之二，呈鍾雨辰、張香濤兩學使評閱後，先君子亦時有刪改，乙亥秋病革時，又手自刪定四百九十餘首，授紱藏之。」王世芬在《讀蘿溪山舫詩草書後》中評論陳詩道：「其文於駢散體無不工，而詩尤卓絕。詩於古近體無不工，而五言古尤濃鬱，刻而傳世，可以愧今之享敝帚者矣。」陳謙作詩喜五古，五律，而且一作就是組詩，如卷一《重德堂族譜題詞》、《贅言》，卷二《春草四首》、《落葉四首》、《山居四首》、《臆說四首》。一般來說，寫景詩多用短章，而作者竟多用長篇五古來寫景，尤見才氣。

《蘇鄰遺詩》兩卷《續集》一卷

中江李鴻裔撰，清光緒十四年（1888）遵義黎氏日本刻本。一冊，半頁十行二十一字，白口，左右雙邊，單魚尾。前有溧陽強汝詢序（未署年月），後有其子李虜猷撰《行述》、遵義黎庶昌撰《江蘇按察使中江李君墓誌銘》、德清俞樾撰《布政使銜江蘇按察使李君墓誌銘》。末頁題「姑蘇城內郡廟前謝文翰印訂　日本東京田野村錦四郎刻」。李鴻裔，字眉生，號香嚴，又號蘇鄰，四川中江人。生於道光十一年（1831），卒於光緒十一年（1885）。咸豐元年（1851）舉人，十年（1861）入胡林翼幕，後入曾國藩幕。同治三年（1864）後歷任十府糧道、糧臺總辦善後局總辦，官至江蘇按察使加布政使銜。辭官後居蘇州，因與蘇子美滄浪亭相近，故號蘇鄰。年四十後杜門謝客，唯以讀書爲事。著有《蘇鄰遺詩》兩卷《續集》一卷。《續碑傳集》卷三七、《清儒學案小傳》卷一八、《國朝書畫家筆錄》卷四、《皇清書史》卷二三有傳。《蘇鄰遺詩》二卷又名《髯仙詩舫遺稿》，由其子虜猷輯詩二百餘首。詩分上下兩卷，強汝詢在序中評論道：「余嘗聞先生稱伯足之詩功力深重，同輩無比，知詩者咸無異詞。然伯足有所作，必質於先生，疵之輒棄，摘之輒改，帖帖心折，若弟子然，則先生之詩可知矣。」蘇鄰作詩多紀事，集中《書庫抱殘圖爲丁松生丙大令詩》，多至數百言，詳細記載乾隆間纂修《四庫全書》以及此後四庫書散失的情形。他如《讀越南志後》二十六首、《滬上雜詠》二十七首，都有史料價值。《蘇鄰遺詩續集》一卷，光緒十七年（1891）中江李氏石印本，一冊。前有成都楊宜治序，收詩六十五首。雖爲續集，然在寫作年代上，這些詩歌要早於前集。

《蜀樵詩鈔》四卷

資中廖光撰，清光緒二十七年（1901）綿竹述古齋刻本。兩冊，半頁九行二十一字，白口，左右雙邊，單魚尾。題「蜀樵詩鈔　華陽馮江署　光緒辛丑刊於綿竹」，每卷下署「資州廖光蜀樵氏著」。前有廖光光緒庚寅十六年（1890）自序、廖衡光緒二十七年（1901）序。廖光，又名叔瑤，字蜀樵，四川資中人。生卒年不詳，享年三十九（據廖衡序）。曾入幕張之洞，後官內閣中書。《益州書畫錄補遺》有簡傳。《蜀樵詩鈔》四卷，卷一爲《薇花館集》上卷，卷二爲《薇花館集》下卷，卷三爲《春萍集》，卷四爲《翼藩集》。對於這些詩歌的編集，廖光在自序中說：「自己卯迄己丑凡十閱歲，曰《薇花館集》，供職內府時作也。次曰《春萍集》，癸未乞假後作也。又次曰《翼藩集》，則甲申入幕乙酉從軍之作也。計古今體詩千有餘首，頻年南北奔馳，遺失殆盡。僅就篋中所存者，摘錄四百六十有四首，後之知我，果有人歟」。廖衡則在序中詳細介紹了當初集資刊刻《蜀樵詩鈔》的具體事宜，「於是盡出所藏爲校刻，凡四卷，曰《蜀樵詩鈔》云者。余裒集時所署蜀樵，其別字也。若夫其詩深淺得失，覽者自得之，餘不復論。」又據《四川省圖書館藏古籍書目》集部載，《薇花館集》二卷、《翼藩集》一卷，手稿本均藏該館。

《涪雅堂詩草》二卷

綿州吳朝品撰，清光緒二十七年（1901）刻本。一冊，半頁九行二十二字，黑口，左右雙邊，單魚尾。前有王龍勳光緒二十六年（1900）序、彭光弼序（未署年月）。吳朝品，字立卿，四川綿州人，曾任綿州拔貢，生平事蹟不詳。王龍勳在序中說：「吳君立卿，幼承家學，淹貫群籍，騰茂蜚英，耳熟素矣。乙亥春，得晤於潼郡。明年科試，君復來會，相見尤數。君示平日所爲詩歌若干首，神姿俊爽，音律沉雄，擊節高吟，爲往復流連者久之。竊怪君抱鄭廣文之才德，而年力強富，門第憂腴，遠勝鄭公，胡乃因落拓一官，遽令胸中抑塞磊落？若大有不得志於時也。」綿州吳氏乃當地望族，其父吳敏齋曾爲黔江教諭，以倡文風、造福桑梓爲己任，在綿州城南修建治經書院，建校舍數十間，仿宋人思賢故事，築室紀念揚雄、李白等人，於南山建十賢堂，祀漢杜微、李仁等鄉賢。吳朝品則主持修建過李杜祠，成爲全國唯一現存的李杜紀念場所。集中有多首詩作紀其事，如卷一《去芙蓉溪半裏背山臨流原野清曠得地七畝餘謀建李杜祠欣然賦此》、《庚子九日同人集李杜祠登春

醑亭述懷》、《李杜祠園中一花一木無非自栽今春悉已芳茂即事言懷》、《李杜祠芙蓉一株盛開自明以來三百餘年無此景矣感而成詠》、《將歸中江留別李杜祠》等等。其它有關李杜的詩作還有十餘篇，可見朝品對李杜仰慕之深。

《風雨吟草》不分卷

彭縣席羹撰，清光緒二十九年（1903）四川省垣文倫書局排印本。一冊，半頁十行二十六字，單魚尾。前有王增祺光緒二十八年（1902）序、席羹自序。後有文之藩光緒二十九年（1903）後序、席羹後序、研雲館主人光緒二十八年（1902）《風雨吟草書後》。席羹，字子研，自號仙雲館主人，四川彭縣人。曾知廣西知州，著名書畫家，工畫花卉竹石，《益州書畫錄續編》著錄。何謂《風雨吟草》，席羹後序中說：「風雨者，發於四時，遍於宇宙，自然之氣也。春之風習習也，夏之風泠泠也，秋之風穆穆也，冬之風颯颯也。此其常也，反是則戾。春之雨霏霏也，夏之雨霖霖也，秋之雨蕭蕭也，冬之雨零零也，此其常也，反是則淫。天以自然之氣宣瀉於寰中，而人遇之隨其情之所感，發爲歌詠，莫能自遏，也不知其所以然者，此天籟也，所以征人思婦，蟲鳥增懷，旅夢羈愁，關河修阻，往往只辭謠語，流傳當代，穿金石而泣鬼神，自三代以迄今，卒莫能得。」席羹爲書畫家，與當時畫家多有往來，創作了不少題畫詩，如《題竹禪上人中山出遊圖》、《與王雪澄孝廉畫梅並以誌別》、《題畫四首》、《贈鄔師竹畫梅歌》、《題張銘吾醉石圖》、《與蘇槙侯茂才畫梅》等等。集中《女遊仙詩》八十首也值得一談。前有小序，曰：「久客陽安，旅懷蕭索。每當月明燈地，小窗枯坐，情緒惘然，得女遊仙詩三十首。服官後，此事遂廢。丙戌秋，奉檄來陽，民窮多盜，策駑自勵，封椽後茅簷安堵，百感交縈，理殘稿續成八十首。題既妄撰，語亦鑿空，得毋荒唐致誚耶」。詩人以女子口吻，戲作遊仙詩八十首，既是寂寞消遣之作，又可視作爲懷才不遇之外洩，正印合了他在後序中釋風雨書名之故。

《十三峰書屋全集》九卷

劍閣李榕撰，清光緒十六年（1890）龍州書局刻本。八冊，半頁十行二十四字，白口，左右雙邊，單魚尾。題「湘鄉蔣少穆太守堅定　李申夫先生全集　匡山書院藏板」，全集總目下署「門人楊肇瑩玉瞻編輯　黃翼雲羽臣參校　男穎乃達校刊」。全書前後均無序跋，由文稿一卷、詩集二卷、書箚

四卷、批牘二卷組成。李榕，字申夫，名甲先，四川劍閣人。生於嘉慶二十二年（1817），卒於光緒十六年（1890）。咸豐二年（1852）中進士，授翰林院庶吉士，次年改禮部主事。步入仕途不久，在曾國藩的保薦下，開始了八年的戎馬生涯，鎮壓太平天國有功，由此陞官至湖北按察使、湖南布政使、江寧鹽運使。同治八年（1869）罷官，回鄉主講匡山書院、登龍書院。光緒十四年（1888），清朝四川督撫劉仲連及蜀中紳士馬長卿等所建成都望江樓崇麗閣落成時，聘請李榕爲崇麗閣題寫了一幅一百三十字的長聯。這幅膾炙人口的長聯，文辭高稚，幾與王勃《滕王閣賦》媲美，爲望江樓崇麗閣增添了光彩，頗受當時文人學士的讚譽。著述有《劍州志》十卷、《十三峰書屋全集》九卷。巴蜀書社一九九五年出版王顯春、顏繼祿、何醒明整理本《十三峰書屋全集》。《咸豐以來功臣別傳》卷二五、《清儒學案小傳》卷十八、《詞林輯略》卷七有傳。今人王顯春撰《李榕年譜》，巴蜀書社排印本《十三峰書屋全集》後附。

　　文稿一卷收文三十餘篇，主要由遊記、碑記、傳記、墓誌銘登組成，如《遊泰山記》、《梓潼守城記》、《重建江油登龍書院記》、《重建劍州考舍記》、《杭州海潮寺碑》、《劉存厚傳》等。首篇《自流井記》，記載同治年間自流井鑿井深度已達三十度，一口火井最多可燒鹽鍋達七百多口，詳細的記述了當時井鹽生產的情形，爲研究清朝鹽井提供了資料。詩集二卷收詩一百多首，《長沙懷古》、《鄂中雜興八首》、《湘舟七唱》、《山居雜詠》、《山中雜詠十首》等，寫景狀情，清新自然，頗爲難得。書箚四卷、批牘二卷大部分內容是湘軍同太平軍的征戰實錄，對戰太湖、克武昌、困祁門、取安莊、圍金陵、滅捻軍等戰爭的運籌帷幄、行軍佈陣、激戰場面，都作了詳細的記載，實爲我國近代史資料之所鮮見者，對研究太平天國乃至晚清史均有很高的史料價值。

《皂江文集》二十四卷

　　溫江曾學傳撰，民國十三年（1924）溫江皂江學社《皂江全書》本。五冊，半頁十二行二十五字，白口，左右雙邊，單魚尾。前有曾學傳民國十三年（1924）《皂江全書序》。《皂江全書》一百卷，另附《栲窗雜稿》一卷、《懷廬年譜》四卷。曾學傳，又名紹新，字習之，晚年自號皂江逸叟，世居縣城。生於咸豐八年（1858），卒於民國十九年（1930）。光緒三十三年（1907）到

民國十年，先後執教於成都甲種工業學校、四川高等學堂、四川法政學堂、四川鐵道學堂和陸軍弁目速成學堂。後返縣創辦皀江學社和國粹班，親自講授國語，在當地很有影響。《皀江全書》目次分別爲《皀江文集》二十四卷《續集》三卷、《皀江詩集》八卷《續編》一卷、《孝經釋義》一卷、《春秋大義繹》八卷、《中國倫理學史》九卷、《宋儒學案約編》二十二卷、《先儒下學法言》三卷、《丙辰風雨錄》四卷、《皀江學言定本》二卷、《雜記四種》四卷、《塾課七種》八卷、《雜著三種》三卷。曾學傳在總目後加按語說：「右全書目錄凡百有餘卷，擬先後陸續出版，以貢於世，以酬當路諸公之望。惟《栲窗雜稿》《懷廬年譜》二書須俟身後方有結束。始行付梓外，有《溫江縣志》十二卷已由縣修志局刊行。前撰《鄉土志》，悉收納其中，均不著錄。更有《曾氏家乘》三卷、《懷廬外集》三卷並存於家，亦不著錄。」《皀江文集》二十四卷，目錄依次爲卷一到卷六《論辨》，包括《道論》、《詮論》、《國學鉤元》、《歷代儒學概論》。卷七到卷九爲《序跋》，主要是自著序，如《孝經釋義序》、《春秋大義繹序》、《中國倫理學史序》，也有讀書讀書序跋，如《讀後漢書獨行傳》、《諸葛忠武侯文集書後》、《讀汪伯玉文》、《讀鬼話》等。卷十到卷十六爲《書牘》，卷十七卷十八《贈序》，多爲祝壽文。卷十九《傳狀》，卷二十《碑誌》，卷二十一卷二十二《雜記》，卷二十三《詞賦銘贊》，卷二十四《哀悼》。

《綠天蘭若詩鈔》一卷

新繁釋含澈撰，清咸豐三年（1853）新繁龍藏寺刻本。一冊，半頁九行二十一字，白口，左右雙邊，單魚尾。釋含澈，字雪堂，四川新繁人。住龍藏寺。善書，工詩，與顧復初、黃雲鵠互爲酬唱，輯有《綠天蘭若集》八卷、《潛西精舍詩稿》一卷、《綠天蘭若詩鈔》一卷。前有咸豐三年（1853）程雨潤序，謂：「庚戌二月宰新繁，遊龍藏寺，訪琴壁古跡，琴不可得，得詩一冊。讀之，清清冷冷如風入松，洗盡凡響，有高山流水之趣。詩也而通乎琴矣。誰歟作者則寺僧雪堂也。雪堂衣鉢得自雪塢上人，禪理宗風，說詩說法，一以貫之。雪堂於詩學尤爲面壁功深，故壁中無琴聲，而詩中有琴韻也。余既讀雪堂詩，因與雪堂相往來。每於公餘之暇，茶瓜竟夕香火流連，方丈官廨俱成詩社，而雪堂之詩日益進，而余之瓜期則已及矣。別時彼此依依互相贈答，如怨如慕如泣如訴，蓋琴中變徵音也。雪堂刻余詩於壁直，以余詩爲琴，

余滋愧矣。後之訪琴壁者還讀雪堂之詩也可。」集中以禪院日常生活描摹爲主，作者交遊頗廣，踏山訪友，坐禪論道，應酬性詩歌爲多，於中可見雪堂性情。

《潛西精舍詩稿》一卷

新繁釋含澈撰，清光緒十三年（1887）新繁龍藏寺刻本。一冊，半頁十行二十一字，黑口，左右雙邊，單魚尾。此集與《綠天蘭若詩鈔》應爲姊妹編，寫作時間上相連接。既無序跋也無題簽，內容多以應酬爲主，交遊詩、贈別詩、唱和詩在集中比比皆是。粗略統計，集中交往人物有名有姓者不下百人，這跟《綠天蘭若詩鈔》中反映的相一致。

《七硯齋詩草》八卷

什邡馮譽驄撰，清光緒三十三年（1907）仲冬馮氏家刻本。四冊，半頁十行二十二字，黑口，左右雙邊，單魚尾。黃洪晃題簽，馮譽驄光緒三十三年自敘。馮譽驄，字雨樵，又字秀華，自號西山老樵，四川什邡人。歷官東川、廣南知府，爲官清廉，政聲頗佳。與弟譽驥馳騁詩壇，二人合著《秀華百詠合刻》兩卷，光緒十二年四川避喧園刻本。譽驥另有《留餘草堂詩集》四卷，民國十三年（1924）馮氏成都排印本。《詩草》八卷爲譽驄自編年詩集，卷一自咸豐庚申至同治丁卯，卷二自同治戊辰至辛未，卷三自同治壬申至光緒乙亥，卷四自光緒丙子至己卯，卷五爲光緒庚辰一年之內的詩作集結，卷六自光緒辛巳至甲申，卷七自光緒乙酉至丙戌，最後一卷爲光緒丁亥至庚寅。譽驄在《自敘》中說：「鄙人少耽吟詠，自咸豐庚申十三歲時起，至光緒丙午止，四十餘年中所存詩稿，除《秀華百詠》、《西山唱和》、《歸農百詠》、《詩牌試帖》七百餘首已刻外，計存古今體詩四千餘首。丁未保擢監司應行赴引，春間由滇回籍措資，暇時翻閱舊稿，分別去留，刪去率意應酬各作一千兩百餘首，實存詩兩千八百餘首，分爲二十四卷，自惟東塗西抹，素無根底之學，未敢出以問世，故存篋中，聊以自娛。又以性情冷落，無暇求人作敘，自志梗概如此。丙午以後詩另錄於後，共計三十卷。」可見譽驄共有詩作三十卷，但此《詩草》實爲八卷。譽驄頗喜老杜、白香山、蘇東坡、王漁洋之詩，集中多用諸人詩韻，如卷七中就有《乙酉上巳遊小桂湖留贈張貴卿司馬用杜少陵遊何將軍山林韻十首》、《擬東坡秧馬詩用原韻》、《登夔府城樓望八陣圖用

漁洋韻》、《白帝城用漁洋韻》、《明良祠用漁洋韻》、《歷下亭用少陵韻》、《黃
村雪夜用東坡尖義韻》等詩。內容以詠懷寫景爲多，尤以七律對仗工整見長。
另有廣東高要人馮譽驄，字叔良，號鐵華。道光甲辰舉人，歷官金華知府，
有《鈍齋詩鈔》兩卷。

《苾芻館詞集》六卷

　　成都胡延撰，清光緒二十九年（1903）金陵糧儲道廨刻本。四冊，半頁
十行二十字，紅口，左右雙邊，單魚尾，紅印本。顧印愚題簽，長洲顧復初
光緒十三年（1887）序。顧復初，字幼耕，又字子遠，晚號潛叟，長洲（今
江蘇蘇州）人。善書畫，咸豐年間曾任四川縣丞、光祿寺署正等職。胡延，
字長木，號研孫，四川成都人。生於同治元年（1862），卒於光緒三十年（1904）。
光緒十一年（1885）優貢，歷官山西平遙及永濟縣知縣、江蘇江安糧儲道、
安徽寧池太廬鳳淮揚十府糧儲道。光緒庚子之變，慈禧攜光緒帝逃竄至西安，
胡延時任內廷支應局督辦，平日所見有感而發，撰成《長安宮詞》一百首，
有光緒二十八年刻本、光緒三十年成都圖書局活字排印本、民國二十一年成
都美學林排印本。宮詞專記慈禧光緒在西安一年中宮廷瑣事，可補史闕。《苾
芻館詞集》則不涉政事，繫日常生活閒情逸致眞實寫照，尤見詞人性情。全
集共六卷，分別爲：兜羅帛詞第一，寶鬘雲詞第二，祗洹珠詞第三，恒河鬌
影詞第四，雙伽陀詞第五，燕子龕詞第六。除第五卷雙伽陀詞署名爲成都胡
延、漢州張祥齡外，其餘五卷皆獨署胡延，蓋因雙伽陀詞爲胡、張唱和之作。
對於胡延之詞，顧復初在序中評價到：「研孫先生詞輕微婉約，預乎無際，兼
南宋作者之長，余劇賞之。研孫顧謂余：『曩者尚有流麗疏快之作，今茲則日
趨於澀矣。』余曰：『詞本遣興之具，譬之作小楷書，方欲運法而筆劃已了，
不以澀持之則無含蓄深厚之趣。』余曩嘗執斷字論詩詞，謂惟斷故轉，惟斷
故遠，今研孫澀字之旨，殆與余斷字不謀而合者。嗚呼，詞雖小道，通乎諷
喻，未可以淺說磬也，研孫天資超雋，學必詣極，當契余言。」胡延多寫慢
詞，尤喜創作大型組詞，如卷一《憶江南》二十首詞，描摹成都四季宜人景
色，反覆吟詠，有一唱三歎之妙。再如卷三《十二月樂府》組詞，從正月寫
到閏月，世風俗情如畫卷展現眼前。胡延除填詞遣興外，還創作了一些詩歌，
有《蘭福堂詩集》一卷問世，光緒二十七年胡延西安刻本。

《竹筠山房詩鈔》五卷

金堂雷煾撰，清光緒八年（1882）金堂雷氏家刻本。一冊，半頁十一行二十一字，黑口，左右雙邊，雙魚尾。題「金堂雷江崖先生著」。雷煾，字江崖、江舲，四川金堂人。少從廣漢張雨山學，中年講學銅山書院，一生未曾入仕，以明經終老士林。前有同治八年（1867）林有仁序、羅肅序（未署年月）、光緒八年（1882）周錫鑒序、鄧習儒題辭（未署年月），每卷終署「受業林有仁、男再鏻同敬校」。是書按體裁編排，首兩卷為七言古，第三卷為五言律、第四卷為七言律、末卷為七言絕。林有仁在序中交待了編輯來由，並對雷詩稍作評論，其云：「己巳夏，哲嗣介齋過銅山，奉師遺集囑吾師黃曉谷先生暨劉君濟帆及仁等曰：『我父往矣，遺詩具在，行將付梓。諸君皆我父文字交，敬乞校編，擇其尤者壽諸世，感且不朽。』既校定，諸公命仁為之序。仁自維詩學受之吾師，稍知程法，何敢以不文辭。昔雨山先生著《十芴山房詩鈔》，楊公蓉裳稱為宗仰昌黎，有手拔鯨牙瓢酌天漿之概。吾師承其衣鉢不自矜異，獨攄性情以沉博典麗之才，運浩瀚奔騰之氣，興酣落筆，獨往獨來，其神勇直不可摹擬。五七律氣度沖和，襟期豪爽，古詩尤擅勝場，方之雨山先生洵足後先媲美。蓉峰師有言：『漢魏以來作者代興，要其卓卓可傳者，不過自道其性情』，仁於吾師益信矣。」是書據《四川省圖書館館藏古籍目錄》第七冊集部上著錄，尚有二冊本，此為一冊本，卷數俱同。

《江陽集》不分卷

雙流章步瀛撰，民國十年（1921）成都石印本。一冊，半頁九行二十一字，白口，左右雙邊，無魚尾。題「達園逸叟海珊氏著，李正林題」，由章氏子章霓、章震校刊，楊益智書，迪益書社印，為達園著書之一。章步瀛，字海珊，號達園逸叟，四川雙流人，事蹟不詳。前有宣統元年章步瀛侄章榮石序，謂：「古來作詩者夥矣，求其有卓識合乎聖賢恒不數見。吾宗叔海珊素工詩，今秋余來錦官登堂謁候，見所作《江陽詩集》一冊，於觸物感懷中具興觀群怨之旨，非徒風雅擅長而已。宗叔並道其作詩情景，狀逼真，義利所累，禍福所關，言盡而心猶怖也。」《江陽集》收錄詩歌不足百首，多為行旅送別唱和之作，唯《補重九登高並序》七律八首，寫景狀物，描摹中寓議論，對仗工整，清新喜人。後附《達園雜詠》，依次為《詠左史五古二首》、《詠左史七古二首》、《詠古八首》、《春曉》、《八音詩限庚韻不重》、《詠古事》、《詠竹

夫人》、《六旬自壽》七律十首、《遊江玩月聞歌》、《題壽材》、《七十自吟》、《答
客問》七古二十韻。

《臨溪集》二卷

　　蒲江羅家龍撰，民國十一年（1922）新津胡氏《壁經堂叢書》本。一冊，
半頁十一行二十字，黑口，左右雙邊，單魚尾，版心左下角印壁經堂叢書五
字。遂寧楊蜀堯題簽，題「蒲江羅家龍從雲著，同邑杜瑞雲龍驤刊，胞弟羅
家光德明校」。羅家龍，字從雲，四川蒲江人，生平不詳。前有黃文魁序。卷
上爲《蜀對》，對治蜀提出了自己的對策。卷下收錄九文，依次爲《益州仙釋
考》、《蜀漢五將碑》、《蜀兩漢經師贊並序》、《成都花市草木贊並序》、《擬楊
炯王子安集序》、《文殊院德風和尚塔銘》、《上巳招飲百花潭啓》、《謝友人餽
竹葉青啓》、《擬蜀討孟獲檄》。

《樂水集》一卷

　　蒲江李家學撰，民國十一年（1922）新津胡氏《壁經堂叢書》本。一冊，
半頁十一行二十字，黑口，左右雙邊，單魚尾，版心左下角印壁經堂叢書五
字。遂寧楊蜀堯題簽，題「蒲江李家學承泌著，同邑歐守福成之校」。李家學，
字承泌，又字陽修，四川蒲江人，生平不詳。前有新津胡淦序。《樂水集》收
錄文章九篇，依次爲《宋蜀六節使贊並序》、《宋蜀五知名士贊並序》、《擬蒲
江魏鶴山祠堂碑》、《擬王子安益州夫子碑》、《端節錦江宴啓》、《代大邑某君
送優遊學北京序》、《與故舊書》、《與子弟書》、《謝友人贈筆啓》。

《寫定樓遺稿》不分卷

　　華陽馮江撰，民國十年（1921）華陽馮氏家刻本。一冊，半頁十行二十
一字，黑口，左右雙邊，雙魚尾。林思進題簽。馮江，字星吉，四川華陽人。
出生於同治六年（1867），卒於光緒三十三年（1907）。光緒二十三年（1897）
舉人，兩試禮闈不就，官雲南平彝縣知縣。是書雖不分卷，但按照詩餘、詩、
駢文、古文編排。首爲詞，計有一百二十一首。次爲詩，計有二十八首。詩
雖較詞數量爲少，但更顯作者才華，如《紀夢八章並序》，鎔鑄太白、放翁紀
夢詩精華，大氣磅礴、酣暢淋漓。再如《讀史雜感》七絕四首，其一：「韓彭
死後淮南反，老淚淒涼唱大風。壓亂已深方悔禍，漢高此際不英雄。」其二：

「夷門車騎日紛紛，愛士由來折節殷。一笑平原盡豪傑，買絲合繡信陵君。」其三：「蕭相勳名動九州，功高震主幾人憂？蒯通只勸淮陰反，不及東陵說鄷侯。」其四：「賓客侯門盡貴遊，百年華屋變山丘。誰能一死報知己，欒布終收彭越頭。」作者議論歷史英雄人物，發不常見之問，於中尤見史識。次為駢文，收錄《論學》一文，分上中下三節。末為古文，為墓誌銘和序跋，如《亡妻劉氏墓誌銘》、《郭少游先生墓誌銘》、《吳君庚伯墓誌銘》、《徐君墓誌銘》、《蜀樵詩鈔代序》、《黃雲章詩序》等。末有其弟馮藻跋，講述遺稿編撰由來。

《問山詩鈔》二卷

郫縣王光裕撰，民國十年（1921）成都昌福公司排印本。一冊。王光裕，字問山，四川郫縣人。工八分書，善水墨葡萄。清同治六年舉於鄉，未放榜而歿。遺作古今近體詩二卷。《益州書畫錄續編》誤將問山作問出，蓋山、出形近而誤。此排印本既無序跋，又無題署，揣摩為叢書本。共兩卷，卷一為古今體詩四十五首，其中題畫詩十五首，《題畫八首》分別為《知章騎馬圖》、《東坡攜妓圖》、《蘇武牧羊圖》、《虯髯獨立圖》、《濯足萬里圖》、《陸羽烹茶圖》、《舉杯邀月圖》、《淵明撫松圖》題詩，五六七言均有。卷二收錄古今體詩八十一首，唱和詩尤多，如《次韻答李仙根》、《次韻答方仲丈》、《次韻答孔樹和》等。其《四十初度詠懷五首》其一：「馬齒匆匆四十過，憐才天意究如何？回頭骨肉生存少，到手功名放去多。往事無痕休北闕，流年如夢等南柯。看來面目都非昔，見惡徒嗟鬢欲皤。」對人間世情看的可謂透徹，直見詩人性情。《悼亡室》三首、《悼亡姬》四首，也是字字血句句淚，直抒胸臆，情真意切，感人肺腑，足見詩人用情之深。《秋聲》、《竹枝詞》二首、《青城書所見》等小詩寫景也清新可人，真可謂詩書畫融為一體。

《靜娛樓詩草》、《靜娛樓詠史詩》不分卷

雙流劉咸滎撰，清宣統元年（1909）成都刻本。一冊，半頁九行二十一字，黑口，左右雙邊，單魚尾。前有劉咸滎自序。劉咸滎，字豫波，四川雙流人。清光緒二十三年（1897）拔貢，曾任內閣中書。民國初曾任四川諮議局議員。善畫蘭石，清雅超逸。精詩文，嫻書法。與其弟弟劉咸炘、劉咸焌並稱為「雙流三劉」。劉咸滎為成都五老七賢之一，今成都武侯祠、杜甫草堂

及峨眉山風景名勝，存有劉咸滎墨蹟。《靜娛樓詩草》收著者各體古詩、格律詩，不分卷，不編排，不分體，以題畫詩爲多。僅爲其妻題畫詩就有《內子靜芬畫梅尺幅題詩寄意》、《題內子畫扇》、《題內子靜芬畫豆花》、《題內子靜芬畫菊》、《題內子畫梅》、題內子畫梅菊》、《題內子靜芬畫菊》、《題內子畫菊》、《題內子畫梅》等十幾篇。至於給別人寫題畫詩，粗略統計不下百首，這跟詩人兼畫家有關。

《靜娛樓詠史詩》不分卷，雙流劉咸滎撰，清光緒三十年成都刻本。一冊，半頁九行二十一字，黑口，左右雙邊，單魚尾。間有夾行小注。題「雙江劉咸滎豫波氏著」。前有光緒三十年吳興儒序，後有大興胡薇元、成都陳觀濤、仁和王椒、內江江維斗等四人題詞。從晉公子重耳一直寫到明末侯方域，時間跨度之長，眞可謂前無古人後少來者。吳興儒序中說：「豫波劉子，余總角交也，少年即共沉吟。忽忽廿年，余髮星星白矣，猶相與談詩不倦。暇日過靜娛園，目詠史詩二百餘首，無美不備。大凡詠史之詩，無天資則不能清超雋永，無學力則不能沉摰淵深。是篇兼而有之，且其取監於古忠孝之懷，流溢言表，讀史者置之案頭，大可疏淪性靈，增長節概，洵有功名教之作也。」劉氏在是書中對歷史上那些有忠孝節操的人物以詠史詩的形式進行了褒獎，尤其是三國人物，更是喜愛，評論其功過，不美言不掩飾，力爭做到公正評價。據《四川省圖書館館藏古籍目錄》第七冊集部上著錄，尙有《靜娛樓詠古》，爲劉氏楷寫本，未見，應爲同一書。

《秋水集》一卷

成都吳虞撰，民國二年（1913）吳氏愛智廬刻本。一冊，半頁十一行二十字，黑口，左右雙邊，單魚尾。吳曾蘭題簽，岳池楊澤寫刻。吳虞，字又陵，成都新繁人。光緒十七年入成都尊經書院，戊戌政變後，轉學西方的社會政治學說。三十一年赴日本留學，入東京法政大學。宣統二年年回國，先後在成都縣中學、四川法政學堂任教。辛亥革命後任《西成報》總編輯、《公論日報》主筆、《四川政治公報》主編等職。民國六年後任四川法政專門學校、外國語專門學校等校教師。「五四」運動期間，猛烈抨擊封建專制制度和封建倫理道德，產生了極大的影響，成爲新文化運動的代表人物之一。民國十年起，先後受聘在北京大學、北京師範大學、中國大學、成都大學、四川大學任教。著述有《吳虞文錄》、《秋水集》、《吳虞日記》、《吳虞文集》，編有《蜀

十五家詞》、《國文撰錄》、《宋元學案粹語》等。是書前有吳虞自敘,釋書名取莊子秋水篇之義,在吳虞之前即有多人以秋水集取書名。《秋水集》無目錄,不按照體裁編排,中間有不少名家詩作作爲附錄。後有《悼亡妻香祖詩二十首》,多自注,情眞意切,悲痛沉摯。附林思進《香祖夫人篆書歌》。卷末爲《朝華詞》,署「陳碧秀朝華錄」,收錄胡薇元、吳虞、江子愚、劉德馨、李思純、方旭、鄧鴻荃、林思進、蕭其祥、鄧維琪、吳永權等人的填詞唱和之作。

《瀘州高氏兄弟詩鈔》四卷

瀘州高堂、高樹、高楠、高楷撰,民國十三年(1924)排印本。兩冊,半頁十行二十一字,左右雙邊,單魚尾,間有夾行小注,爲編者高鉞所寫。汪世傑題署。前有民國十三年高樹、顧繼善、高鉞序,王潛題詞,後有江油張政墨筆題跋,謂:「乙丑六月盛暑中,乘輪自渝抵瀘,富順蕭琦武以此本見貽。高氏兄弟詩今亦初見,三百年中與綿州三高后先遙映,亦盛矣哉。江油張政識。」瀘州高氏在晚清爲名門大族,兄弟九人,以老五高堂、老七高樹、老八高楠、老九高楷四人最爲出名,因爲這四兄弟同榜舉人、同榜進士,一門四舉人三進士,轟動一時。高棠,字劍門,自號塔蔭書屋。光緒五年舉人。進京會進士科場不中後,回瀘州先後在三牌坊(今迎輝路)龍門書院、東巖鶴山書院教書育人。其子高壽,光緒二十一年(1895)進士,曾任湖州知縣。高樹,字蔚然,光緒元年(1875)與弟高楠、高揩爲同榜舉人,光緒十六年(1890)與八弟高楠爲同榜進士,選翰林院庶起士,辛卯散館,轉兵部主事;壬辰因政績優由升員外郎;充軍機章京,轉侍衛史,簡放錦州知府,久居樞密,是京都三品要員。高楠,字城南,光緒元年與七哥同榜進士,歷官翰林院編修,河南監察御史,歷刑部、兵部、工部給事中。爲官剛直不阿,不懼權貴,世稱「高王」。高楷,字竹園,與八哥是孿生兄弟,光緒元年恩科舉人。曾任容城、淶水知縣。聰明才智勝過諸兄,孝心特好,幾任縣官後辭官回瀘侍奉老母盡孝道,熱心家鄉文教事業,親自參加編撰瀘州光緒志、宣統志。同時參與倡辦瀘州經緯學堂。《瀘州高氏兄弟詩鈔》四卷由高楠兒子高鉞整理編選並附注,總目分別爲《五先伯父塔蔭書屋詩鈔》、《七伯父珠巖山人詩鈔》、《先考藉禪室詩鈔》、《先九叔父快隱堂詩鈔》,各爲一卷。除《塔蔭書屋詩鈔》有高樹序外,其餘三卷均無序言。高樹在全書序中說:「兄

弟四人登鄉榜後，頻年奔走，疺硯四方，不能聚首。兩三月羈人作詩消遣，隨作隨棄，見面互相慰勞不暇談及風雅。於是兄不知弟詩，弟不知兄詩，或見一二而不睹其全。歲月如流，滄桑屢變，子侄輯故紙，幸有存者。鈒侄合而排印，請余以所作廁其中，名曰《瀘州高氏兄弟詩鈔》。」除了這部詩鈔外，高氏兄弟還有其它著述，高樹有《江陽山人詩草》、《鴒原錄》、《金鑾瑣記》，高樹有《萱澤堂詩草》、《高給諫遺集》，高楷有《快隱堂文集》、《快隱堂詩集》，著述頗豐，均存世。

《金玉合刊》二卷

新都魏魯《玉壘山房詩選》與新都陳崇儉《金石齋詩鈔》合刊，取兩書第一字爲《金玉合刊》書名。民國二十二年（1933）新都桂湖古麗澤社排印本。題「癸酉仲春桐城方旭題」。一冊，半頁十二行三十字，白口，左右雙邊，單魚尾。魏魯，字幼禽、後字右卿，四川新都人。生於咸豐五年（1855），卒於民國三年（1914），無嗣。陳崇儉，字樸庵，四川新都人。生於光緒四年（1878），卒於民國十八年（1929）。前有民國二十二年王鎔《魏陳二君傳略》及《題重刻金玉合刊詩草》、民國二十一年方旭序、張元鈺《玉壘山房詩選序》、民國十八年魏宗越序、民國二十一年世善《題新都魏幼禽玉壘山房詩鈔》、《題新都陳樸安金石齋詩鈔》、劉咸榮題詞、陳東元題詞。魏魯、陳崇儉爲多年好友，相互詩歌唱和，共同主持桂湖詩社，組織新都詩會。魏魯妻、女不幸病亡，自己也一病不起，陳崇儉仗義出金安排後事。魏氏病重期間，陳崇儉也多次出錢買藥、探視，可謂手足情深。《玉壘山房詩選》集中有《哭亡女琴姑》、《悼亡妻江氏》紀事。《邀陳樸安看成都花會》云：「錦里春光豔十分，傾城士女已如雲。如何不踐看花約，特地飛函一問君。快駕便輿即起程，莫教辜負看花情。君來未至青羊寺，花外樓邊一笑迎。」《金石齋詩鈔》也有《贈魏君右卿》：「珠光劍氣自縱橫，歷遍山河萬里程。眼底煙花開酒國，胸中塊壘結詩城。鴻文無範誠天授，龍性難訓動世驚。如此高風今絕少，不才偏幸識先生。」兩人的友誼在《玉壘山房詩鈔》、《金石齋詩鈔》中有不少反映，這在那個普遍文人相輕的年代裏顯得難能可貴。魏、陳二人主持桂湖詩會，時常進行宴集唱和，留下了大量的作品。如《殘夏夜同人宴集桂湖》、《夏夜同人宴集桂湖》、《立秋後二日同人宴集桂湖》、《冬十一月初六集同人祝楊文憲公生辰》等，這樣的題目在魏、陳集中較常見。

《穉瀣詩集》七卷

仁壽毛澂撰，民國六年（1917）華陽喬氏排印本。三冊，半頁十行二十三字，黑口，左右雙邊，雙魚尾。封面題「仁壽毛太史詩集，莊伯署」。毛澂，字蜀雲，又字叔雲，四川仁壽人。生於道光二十三年（1843），卒於光緒三十二年（1906）。光緒六年（1880）進士，曾於光緒十八年、二十六年、二十八年三次出任泰安知縣。爲官清廉，頗有口碑，在任上以保護泰山古跡、整理泰山文獻、振興泰山文教、整頓泰山風俗爲己任，主持編修《泰山志》。前有民國六年喬會序，謂：「穉瀣毛公早負文譽，與先大人損庵府君有道義骨肉之雅。公車北上出處，偕仁和吳子儁先生觀禮，所爲賦蜀，兩生行者也。以進士服官山東，光緒丙午卒於藤縣任所，遺詩數冊，傳寫多訛。府君嘗欲爲之印行，輾轉南北，卒卒未果。甲寅冬入都親爲釐次，並託朋好任校讎之役，多所訂正，其不能臆斷者，則姑仍之，分爲六卷。遺文散佚甚多，存者三篇附詩後。」是書七卷，除卷七爲附錄文三篇外，餘者均爲詩集。卷一爲《仙井集上》，收錄古近體詩一百三十七首。卷二爲《仙井集中》，收錄古近體詩八十三首。卷三爲《仙井集下》，收錄古近體詩一百四十八首。卷四爲《峽猿集》，收錄古近體詩九十四首。卷五爲《棧雲集》，收錄古近體詩一百二十七首。卷六爲《海岱集》，收錄古近體詩五十一首，共計古近體詩六百四十首。

《鵝山文稿初集》三卷《外集》一卷

宜賓趙增瑍撰，民國八年（1919）成都聚昌公司排印本。四冊，鉛排本。題「宜賓趙增瑍著，男錫儁、錫鼎校刊，及門諸弟子參校」，前有民國八年楊幼霞序，後附《鵝山文集初集》、《外集》勘誤表。趙增瑍，字鵝山，四川宜賓人，生於清同治二年，卒於民國二十五年。家學淵源，深通教書育人之道，尤篤好文章。清同治九年七歲時，便奉母親之命，隻身到北京讀書。在京城寓居十年，於光緒十八年中舉人。趙鵝山爲人灑脫，遊歷甚廣，常怡情山水間，詩文著述頗多。清宣統三年被推選爲宜賓縣保路同志總會會長，起草宜賓縣各界上川督趙爾豐書，表達縣人誓死爭回路權的決心，在其上簽名者多達五萬餘人。民國元年，敘府聯合縣立中學成立，出任首任校長。民國二十二年七十歲時，編著有《鵝山詩文全集》共二十二冊。《鵝山文稿初集》三卷，基本上按題材編排。卷一爲歷史人物評論、人物傳記、文章序跋。卷二爲祝

辭、文書、碑銘。卷三爲祝壽辭、墓誌銘、遊記。末卷兩篇祭文，《四師祭陣亡將士文》、《祭五師陣亡將士文》，情辭感人，鄭文垣評曰：「風牆陣馬，一片神行，其筆底直有排山倒海之勢。」《外集》一卷收文十篇，均爲史論，如《擬越王句踐遣使江湖訪范大夫令》、《史要》、《論治隨筆》等。

《荃察餘齋詩存》四卷

成都鄧鎔撰，民國八年（1919）天津聚珍仿宋印書局排印本。兩冊，樊增祥題簽。鄧鎔，字守瑕，一字壽瑕，號忍堪、忍堪居士，又號拙園，室名荃察餘齋，又署荃詧餘齋主人，四川成都人。光緒丁酉科優貢。日本明治大學法科畢業。歷任臨時參議院議員、政治會議議員、約法會議議員、參議院參議員等職。鄧氏爲著名律師，有一女名鄧懿，嫁著名學者北京大學教授周一良。是書前有鄧鎔自序、王樹枏序、吳虞序、汪涵序，樊增祥、易順鼎、顧瑗、高樹、喬樹枏、李大防諸家題辭。四卷按照作詩先後順序編排，卷一起癸巳訖壬寅，卷二爲《飛蓬集》，起癸卯訖丁未，卷三爲《緇素集》，起戌申訖甲寅，卷四也爲《緇素集》，起乙卯訖戊午。前兩卷多七言律絕，後兩卷則多五言歌行，也可以看出著者刻意在題材方面的編排。末附《荃察餘齋駢體文存》，不分卷。計有《鐙賦並敘》、《感秋賦並敘》、《丞相祠堂碑》、《杜主廟碑》、《禮殿頌》、《金堂縣附貢生饒府君墓誌銘》、《督學吳使君頌》、《吳烈女贊》等駢文，足見著者的古文功底。

《臥雲仙館詩鈔》二卷

什邡馮慶樹撰，民國九年（1920）聚昌公司排印本。題「庚申秋蔭青集華山碑字」。一冊，半頁十二行三十二字，單魚尾。馮慶樹，字地青，四川什邡人。前有民國九年（1920）七月馮氏自序，謂：「余少時以鹽大使伺家君，宦滇南詞章一道，雖亦肆業及之，而或作或輟，其實中無所得也。嗣以銅差赴京，輪鐵消磨，備嘗辛苦。改革後又攝川邊孚縣事。一時閱歷所經，輒形吟詠，計得古今體詩五百餘首，自愧雕蟲小技不足示人。親友索觀，苦於抄錄，慫恿排印。尙冀諸大雅不棄譾陋，進而教之，幸甚。庚申秋七月既望地青氏自識。」次有孫崇緯題詞七律二首。是書以編年詩編排，主要是光緒晚期到民國初期的詩歌，以遊宦北京、雲南、四川三地的風物人情作爲內容，其間多涉家事，如《城南小築落成家父有詩謹步原韻》、《冬初偕乙青二弟遊

羅漢寺》、《大竹道中即事和四叔原韻》、《三月初六日正煒子生有作》、《冬月初四日正耀次子生口占》、《六月念一日家父赴廣南府任送別聚奎樓》、《辛丑春日和家父遊青城天師洞》等，馮氏作詩喜在詩題注年月時間，可以此做年譜。此集作者馮慶樹未知與《七硯齋詩草》作者馮譽驄是否同宗，二人都是什邡人，待考。

《晚秀堂詩鈔》一卷

新繁楊楨撰，民國十五年（1926）四川存古書局成都刻本。一冊，半頁十行二十一字，白口，左右雙邊，單魚尾。題「新繁楊敬亭先生著，同學弟羅元黼署」。楊楨，字敬亭，四川新繁人，生平不詳。是書多有傚仿前人詩歌，開篇《擬左太沖詠史》即是。接下來的《詠懷》（自注：仿阮嗣宗體）、《擬陶淵明詩四首》（乞食、責子、止酒、述酒）、《擬杜工部秋興八首》也是。《行影相答詩並序》傚仿陶詩，《籌邊樓》傚仿薛濤詩，《明河篇》則明顯仿宋之問詩。這既可以看作是楊氏向前人學習詩歌創作，也可以視作詩人的遊戲之作，不過楊楨將這些傚仿之作放在開卷，可見他本人也是很重視這些詩作的。最後一組詩《蜀碑詩》（自注：仿元遺山論詩絕句有序），對現存各地有名蜀碑予以描述。楊氏除了傚仿前人詩歌外，自己創作最多的是七絕、五律，幾占一半篇幅，七絕題目以二字命名者居多，如《淡雲》、《曉日》、《薄寒》、《細雨》、《輕煙》、《佳月》、《夕陽》、《微雪》、《晚霞》、《孤鶴》、《珍禽》、《竹邊》、《小橋》、《松下》、明窗》、《綠苔》，等等，均為寫景七絕，色彩明艷，意味雋永。

《柴扉詩草》二卷

宜賓杜關撰，民國二十二年（1933）岳池中興鉛石印社排印本。一冊，題「長寧杜關柴扉著，原名德輿字若洲　同邑程君實、袁筆春、張爾恭編輯」。杜關原名德輿，字若洲，晚年自署柴扉野老，宜賓長寧縣上西鄉人。生於同治三年（1864），卒於民國十八年（1929）。光緒二十年（1894）中舉人，次年寓居上海。光緒二十四年（1898）中進士，授戶部主事。目睹清廷喪權辱國，朝政日非，棄官更名杜關。光緒三十一年（1905）加入同盟會，與汪精衛、彭家珍、喻培倫等聯絡，偕妻杜黃從事反清秘密活動。宣統三年邀湘、鄂、豫、魯、晉、川、滇、黔和東三省幫會首領在北京陶然亭聚會，成立「乾

元會」，並被推爲駐京首領。四川保路運動興起，擬返川舉事，途經上海時值武昌起義，乃就地響應。民國元年任南京臨時政府內務部禮教司長，北遷後任禮俗司長。袁世凱竊國後憤而辭職，民國三年於成都聯絡哥老會反袁。民國八年任省議員。著有《柴扉文存》、《柴扉詩草》及《書法指南》傳世。是書前有《杜柴扉先生略傳》，簡要介紹杜關生平事蹟。目錄後有杜關長子痾世長篇按語，對杜氏詩作遺存做了詳細介紹。詩集的編排按照時間先後順序，起光緒辛卯，起民國丁卯年，逐年記載。

《澹秋集》不分卷

華陽林毓麟撰，民國十二年（1923）華陽林氏霜甘閣刻本。一冊，半頁十行十八字，黑口，左右雙邊，單魚尾。鄭孝胥題簽，林思進編校。林毓麟，字濤如，四川華陽人，林思進之父，長於金石書畫，晚歲好佛學。生於道光二十四年（1844），卒於光緒十七年（1891），《晚晴簃詩匯》卷一百八十一有傳。前有宣統三年（1911）喬樹枏題辭、民國十九年王樹枏序、趙熙林隱君傳。後有嚴岩峰先生箋、林思進跋。附錄毓麟友朋贈答詩文若干首。是書由《澹秋館遺詩》與《澹秋館遺詩補》組成。王樹枏在序中對林詩做了如下評價：「隱君之詩清夷沖澹，超絕塵表，如與粟里輞川襄陽諸人相晤對，讀之使人榮枯得失，欣戚之念澹然自消。竊念隱君生當盛時，不肯出所學問世，而一寄託於詩，以遣其閒適沖淡之懷，雖窮且老無諷世嫉俗之意，無憔悴牢愁無聊之詞，知其素所陶養者深也。」觀集中諸作，洵知此言不虛也。

《清寂堂詩錄》五卷

華陽林思進撰，民國十五年（1926）霜甘小閣成都刻本。二冊，半頁十一行二十字，黑口，左右雙邊，單魚尾。林思進，四川華陽人。初字山腰，後來更字山腴，晚號清寂翁，蓋取《華陽國志》「林生清寂」之義，室名清寂堂。生於同治十二年（1873），卒於一九五三年。先世康熙年間自福建長汀遷蜀。是書前有民國十年林思進自序，對刊刻做了說明：「余刻此詩在乙卯之歲，其時感念亡子初沒，年齒盛少尚不足恃，況髮白早衰如余者乎？勤半生精力於文字將老無得，不知割捨，而妄希冀歐公所謂幸不幸之傳甚矣，其可笑也。故既刻而不復示人，數年以來稍有附益，自娛而已。」全書按照分體編排，五卷分別爲第一卷五言詩一百三十七首，第二卷七言歌行七十

首，第三卷五言律詩二百九十首，第四卷七言律詩一百八十七首，第五卷七言絕句一百四十九首，五卷共計八百三十三首。卷一中值得一提的是民國元年林思進召集詩侶在南河仿蘭亭盛事，進行的詩酒唱和。這是一次文化盛會，《花之寺第三集賦呈賓主十三人》記敘了這次盛會，與會者有林琴南、陳寶琛、冒鶴亭、趙熙、謝無量、陳衍、曾剛父、鄭孝胥、劉師培等，都是當時的名流。卷一也附錄了上述諸人的詩歌唱和作品，無不是錦上添花之作。這盛會與民國時期另外一起在樂山烏尤寺舉行的文化集會，是蜀中為數不多的重要詩會。後者編集為《烏尤山詩》存世。

　　民國二十八年八月，林思進又在《清寂堂詩錄》五卷本的基礎上進行刪定，成《清寂堂詩錄自錄本》，編排依然是五言詩、七言歌行、五言律詩、七言律詩、七言絕句。詩歌篇幅幾乎少了一半。霜甘小閣成都刻本，一冊，半頁十一行二十一字，黑口，左右雙邊，單魚尾。前有林思進《清寂堂詩錄自序》，交待了自錄本編撰的來龍去脈。除《清寂堂詩錄》外，林氏尚有《清寂堂詞錄》，《清寂堂詩續錄》、《清寂堂文錄》、《清寂堂文乙錄》、《華陽縣志》、《華陽人物志》等問世。

《劉舍人遺集》四卷

　　德陽劉子雄撰，民國二十年（1931）成都美學林排印本。一冊，半頁十行二十三字，白口，左右雙邊，單魚尾。馬自庵題簽，同鄉李稽勳編校，末頁後署「德陽劉舍人遺集四卷邑人馬自庵重校印。」劉子雄，字介卿，又字健卿，四川德陽人。生於咸豐八年（1858），卒於光緒十五年（1889），享年三十二歲，英年早逝。前有宋育仁序，謂：「德陽劉介卿舍人生具敏才，夙抽天穎，抗希稽古，雅名學頌，鼓篋橫舍，既宏石室之業。彈冠入貢，遍識鴻都之典，既執通性，益懷誕節，製遠遊之奇服，肆縱心之高談。清狂忤俗，篋砭絕侶。顧朝市仍營而閉戶自研，轍楫驅羈而江關成詠。學聞兩漢之緒，文成六代之體。泊舉名京兆，解籍中書，求學日新，折節方始，且冀窺中秘論石渠，恢經論於雅頌，繼高文於典冊，而闇若朝露，委然黃土，詠歌盈笥已矣。平生人琴俱淒寂，其風雨感文禱之既寡，惜俊民之就湮。秀山李伯威孝廉搜其剩稿錄而傳之，題曰劉舍人遺集云爾。」後有李稽勳敍，記述了劉子雄生平大概，略謂：「弱冠達名縣署，以高材得入尊經書院，與受古學於時。平遠丁公開府、華陽湘潭壬父王先生以海內大師枉從。」「光緒十二年以優貢

廷試得教職，尋舉戍子京兆試。越明年考授內閣中書舍人。」劉舍人稱謂即從此來。是書四卷，卷一為文章，共八篇，題目依次是《感秋賦》、《柚賦》、《擬請祀峨眉山神奏》、《擬建武遷呂后議》、《齊高帝梁武帝陳武帝優劣論》、《任健庵先生壽頌》、《絕句詩自敘》（注：君嘗欲輯其七言絕句為一卷，已撰序謀開雕，未盡而沒。今其詩仍散次諸體中，錄序於此）、《李孟和誄》。後三卷皆為詩，共計三百六十九首，內容以遊歷、訪友、詠懷、寫景、寄情等為主。代表作卷二《秋興十八首》，借杜子美詩意，自抒懷抱，不過子美詩為七律，子雄化為五古，形式有所改變而風格意境不變。再如《詠古六首》，分詠成都司馬相如、南充譙周、南充陳壽、射洪陳子昂、眉州蘇軾、新都楊慎，也見詩人心境。

《白屋吳生詩稿》不分卷

江津吳芳吉撰，民國十八年（1929）成都美利利印刷局排印本，二冊。吳芳吉，字碧柳，自號白屋吳生，世稱白屋詩人。生於光緒二十二年（1896），民國二十一年（1932）卒於江津故居白屋，享年三十六歲，英年早逝。少聰穎，有嘉名，宣統三年考入北京清華園留美預科學校。曾任湖南長沙明德中學教師，後任西北大學、東北大學、四川大學等校教授，曾出任成都大學中文系主任、江津中學校長等，參與創辦重慶大學。自編《白屋吳生詩稿》民國十八年出版，其友人編訂《吳白屋先生遺書》於民國二十三年在長沙出版。《詩稿》為《聚奎小學叢刊》之一，前有聚奎六星紅綠校旗。採取中西結合排印方式，譯詩編排英文直排為朱色，中文豎排為墨色，設計典雅，做工考究，稱得上是新善本。全書編排依次為通信一通（朱色，吳宓致吳芳吉）、編輯大意、自敘、自訂年表、彭士詩譯、詩、雜錄、附注、題詞。全卷一百三十篇，五百一十首，「諸詩編至民國十七年春為止，頃一年來再返成都以後之詩，以時間太近概不列入」。正文題「吳芳吉碧柳寫，白沙聚奎學校校史館版權、成都美利利印刷公司印製。」是書主要收錄作者的古體詩，五七言為多，也有不少自創歌行，句式長短不一。吳氏為五四時期著名的新詩代表人物，此集中就收錄了不少新詩，如《婉容詞》、《別上海》、《浴普陀海岸千步沙作》、《愛晚亭》、《獨醒亭下作》等。《婉容詞》當年一經發表即轟動一時，詩多用白描，句式長短不拘，一唱三歎，讀來令人盪氣迴腸。吳氏生活年代為軍閥混戰之時，集中多有詩篇反映是時局勢。長篇如《南嶽詩》、《示同學少年》、

《秋日從家君渡江登玉峰護國寺作》、《還黑石山作》等，動輒數百言，甚至上千言，盡顯詩人才氣。吳氏爲民國蜀中名學者，國學功底深厚，創作詩歌，無論新體舊體皆能鎔鑄古今，揮灑自如，典型的學人之詩。《雜錄》收文五篇，依次爲《重九賦》、《丁巳祭孔子記》、《彭士列傳》、《曹君事略》、《再論吾人眼中之新舊文學觀》。末附題詞爲劉永濟贈作者《鷓鴣天》詞三首，亦爲朱色排印。

《吳白屋先生遺書》二十卷

江津吳芳吉撰，民國二十三年（1934）長沙刻本。六冊，半頁十行二十一字，白口，左右雙邊，無魚尾。此集爲吳芳吉逝世後，由摯友吳宓、門人周光午搜集所遺詩文雜作編印而成。柳詒徵題簽，題「湖南省福勝街段文益堂承刊印，段文鑒季光寫字」，扉頁有吳芳吉小像。前有民國二十三年（1934）劉永濟序，莫鍵立《吳白屋先生傳》、劉咸炘《吳碧柳別傳》、劉樸《白屋先生墓表》、莫石夫《題吳白屋先生遺書》、劉鵬年《玉漏遲》、盧冀野《奉題白屋先生遺書》。後有民國二十三年周光午跋、周光午輯錄諸人挽詩、挽詞、輓聯、贈詩。卷一至卷八爲自訂詩集，按照編年依次編排。卷九至卷十二爲詩續集，由友人涇陽吳宓編訂、弟子寧鄉周光午參校，也爲編年詩。卷十三爲歌劇《二妃》，民國十年客居長沙作，只剩第一部《森林雁意》，缺第二部《江天夢痕》、第三部《竹紙血淚》。卷十四至卷十六爲書箚，其中與吳宓四十通、與鄧紹勤十二通、卷十七爲書箚補遺，收錄與吳宓五通。卷十八爲家書。卷十九、卷二十爲雜稿，收錄各類文章。是書幾囊括吳芳吉所有著述，巴蜀書社出版之《吳芳吉集》即以此書爲藍本整理而成。

《霽園詩鈔》四卷

華陽徐炯撰，民國三十三年（1944）霽園先生遺書刊行會排印本。二冊，半頁十行十八字，白口，左右雙邊，單魚尾。題「霽園遺書詩鈔，甲申春無量署」。徐炯，字子休，號蛻翁，四川華陽人。生於同治元年（1862），卒於民國二十五年（1936）。無意仕進，以授徒爲事，於江南會館設私塾，命名爲澤木精舍。創辦四川通省師範學堂，任學堂監督兼四川高等學堂教席。辛亥革命後在成都創辦華陽縣中國學會、大成會、大成學校等。民國建立，任四川教育會會長。前有謝无量《徐子休先生家傳》、民國十五年徐炯自序。是書

四卷，分體編排。卷一爲五古七十一首，七古二十三首。卷二爲五律一百三十七首。卷三爲七律九十四首。卷四爲五絕六十八首、七絕二百一十六首，合計六百零九首。此集爲《霽園遺書》本，但查閱各家圖書館書目，均未見到《霽園遺書》其它種類，例如詞鈔、文鈔、雜著等，是否當時只出此詩鈔，存疑待考。

《稚荃三十以前詩》一卷

江安黃稚荃撰，民國三十一年（1942）成都茹古書局刻本。一冊，半頁九行二十一字，白口，左右雙邊，單魚尾。黃稚荃，又名先澤，筆名杜鄰，四川江安人。生於光緒三十四年（1908），卒於一九九三年。早年畢業於成都高等師範國文系，民國二十年以全國前四名考取北京師範大學研究院。後任成都第一女子師範、四川大學文學院教授等職。黃氏長於詩、書、畫，號稱三絕，有蜀中才女之譽。曾數十年潛心描摹書法，於篆、隸、眞、行、草諸體皆工，並善畫墨梅，尤工於詩。名重士林，聲望極高。是書前有民國三十一年謝无量序、民國三十一年曹經沅序、民國三十一年黃稚荃自序。謝氏序云：「稚荃之爲詩，早則嚮慕西崑，繼而好有清梅村、漁洋諸集。及見晦聞，益擺落浮豔，質而不滯，華而不靡。晦聞晚以詩教，嘗喟然以爲學者罕有其儔焉，故雖三十以前之作已熨貼而深秀如此。所謂卓然大雅之音，亦其材性之敏，有過人者矣。近年喜頌杜詩，集中丁丑避寇諸章，騕騕摩少陵之壘。」基本上道出黃詩特色，洵爲的評。集中傚仿吳梅村、王士禎二家詩頗多，卷首《秋柳四首》、《擬楊柳枝》十二首，在意境、遣詞上無不受漁洋影響。《以詩代書寄筱荃》、《明孝陵二十二韻》、《丁丑秋避寇還蜀雜詩》等長篇五古，在結構、議論上明顯學習杜詩。黃氏爲一代才女，交遊頗廣，與當時名流俱有來往，反映在集中的這類主題不少，不例舉。

《山陽笛語詞》一卷《江山帆影詞》一卷《塵痕煙水詞》一卷

華陽劉冰研撰，民國二十一年（1932）《寒杉館叢書》排印本。三冊，每冊一卷，半頁十二行二十九字，左右雙邊，單魚尾。題「華陽劉冰研倚聲」、「六朝金石造像堪伺者署」。此「六朝金石造像堪伺者」爲成都詞人何振羲。劉冰研，四川華陽人，民國期間曾與趙熙、蔣白心、江子愚等人組織「可社」詩社，以詩歌喚醒民眾抗日，鼓舞士氣。《山陽笛語詞》一卷，卷首有三原于

右任題詞「十載揚州狂杜牧，一篇樂府瘦屯田。飄零法曲江湖遍，風雨名山各黯然。」《塵痕煙水詞》卷首有「六朝金石造像堪伺者」何振羲序。《江山帆影詞》一卷無序跋。劉氏三卷詞共收錄詞作二百十四餘篇。此套叢書中尚有他的《剪淞夢雨詞》一卷，惜未見。

（原載《蜀學》第三輯，巴蜀書社 2008 年出版；《蜀學》第四輯，巴蜀書社 2009 年出版）

後 記

　　這部《梨雲樓目錄版本論集》是我最近十餘年研治古典文學文獻的結集，雖然其中的論述還很粗糙，有些結論還不是很成熟，但畢竟記錄了我學習古典文學文獻的歷程，敝帚自珍，對我而言還是值得紀念的。

　　二零零零年九月，我從湖北考入西南民族大學中文系，來到天府之國成都，隨祁和暉教授、徐希平教授攻讀中國古代文學專業碩士研究生。西南民族大學中文系非常重視對研究生的文獻學基礎訓練，當時開的一些專業課程，如祁和暉師講授《漢書藝文志講疏》、《漢賦研究》，徐希平師講授《全唐文研究》、《史書文獻》，都非常有針對性，注重研究生的動手能力。《漢書藝文志講疏》課程祁老師開了兩個學期一整年，要求我們人手一冊《漢書藝文志》，逐章逐句講解。從總序開始，依次將六藝、諸子、詩賦、兵書、數術、方技諸略講完，讓我們首次較為全面接觸到先秦典籍。有次講到《古文尚書》與《今文尚書》的區別，開列的具體篇目讓我們眼花繚亂。每次講完她都會附上自己的有關看法，引導我們去思考問題。為了讓我們對先秦諸子典籍有切身的認識，祁老師每次上課都要帶來一堆相關書籍，指導我們研讀其中的章節。讀書三年，很多次在學校圖書館碰到祁老師，總是見到她背著親自縫製的布背包，或借書或還書，總是覺得布包沉甸甸的，至今仍有很深的印象。徐老師的《全唐文研究》實際上是唐代文學研究，不僅注重知識的講授，還要求同學具體查閱某部集部的相關版本，看看裏邊的詩文作品與《文苑英華》、《全唐文》、《全唐詩》等大型總集收錄的有何區別，文字是否有差異，思考這些差異形成的原因。研究生二年級時，徐老師受聘主編《中國西南文獻叢書》西南文學文獻卷，指導同學們到成都各大圖書館調閱歷代別集，撰寫敘錄文字。通過參與編撰這部大型叢書，同學們的文獻學基礎得到了很好的訓練，在目錄查閱、文獻閱讀、版本著錄等方面收穫很大。我很慶幸在學

術的道路上能遇到祁、徐二位老師，手把手教我目錄版本學知識，讓我掌握古典文獻學的基本方法，找到了治學的路徑。二零一零年九月，我到南京師範大學隨程傑教授從事博士後研究，出站報告即爲《陳子昂集校注》，也是一個文獻學綜合實踐成果。

收錄在本書中的絕大部分文章，選題大都與四川有關，唐宋部分占多數。這是因爲我的碩士、博士研究生階段方向是唐宋文學，這些年所撰寫的論著、申報的課題、從事的項目基本都是唐宋時期的。我讀研究生是在成都，畢業後工作單位也是在成都，故平時關注的對象主要是四川歷代作家。從寫第一篇《升菴文集版本源流考》，到最近才完成的《〈讀杜詩愚得〉的注杜特色及其得失》，斷斷續續寫了二十多篇有關版本研究的文章。這些文章曾在《北京大學學報》、《山西大學學報》、《安徽大學學報》、《江西師範大學學報》、《江蘇師範大學學報》、《吉林師範大學學報》、《中國詩學》、《中國韻文學刊》、《古籍整理研究學刊》、《青海社會科學》、《中國李白研究》、《版本目錄學研究》、《詞學》等刊物上發表過。有些文章發表後被《中國社會科學文摘》、《中國古代、近代文學研究》等刊物全文轉載。這次從中挑選出二十篇結爲一集，作爲自己多年來研治古典文學文獻的一種紀念。出版社清樣出來後，我請蔣寅先生、徐希平先生撰寫序言，二位先生爽快的答應了，並及時地發來了熱情洋溢的序言。爲了減少書中的訛誤，我還請四川大學中文系教授孫尚勇兄通校了一遍，果然又發現不少疏漏和錯誤，已根據他的意見一一糾正。這次出書應我的要求，在書中插入四幅巴蜀山水畫，是成都老畫家葉進康先生早期作品。葉先生是巴蜀畫壇前輩，爲國畫大師趙蘊玉先生入室弟子，專攻山水畫，此次將他的巴山蜀水系列國畫選入本書，丹青生輝照我書頁。花木蘭文化出版社社長高小娟先生、責編許郁翎先生爲小書處處費心，書函交馳，精論高見惠澤我心。在此謹對上述諸位師友的高情厚誼表示感謝。需要說明的是，此次結集爲了體例一致，除注釋調整外，其它文字未作改動，力求保持原貌。文末注明發表刊物以及期數。限於水準，書中不足之處，誠望博雅君子不吝賜教。

王永波

二零一六年一月二十五日於

四川省社會科學院文學研究所